위험, 사회, 미디어

위험, 사회, 미디어

김용찬 김진희 김예란 지음

컬처룩 미디어 총서 034

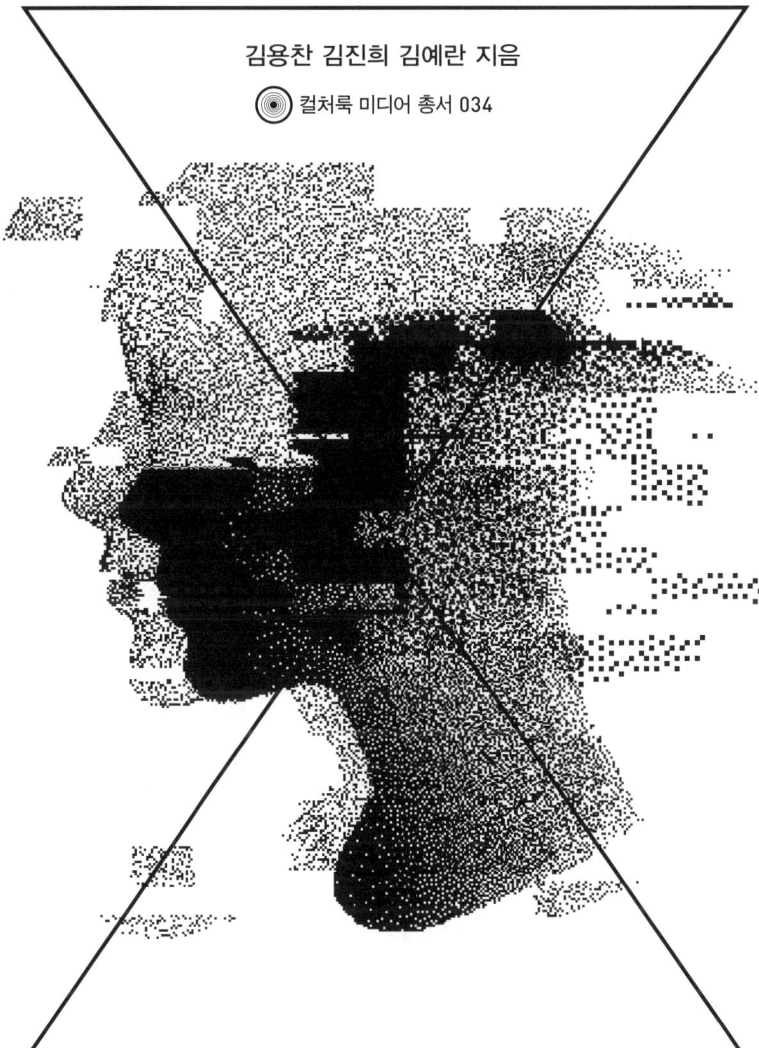

컬처룩 미디어 총서 034

위험, 사회, 미디어

Risk, Society, Media

지은이 김용찬 김진희 김예란

펴낸이 이리라

책임편집 이여진

편집 하이픈

표지 디자인 엄혜리

2023년 9월 1일 1판 1쇄 펴냄

2024년 2월 15일 1판 2쇄 펴냄

펴낸곳 컬처룩

등록 번호 제2011–000149

주소 03993 서울시 마포구 동교로 27길 12 씨티빌딩 302호

전화 02.322.7019 | 팩스 070.8257.7019 | culturelook@daum.net

www.culturelook.net

ISBN 979 – 11 – 92090 – 22 – 1 94300

ISBN 979 – 11 – 85521 – 06 – 0 (세트)

culturelook

차례

일러두기

- 한글 전용을 원칙으로 하되, 필요한 경우 원어나 한자를 병기하였다.
- 한글 맞춤법은 '한글 맞춤법' 및 '표준어 규정'(1988), '표준어 모음'(1990)을 적용하였다.
- 외국의 인명, 지명 등은 국립국어원의 외래어 표기법을 따랐으며, 관례로 굳어진 경우는 예외를 두었다.
- 사용된 기호는 다음과 같다.

  신문 및 잡지 등 정기 간행물, 영화, TV 프로그램 제목 등: 〈 〉

  책(단행본): 《 》

머리말

우리가 이 책의 집필을 본격적으로 시작한 것은 2022년 여름부터였다. 하지만 이 책을 내기 위해 필요한 작업은 그보다 훨씬 이전부터 시작되었다. 이 책을 써야겠다는 생각은 우리가 광운대학교, 연세대학교, 포스텍이 함께 참여하는 3개 대학 공동 학부 강좌로 '위험 사회와 미디어'라는 과목을 2021년 2학기에 개설한 것에서 비롯했다. 이런 과목의 개설은 당시 연세대학교가 국내 10여 개 대학과 함께 온라인 공동 강의 네트워크를 구축했기에 가능한 일이었다. 이후 '위험 사회와 미디어' 강좌는 매년 개설되고 있다. 동영상 강의와 실시간 온라인 강의를 결합한 이른바 하이브리드 방식의 수업을 통해서 강의자들과 학생들은 위험, 사회, 미디어 문제에 대해 다양한 시각, 이론, 입장 등을 논의한다. 인문사회계 학생들과 공대 학생들이 함께 수강한다는 사실에서 비롯한 다양성을 매우 흥미롭게 경험할 수 있는 수업이기도 하다.

강의자 세 사람 사이에서도 미묘한 다양성이 존재한다. '위험 사회와 미디어' 공동 강의자들이자 이 책의 저자인 세 사람은 모두 미디어/커뮤니케이션 전공자다. 하지만 김용찬은 미디어 사회학, 김진희는 미디어 심리학, 김예란은 문화연구 분야에서 훈련을 받았다. 그렇기에 위험, 사회, 미디어의 문제에 대해 조금은 다른 입장을 취해 왔다. 우리가 갖는 이런 차이와 다양성이 수업의 세 축을 이룬다. 그리고 그런 점이 이 수업에 특별한 역동성을 만들곤 한다. 가령 이런 식이다. 우리는 한 학기 동안 진행되는 모든 실시간 강의에 함께 참여하면서 이 수업의 강의자들과 학생들이 가져오는 다양성의 긍정적 효과를 극대화시키기 위해 노력했다. 동일한 주제에 대해서도 시각과 관점이 다른 세 강의자들 사이의 대화가 마치 토크 콘서트 같이 진행되는 것을 학생들은 지켜보았다. 그리고 그들 역시 자신의 독특한 의견을 스스럼없이 활발히 개진하기도 하고, 타 학생들이 제시하는 다른 시각의 말을 경청하기도 했다. 학기말 강의 평가에서 학생들이 이 강의의 긍정적 측면으로 가장 많이 언급한 것도 이 수업에서 경험하는 이런 다양한 시각과 관점이었다. 위험의 문제를 미디어와 커뮤니케이션 시각에서 다룬 책들이 서점에 없는 것은 아니다. 하지만 이 수업의 목적과 특성을 반영하는 책을 찾는 것은 국내외 모두에서 쉽지 않았다. 그래서 직접 책을 쓰는 것이 좋겠다고 생각했고, 그 결과물이 이렇게 나오게 되었다.

사실 이 책을 위한 작업의 시작점은 훨씬 더 앞으로 당겨질 수 있다. 2013년부터 김예란과 김용찬은 한국 사회 안에 있는 가장 근본적인 위험 요소 중 하나라 할 수 있는 도시 지역 커뮤니티의 위기 문제를 다루는 연구를 한국연구재단의 지원을 받아 다른 공동 연구자들과 함께 진행해 왔다. 이 연구를 진행하면서 현대 사회의 위험 문제는 외부에서 주어지기만 하는 것이 아니라, 우리가 살아가는 구체적인 장소, 그리고 그 장소 안에 있는 다양한 사회관계망과 소통 과정 속에 내재한다는 사실을 알 수 있었다. 바로 그 장소적 관계와 소통이 때로는 위험 문제를 해결하는 요인이 되기도 하지만, 또 때로는 그 해결을 지체시키거나 실패하게 하는 요인이 된다는 점에 대해서 배울 수 있었다. 김진희와 김용찬은 2017년 발생한 포항 지진에 대한 연구를 또 다른 공동 연구자와 함께 진행해 왔다. 포항 지진은 단순한 자연 재난이 아니었다. 그것은 그야말로 커뮤니케이션과 미디어의 재난이었다. 정부 등 재난 수습 당국의 커뮤니케이션 문제, 포항 지진과 관련한 중앙 언론들의 냄비 보도와 그 이후의 무관심, 지역 언론의 한계, 지역 기반 소셜 미디어와 같은 대안적 소통 공간의 역할, 재난과 관련한 시민적 소통과 참여의 문제 등 미디어/커뮤니케이션과 연관된 이슈가 무궁무진한 사건이었다. 지난 10여 년 동안 이루어진 저자들 간의 이런 공동 연구 활동과 연구 내용이 이 책에 다양한 방식으로 스며들어 있다. 그런 점을 생각하면 이 책을 위한 작업은 10여 년 전부터 이미 시작된 것이다.

이 책의 목적은 독자에게 현대 사회 내에서의 위험의 의미가 무엇이고, 미디어와 커뮤니케이션이 위험의 문제와 어떻게 연관되는지를 이해하도록 돕는 데 있다. 독자는 우리 사회 안에서 발생하는 위험 문제에 대해 어떻게 효과적으로 소통할 수 있을지를 성찰하는 데 필요한 개념적 도구와 생각의 틀을 이 책을 통해 얻을 수 있을 것이다. 더불어 우리 사회가 위험 상황에 처했을 때 왜 제대로 소통하지 못하는지에 대한 이해도 얻게 될 것이다. 결국 시민으로서 경험하는 다양한 유형의 위험, 위기, 재난의 문제에 대해 스스로 비판적으로 생각해 볼 기회를 갖게 될 것이다. 이 책을 쓰면서 일차적으로 염두에 둔 독자는 위험과 미디어/커뮤니케이션 주제에 관심을 갖는 학부 및 대학원 학생이었다. 하지만 관련 주제에 대해 문제의식을 공유하는 연구자와 우리 사회 내에서 발생하는 갖가지 위험 문제를 관리하는 다양한 주체에게도 도움될 내용을 담고 있다. 위험의 요소로 가득한 사회에서 어떻게 한 명의 시민으로, 그리고 공동체로 건강하게 살아갈 것인가에 대해 고민하는 일반 독자도

읽어 볼 만한 내용을 이 책이 담고 있다고 생각한다.

이 책을 내면서 감사해야 할 분들이 많다. 누구보다 '위험 사회와 미디어' 수업을 들었던 학생들에게 감사한다. 학생들이 매주 제출하는 과제와 수업 중 던지는 말들 속에서 이 시대 젊은이들이 지닌 위험 문제에 대한 시각을 배울 수 있었다. 세 사람이 함께 공동 강의를 할 수 있도록 도와준 광운대학교, 연세대학교, 포스텍, 특히 각 학교의 교무 담당 선생님들께 감사드린다. 세 사람이 진행했던 공동 연구를 지원해 준 한국연구재단, 연세대학교와 광운대학교의 산학협력단, 포스텍평화연구소 및 기초과학연구소에 감사드린다. 이 책이 담고 있는 주제의 중요성에 공감하고, 흔쾌히 출판을 맡아준 컬처룩 이리라 대표께, 그리고 글쓰고 일하는 방식이 다른 세 저자를 상대하면서도 힘든 내색 하나 하지 않고 늘 꼼꼼함과 성실함의 미덕을 보여 주신 컬처룩 이여진 선생께 감사드린다.

서론

위험, 사회, 미디어 : 세 개념의 만남

미세먼지가 공기를 채우듯 위험의 기운이 21세기 현대인의 일상을 채우고 있다. 위험한 사회에 살고 있다는 느낌이 사람들 일상을 뿌옇게 한다. 아침에 일어나 눈을 뜨고, 옷을 갈아입고 거리로 나서는 순간부터 온갖 위험의 원인이 주변에 널려 있다고 사람들은 생각한다. 매일 매일 뉴스에 등장하는 제목들을 보면 우리 사회가 위험한 사회라는 말을 반박하기 힘들어진다. 지난 10여 년 동안 한국 사회 안팎에서 있었던 일들을 떠올려보자. 굵직한 것들만 뽑아본다 해도, 2011년 가습기 살균제 사태, 2014년 세월호 참사, 2015년 중동호흡기증후군(MERS) 사태, 2016년 사드 배치 후 시작된 중국의 경제 보복 조치, 2016년 강남역 살인 사건, 2016년과 2017년에 걸친 박근혜-최순실 게이트, 2016년 규모 5.8의 경주 지진과 2017년 규모 5.4의 포항 지진, 2018년 태안화력발전소에 20대 노동자가 석탄 이송 컨베이어 벨트에 끼어 사망한 사고, 2020년부터 2023년까지 이어진 코로나19 팬데믹, 2022년 SK C&C 판교 데이터센터 화재로 인해 카카오 서비스가 다운되었던 사태, 2022년 SPC 제빵공장 사망 사고, 2022년 러시아의 우크라이나 침공, 2022년 11월에 발생한 이태원 참사 등등 끊임없이 꼽을 수 있다. 이 글을 쓰는 순간에도 수단에서 발생한 내전 때문에 각국이 자국민을 안전한 곳으로 대피시키려는 위험한 작전들이 펼쳐지고 있다. 남북 간의 긴장, 한일 간의 갈등, 미중 간의 보이지 않는 신냉전적 대립은 언제 끝날지 모르게 우리 일상에 항존적 위험 요소로 침잠해 있다. 이렇게 이야기하고 보면 2023년 한국 사회를 살아가는 사람들의 일상은 그야말로 위험으로 포화되어 있는 듯하다. 집같이 익숙한 장소도 위험으로부터 완전한 면역 상태에 있지 않다. 집에 있는 순간에도 위험의 요소가 사라지는 것이 아니라고 느끼는 사람들은 문단속 한번을 더 할 것이고 집 앞에 CCTV를 설치해 달라고 구청에 전화를 걸 것이다.

우리의 일상을 위험이 채우고 있는 것 같은 느낌이 들더라도 곰곰이 한번 더 생각해 보자. 과연 우리 사회는 얼마나 위험한 곳일까? 우리는 정말로 위험한 사회에 살고 있는 것일까? 위험한 사회에 살고 있다는 것은 무엇을 의미하는 것일까? 어떤 사회가 위험한 사회일까? 위험하지 않은 사회가 인류 역사상 있었을까? BC 26세기에 쓰여진 인류 최초의 문학 작품 《길가메시 서사시》에는 폭력, 살인, 방화, 홍수 같은 온갖 유형의 재난 이야기가 들어 있다. 인류 최초의 도시 중 하나인 수메르 우루크의 지배자이기도 했던 주인공 길가메시는 영원히 죽지 않는 영생의 힘을 찾으려 온갖 고초를 겪으며 헤매지만, 결국 실패하고 만다. 그러면서 인간은 어쩔 수 없이 죽음이라는 원초적 위험과 더불어 살 수밖에 없는 존재임을 깨닫고, 길가메시는 자신의 그런 운명과 화해한다. 《길가메시 서사시》에는 죽음의 고통과 그것이 가져오는 유한성에 대한 인간의 깊은 고뇌가 담겨 있다. 인류가 남긴 최초의 서사시는 인간의 존재 자체가 유한성의 속성을 내포한 위험 그 자체임을 보여 준다. 그러면서 인간의 운명이란 그런 위험과 화해하며 살 수밖에 없는 것임을 알려

준다. 그런데 우리는 과연 위험과 제대로 화해할 수 있을까?

현대 사회가 아무리 위험하다고 하더라도 모든 현대인이 길가메시가 겪었던 만큼의 고난을 겪는 것은 아닐 것이다. 그런데 현대인이 자신이 위험한 사회에 살고 있다고 느끼는 이유는 과연 무엇일까? 정말로 그들이 객관적으로 감당하기 어려운 외부 위험 요소에 놓여 있기 때문일까? 아니면 여러 가지 이유 때문에 현대인이 위험에 더 민감해질 수밖에 없게 된 것일까? 위험은 그래서 객관적, 존재론적 현실이 아니라, 주관적·인식론적 현실일 뿐일까?

위험은 객관적·존재론적 현실의 문제이기도 하고 동시에 주관적·인식론적 현실의 문제이기도 할 것이다. 그렇다면 '우리 사회는 (객관적으로) 얼마나 위험한가'라는 질문과 더불어 '우리는 우리 사회가 위험한지에 대해 (주관적으로) 어떻게 인식하는가'라는 질문을 동시에 던져야 한다. 한국인이 과거에 외국에 나가면 외국인으로부터 "북한의 위협이 끊임없는 한국, 그렇게 위험한 곳에서 어떻게 살 수 있는 겁니까?," "휴전선에서 불과 30마일밖에 떨어져 있지 않은 서울에서 사는 게 불안하지 않으세요"와 같은 질문을 받곤 했다. 아마 지금도 외국인 중에는 한국에 사는 것에 대해 그렇게 생각하는 사람들이 있을 것이다. 그러나 정작 한국에 사는 누구도, 심지어 휴전선 근처에 사는 사람들조차도 전쟁의 위협을 느끼는 사람은 별로 없다. 객관적 위험과 주관적 위험의 문제가 외부에서 한국인을 바라보는 것과 한국인이 스스로 느끼는 것 사이에서도 존재해 왔다.

'우리 사회는 얼마나 위험한가'라는 질문은 '우리 사회는 얼마나 더 위험한가'라는 상대적 질문으로 바꿀 수도 있다. 가령 시간상으로 봐서, 과거 사회보다 오늘날의 사회가 더 위험한가라는 질문을 던질 수 있다. 혹은 가까운 미래에 우리 사회는 더 위험한 사회가 될까 아니면 덜 위험한 사회가 될까라는 질문을 던질 수도 있다. 시간적으로뿐 아니라 공간적으로도 생각해 볼 수 있다. 가령 우리가 사는 한국 사회는 다른 사회에 비해 더 위험한가 혹은 덜 위험한가와 같은 질문을 던질 수 있다. 자기가 사는 국가와 외국의 사회를 비교할 수도 있지만, 국가 내부의 장소들을 비교할 수도 있다. 가령 한 국가 내의 도시들을 위험의 객관적 상태나 주관적 인식의 측면에서 비교해 볼 수도 있다.

우리 사회는 '더' 위험한가?

현대 사회는 과거의 사회보다 더 위험한가? 한국 사회는 한국 밖의 다른 사회보다 더 위험한가? 이런 질문들에 대한 답을 몇 가지 지표를 통해서 살펴보자. 우리는 우리가 매우 위험한 시대에 살고 있다고 말한다. 그러나 실제로 인간의 기대 수명을 살펴보면 우리는 역사적으로 매우 특이한 시대를 살고 있다고 할 수 있다. 그 어떤 시대도 경험하지 못한 높은 기대 수명을 경험하고 있기 때문이다. 네안데르탈인의 평균 기대 수명은 30세 정도였다고 한다. 신석기 시대에 기대 수명이 잠깐 늘어나긴 했지만, BC 500년경 인간이 도시를 만들어 살기 시작하면서 기대 수명이 오히려 줄어들었다. 각종 전염병 등 수렵 채취 시기에는 경험하지 않았던 새로운 위험 요소가 도시 안에 있었기 때문이다. 인류 최초의 도시들은 여러 면에서 위험한 곳이었다. 오늘날에는 도시 거주자들이 농촌 거주자들보다 평균적으로 기대 수명이 높지만, 인류 초기에는 도시 거주자의 삶이 그리 녹록하지 않았다. 인류가 도시 생활에 적응해 가면서 수명이 늘어나기 시작했다. 하지만 14세기 즈음 다시 기대 수명이 급감했다. 14세기는 유럽의 경우 중세가 거의 끝나갈 무렵이다. 한국의 경우는 고려/조선 교체기에 해당하는 시기였다. 중국은 명나라 시기였다. 이때 기대 수명이 다시 급감한 이유는 당시 전 세계적으로 영향을 미쳤던 흑사병 때문이었다. 14세기에서 16세기에 걸쳐 흑사병 등 각종 전염병 때문에 유럽에서만 2,500만 명, 아시아에서도 6,000만 명이 사망하였다. 그래서 인류의 평균 기대 수명이 다시 30세 후반으로, 즉 40세가 채 되지 않을 정도로 줄어들었다. 이 정도의 기대 수명은 사실 약간의 변화를 거치면서 1950년대까지 이어졌다. 전 인류의 평균적 기대 수명이 50세가 넘어선 것은 2차 세계 대전이 끝나고 국제 정세가 냉전 체제에서 안정화 기미를 보이기 시작한 1950년대 이후에나 가능해진 일이었다.

1950년대 이후에 평균 기대 수명은 계속 증가했다. 선진국의 경우는 이제 남녀 모두 80세 육박한 기대 수명을 갖게 되었다. 물론 여전히 지역적 편차가 매우 크다. 아프리카의 경우는 지금도 기대 수명이 60세 미만이다. 유엔의 전망에 따르면, 2040년 정도가 되면 대부분의 선진국에서 평균 기대 수명이 85세에 육박할 것이라 한다. 특히 유엔은 일본과 한국이 그 어떤 나라들보다도 높은 기대 수명을 보일 것으로 전망했다.

기대 수명 변화에 있어서 한국은 사실 매우 흥미로운 사례다. 1950년대에 한국의 평균 기대 수명은 40세가 채 되지 않았다. 그렇게 낮은 기대 수명을 보였던 데는 해방 후의 혼란과 한국 전쟁이 영향을 미쳤을 것이다. 그 후 기대 수명이 급속히 늘어났다. 이제는 전 세계에서 가장 기대 수명이 긴 나라 중 하나가 되었다. 1950년대는 기대 수명이 40세가 되지 않던 한국인의 기대 수명이 어떻게 이렇게 늘어난 것일까? 평균 기대 수명을 낮추는 가장 주요한 요인 중 하나인 유아사망률이 경제가 발전하면서 매우 낮아졌다는 것, 비교적 평등한 의료보험제도를 갖추고 있다는 것, 식생활 개선이 꾸준히 이루어졌다는 것, 교육 수준이 높다는 것 등을 주요 원인으로 꼽을 수 있다. 2017년 1월 저명한 의학 학술지 〈랜싯*Lancet*〉은 영국 임페리얼칼리지 런던 학자들의 논문을 게재했다(Kontis et al., 2017). 이 논문에서 저자들은 앞으로 한국 여성이 전 세계에서 가장 오래 사는 집단이 될 것으로 예측하였다. 현 추세가 지속된다면 2030년에 한국 여성의 기대 수명이 86세에서 87세 사이가 될 확률이 90% 이상이고, 기대 수명이 90세가 넘을 확률도 57%나 된다고 발표했다. 이 전망이 맞게 되면 전 세계에서 가장 높은 기대 수명을 보이는 집단이 한국 여성이 되는 것이다. 한국 남성도 크게 다르지 않았다. 이 연구진은 한국 남성의 평균 기대 수명이 2030년에 85세 가깝게 늘어나게 되면서 캐나다, 뉴질랜드, 호주에 이어 한국이 남자들의 기대 수명이 가장 높은 나라 중 하나가 될 것으로 예측했다.

환경 문제, 먹거리 문제, 전염병 문제, 정신적 문제, 불평등의 문제, 젠더 갈등, 세대 갈등, 남북문제, 정치, 경제, 사회 부문의 다양한 갈등으로 인해서 우리 사회는 점점 더 위험한 사회가 되어 가는 것 같고, 다른 어떤 사회와 비교해서도 더 암울한 것 같은데, 이 땅에 사는 남자와 여자의 기대 수명이 세계 최고 수준이 된다는 것은 뭔가 앞뒤가 맞지 않는 것 아닌가? 기대 수명이 삶의 복잡한 양상을 홀로 대표하는 것은 아니지만 말이다. 그런데도 세계 최고의 기대 수명을 자랑하는 사회를 무작정 위험한 사회로 부를 수 있을까? 돌이켜보면 20세기 거의 대부분 시기에 한국은 정치적으로는 혼란스러웠고, 경제적으로는 가난했고, 사회적으로는 불안정했다. 식민지 시기를 거치기도 했고, 전쟁으로 많은 사람이 죽기도 했다. 반민주적이고 권위주의적인 군사 정권 시기를 거치기도 했다. 그런 과거를 생각하면 정치적으로는 민주주의의 꽃을 피우고, 경제적으로는 그 어떤 때보다 윤택해지고, 사회적으로는 다양성과 역동성이 커지고, 심지어는 문화적 자부심마저 커지고 있는 오늘의 한국 사회를 위험하다고 하는 것은, 한국 사회가 객관적으로 그런 것이어서라기보다는 단지 그렇게 주관적으로 인식하기 때문이 아닐까?

이 질문에 대한 답을 성급히 내리기 전에 기대 수명 외에 몇 가지

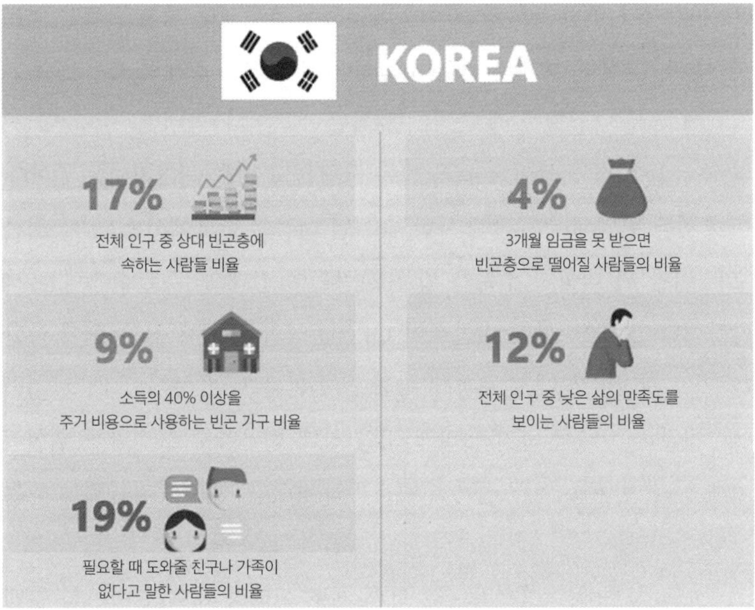

그림 1 한국의 빈곤.

출처: How's life 2020: Measuring wellbeing(OECD, 2020).

다른 지표들을 살펴보자. 사실 오래 산다는 것 그 자체가 축복은 아닐 것이다. 높은 삶의 질을 누리면서 건강하게 오래 사는 게 더 중요한 것일 테니 말이다. 낮은 삶의 질을 감수하며 질병으로 신음하면서, 오래 사는 것은 오히려 저주일 수도 있다. 이런 점들을 생각해 보면서 한국 사회의 삶의 질 문제를 더 따져 보아야 한다.

삶의 질을 기준으로 위험 사회 문제를 따져보기 위해 OECD가 발간한 〈2020 삶의 질How's life 2020: Measuring wellbeing〉이라는 보고서를 살펴보자. OECD는 이 보고서에서 국가별로 문제점을 요약해서 그림으로 보여 줬는데, 그림 1은 한국 상황을 담고 있다. 그림을 보면 전체 인구 중에서 17%에 달하는 한국인이 상대 빈곤층에 묶여 있다. 상대 빈곤층은 해당 국가 중위 소득의 50%에 해당하는 소득보다 적은 소득을 버는 사람들을 말한다. 여기서 중위 소득이란 국가 인구 전체의 소득을 소득 크기에 따라 나열했을 때 중간에 위치한 소득이다. 상대빈곤율은 그 중위 소득의 반절 이하의 소득을 받는 사람들의 비율을 가리키는 것이다. 이런 점을 반영해서 계산해 보면, 2021년 시점의 한국에서는 1인당 월급으로 91만 원 이하의 소득을 받는 사람들이 상대 빈곤층에 속하는 사람들이다. 한국은 상대 빈곤층이 OECD 국가 중에서 높은 편에 속한다. 지금 당장은 상대 빈곤층에 속해 있지 않은 사람 중에도 4%는 임금을 3개월 연속해서 받지 못하게 되면 상대 빈곤층으로 전락할 위험에 처해 있다. 빈곤층 가구 중 9%는 소득의 40%를 집세에 지급해야 하는 상황에 있다.

한국 사회에는 경제적 빈곤의 문제뿐 아니라 사회적 빈곤의 문제도 있다. 전체 인구의 19%, 즉 거의 5분의 1에 해당하는 사람들이 필요할 때 찾을 친구나 가족이 단 한 명도 없다고 답했다. 특히 주목할 점은 어려울 때 의지할 사람이 있는 비율에 있어서 한국은 연령에 따른 격차 수준이 OECD 국가 중에서 가장 컸다는 사실이다. '어려울 때 의지할 사람이 있는가'라는 점에 있어서 10대와 20대의 경우는 사실 다른 OECD 국가들과 비교할 때 큰 차이를 보이지 않는다. 하지만 50대 이상의 경우는 다른 나라들과 비교하기 힘들 정도로 낮은 비율을 보였다. OECD에 속한 다른 국가들도 대개 고연령층으로 갈수록 사회적 고립이 더 커지는 경우를 보이긴 한다. 그러나 고연령으로 갈수록 사회적 고립이 커지는 정도가 한국의 경우 다른 나라와 비교되지 않을 정도로 급격했다. 한국인의 사회적 고립에는 학력도 큰 영향을 미쳤다. 이런 경향 자체가 한국의 특수한 상황을 보여 준다. 어려울 때 의지할 사람이 있는지에 대해서 한국 고학력자는 다른 OECD와 비교해서 큰 차이를 보이지 않았다. 하지만 교육 정도가 낮은 사람들 사이에서는 극히 낮은 수치를 보였다. 한국에서 사회적 고립은 사람들이 소유한 다른 자원, 즉 교육, 소득 등과 밀접한 관계를 맺고 있다는 것이다. 결국 한국에서는 저학력·저소득 노인층이 심각한 사회적 고립까지 겪고 있다. 이런 상황은 아마도 한국이 여전히 OECD 국가 중에서 자살률, 특히 노인자살률이 가장 높은 국가인 것에도 영향을 미쳤을 것이다.

나쁜 뉴스는 계속된다. OECD의 2016년 보고서에 따르면, 한국은 OECD 국가 중에서 가장 낮은 출산율을 보이는 나라이고, 첫 출산의 나이가 가장 높은 나라다. 한국은 또한 OECD 국가 중에서 노인 인구의 비율 증가가 가장 높은 나라다. 그야말로 저출산, 고령화 정도가 가장 높은 사회가 된 것이다. OECD의 예측에 따르면, 2060년이 되면 한국은 일본과 더불어 노령 인구가 가장 많은 국가가 될 것이다. 노령 인구 증가와 더불어 주목할 것은 상대 빈곤층 노인들의 비율이 OECD 국가 중에서 가장 높은 나라가 한국이라는 사실이다. 한국에서 청소년층의 상대빈곤율은 OECD 다른 국가와 비교할 때 큰 차이를 보이지 않는다. 하지만 65세 이상은 다른 국가와 비교되지 않을 정도로 높은 상대빈곤율을 보인다. 대부분의 OECD 국가에서는 청년층의 상대빈곤율이 상대적으로 제일 높고, 성인, 노년으로 갈수록 빈곤율이 떨어지는 추세를 보인다. 한국의 경우는 반대다. 청년층의 빈곤율은 다른 나라에 비해 높은 편이 아니지만, 노년층의 경우 거의 절반에 해당하는 사람들이 빈곤 수준에 있다.

위험 사회의 가장 중요한 지표 중 하나는 사람들이 얼마나 서로를 신뢰하는가다. 사회적 신뢰가 낮은 사회일수록 자신의 사회가 위험하다고 인식하는 정도가 높기 때문이다. OECD 보고서들에 따르면 다른 국가들과 비교해서 한국 사회는 타인에 대한 신뢰도가 비교적 낮은 쪽에 속한다. 한국은 정부에 대한 신뢰가 매우 낮은 사회이기도 하다. 사회적 신뢰와 정부에 대한 신뢰는 간접적으로 일상의 환경을 얼마나 안전하다고 느끼는지에 영향을 미칠 수 있다. OECD 보고서에는 밤에 혼자 길에 걸어갈 때 안전하다고 느끼는 사람들의 비율에 관한 내용이 들어 있다. 한국은 그 비율이 OECD 평균보다 낮은 수치를 보이는 나라였다. 한국의 객관적 범죄율은 상대적으로 낮다. 하지만 자기가 사는 사회를 위험하다고 느끼는 한국인의 비율은 늘어나고 있다. 아마도 이런 이유로 한국인이 CCTV로 자신의 일상이 감시되는 것을 순순히 받아들이는지 모르겠다. 그런데 문제는 감시 사회로의 이런 전환은 위험 사회의 또 다른 징후를 만들어 내기도 한다는 것이다.

2021년 UN 지속가능발전해법네트워크(Sustainable Development Solution Network: SDSN)가 발간한 세계 행복 지수 비교 보고서에 따르면, 한국은 전 세계 국가의 행복 지수 점수 순위에서 61번째를 차지했다. 세계에서 사람들이 가장 행복하다고 느끼며 사는 나라는 핀란드, 덴마크, 스위스, 아이슬란드, 네덜란드 등이었다. OECD의 〈2020 삶의 질〉에는 2013년도 기준 OECD 국가 간 삶에 대한 만족도life satisfaction 평균치를 비교한 내용도 실려 있다. 그에 따르면 한국은 OECD 국가 중에서 삶의 만족도가 터키와 더불어 가장 낮은 나라였다. 흥미로운 점은 한국인 중 행복감을 느끼지 못하는 사람들이 많고, 삶에 만족하지 않는 사람들이 많다는 것이 자신의 건강 상태에 대해 부정적으로 생각하는 사람들의 비율이 높다는 것과 연동되어 있다는 점이다. 현재의 건강 상태를 물어봤을 때 '좋다' 혹은 '아주 좋다'고 답한 사람들의 비율, 즉 주관적 건강 상태에 대해 긍정적으로 답한 사람들의 비율을 살펴보면, OECD 국가 중에서 한국은 일본과 더불어 가장 낮은 수치를 보였다. 전 세계에서 기대 수명이 가장 높은 두 나라, 한국과 일본 사람들의 주관적 건강 상태가 가장 낮다는 것이다. 대개 경제 여건이 좋은 사람들은 주관적 건강 인식 정도가 높다. 그러나 한국에서는 경제 여건이 좋은 사람들도 자신이 건강하다고 인식하는 사람의 비율이 다른 OECD 국가에 비해 매우 낮은 상태에 있다. 이런 결과는 위험이라는 것이 객관적인 것이면서도 동시에 주관적인 것이라는 점을 보여 준다.

이런 통계 결과들이 우리에게 전하는 메시지는 무엇일까? 한국 사회 안에서 위험은 한편으로는 객관적 실체로, 또 한편으로는 주관적 인식으로, 우리 일상 깊숙이 와 있다는 것이다. 여전히 많은 한국인이 삶의 존엄을 지키기 위한 최소한의 기본적 경제 토대마저 허물어진 상태에서 살아간다. 또 많은 사람이 이미 허약한 지금의 경제적 토대가 언제 더 허물어질지 모르는 위험 상황 속에서 살아가고 있다. 경제적 토대뿐 아니라 사회관계의 토대마저 무너진 상태에서 많은 사람이 혼자 버티고 있다. '각자도생'이라는 말이 21세기 한국인의 생존 이념이 되어 버렸다고 해야 할 정도다. 더불어 한국 사회는 여전히 전쟁에 대한 위기 담론을 떨치지 못한 곳이다. 한국 사회는 핵발전소가 축복일까 저주일까에 대해 합의조차 아직 내리지 못하고 있다. 가습기 살균제 사태, 메르스 등 각종 보건 이슈, 조류 인플루엔자나 구제역 등 각종 가축 질병 등의 문제, 세월호나 이태원 사태와 같은 사회적 참사 문제, 진보-보수 대립의 정치적 양극화 문제 등이 한국인의 일상을 계속 짓누르고 있다. 미세먼지의 뿌연 하늘을 보면서 말세의 징후를 수시로 느끼기도 한다. 무엇보다 지난 코로나19 팬데믹은 우리의 삶을 그야말로 위험과 위기의 소용돌이로 몰아넣었다. 우리 일상은 과연 각종 재난으로부터 안전한가? 그리고 사람들은 어떤 재난에서든지 그것으로부터 충분히 보호받을 수 있는가? 이런 질문에 대해 우리 사회는 분명하게 답할 수 있는가? 그 어느 때보다 우리 사회의 경제적 여건이 좋아졌고, 사회문화적 역량이 커졌고, 전 세계 최고의 기대 수명을 자랑하는 사회가 되었다는 밝은 이야기들과 더불어 우리 사회가 모든 위험 이야기의 전시장같이 되어 버렸다는 비판을 함께 고려해야만 우리 사회의 객관적, 주관적 위험의 문제에 관해서 이야기할 수 있을 것이다.

이 책의 목적

이 책의 저자 세 사람은 이 책을 통해 우리 사회가 갖는 위험의 성격을 미디어와 커뮤니케이션의 틀 속에서 설명하고자 한다. 이 책의 목적은 독자가 '위험 사회'로서의 현대 사회의 특징을 이해하고, 그러한 이해를 바탕으로 우리 사회에서 어떻게 효과적으로 위험, 위기에 대해 소통할 수 있을지에 대해 성찰하는 데 필요한 개념적 도구와 생각의 틀을 갖게 하는 것이다. 이 책을 읽으면서 독자는 시민으로서 스스로 경험하는 다양한 유형의 위험, 위기, 재난의 문제에 대해 비판적으로 생각해 볼 기회를 갖게 될 것이다. 코로나19와 같은 보건 재난 문제뿐 아니라, 지진이나 지구 온난화 등과 같은 자연 재난 문제, 인공 지능 기술이 가져올 수 있는 다양한 기술적 재난 등의 문제를 이해하는 데 필요한 관점들을 배우게 될 것이다.

위험, 위기, 재난의 문제는 물리적 현상에 그치는 것이 아니라, 사회적, 심리적, 문화적 현상이면서 동시에 커뮤니케이션과 밀접한 관련을 갖는 현상이다. 위험 사회의 문제는 우리 사회가 갖는 다양한 유형의 구조적 문제와 밀접하게 연관되어 있다. 특히 사회경제적 불평등은 위험에 대한 대처와 준비의 불평등으로 쉽게 전이되곤 한다. 이 과정에서 미디어와 커뮤니케이션은 사회경제적 불평등이 위험과 연관된 불평등으로 전이되는 통로 역할을 함과 동시에 이러한 불평등의 고리를 끊는 해결 수단을 제공하는 이중적 모습을 보인다. 이 책에서 저자들은 미디어/커뮤니케이션의 이중적 역할에 대해서 집중적으로 논의한다. 다양한 유형의 새로운 미디어로 인해 우리 사회 내의 커뮤니케이션 환경이 급속히 변화하고 있다. 특히 인공 지능, 사물 인터넷, 모바일 기술, 스마트 기술, 소셜 미디어 등 최근의 기술 변화는 위험, 사회, 미디어 사이의 관계를 더욱더 복잡하게 만들고 있다. 포스트매스미디어 시대(김용찬, 2023)의 새로운 기술 환경 속에서 뉴 미디어와 위험 사회와의 이중적 관계를 조망하는 것 역시 이 책 전체에 걸쳐 논의될 것이다.

이 책의 저자들은 위험, 사회, 미디어 사이의 관계에 대해 비슷한 문제의식을 공유하고 있고, 모두 미디어와 커뮤니케이션 전공자다. 그러나 세 사람의 학문적 배경이 완전히 일치하는 것은 아니다. 김용찬은 미디어 사회학, 김진희는 미디어 심리학, 김예란은 미디어 문화연구 전통에 속한 연구를 그동안 수행해 왔다. 따라서 위험, 사회, 미디어의 문제에 대해, 1장에서 4장은 김용찬이 주도하면서 미디어 사회학적 이슈를 주로 다루고, 5장부터 8장은 김진희가 주도하면서 미디어 심리학적 주제를 다루고, 9장부터 12장은 김예란이 이끌면서 문화이론적 주제를 다뤘다. 각 장별로 주도한 저자가 있긴 했지만, 모든 장은 세 사람의 긴밀한 협력 속에서 쓰여졌다. 한 사람이 초고를 작성하면, 나머지 두 사람이 그것을 읽고 내용에 대한 비판적 코멘트와 수정을 위한 의견을 공유하였다. 그것을 토대로 초고 작성자가 수정본을 작성하면 그에 대해 나머지 두 사람이 한두 차례씩 다시 읽고 새로운 코멘트를 공유하였다. 이런 과정을 몇 차례 거쳤기 때문에 결국 세 사람이 이 책의 모든 장에 대해 책임감을 공유한다 할 수 있다.

이 책의 구성

이 책은 모두 12개의 장으로 구성되어 있다. 1장('위험'의 문제에 어떻게 접근할 것인가)에서는 미디어와 위험 사회의 문제를 사회적 현상으로 설명하는 사회 이론과 미디어/커뮤니케이션 이론을 살펴본다. 특히 현대 사회가 왜 위험 사회로 불리는지, 위험 사회의 특징은 무엇인지, 어떻게 위험은 미디어를 통해 사회적으로 구성되는지, 개인으로서 혹은 공동체의 일원으로서 우리는 위험에 대해 어떻게 소통해야 하는지 등에 대한 이론적 논의들을 소개한다.

2장(위험은 개인의 문제인가, 공동체의 문제인가)에서 우리는 위험 사회의 문제를 개인이 감수해야 하는 문제이면서 동시에 가족, 마을, 도시, 국가 등의 단위로 묶인 집단이 공동체적으로 해결해야 하는 문제로 논한다. 위험의 문제를 개인적 문제로 파악할 때뿐 아니라, 그것을 공동체적인 것으로 파악할 때는 소통 능력이 더 중요한 조건이 된다. 이 장에서 우리는 위험 사회의 문제를 공동체적 문제로 파악하면서 어떻게 한 사회가 위험에 대한 공동체적 대처를 하는지, 그 과정에서 다양한 방식의 소통 노력이 어떤 역할을 하는지 등을 살펴볼 것이다. 특히 위험에 대한 공동체 회복성, 시민 참여, 집합 행위 등의 개념들을 위험 사회와 미디어 시각에서 논의한다.

3장(위험 상황에서 사람들은 왜 연대와 적대의 이중적 모습을 보이는가)에서는 위험 상황에서 사람들이 보이는 모순적인 연대/적대의 반응에 대해서 살펴본다. 위험 상황에 처했을 때 사람들은 종종 타자들과 연대하는 모습을 평상시보다 더 보이기도 하지만 동시에 어떤 타자들에게는 평상시보다 더 적대적인 모습을 보이기도 한다. 그런 역설적 모습을 드러내는 과정에서 미디어와 커뮤니케이션이 어떤 역할을 하는지, 연대의 가능성을 높이고 적대의 가능성을 낮추는 소통 전략은 무엇일지 등에 대해 설명한다.

4장(미디어는 위험의 해결자인가, 위험의 촉진자인가)에서는 미디어가 위험 문제에 대해 갖는 모순적 관계에 대해서 논한다. 위험 사회에서 미디어는 종종 위험 문제를 해결하는 수단으로 인식됨과 또 동시에 위험 문제 해결을 방해하는 세력으로 비판받아 왔다. 미디어 스스로가 현대 사회의 위험을 만든다고 비판하는 사람들도 있다. 디지털 기술이 발전하고 인공 지능과 사물 인터넷 기술이 발전하면 기술을 통해 위험 문제를 통제하고 관리하려 하지만 그런 미디어 기술들이 감시와 프라이버시 침해 문제 등 새로운 문제를 만들기도 한다. 이런 문제의식 속에서 4장에서는 전통적 미디어와 뉴 미디어의 문제를 위험 사회의 맥락에서 파악하면서 위험 뉴스의 생산과 소비, 미디어를 통한 위험의 증폭, 위험에 대한 미디어 보도의 문제, 가짜 뉴스 문제, 디지털 미디어가 생산하는 새로운 위험 문제와 같은 이슈를 다룬다.

5장(우리는 왜 위험을 과대, 과소평가하는가)에서는 일반 공중이 위험에 대해 보이는 주관적, 직관적 인식을 다룬다. 이러한 인식의 근거를 잘 이해하는 것은 위험 소통과 관리를 위해 매우 중요하다. 사회심리학적 전통에 기반하여 해당 근거를 (1) 위험의 특성에 따른 지각, (2) 어림짐작에 기반한 지각, 그리고 (3) 위험 지각자들의 특성에 따른 인식 등으로 구분하여 살펴본다. 공중의 위험 인식이 왜곡될 수 있음을 받아들이면서도, 그들이 더 높은 리스크 리터러시 역량을 갖추고 전문가의 수리적 모델링과 교호할 수 있는 방안에 대해서도 탐색해 본다. 공중은 높은 수준으로 위험을 지각하면, 평상시보다 더 적극적으로 관련 정보 탐색을 수행하곤 한다. 체계적 정보 탐색을 통해 공중의 예방 실천 행동을 높일 수 있는 경로에 대해서도 알아본다.

6장(위험은 뉴스 미디어에서 어떻게 구성되는가)은 실제 현실에서 나타나는 다양한 위험들이 뉴스 미디어를 통해 사회적으로 재구성되는 과정에 대해 살펴본다. 대부분의 공중은 사회적으로 논의되는 위험을 직접 경험하지 못하고 대개 뉴스 미디어를 통해 간접 경험한다. 그렇기에 위험을 보도하는 뉴스의 보도량과 묘사의 특성에 따라 상이한 영향을 받을 수 있다. 실제의 위험과 뉴스 미디어에서 구성된 위험이 만드는 간극의 잠재적 문제점을 우리는 기존 연구를 바탕으로 네 가지 유형으로 살펴볼 것이다. 즉 (1) 뉴스 미디어에서 과대 혹은 과소하게 보도되는 위험의 유형, (2) 위험을 둘러싼 윤리나 책임 등 핵심 쟁점이 언론 보도에 부각되지 않는 경향, (3) 위험의 본질적 불확실성을 종종 악용하여 과학적 합의를 정치적 관점으로 변질시키는 언론 보도, 그리고 (4) 위험을 둘러싼 사회 집단의 범주화와 이들 간의 치열한 갈등에만 초점을 둔 뉴스 보도 양태가 그것이다. 이 장에서는 언론의 위험 보도에 대한 규범적 고민이 필요하다는 점에 대해서도 논의한다.

7장(엔터테인먼트 콘텐츠는 위험의 도피처인가, 의미의 자원인가)에서는 위험 사회에 사는 것이 개인의 엔터테인먼트 콘텐츠 선택 및 소비 경험에 어떤 영향을 미치는지를 탐색할 것이다. 위험을 지각한 사람들은 불확실성과 함께 공포, 두려움, 불안 등의 감정적 스트레스를 경험한다. 이런 상태에 처하면 개인들은 부정적 감정을 긍정적 감정으로 승화시키거나 혹은 각성 수준에서 차분함으로 감정적 평형 상태를 만들기 위한 동기를 활성화시킨다. 하지만 어떤 때는 부정적 감정을 끌어안고 곱씹으며 이를 불확실한 현실과 연결 지어 이해하고 거기에서 통찰을 얻으려는 동기를 갖기도 한다. 7장에서 우리는 도피와 자원 추구 등 상이한 적응 전략 속에서 이용되는 엔터테인먼트 콘텐츠의 특징을 논의한다. 특히 우리는 사람들이 엔터테인먼트 내러티브를 통해 재미만 경험하는 것이 아니라, 의미, 희망, 영감을 얻기도 하고, 위험 문제를 집단적으로 대처하는 방안을 학습하기도 하는 점에 대해 탐색해 본다.

8장(소셜 미디어는 위험을 해결하는가, 촉진하는가)에서는 위험 사회의 맥락에서 소셜 미디어의 역할을 짚어본다. 소셜 미디어는 이용자들로 하여금 사회적 지지를 쉽게 공유함으로써 위험이 초래하는 불확실성을 낮추거나, 집단 지성을 구축해서 공동체의 위험 문제를 함께 해결할 수 있도록 돕는다. 그러나 동시에 소셜 미디어는 자신들과 동일한 현실을 공유하지 않는 타인들을 비난하거나 그들과의 차이를 용인하지 않는 무분별한 동조 현상을 초래할 수도 있다. 소셜 미디어에서 생산 및 유통되는 정보는 허구성이나 극단성 등의 문제에도 취약하다. 이처럼 위험 상황에서 더 분명히 드러나는 소셜 미디어의 양면적 모습에 대해 논한다.

9장(미디어 장치는 위험한 자유인가, 안전한 구속인가)는 디지털 기술이 안전을 주면서 동시에 위험 요소가 된다는 점에 주목한다. 오늘날 디지털 미디어는 단지 개별적인 기술이나 기기로서가 아니라 하나의 거대한 체제로 존재하고 작동한다. 디지털 체제는 하나의 '장치'로서 안전과 위험, 편리와 구속의 모순적 양면성을 지닌다. 이 장에서 우리는 미디어 기술이 재미있고 신나는 도구에 그치는 것이 아니라, 자유와 감시, 쾌락과 고통을 동시에 함축하는 양면성에 대해 비판적으로 살펴본다.

10장(미디어는 사랑을 지지하는가, 혐오를 자극하는가)에서는 정동의 개념을 소개하면서 소셜 미디어를 포함한 디지털 네트워크에서 어떤 사회 집합적인 활동이 정동적으로 전개되는지를 조명한다. 즉 가변적이고 역동적인 마음의 운동을 정동이라고 정의하면서, 우리가 디지털 환경에서 어떤 정동 작용을 체험하며 이 정동의 역량을 어떻게 실천할 것인지에 관해 탐구한다.

11장(미디어는 평등에 기여하는가, 불평등을 악화하는가)에서는 사회 불평등 질서에 디지털 기술이 깊숙하게 연관된 방식을 알아본다. 특히 디지털 미디어 환경에서 디지털 노동자 사이에서 나타나고 있는 경쟁과 불평등의 위험 상황을 살펴본다. 디지털 환경은 기존의 불평등 질서를 심화하거나 새로운 불평등 현상을 양산하기도 한다. 심지어 팬데믹처럼 돌발적인 위험이 겹쳐질수록 기존의 불평등 양상은 악화된다. 이런 악순환을 수정하기 위해 어떤 자원이 누구에 의해 어떤 방식으로 배치되고 어떤 이들이 어떻게 향유할 수 있어야 하는가의 문제를 정의의 가치를 바탕으로 탐색한다.

12장(게임오버인가, 업사이클은 가능한가)에서는 위험을 단지 방지하거나 피하는 대상이 아니라, 그것의 현존성을 직면하면서 도전하고 극복해야 하는 대상으로 이해한다. 위험이 예상됨에도 불구하고, 나아가 위험을 감수하면서도, 위험을 사회 안에 알리고 진실을 추구하는 커뮤니케이션 윤리의 자세를 파레시아라는 개념을 통해 이해할 것이다. 특히 이 장에서 우리는 위험에 의해 모든 과거와 현재가 파괴되는 게임오버로 들어가는 것이 아니라 위험에 휩싸여 있는 현재를 보다 나은 미래로 업사이클시킬 가능성을 타진해 본다.

1장

'위험'의 문제에 어떻게 접근할 것인가

'위험'과 그 주변 개념들

'우리 사회는 위험한 사회인가'라는 질문에 대한 답을 찾기 위해서는 먼저 위험이라는 것이 무엇인지 분명히 해야 한다. 위험은 종종 위기, 재난, 위급 등의 말과 함께 쓰이곤 한다. 여기서는 이 개념을 구분해 보는 작업을 해 보도록 하겠다. 그것은 '위험 사회'라는 말에 들어 있는 '위험'이라는 의미가 무엇인지 논하는 데 필요한 사전 작업이 될 것이다. 우리말로는 모두 위험이지만, 그렇게 번역되는 영어 단어가 여럿 있다. 리스크risk, 데인저danger, 해저드hazard 같은 단어가 그렇다(Farazmand, 2001; Lundren & McMakin, 2004; 김영욱, 2008). 우리말에서는 이것들을 뚜렷하게 구분하지 않고 모두 위험으로 번역한다. 그런데도 이것들이 서로 어떻게 다른지 살펴보자.

리스크로서의 위험은 가능성probability과 확률statistics로 표현되는 위험이다(Covello & Sandman, 2001; Lupton, 1999). 사람들은 그것을 긍정적 결과의 가능성 인식과 부정적 결과의 가능성 인식을 대비한 결과로 경험한다. 가령 어떤 사람이 주식 투자를 한다고 해 보자. 주식 투자를 하는 이유는 수익이라는 긍정적 결과를 기대하기 때문이다. 그러나 거기에는 늘 부정적 결과(돈을 잃음)의 가능성도 따라온다. 투자는 돈을 벌 수 있다는 긍정적 결과에 대한 기대와 돈을 잃을 수도 있다는 부정적 결과에 대한 우려를 동시에 포함하는, 위험 감수risk-taking 행위다. 투자와 같이 제법 거창한 행위에만 리스크 개념을 적용할 수 있는 것은 아니다. 가령 아침에 일어나 버스를 타고, 자동차를 운전해 한강 다리를 건너고, 외국에 가기 위해 비행기를 탈 때도 우리는 버스, 자동차, 비행기 여행이 가져다줄 이익과 더불어 사고 발생 가능성이라는 위험 부담을 진다. 출근하기 위해 버스를 타는 사람이, 매일 운전해서 다리를 건너는 사람이,

심지어는 비행기를 타는 사람도 그 행동으로 인해 짊어질 위험 부담에 대해 아주 진지하게 생각하는 경우는 드물겠지만 말이다. 더 일상적인 경우도 생각해 보자. 가령 우리가 의자에 앉을 때도 그 의자가 무너져서 다칠 가능성은 늘 있기 마련이다. 가능성이 매우 낮긴 하지만 아주 없다고는 할 수 없다. 물론 대부분의 사람은 의자에 앉을 때 의자가 무너질 가능성을 의식하지는 않는다. 의자에 앉는 행위 역시 리스크로서의 위험이 수반되는 위험 감수의 행위임에도 말이다. 이런 식으로 둘러보면 우리의 일상은 리스크로서의 위험으로 가득 차 있다. 우리가 일상적으로 하는 작고 큰 선택, 결정, 행위 등은 모두 리스크로서의 위험 요소를 지녔다고 할 수 있다. 살 곳을 선택하고, 일할 회사를 선택하고(회사 입장에서는 직원을 고용하고), 누군가와 결혼하기로 결정하는 것은 모두 긍정적 결과와 더불어 부정적 결과의 확률을 각오하는 위험 감수 행위다. 이처럼 리스크로서의 위험 개념 안에는 부정적 결과와 긍정적 결과에 대한 확률적 계산이라는 요소가 들어 있다. 그런 확률 계산 중에는 고성능 컴퓨터가 필요할 정도로 고도의 작업을 필요로 하는 경우도 있다. 가령 교량 안전도 검사 같은 것이 그런 예 중 하나다. 그러나 그런 확률 계산이 상식적 판단이나 주관적 느낌으로 이루어지는 경우도 많다. 누군가를 만나 연애하고 결혼할 때는 대개 그럴 것이다. 아무튼 요약하면, 리스크로서의 위험은 기회와 손실의 확률을 모두 품고 있는 위험이라 할 수 있다.

반면에 영어 단어 데인저나 해저드에 해당하는 위험은 대체로 부정적 결과만을 품는 위험이다(Lundren & McMakin, 2004; Lupton, 1993). 특히 신체적, 재산적 손실을 줄 수 있는 위험 상황에 개인이나 집단이 자발적, 혹은 비자발적으로 노출될 때, 그런 위험을 데인저나 해저드란 말로 표현한다. 앞에서 리스크로서의 위험에 대해 설명하면서 운전해서 다리를 건너는 운전자에 대한 예를 들었다. 사람들은 다리를 건너서 목적지까지 가는 유익 획득의 확률이 다리가 무너져 죽거나 다치는 손실 발생의 확률보다 훨씬 크다고 가정하기 때문에 대개 위험에 대한 생각 없이 다리를 건넌다. 그런데 가령 어느 도시에 보수 공사가 애초부터 잘못되어서 언제 무너질지 모르는 상태에 있는 다리가 있다고 해 보자. 많은 사람이 그 다리의 문제에 대해 이미 알고 있다. 그런데 다리가 그런 상태일 줄 알면서도 누군가 그것을 건너려 했다면 그것은 위험 감수, 즉 리스크 테이킹risk-taking으로서의 위험 행위라기보다는 데인저나 해저드로서의 위험 행위라고 해야 할 것이다. 그것은 위험 감수의 행동이 아니라 위험을 스스로 초래하는 행동이다. 이것을 좀 더 일반화시켜 이야기해 보자. 부정적 결과가 초래될 가능성은 상당히 높지만 유익의 가능성은 상대적으로 적거나 없다시피 한 행위(가령 훈련받지 않은 초보자의 암벽 등반, 마약 복용, 음주자의 운전 등)를 사람들이 한다면 그것은 데인저나 해저드에 해당하는 위험 행위인 것이다. 개인의 행위뿐 아니라 환경적 요소에 대해서도 데인저나 해저드에 해당하는 위험의 표현을 할 수 있다. 가령 부정적 결과가 나타날 것이 거의 확실한 환경적 조건(공장의 폐수 무단 방류, 원전의 방사능 유출, 중금속 농도 높은 대기 등)은 리스크로서의 위험이라기보다는 데인저나 해저드로서의 위험이라 할 수 있다.

위기crisis도 사람들이 위험이라는 말과 함께 쓰는 말이다. 부정적 결과가 초래될 가능성이 매우 큰 사건이 막 발생한 경우에 우리는 그것을 위기라고 표현한다(Lundren & McMakin, 2004; Sellnow & Seeger, 2013). 사건은 발생했지만 아직 그것의 부정적 결과가 본격적으로 드러나기 시작한 것은 아닌 상태, 바로 그때가 위기의 상태다. 부정적 결과가 아직 드러난 것은 아니더라도 그것이 나타날 가능성은 매우 큰 상황이다. 그런데 그런 위기 상황이 발생했더라도 그것에 어떻게 대처하느냐에 따라 부정적 결과의 크기를 상당히 줄일 수 있다. 위기 시 가장 바람직한 시나리오는 위기 때문에 발생한 부정적 결과가 일종의 전화위복 상황과 합쳐져서 그 부정적 결과의 위험성이 완화되는 경우라고 할 수 있다. 사회 전체 수준에서 보면 정치 쿠데타, 금융 위기, 전쟁 발발 등이 위기의 사례가 된다. 이런 것들이 발발하면 이제 사람들은 그것들이 가져올 다양한 부정적 결과를 걱정하게 된다. 위기는 사회 전체뿐 아니라 조직 수준이나 개인 수준에서도 경험하는 것이다. 한 기업의 CEO가 범죄에 연루되었거나 스캔들에 휘말렸다면, 혹은 그 기업이 직원이나 소비자를 위험에 빠뜨렸다면, 그것은 조직 차원에서 발생한 위기라 할 수 있다. 이제 위기가 발생한(혹은 발생시킨) 기업 조직은 위기를 발생시킨 사건들이 초래할 다양한 부정적 결과를 어떻게 최소화할 것인지 고민해야 한다. 이때 동원되는 것이 위기관리crisis management다(Pearson & Clair, 1998). 현대 사회에서 정부 조직이나 기업 조직의 위기관리는 큰 산업이 되었다. 개인 수준에서 나타나는 위기 상황도 있다. 고의적, 비고의적 잘못, 실수, 법적, 윤리적으로 문제가 될 행동이 발각되면 개인도 위기 상황을 겪는다. 이런 상황에 부닥치면 개인 역시 그 상황이 가져올 다양한 부정적 결과(법적 책임, 재산상 손해, 관계의 단절 등)를 감수하거나 그에 대한 대책을 세워야 한다.

재난disaster은 주로 갑작스럽게 발생한 사고나 기술적, 정치적, 사회적, 자연적 재앙을 가리킬 때 쓰는 말이다(Kreps, 1984; Oliver-Smith, 2005). 재난은 자연 재난과 인재 모두를 포함한다. 재난과 위기는 종종 서로 겹치는 부분이 많지만, 둘 사이의 다른 점은 사건 발생과 부정적 결과 사이의 시간적 거리가 위기보다 재난의 경우에 훨씬 더 가깝다는 것이다. 더불어 부정적 결과가 초래될 확률도 재난의 경우가 위기보다 훨씬 더 높다 할 수 있다. 재난에 대한 대처라는 것은 부정적 결과의 피해를 줄이는 노력이라 할 수 있다. 위기는 예상치 않게 갑자기 불규칙적으로 발생하는 경우가 더 많다. 그러나 재난은 위기보다는 좀 더 규칙적이다. 종종 그 발생을 어느 정도 예측할 수 있는 경우들이 있기 때문이다. 예를 들어 태풍의 경우 어느 시점에 어느 규모의 태풍이 어느 지역을 지나갈지를 기상청 등이 예측할 수 있다. 그것이 가져올 부정적 결과 자체를 완전히 미리 없앨 수는 없을지라도 말이다. 물론 발생을 예측할 수 있다면 피해 규모를 줄일 노력을 미리 할 수 있다. 그것을 재난 대처disaster preparedness라고 한다(Perry et al., 2001). 재난에 대한 대처는 재난 발생 전에도 가능하지만, 재난 발생 중과 발생 후에도 가능하다(Kim & Kang, 2010).

위급emergency도 위험과 연관된 개념이다. 위급은 부정적 사건(가령 심장마비, 자동차 사고, 다리 붕괴 등)이 갑작스럽게 발생해서 즉각적 대응이 필요한 상황을 가리키는 것이다(Penuel et al., 2013). 위험, 재난, 위기의 상황에서도 빠른 대처가 중요하지만, 위급은 특히 대응에 대한 시간적 즉각성이 강조되는 위험이라 할 수 있다. 위급은 재난이나 위기에서 하나의 국면적 상황으로 나타나기도 한다. 가령 위급으로 출발해서 재난과 위기로 발전하는 경우도 있고, 재난과 위기 상황 중에 발생하는 복수의 위급 상황을 경험할 수도 있다. 그러나 리스크로서의 위험이나, 데인저나 해저드로서의 위험이 위급과 직접 연결되는 경우는 드물다.

지금까지 살펴본 리스크로서의 위험 혹은 그것의 유사 개념 중에서 매스 미디어가 주로 다루는 것은 재난과 위기라 할 수 있다. 일상화된 위험(특히 리스크로서의 위험과 데인저 및 해저드로서의 위험)은 특별한 사건과 연결되지 않는다면 미디어 주목을 받기 어렵다. 가령 신축한 다리가 무너질 가능성을 공학적으로 계산한 내용이라든지, 흰 쌀밥이 당뇨를 유발할 확률이라든지, 미세먼지가 암을 유발할 확률 등은 뉴스의 대상이 되기 쉽지 않다. 반면에 미디어는 재난과 위기의 뉴스를 다루는 데 익숙하다. 왜냐하면 어떤 유형의 재난이든, 또 어떤 유형의 위기이든, 미디어가 좋아하는 서사 구조와 그림(방탕한 CEO의 이야기, 사진, 혹은 영상)을 지닌 경우가 많기 때문이다. 그래서 우리는 각종 재난 뉴스와 대기업 총수의 스캔들 기사 같은 위기 뉴스를 심심치 않게 보게 된다. 반면 위급에 해당하는 사건은 미디어가 선별적으로 다룬다. 미디어가 위급 사건을 다룰 때는 별도의 노력과 비용이 든다. 미디어는 상시로 위급 상황을 감시하거나, 위급이 발생한 현장에 인력을 파견시킬 만큼 뉴스 가치가 있다고 판단될 때만 인력, 장비, 예산 등을 쓰고 그에 대해 보도한다. 최근에는 소셜 미디어 등이 확산하면서 현장에 혹은 현장 근처에 있던 일반 개인들이 직접 위급 상황의 이야기와 사진과 동영상을 올릴 수 있게 되었다. 이제 매스 미디어는 개인들이 위급 상황에 올린 글, 사진, 동영상을 갖고 사후에 그에 대해 보도하기도 한다. 재난이나 위기와 같은 다른 유형의 위험 유형에 대해서도 개인들이 관련 내용을 생산, 공유하는 것이 가능해졌다. 위험, 그리고 그것과 관련된 유형(위기, 재난, 위급 등)과 미디어가 결합하는 방식이 매스 미디어 시대에서 디지털 기술, 소셜 미디어, 인공 지능 등이 주도하는 포스트매스미디어(김용찬, 2023) 시대로 전환되면서 더 역동적이고 다변화되고 있다.

위험을 이해하는 접근 방식

앞에서 언급한 여러 관련 개념 중에서 '리스크로서의 위험'에 대해서 조금 더 자세히 생각해 보자. 리스크로서의 위험에 대해서는 그동안 학자들이 적어도 세 가지 다른 접근 방식을 제시해 왔다(Lupton, 1999; 김영욱, 2008). 첫 번째는 위험 사회의 개념을 중심으로 전개된 사회학적 접근이고, 두 번째는 인류학 분야를 배경으로 하는 문화적 접근이고, 세 번째는 심리학과 사회심리학 연구를 토대로 하는 인지과학적 접근이다.

사회학적 접근

먼저 사회학적 접근 방식에 대해서 살펴보자. 현대 사회를 위험 사회로 규정한 대표적인 학자들은 독일의 울리히 벡Ulrich Beck과 영국의 앤서니 기든스Anthony Giddens와 같은 사회학자들이었다. 우리가 사는 현대 사회의 특징을 다양한 방식으로 규정할 수 있겠지만, 벡이나 기든스 같은 사회학자들은 '위험'이 현대 사회를 이해하는 가장 중요한 열쇠말 중 하나라고 생각했다. 그래서 결국 현대 사회는 무엇보다 '위험 사회'라고 부를 수 있다는 것이다. 위험 사회 개념을 주창한 학자들은 현대 사회를 위험에 대한 이해를 기준으로 과거 사회들과 구분 짓는다. 현대 사회와 현대 이전의 사회가 위험에 대해 다른 감각, 태도, 생각을 지녔다는 것이다. 인류가 지구에 출현하면서부터 그들이 살았던 모든 시대에는 위험(데인저로서의 위험과 리스크로서의 위험 모두)이 존재했을 것이다. 그러나 위험 사회론자들은 현대 사회에서 우리가 경험하는 위험에는 과거의 위험과 구별되는 매우 독특한 점이 있다고 주장한다.

위험 사회론자들은 현대 이전의 시간을 전근대pre-modern와 근대modern로 나눈다(Giddens, 1991; Lupton, 1999). 유럽에서 전근대는 대체로 15세기와 16세기를 가리키는 시기라 할 수 있다. 서양의 관점에서 전근대에 발생한 주요 사건에는 15세기 중반 인쇄술이 도입된 것, 1517년 종교개혁이 시작한 것, 신대륙을 발견하여 진출한 것 등을 들 수 있다. 이 시기에는 전근대적 형태이긴 하지만 도시가 급속히 성장하기도 했다. 이러한 변화 속에서 '나는 누구인가,' '우리는 누구인가,' '우리가 사는 세계는 어떤 곳인가' 등의 질문을 둘러싸고 여러 측면에서 세속주의적이고 계몽주의적인 자각이 싹트고 있었지만, 여전히 기독교의 영향을 무시할 수는 없었다. 이 당시에 위험 혹은 리스크란 말은 '미지의 세계에 대한 탐험'을 의미하는 것이었다. 당시의 사람들은 위험이라는 것을 신대륙같이 미지의 곳으로 탐험하는 중에 만나게 되는 객관적으로 존재하는 어떤 것이라고 생각했다. 즉 위험은 초자연적으로, 신의 섭리하에, 인간으로서는 스스로 통제할 여지 없이 발생하는 것이었다. 그렇기에 그것은 사람이 스스로 만들거나 초래하는 것이 아니었다. 위험에 대해서 사람들이 할 수 있는 일은 위험 가까이에 아예 가지 않든지 아니면 위험을 만났을 때 그것을 최소화할 방법(가령 도망을 가든지, 기도하든지)을 찾는 것이었다. 하지만 아무리 열심히 대비해서 위험을 최소화하거나 그것으로부터 도망치려 해도 위험으로 인해 겪는 피해는 결국 신의 섭리하에 있는 것이기 때문에 위험에 맞닥뜨리게 되면 그것을 운명으로 받아들일 수밖에 없다는 것이 이 시대 사람들의 기본 인식이었다.

전근대에서 근대로 오면서 위험에 대해 사람들이 생각하는 방식이 바뀌었다고 위험 사회론자들은 설명한다(Giddens, 1990; Lupton, 1999). 유럽에서 근대는 대체로 17세기에서 19세기의 기간을 가리킨다고 할 수 있다. 과학과 기술이 급속히 발달하고, 혁명을 통해 시민 계급이 성장한 시기였다. 종교 권력은 약해지고, 국가의 힘이 세진 시기이기도 했다. 이 시기에 인류는 진보에 대한 낙관론을 갖고 있었다. 그런 낙관론이 위험에 대한 인식에도 영향을 주었다. 전근대 사람들이 위험에 대해 인식했던 것과 비교해 본다면, 위험에 대한 근대적 생각에는 두 가지 측면에서 중요한 변화가 있었다. 첫 번째로, 근대 시기의 사람들은 위험이 초자연적 신적 권위와 섭리 때문에 어쩔 수 없이 자신들에게 운명적으로 주어지는 것이 아니라 인간 스스로 하는 선택들이 초래하는 것으로 생각하게 되었다. 두 번째로 근대 시기의 사람들은 위험 발생 가능성을 인간 스스로 미리 계산, 예측할 수 있고, 그래서 위험을 통제 가능하다는 생각을 하게 되었다(Giddens, 1990). 이러한 생각을 하게 된 바탕에는 17세기에서 19세기까지 이루어진 통계학의 발전이 있었다. 근대 시기의 사람들은 통계 지식을 바탕으로 우연성에 대한 절대적 통제가 가능하다 믿었고, 그것을 추구하게 되었다(Castel et al., 1991). 위험이라는 것이 가능성과 확률의 개념이라는 생각 자체가 이때부터 싹트기 시작했다(Lupton, 1999). 위험은 인간이 막대한 부와 명성을 얻으려면 감수해야 할 것이라는 생각도 근대에서부터 자리를 잡기 시작했다. 그리고 잘 예측하고 통제하면 유익한 결과를 가져올 좋은 위험과 그렇지 않은 나쁜 위험을 이때부터 구분하기 시작했다(Nugent, 2000).

20세기에 들어서면서 인류는 사회학자들이 이른바 후기 근대late modern 혹은 포스트모던이라고 부르는 시기로 접어든다(Giddens, 1991). 언제부터 후기 근대가 시작했는지에 대해서는 사람마다 조금씩 관점이 다를 수 있지만 후기 근대의 시기는 근대 시기의 낙관적 시각에 대한 회의에서부터 시작했다. 특히 1차 세계 대전과 2차 세계 대전을 거치면서 서양에서는 인간 진보에 대한 낙관도, 위험을 완벽하게 예측하고 통제할 수 있다는 가능성에 대한 기대도 사그라지게 된다. 후기 근대는 인간 자신의 문제점, 인간 자신의 한계를 반성하는 성찰적 근대의 성격을 띠게 되었다(Giddens, 1990; 1991). 성찰적 근대의 틀 속에서 위험이라는 것은 다양한 재화goods의 생산과 분배에 부정적 요소로 작동하는 어떤 것이다. 재화가 영어로 goods라면 위험은 bads라고 해야 한다(Beck, 1986). 여전히 위험이 확률과 가능성의 개념이라는 성격을 지니긴 하지만 근대의 사람들이 생각했던 것처럼 낙관과 비관을 공평하게 갖는 개념이 아닐 수 있다고 후기 근대의 사람들은 인식하게 되었다. 후기 근대의 위험은 bads의 성격이 더 강하므로 예방의 대상이고, 그렇기에 최소화시키려는 노력을 끊임없이 해야 한다. 그런 노력의 결과가 완벽할 것이라 결코 낙관할 수 없지만 말이다.

후기 근대 시기에 진행된 변화 중에서 가장 주목해서 볼 것은 무엇보다 '개인'의 중요성이 커졌다는 점이다. 개인의 정체성, 삶, 운명은 이제 전통이나, 종교나 관습 등과 같이 원래부터 있던 안정적 기반 속에서 만들어지는 것이 아닌 게 되었다(Giddens, 1991). 대신 개인이 스스로 기획하고 만들어 가야 하는 것이 되었다. 특정 공동체(가족, 씨족, 지역, 종교 공동체 등)에 대한 소속감에서 벗어나 살아가는 것은 개인에게 자유, 자율, 독립을 가져다줄 수 있다. 그러나 그와 동시에 개인은 모든 것을 매 순간 스스로 결정해야 한다는, 불안한 위험 앞에 놓이게 된다. 가령 과거에는 사람들 사이의 관계 양상이 규범과 관습이라는 이름으로 상당 부분 이미 정해져 있었다. 부모와 자식 간의 관계는 어떠해야 하고, 부부 간의 관계는 어떠해야 하고, 직장 상사와 부하 사이의 관계는 어떠해야 하는지에 대한 각본과 규칙이 이미 관습과 전통에 의해 상당 부분 정해져 있었다. 사람들은 정해진 틀을 따라 살면 되었다. 그러나 이제 후기 근대의 개인은 전에는 당연한 것으로 그들에게 주어졌던 정체성과 관계의 규칙을 매번 새롭게 구축해야 한다. 이런 상황에서 후기 근대를 특징짓는 것은 불확실성, 모호성, 불안, 불안정성이 되었다(Giddens, 1990). 그뿐 아니다. 세계화를 통해 공간이 확장하고 시간이 축소되면서, 개인은 자신이 속한 특정 지역의 시간과 공간 속에서 경험해 온 규범 틀이 깨지는 것을 목도하게 되었다(Giddens, 2000). 그리고 완전히 새로운, 글로벌한 규범이 지배하는 상황에 놓이게 되었다. 후기 근대 사람들은 다양한 관계 속에서 거기 속한 사람들이 서로 받아들일 수 있는 규칙을 매번 새롭게 만들고 확인해야 한다. 이처럼 불확실성이 높은 상황에 놓여 있게 되다 보니 역설적으로 그 어느 때보다 서로 간의 신뢰trust가 중요해졌다는 것도 후기 근대의 특징이다(Giddens, 1991).

후기 근대를 사는 사람들은 위험과 그 위험이 초래하는 불확실성의 근원은 외부의 초자연적인 힘이 아니라, 바로 인간 자신의 행위라고 생각한다. 후기 근대로 오면서 위험을 외부의 초자연적 힘으로 연결시킬 근거가 사라졌다. 위험에 대한 책임은 오로지 개인 스스로 져야 한다(Lupton, 1999). 리스크 관리, 리스크 진단, 리스크 커뮤니케이션, 리스크 분석 등 위험의 문제를 전문적으로 다루는 다양한 분야가 생겨나긴 했지만 결국 위험에 대한 최종 판단과 책임은 개인이 짊어져야 한다. 후기 근대에는 위험 전문가 스스로도 위험에 대해 절대적으로 확실한 판단을 한다고 주장하지 못한다. 전문가도 의심을 받고, 전문가 사이의 의견 불일치가 일상화되는 것이 후기 근대의 중요한 특징이 되었다. 자신과 가족의 생존을 위해서 위험 문제에 스스로 맞서야 하는 개인에게 전문가의 의견은 그저 참고 사항일 뿐이다. 위험 문제에 관한 결정은 결국 개인 자신이 내려야 하고, 결정에 대한 책임은 개인 스스로 져야 한다.

위험 사회론자들은 후기 근대 시대의 위험이 갖는 특성에도 주목한다(Beck, 1986; 2009). 후기 근대, 즉 현대 사회의 위험이 갖는 첫 번째 특징은 그것이 초래할 결과가 가공할 수준이라는 것이다. 후기 근대의 사람들이 걱정하는 위험은 대개 핵폭탄, 기후 위기, 환경 문제, 글로벌 팬데믹 등 인류와 지구 전체를 파멸로도 이끌 만큼의 두려운 결과를 초래할 것들이다. 현대 사회 위험의 두 번째 특징은 대개 그것이 글로벌한 수준의 위험이라는 것이다. 한 국가나 지역 내에서 국지적으로 경험하고 해결해야 하는 위험이 아니다. 대부분 여러 나라 혹은 지구 전체가 함께 겪는 위험이다. 이 때문에 후기 근대에는 위험 가능성과 그 여파를 계산하고, 통제하기가 매우 어려워졌다. 한 개인이 겪는 위험의 원인을 그가 사는 곳에서 찾을 수 없게 되었다. 한 개인이 경험하는 위험의 원인이 그 개인이 전혀 모르는 미지의 곳에 있는 경우도 많아졌다. 위험 문제를 해결하는 해결책을 위험을 직접 경험하는 곳에서가 아니라, 거기와 직접 관련 없는 다른 곳에서 찾아야 하는 경우도 많아졌다. 한국에서 겪는 미세먼지 문제 같은 것이 여기에 해당할 것이다. 현대 사회의 위험이 보이는 세 번째 특징은 대개 그것이 끝나는 시점이 없는 위험이라는 것이다. 원거리 항해가 초래하는 위험은 배가 항구에 다다르면 끝나게 마련이다. 그러나 현대 사회의 위험, 가령 핵 위협, 기후 위기, 미세먼지 등의 문제는 그것이 언제 끝날지, 혹은 끝날 수 있을지 아무도 예측하거나 가늠할 수 없다. 후기 근대의 위험이 갖는 네 번째 특징은 정확한 측정이 대개 불가능하다는 것이다. 모든 위험의 확률을 미리 계산하고 측정할 수 있다고 낙관했던 근대의 사람들과 달리 후기 근대의 사람들은 그렇게 할 가능성을 점점 포기해 왔다. 이런 상황에서 후기 근대 사람들이 위험 이슈에 대해 느끼는 불확실성의 정도는 점점 더 커질 수밖에 없었다. 전근대의 사람들은 위험을 신의 섭리로 보면서 종교적 세계관 속에서 불확실성의 문제를 해결하려 했다. 그러나 현대인은 이제 전근대의 사람들처럼 섭리나 운명 같은 종교적 세계관에 기대어 불확실성의 문제를 이해할 수 없다. 대신 그저 위험이 초래하는 불확실성을 온전히 끌어안을 수밖에 없다. 바로 그 점 때문에 현대 사회를 위험 사회로 부르는 것이 이상하지 않게 된 것이다.

후기 근대의 위험이 갖는 다섯 번째 특징은 그것이 대개 눈에 보이지 않고, 직접 관찰할 수 있지 않으며, 이론상으로만 논의 가능한 것이 많다는 것이다. 가령 사람들이 핵폭탄의 위협에 대해서 말하지만 핵폭탄의 위험을 직접 경험한 사람은 거의 없다. 대개 히로시마와 나가사키, 그리고 체르노빌 사태에 대한 역사적 이야기, 영화나 소설의 묘사, 스스로 하는 상상, 아니면 이론적 수치의 형태로만 핵폭탄 위협에 관해 이야기할 수 있을 뿐이다. 코로나19 상황에서 논의되는 위험도 마찬가지다. 바이러스는 눈에 보이지 않는다. 마스크의 효용, 감염 가능성, 백신의 효능 등도 눈으로 확인할 수 있는 것이 아니라 이론적, 수학적, 확률적 언어로 우리에게 주어진다. 그렇기에 현대 사회의 많은 위험 문제에 대해 전문가 사이에서도 논쟁이 벌어지는 경우가 많다. 코로나19 기간에 전문가 사이에서 벌어진 방역 방법에 대한 논란(가령 코로나 초기 마스크의 효용을 둘러싼 논쟁)이 그 예가 될 수 있다. 바로 이런 이유로 현대 사회의 위험 이슈는 과학적 논쟁을 넘어서서 자주 정치적 쟁점으로 비화하기도 한다. 코로나19 상황에서 방역 방법에 대한 논란은 전문가 사이의 토론을 넘어서서 정부, 여야 정치가, 시민 단체 간의 논쟁으로 확대되는 경우가 많다. 심지어는 비전문가인 정치가들과 시민 단체가 방역 방향에 대해 방역 전문가와 논쟁하는 때도 있다. 음모론을 추종하는 사람들의 불합리한 행동도 후기 근대의 위험 특성을 반영하는 것이다. 전문가를 전적으로 믿을 수 없고, 그들 사이에서도 종종 의견의 불일치가 나타나는 것을 지켜보면서 사람들은 그런데도 자신이 처한 위험 상황에 대한 확실한 답을 찾아야 하기에 그럴듯한 답을 주는 음모론을 받아들이는 것이다.

현대 사회의 위험이 갖는 여섯 번째 특징은 그것이 대개 사회 내에 이미 존재하는 불평등의 골을 따른다는 것이다. 현대 사회가 갖는 위험 요소의 부정적 결과는 대개 불평등 사다리의 밑에 있는 사람들이 더 많이 짊어지는 경우가 많다. 질병, 사고, 재난 경험 등도 무작위로 발생하는 것이 아니라 불평등의 구조가 그것들을 통해 재생산되는 방식으로 나타나곤 한다. 그렇다고 해서 사회 불평등과 위험 경험 사이의 상관관계가 항상 절대적인 것은 아니다. 현대 사회 위험이 갖는 불확실성의 보편적 특성(글로벌한 성격, 측정의 어려움, 비가시성 등) 때문에 위험에 대한 대처 역량과 지식을 불평등 사다리 위쪽에 있는 사람들이 완벽하게 독점하지는 못하기 때문이다. 불평등 구조 때문에 차이는 있지만, 현대 사회의 위험은 지구상에 사는 모든 이들을 향한다.

지금까지 살펴본 대로 사회학적 접근을 취하는 학자들은 전근대나 근대인이 경험한 위험과 비교했을 때 후기 근대의 현대인이 경험하는 위험의 의미와 성격이 사뭇 달라졌다는 점을 강조한다. 현대 사회에서 사람들이 경험하는 위험은 일상을 떠나지 않는 존재론적 불안정성과 인식의 불확실성을 기반으로 한다. 어떤 것도 정해져 있지 않고, 어떤 것도 확실하지 않다는 것, 내가 누구인지, 타자와 나는 어떤 관계를 맺어야 하는지를 계속 새롭게 규정해야 하고, 어떤 삶을 살아가야 할 것인지를 매 순간 스스로 결정해야 하는 것, 이것이 현대 사회가 갖는 위험의 본질이라고 보는 것이 위험 사회의 개념을 강조하는 사회학적 접근의 핵심 주장이다.

문화적 접근

위험 사회적 접근이 현대 사회 위험의 문제를 역사적으로 파악하려 했다면, 문화적 상징적 접근은 위험의 문제를 횡단적으로 보려 한다. 즉 같은 역사적 시기 안에서도 사람들이 살아가는 문화적 틀에 따라서 위험의 경험이 다를 수 있다는 점을 강조한다. 사람들이 어떤 것은 위험하다고 생각하고 어떤 것은 위험하지 않다고 생각하는 차이는 그들이 속한 문화적 틀 속에서 만들어지는 것이지 위험 요소가 갖는 객관적 조건에 의해서 만들어지는 것이 아니라는 것이다. 위험에 대해 문화적 관점을 취하게 되면 특정 위험 이슈에 대해 각 공동체가 갖는 서로 다른 이해와 서로 다른 인식들 사이에서 우열을 따지기 어렵게 된다. 각각의 문화 공동체는 위험을 인식하고 이해하는 자신만의 방식을 갖기 마련이기 때문이다. 그렇다면 한 공동체가 특정 위험에 대해서 인식하고 이해하는 방식이 다른 공동체가 그것을 인식하는 방식보다 더 진실하다고 주장할 수 없게 된다. 위험에 대한 문화적 관점을 이론화한 인류학자 메리 더글러스Mary Douglas는 이렇게 말했다.

> "각각의 공동체는 그동안의 오랜 공동 경험을 바탕으로 해서, 여러 위험 요소 중에서 어느 위험 발생 가능성이 가장 큰지, 어떤 위험의 결과가 가장 치명적 해를 가져올지, 어떤 위험이 가장 예방 가능성이 큰지 등을 (각각 달리) 판단한다." (Douglas & Wildavsky, 1982. 괄호 안의 말은 강조를 위해 저자들이 삽입한 것)

각 공동체가 갖는 문화적 틀에 따라 어떤 위험은 공포와, 걱정과, 분노의 반응을 일으키고, 어떤 위험은 인식되지 않고, 무시되고, 과소평가 될 수 있다.

메리 더글러스는 위험에 미치는 문화적, 상징적 영향을 일반화시키는 틀을 그림 2와 같이 제시했다(Douglas, 1973, 1982). 그녀는 사람들이 속한 다양한 문화 공동체들을 집단성group과 격자성grid의 두 축을 갖고 나눈다. 집단성은 한 사회 구성원의 삶에 집단에 대한 소속감과 집단 정체성이 얼마나 중요한지에 대한 것이다. 개인이 자신의 정체성(나는 누구인가에 대한 인식)을 생각할 때 국가, 지역, 단체 등 자신이 속한 집단을 염두에 두고 생각하는 경향이 크다면 집단성의 정도가 크다 할 것이다. 가령 '당신은 누구입니까'라고 물어봤을 때 '한국인입니다,' '대전에 사는 사람입니다'라고 말하는 경우가 여기에 해당한다. 반면 자신의 개인적 특성(가령 '나는 영화를 좋아하는 사람입니다')을 염두에 두고 자신이 누구인지 규정하는 경향이 크다 하면 집단성 정도가 낮은 것이다. 두 번째로 격자성이란 개인의 삶과 행동에 미치는 외부 규범의 강도에 대한 것이다. 격자성이 높은 사회는 어떻게 행동해야 할지에 대한 공동의 규칙이 촘촘히 만들어져

		집단성	
		높음	낮음
격자성	높음	위계주의	운명주의
	낮음	평등주의	개인주의

그림 2 격자/집단 모델.

출처: Douglas, 1973, 1982.

있는 사회다. 가령 인도의 카스트같이 신분 규칙이 강하게 작동하는 사회는 격자성이 높은 사회라 할 수 있다. 격자성이 낮은 사회는 그 반대로 외부 규범은 약하고 개인의 개성과 개인의 결정이 중요한 사회다.

더글러스는 이 두 축을 중심으로 그것이 높은가 낮은가를 기준으로 문화적 성향을 구분한다. 첫째는 집단성과 격자성이 모두 높은 경우다. 사람들이 자신의 정체성을 집단 소속으로 규정하는 정도가 크고, 또 사회 규범이 촘촘하게 작동하는 사회다. 더글러스는 이런 사회를 '위계주의 사회'라 불렀다. 아마도 군대나 조폭 집단이 이런 사회의 극단적 예가 될 것이다. 덜 극단적인 예는 관료주의적 성향이 짙은 기업 조직이라 할 수 있다. 권위주의적 정부가 사람들에게 국민 정체성, 민족 정체성을 강요하고, 다양한 방식으로 사람들의 일상을 감시하고 통제했던 1970년대의 한국 사회도 집단성과 격자성이 모두 높았던 사회의 예로 간주할 수 있다.

두 번째 집단은 '운명주의 사회'다. 규범의 작용과 그에 대한 인식 정도, 즉 격자성은 강하지만, 대신 집단성은 낮은 사회가 운명주의 사회다.

정치를 기반으로 하든, 종교를 기반으로 하든 외부로부터 주어지는 규범을 매우 강하게 인식하지만, 개인들이 자신의 정체성을 집단에서 찾고자 하는 경향은 약한 사회라고 할 수 있다. 예를 들면 종교적 전통과 그것을 토대로 하는 의례와 규범은 아직 많이 남아 있지만(즉 격자성이 높지만), 개인주의적 성격을 보이는 사회들이 여기에 해당한다. 가톨릭 전통이 많이 남아 있지만 개인주의 성향이 강한 사람들이 살아가는 남유럽 국가들, 이슬람 원리주의자들이 지배하면서 삶의 구석구석을 간섭하는 규범의 틀이 꽉 갖춰져 있지만 히잡 안에서는 자유를 갈망하며 개인의 존엄성을 찾고자 열망하는 이란 여성들의 사회도 여기에 해당한다.

세 번째로 '평등주의 사회'는 집단성은 높지만 격자성이 낮은 사회다. 즉 집단적 소속감과 유대감은 강조되지만, 집단 내부의 위계나 기능 분화 등은 의도적, 비의도적으로 피하는 사회다. 집단의 순수성을 강조하는 공동체가 이런 모습을 보이는 경우가 많다. 가령 특정 신념 집단, 종교 운동 집단, 특정 사회 운동 집단 등이 이런 유형의 공동체 모습을 보인다. 이런 사회에서 가장 중요한 가치는 내집단과 외집단의 경계를 선명하게 유지하면서 내집단의 도덕적 순수성을 유지하는 것이다. 이런 사회는 내집단의 순수성을 지키기 위해 일탈자들을 희생시키는 일도 주저하지 않는다. 탈레반과 같은 종교 근본주의자들의 사회가 '평등주의 사회'의 극단적 형태라고 할 수 있다.

네 번째는 집단성과 격자성이 모두 낮은 '개인주의 사회'다. 공동체에 대한 의식이 강하지 않고 시장 합리성에만 의존해 돌아가는 사회가 있다면 그런 사회가 이런 개인주의자들의 사회일 것이다. 이런 사회는 자유방임 사회라고도 불린다.

이 네 유형의 사회는 위험에 대해서, 위험의 근원이 될 수 있는 자연에 대해서, 위험에 대한 인간의 통제 능력에 대해서, 그리고 위험 상황에 표출되는 비난에 대해 각각 다른 모습을 보인다. 먼저 위계주의 사회는 위험을 계산 가능하고, 통제 가능하다고 인식하는 경향이 크다. 그래서 특별한 경우가 아니라면 자연과 같은 외부 환경에 대해 낙관적인 생각을 한다. 이런 사회들에서는 대개 위험 인식과 대처에 관한 결정이 위에서 만들어지고 하향식으로 흐른다. 위험 통제와 관련된 내부 규칙을 따르지 않는 사람들은 비난과 징계의 대상이 된다.

운명주의 사회의 구성원들은 위험 부담을 지는 행동 자체를 할 동기가 약한 경우가 많다. 그래서 대개는 위험 감수의 선택을 피하고, 위험을 감수해야 하는 경우는 그것을 그냥 운명 때문에 할 수 없이 해야 한다고 여긴다. 외부 환경에 대해서는 대개 비관적 생각을 지닌 경우가 많다. 외부 환경은 예측할 수 없거나 통제할 수 없을 뿐 아니라, 내가 알지 못하는 순간에 언제든 내 삶을 불안정하게 만들 수 있다고 여기기 때문이다. 운명주의 사회의 구성원들은 위험에 처한 상황 때문에 누군가를 비난하기보다는 운명 자체에 책임을 돌리는 경향이 크다.

평등주의 사회의 구성원들 역시 불필요한 위험 감수 행동을 하지 않는다. 위험은 외부에서 오는 것이지 일부러 찾아서 감수하는 것이 아니라 생각한다. 외부 환경에 대해서는 운명주의 사회와 비슷하게 비관적 생각을 한다. 외부 환경은 깨지기 쉽고, 언제 어떤 문제를 발생시킬지 모르고, 인간이 통제하기 쉽지 않은 것으로 생각한다. 그러나 외부로부터 오는 위험 문제를 효율적으로 대처하기 위해 사회 내부에 위계적 제도를 만드는 것은 거부한다. 위험 상황에 부닥치게 되면 불필요한 역할 분배나 위계 체계, 규제나 제도를 오히려 더 비판한다. 대신 자신들이 속한 공동체 테두리 밖에 있는 외집단을 비난한다. 평등주의 사회에서는 내집단 구성원들의 자발적 참여가 위험 문제에 대처하는 거의 유일한 수단이다.

개인주의 사회는 위험에 대해 낙관적인 태도를 보인다. 대신 위험 혹은 위험 부담이 가져오는 '기회'에 초점을 두는 경우가 많다. 그렇기에 외부 환경에 대해서도 낙관적 태도를 보인다. 개인주의 사회의 구성원들은 시장에 기반을 둔 행동(가령 투자)이 수반하기 마련인 시행착오trial and error를 수용할 준비를 하고 있다. 평등주의 사회처럼 개인주의 사회에서도 위험과 관련한 불필요한 제도나 규제는 피하려 한다. 위험이 발생했을 때 개인주의 사회 구성원들이 비난의 대상으로 삼는 것은 특정 개인이나 집단이 아니다. 위험에 제대로 대처하지 못해서 그것을 기회로 만들지 못하는 개인들과 공동체의 '무능력'일 뿐이다.

위험에 대한 문화적 접근이 문화 공동체들을 유형화하는 방식은 매우 흥미로운 것이지만 한 사회를 하나의 틀로만 규정하는 것이 종종 그 사회가 가진 복합성을 간과하게 만들 수 있다는 비판도 받아 왔다. 가령 한국 사회처럼 근대화와 산업화를 동시에 경험한 곳에 사는 사람들은 격자성과 집단성의 정도가 모두 지속해서 줄어드는 경험을 해왔다. 격자성과 집단성이 역동적으로 변화하면서 한국 사회 안에는 네 유형의 현실이 모두 공존하는 상황이 발생했다. 가령 한국 사회 내에서 세대, 정치 성향, 사회경제적 위치 등에 따라 어떤 사람들은 여전히 위계주의의 사회에 살고 있고, 어떤 사람들은 개인주의 사회 속에 살고 있다. 위험 상황에 부닥쳤을 때 한국 사회가 보이는 다양한 갈등은 어쩌면 위계주의의 틀 속에서 그것을 보는 사람들과 개인주의의 틀 속에서 그것을 보는 사람들 사이의 갈등일지도 모른다.

문화적 관점을 취하는 연구자들이 주목하는 주제 중 하나는 위험 상황에서 나타나는 '비난blaming'의 문제다(Douglas, 2013). 위험 상황에 부닥치게 되면 사람들은 대개 위험의 원인과 결과에 대해서 누구에게 책임 물을지를 찾는다. 문화적 관점의 학자들은 사람들이 어떤 유형의 사회에서 살고 있는지에 따라 누구를 어떻게 비난할지가 달라질 수 있다고 주장한다.

예를 하나 들어 보자. 2009년에 이탈리아 라퀼라 지역에서 지진이 발생했다. 이 때문에 309명이 죽고 수천 명이 피해를 당하였다. 이런 상황에서 과연 누구를 비난해야 할까? 자연 재난이니 그저 자연 현상에 책임을 물을 수도 있지만, 역사적으로 살펴보면 이런 사태가 발생한 후에 사람들은 왕이나 대통령을 비난하기도 했고, 특정인을 마녀로 몰기도 했고, 또 관동대지진 사태 때와 같이 타민족에게 비난을 쏟아붓기도 했다. 문화적으로 비난 행위는 공동체를 지키기 위한 하나의 사회적 장치라고도 할 수 있다. 그런데 2009년 이탈리아의 라퀼라 지역 사람들은 과학자들을 비난했다. 그들이 지진을 예측하지 못했기 때문에 피해가 커졌다는 것이었다. 이탈리아 라퀼라 지법 마르코 빌리 판사는 국립재난예측·대책위원회 소속 과학자 6명과 공무원 1명에게 "2009년 라퀼라 대지진을 예측 못해 309명을 숨지게 했다"라며 과실치사 혐의를 적용해 징역 6년을 선고했다. 그 뒤 상고심에서 이들 모두 무죄 선고를 받았을 뿐 아니라, 과학자들에게 유죄를 선고한 1심 판결 결과에 대한 비난의 목소리가 이탈리아 내부에서 나오기도 했다(정남구, 2012. 10. 23). 하지만 이탈리아 외부에서 이 사건을 바라본 사람 중에는 정말 어처구니없는 일이었다고 생각한 이들이 많았다. 그런데 우리가 이 사건에서 주목해야 할 점은 과학자들에게 유죄 선고를 했다는 것 그 자체가 아니라 위험 상황에서 사람들이 누구를 어떻게 비난하는지가 단지 법적, 정치적 문제이기만 한 것이 아니라, 문화적인 문제일 수도 있다는 점이다.

앞에서도 언급했듯이 같은 상황에서도 사람들이 어떤 문화적 틀의 지배를 받느냐에 따라 위험 상황에서 누구를 어떻게 비난할지가 달라진다. 그것을 보여 주는 다른 예를 하나 더 살펴보자. 스탠퍼드대학교와 홍콩 소재 대학의 연구자들은 어떤 문제가 발생했을 때 그에 대한 비난을 그 문제와 직접 관련 있는 '개인'에게 돌리는가 아니면 그 개인이 속한 '조직'에 돌리는가에 대해 연구했다(Menon et al., 1999). 그 과정에 집단주의 성향과 개인주의 성향의 문화적 틀이 어떻게 영향을 주는지를 살펴보았다. 집단주의 문화를 대표하는 곳은 한국, 중국, 일본이 포함되는 동아시아였고, 개인주의를 대표하는 곳은 미국과 서유럽이었다. 이 연구의 연구자들은 C라는 사람이 X라는 사고를 일으켰다 하더라도 집단주의적 문화의 동아시아권에서는 C라는 개인이 아니라 그가 소속된 집단 전체, 혹은 C가 속한 집단을 대표하는 사람에게 책임을 물리는 경향이 크지만, 개인주의적 문화의 서양에서는 집단이 아니라 C라는 개인에게 책임을 물리는 경향이 더 클 것이라는 가설을 세우고 이를 검증하려 했다. 가령 이 연구자들은 각각 비슷한 유형의 증권 사기 사건을 보도한 미국과 일본의 기사 내용을 살펴보니 두 나라 신문의 보도 방식이 매우 다른 점을 발견했다. 〈뉴욕 타임스*The New York Times*〉에서는 사기를 일으킨 증권 회사 직원에게 보도 초점을 맞추고 그를 비난하는 내용의 기사가 더 많았다. 하지만 일본 〈아사히신문〉에서는 사기를 일으킨 당사자뿐만 아니라 증권 회사 전체, 혹은 회사 대표에게 사기 스캔들의 책임을 돌리는 경우가 많았다.

또 다른 연구 하나를 살펴보자. 이 연구는 사고가 발생했을 때 그 사건과 관련된 조직의 장에게 책임을 묻는 방식에서 어떤 문화적 차이가 존재하는지 살펴본 연구였다(Zemba et al., 2006). 즉 지진과 같은 자연재난이 발생했을 때, 보건 위기가 발생했을 때, 각종 사건 사고가 발생했을 때 조직의 장에게 어떤 책임을 어느 정도로 물을 것인가에 문화적 차이가 있는지 보는 연구였다. 연구진들이 발표한 일련의 연구 결과 중에서 하나만 살펴보도록 하겠다. 연구자들은 연구를 위해 가상의 시나리오를 만들었다. 가령 이런 것이었다. 어느 초등학교에서 급식에 문제가 생겨 식중독 사태가 발생했다. 이런 사태가 발생한 직접적 이유는 학교 요리사가 달걀을 냉장고에 넣는 것을 잊고 상온에서 보관했기 때문이었다. 이 사건 때문에 식중독에 걸린 아이들의 가족은 100만 원쯤 되는 병원비를 스스로 지급해야 했다. 이 사고 직후 이 학교 교장이 교체되었다. 그래서 현 교장은 사고 발생 당시에는 이 학교에 있지 않던 사람이었다. 이런 상황에서 과연 누가 이 식중독 사태에 대한 책임을 져야 할까? 연구자들은 미국과 일본의 대학생들에게 이런 상황을 제시하고 그들의 답을 듣는 방식으로 연구를 진행했다. 특히 비난받을 수 있는 대상을 요리사, 학교, 사고 발생 당시의 교장, 사고 발생 직후 부임한 현 교장으로 나눠서 살펴보았다. 결론부터 말하자면, 이 연구를 진행한 연구자들은 학교 급식 식중독 사건의 책임 소재를 찾는 데 미국 대학생과 일본 대학생 간에 큰 인식 차이가 있음을 발견했다. 미국 학생들과 일본 학생들 모두 요리사, 학교, 사고 당시의 교장, 현 교장의 순으로 책임을 져야 한다고 말한 것은 같았다. 그런데 흥미로운 차이점이 두세 가지가 있었다. 첫 번째로 일본 학생들의 경우는 요리사에 대한 책임과 학교의 책임을 거의 같게 인식했지만, 미국 학생들의 경우에는 학교가 질 책임이 요리사 개인이 질 책임보다 훨씬 작다고 인식했다. 두 번째 차이점은 일본 학생들의 경우 사고 당시의 교장과 사고 후 부임한 현 교장 각각의 책임을 미국 학생들보다 더 높게 본다는 것이었다. 책임 소재를 묻는 데 일본 학생들에게는 교장이 사건 당시에 있었던 사람인지 아닌지가 중요한 것이 아니라 학교의 장이라는 사실 자체가 중요했다. 그래서 사고 후 부임한 현 교장의 경우 미국 학생들은 그의 책임은 거의 없는 것으로 파악했으나 일본 학생들은 그도 어느 정도는 책임을 져야 한다고 봤다. 현 교장이 사고 후에 부임하긴 했지만 사고에 대해 조직 자체가 감당할 책임이 있다면 조직의 장으로서 그도 져야 할 책임이 있다고 일본 학생들은 인식했던 것이다. 이런 연구들이 보여 주는 것은 위험 상황에서 사람들이 책임 주체를 규명하고, 비난의 화살을 돌리는 방식에 문화의 중력이 작용한다는 것이다.

지금까지 문화적 접근 방식에 대해서 간단히 살펴보았다. 이를 통해 우리는 사람들이 어떤 문화적 틀 속에 있느냐에 따라 동일한 위험 문제에 대해서도 매우 다른 방식으로 접근할 수 있다는 것을 확인했다. 위험에 대한 문화적 인식을 바탕으로 우리는 위험 상황에서 우리가 갖는 타자에 대한 태도를 성찰해 볼 수 있다. 가령 위험에 대처하는 타자들의 방식을 보면서 '저들은 왜 그럴까'라고 비난하기보다는 그 차이를 만드는 문화적 틀을 살펴보려는 노력이 필요하다고 생각할 수 있다. 가령 코로나19 방역을 위해 개인의 자유를 어디까지 유보할 수 있는지, 개인 정보를 어느 정도까지 포기해야 하는지 등에 있어서 한국 사회와 유럽 국가들은 매우 다른 접근 방식을 취했다. 그것은 아마도 그 사회들이 갖는 위험에 대한 문화적 틀과 접근 방식이 달랐기 때문이었을 것이다. 문화 차이에 대한 인식을 제대로 이해하지 못한다면 우리는 다른 사람들과 위험에 대해 제대로 된 소통을 할 수 없을 것이다.

지금까지 사회학적 접근, 문화적 접근을 살펴보았다. 이 둘은 위험에 대한 인식이 공시적, 통시적으로 어떻게 달라질 수 있는지를 보여 준다고 할 수 있다. 즉 위험에 대한 인식이 역사적으로 어떻게 변화해 왔는지(사회학적 접근), 동시대에도 다른 공간에 속해 있는 공동체들이 각자의 문화적 틀에 따라 어떻게 위험 문제에 대해 다른 인식을 해 왔는지(문화적 접근)를 이 두 관점이 보여 준다고 할 수 있다. 다음에 살펴볼 심리학적 접근은 위험 이해에 대한 통시적, 공시적 차이를 배경으로 하면서도, 위험에 대한 개인 수준의 차이에 집중한다.

인지과학적 접근

위험에 대한 인지과학적 접근은 위험의 문제를 개인 수준에서 다룬다. 개인들이 위험에 대해 어떻게 인식하고 그러한 인식을 바탕으로 어떻게 행동하는지 혹은 행동하지 않는지의 문제에 관해서 설명하려 한다. 물론 인지과학적 접근이 개인적 수준의 인식이나 반응에 대한 것만 이야기하고 위험의 원인과 결과로서의 사회 수준의 것들에 대해 전혀 이야기하지 않는 것은 아니다. 다만 인지과학적 접근을 취하는 연구자들은 위험이 사회에 미치는 영향이 결국은 개인들이 어떻게 그에 대해 인식하고 행동하는지에서 출발한다는 것을 전제로 한다. 특히 인지과학적 접근을 취하는 연구자들은 위험 상황에 놓인 개인을 외부 정보를 처리하는 정보 처리 시스템으로 파악하면서 위험에 대한 정보에 개인이 접근하고, 주목하고, 처리하는 과정을 설명하고, 그러한 정보 처리의 결과가 위험에 대한 개인의 태도와 행동에 어떤 영향을 미치는지를 규명하는 문제에 집중한다.

인지과학적 접근의 틀 속에서 위험은 사람들이 그것에 대해 지각하고 인식하는 방식에 따라 분류될 수 있다. 특히 두 가지 축에 따라 나눌 수 있는데, 하나는 위험의 발생 가능성probabillity에 대한 인식이고, 또 다른 하나는 결과의 심각성severity에 대한 인식이다(Slovic et al., 2000). 인지과학적 접근에서 주목하는 것은 위험의 발생 가능성과 심각성에 대한 인식에 있어서 개인 간 유의미한 차이가 존재한다는 것이다. 가령 전문가와 일반 대중의 인식이 다르고, 일반 대중 사이에서도 그들이 어떤 사람들이냐에 따라 인식의 내용이 다르리라는 것이다(Savadori et al., 2004).

인지과학적 접근에서는 발생 가능성에 대한 인식과 심각성에 대한 인식을 두 개의 축으로 삼아서 사람들의 위험 인식 과정을 통과하는 다양한 위험 요소를 분류한다(Slovic et al., 2000). 가령 사람들이 발생 가능성도 높고 심각성도 큰 것으로 인식하는 위험이 있다. 아마도 지구 온난화와 같은 환경 문제를 많은 사람이 이런 유형의 위험으로 인식할 것이다. 두 번째는 발생 가능성은 낮은데 심각성은 큰 위험이다. 가령 핵발전소 사고나 핵전쟁 같은 것이 여기에 포함될 것이다. SF 소설이나 SF 영화에서 종종 접하는 외계인 침입 같은 것도 여기에 포함될 것이다. 세 번째는 심각성은 낮지만 발생 가능성은 큰 위험이다. 사람들은 감기 같은 것을 이런 위험으로 인식할 것이다. 마지막으로는 발생 가능성도 낮고, 심각성도 낮은 경우다. 이 범주에 들어가는 것들을 사람들은 위험으로 지각하지 않을 것이다. 그렇다고 해서 그것들이 위험과 전혀 상관없을 것이라 단정할 수는 없다. 인지과학적 접근을 취하는 연구자들이 하는 이런 분류는 위험의 객관적 성격을 고려한 분류라기보다는 개인의 위험 인식을 바탕으로 한 분류이므로, 실제로는 위험 요소를 상당히 지녔음에도, 사람들이 그것의 발생 가능성과 심각성을 인식하지 못하는 것들일 수도 있다. 그리고 현대 사회에서는 이런 유형의 위험, 즉 사람들이 인식하지 못하는 위험, 아직 알려지지 않은 위험들이 더 위험한 것들일 수도 있다.

인지 과학적 접근을 취하는 학자들은 위험 자체가 갖는 객관적 성격 때문에 사람들이 특정 위험을 이 네 가지 범주 중 하나로 인식하는 것이 아니라, 그들이 위험에 대해 갖는 주관적 정보 처리 과정의 특성 때문에 특정 위험을 이 중 하나에 속하는 것으로 인식한다는 점을 강조한다. 즉 인지과학적인 접근에서는 위험 자체의 객관적 성격보다는 그 위험을 개인이 어떻게 인식하고, 느끼고, 그것을 바탕으로 어떻게 행동하는지의 문제에 집중한다(Sandman, 1993). 그래서 인지과학적 접근을 취하는 사람들은 종종 위험을 '부정적인 위험의 객관적 발생hazards'과 발생한 위험에 대한 '사람들의 주관적 격렬 반응outrage'의 합이라고 규정한다(Sandman, 1988). 이 견해에 따르면 객관적 위험 요소 자체가 자동적으로 위험이 되지는 않는다. 사람들의 격렬한 주관적 반응이 거기에 합쳐져야지만 위험이 되는 것이다. 2008년 광우병 사태를 생각해 보자. 광우병 자체의 객관적 위협이 사실은 없거나 미미했다는 것이 나중에 밝혀졌다 하더라도, 그것이 우리 사회에서 위험 상황을 초래했던 이유는 당시 한국 사회의 정치적, 문화적, 사회적 맥락 속에서 광우병 이슈에 대해 사람들이 격렬한 주관적 반응을 보였기 때문이었다. 광우병 그 자체보다 그에 대한 사람들의 반응을 제대로 관리할 수 없었던 당시의 정치 상황이 광우병 위험의 근원이었다.

객관적 상황과 주관적 반응이 어떻게 결합하는지가 위험 경험에 큰 영향을 미친다는 것은 미국 사례 하나에서도 살펴볼 수 있다(Sandman, 1993). 1980년대 말 미국 북동부 지역에서 병원 폐기물이 해변에 떠다니는 일이 발생했다. 미국에서는 주삿바늘, 약병 등 의료 폐기물들을 드럼통에 담아 바다에 버리는 것이 관례였는데, 그것들이 어떤 이유에서인지 새어 나와 미 동북부 해변 일대에 떠다녔다. 전문가들은 이 폐기물이 특별히 위험한 것들은 아니라고 했다. 하지만 사람들은 불안해했다. 인지과학적 접근을 취해서 보면, 이런 상황에서 미국 동북부에 속한 주들이 해야 했던 것은 사람들의 부정적 격렬 반응이 나오지 않게 하는 것이었다. 구체적으로 말하자면, 격렬한 반응을 촉발하지 않게 하는 주 정부의 메시지가 매우 중요했다.

당시 뉴저지주와 로드아일랜드주가 어떻게 이 상황에 접근했는지를 보면 어떻게 똑같은 사건이 한 지역에서는 위험으로 발전하고, 또 다른 지역에서는 그렇지 않았는지를 보여 준다. 뉴저지주 정부는 사람들에게 간단히 이런 메시지를 전했다.

"폐기물들이 건강에 해를 입힐 가능성은 무시할 정도에 지나지 않습니다. 걱정하지 마십시오. 정부를 믿으십시오. 우리가 알아서 하겠습니다."

사람들이 어떻게 반응했을까? 사실 뉴저지주 정부의 메시지는 사람들을 더 불안하게 하고, 불신하게 하는 메시지였다. 사람들은 더 격렬하게 반응했다. 결국 뉴저지주에서는 이것이 중대한 사회적 위험 이슈가 되고 말았다. "괜찮아요," "걱정하지 마세요," "가만 계세요," "정부가 알아서 할게요" 같은 말들은 위험 관리자들이 피해야 하는 메시지다. 그런 말들이 사람들의 격렬한 반응을 오히려 북돋는 경우가 많다. 로드아일랜드주 정부의 메시지는 달랐다.

"이것은 정말 말도 안 되는 일입니다. 도저히 일어날 수 없는 일이 일어났습니다. 로드아일랜드 주민은 절대로 의료폐기물들이 바닷가에 쓸려와 널브러져 있는 것을 받아들일 수 없고, 받아들여서도 안 됩니다. 로드아일랜드주 정부는 이런 일이 다시 일어나지 않도록 할 수 있는 모든 일을 할 것입니다. 폐기물들이 건강에 해를 입힐 가능성이 무시할 정도에 지나지 않는다 하더라도 말입니다. 주 정부는 필요하다면 주 예산을 완전히 새로 편성하도록 하겠습니다. 큰 비용이 들더라도 이런 일이 다시 반복되지 않게 조처하겠습니다."

로드아일랜드주가 전한 메시지는 뉴저지주의 것보다 훨씬 더 공감의 마음을 담고 있다. 어쩌면 과잉 대응(예산 증액 등)이라 할 수 있는 내용도 포함하고 있다. 이에 대해 로드아일랜드주 사람들은 어떻게 반응했을까? 그들은 정부를 상대로 너무 과도한 예산을 쓰지 말라고 하면서 스스로 차분하게 반응했다. 이 사례는 위험 상황에 대한 정보를 사람들이 어떻게 처리하는지가 위험에 대한 인식에 큰 영향을 미치고, 그것이 사람들의 행동에까지 영향을 미친다는 것을 보여 준다.

이처럼 인지과학적 접근은 위험에 대해 개인이 갖는 지각과 인지의 원인, 과정, 결과에 초점을 맞춘다. 그리고 위험을 대처하는 방안으로서, 개인이 위험 상황 중 종종 갖는 '불합리한' 인지를 어떻게 바꾸게 할 것인지의 문제에 관심을 둔다. 인지과학적 접근에 대해서는 5장에서 8장까지 집중적으로 살펴보게 될 것이다.

우리는 앞의 서론을 우리 사회는 얼마나 위험한가라는 질문으로 시작했다. 그리고 이어서 우리는 그 질문을 우리 사회는 얼마나 더 위험한가라는 것으로 바꿨다. 위험이란 늘 상대적 개념이다. 내가 얼마나 위험한가라는 질문을 시간의 축에 놓거나 공간의 축에 놓고 다른 시간, 다른 장소의 관점에서 살펴보면 지금, 여기의 답과는 매우 다른 답을 얻을 수도 있을 것이다. 우리는 이 장에서 위험의 문제를 다루는 다양한 관점이 있다는 것을 살펴보았다. 요약하자면, 현대인이 겪는 위험의 문제를 후기 근대라는 시간적 흐름 속에 놓고 파악하는 사회학적 접근, 동시대의 위험 문제도 다른 공간의 다른 문화적 틀 속에 속한 구성원들은 매우 다른 것으로 인식하고 경험할 것이라는 문화적 접근, 그리고 그러한 시공간적 맥락의 틀의 영향을 받는 개인들의 인지 과정에서 위험이 어떻게 인식되고 경험되는지를 보는 인지과학적 접근 방식 등을 살펴보았다. 한국 사회는 과연 위험 사회인가라는 질문은 이렇게 다양한 관점을 모두 복합적으로 동원해서 살펴보아야 할 질문이다. 위험의 문제는 시간, 공간, 개인으로 이루어진 다차원적 상황 속에서 파악해야 하는 복잡한 사회 현상이기 때문이다. 위험 문제가 갖는 복잡성을 기본 전제로 뒤에 장들에서는 조금 더 구체적인 이슈들을 다뤄 보겠다.

2장

위험은 개인의 문제인가, 공동체의 문제인가

위험의 개인성과 공동체성

어떤 유형의 위험이든 사람들은 그것을 개인의 문제로 경험하기도 하고, 또 공동체의 문제로 경험하기도 한다. 누군가가 암에 걸렸다고 해 보자. 그렇다면 당사자는 그것을 우선 자신의 문제로 인식할 것이다. 자신의 몸 안에서 생긴 문제이기 때문이다. 그러나 의료 복지가 잘 갖추어진 사회에서는 개인이 겪는 암의 문제를 개인의 문제로만 놔두지 않고, 공동체가 함께 예방하고, 치료하고, 돌봐야 하는 문제로 인식할 것이다. 그러면 암은 개인의 문제이면서 동시에 공동체의 문제가 된다. 태풍이나 지진 같은 자연 재난도 마찬가지다. 자연 재난에 대한 대비나 피해 복구를 우선 개인의 문제로 돌릴 수 있다. 자연 재난은 말 그대로 자연 발생한 것이고, 그렇기에 그것 때문에 피해를 보았다면 그 이유는 손해 입은 개인이 재수가 없었든지, 재난 전에 대비를 잘 못 했든지, 재난 중 대처를 잘못했기 때문이었다고 말할 수 있다. 심지어 개인이 천벌을 받은 것이라고 말할 수도 있을 것이다. 하지만 자연 재난이 개인 한 명을 꼭 집어서 발생하는 경우는 거의 없다. 대개 그것은 많은 사람이 모여 사는 지역을 한꺼번에 덮친다. 재난이 닥친 지역에 느슨한 형태라도 주민 연대의 끈이 이미 만들어져 있다면 지역 주민들은 그 재난을 '나의 문제'이면서 동시에 '우리의 문제'라고 인식하면서 그에 맞춰 공동의 행동을 벌일 것이다.

위험이 개인의 문제인가 아니면 공동체의 문제인가라는 질문에 대해 가장 쉬운 답은 아마도 둘 다라고 말하는 것일 것이다. 그런데 현실에서는 위험을 개인의 문제로 축소해 보려는 경향이 더 크게 작동하는 것 같다. 그러나 위험은 사람들이 의식하건, 의식하지 못하건, 늘 공동체의 문제이기도 하다. 위험을 개인 수준에서뿐 아니라, 공동체 수준에서도 파악한다는 것은 우리에게 당위의 문제와 더불어 역량의 문제를 제기한다. 우리는 당위적 이슈로서 '위험은 개인의 문제를 넘어서서 공동체의 문제로 접근해야 한다'라는 정치적이면서도 윤리적인 결단을 내려야 한다. 우리는 또한 역량의 문제로서 '위험을 개인 수준을 넘어 공동체 수준의 문제로 접근할 역량을 우리는 갖추고 있을까'라는 사회적 질문을 던져야 한다. 위험이 개인의 문제인가, 공동체의 문제인가라는 질문이 중요한 이유는 우리가 위험의 문제를 개인의 것으로 다루느냐 혹은 공동체의 문제로 다루느냐에 따라 위험 문제에 대해 소통하고, 그에 대해 대책을 세우고, 행동하는 방식이 달라질 것이기 때문이다.

두 도시 이야기

위험의 문제를 개인의 문제로 보느냐, 아니면 공동체의 문제로 보느냐에 대한 논의를 두 도시에 관한 이야기로 시작해 보자. 하나는 해안가의 도시 무진시고 또 하나는 내륙 지역에 있는 도시 태주시다. 두 도시 모두 실제 존재하는 곳은 아니라 설명을 위해 만들어 낸 상상의 도시다. 먼저 보수적 성향의 사람들이 많이 사는 도시 무진시는 이런 곳이다. 이 도시를 방문한 사람들이 갖는 첫 번째 인상은 도시 주민들이 공동으로 함께 사용할 수 있는 일종의 공적 공유 자산이 매우 부족하다는 것이다. 부유한 사람들은 저택에 살면서 즐길 수 있는 것들 대부분을 자기 집 안에 갖추고 있다. 반면 공원, 미술관, 학교, 박물관 등 공공시설이나 공적 공간은 매우 열악하다. 사람들은 이 도시의 도심에 웬만해선 잘 가지 않는다. 사람들이 편하게 마음 놓고 있을 공동의 공간이 도심 안에 매우 부족하기 때문이다. 그래서 도심은 점점 더 쇠락해 가면서 사람들의 발걸음이 더 끊기는 악순환이 진행됐다.

무진시에 있는 지역 신문이 지역 현안에 대한 이슈를 사람들에게 전하고 그에 대해 함께 논의하는 공론장으로 역할을 하고 있는지에 대해서 많은 사람은 의구심을 가졌다. 이 도시의 지역 신문 〈무진일보〉는 신문사 운영을 위한 인건비를 절약하기 위해서 인원을 최소화시키고, 기사 대부분은 외부에서 사 온다. 그래서 사람들이 농담 삼아 이 도시의 지역 신문을 읽으면 이 지역에서 일어나는 일보다 서울에서 벌어지는 일을 더 많이 알게 된다고 말할 정도였다. 결국 지역 신문이 지역 현안에 대한 공론장 역할을 제대로 하지 못했다. 지역 미디어가 지역 구성원들에게 자기 지역 이야기를 충분히 전달하지 못하고, 그래서 지역 구성원들이 자기 지역의 문제에 대해 알 권리를 제대로 보장받지 못하고, 자기 지역 문제에 대해서 스스로 논의하고 이야기할 기회를 얻지 못했다.

이 도시에 있던 다양한 모임과 단체에 대해서도 주목할 점이 있다. 그 단체들은 정치, 교육, 문화, 취미, 종교 등 다양한 목적을 갖고 만들어진 것이었다. 특히 무진에서는 교회와 같은 종교 단체가 지역 내에서 매우 중요한 역할을 담당한다. 그런데 교회를 포함해서 이 도시 안의 모임과 단체 등이 자신의 원래 목적에는 충실했을지 모르지만, 그런 목적을 지역의 맥락과 연결하는 것에는 적극적이지 않았다. 지역에 있는 모임이나 단체가 자신이 속해 있는 도시의 문제를 이야기하는 통로의 역할을 제대로 수행하지 못했다. 이런 상황에서는 다양한 모임과 단체에 참여하더라도 그런 참여를 통해 지역의 이야기에 접할 기회를 많이 가질 수 없다. 이 도시가 열광적으로 응원하는 지역 연고 야구팀에 대해서는 늘 열성적으로 이야기하지만, 지역 안의 다른 문제를 함께 이야기할 기회는 많지 않다.

이런 도시 분위기 속에서 사람들은 태풍과 같은 자연 재난을 겪더라도 그것을 지역 공동체 문제로 인식하고, 이야기하고, 그에 대한 해결책을 찾을 방법이 별로 없었다. 이 도시에서 그것들은 개인이 감수하고, 개인이 대비하고, 개인이 준비하고, 개인이 겪어내야 할, 개인의 문제일 뿐이었다.

이제 두 번째 도시 태주시로 넘어가 보자. 내륙 지방에 있는 작은 도시 태주시는 앞에서 말한 무진시와는 여러 면에서 대비되는 모습을 보인다. 무진시와 달리 태주시에는 사람들이 함께 모일 다양한 공간이 있다. 유령화되어 가는 무진시의 도심과는 달리 태주시의 도심에는 늘 사람들이 넘쳐난다. 도심 한가운데 있는 공립 도서관은 지역 사람들이 함께 모이는 일종의 커뮤니티 허브 역할을 한다. 도서관 앞 광장에는 매주 금요일 저녁에 콘서트가 열리고 도시 주민 수백 명이 함께 모여 무료 콘서트를 즐긴다. 금요 콘서트는 단지 음악을 즐기는 자리이기만 한 것이 아니라 다른 주민들을 만나는 장이 되기도 한다. 콘서트를 즐기면서 사람들은 다른 사람들과 서로 안부를 묻고, 도시 안 다양한 이슈들에 관한 이야기를 주고받는다. 도서관 앞 광장 바로 근처에는 큰 잔디밭 뜰이 있는데, 거기서는 매주 토요일 밤에 야외극장이 열린다. 주민들이 가족 단위로 모여서 영화도 같이 보고, 또 다양한 주제의 대화를 나눈다. 매주 토요일 아침에는 7일장이 열린다. 여기에는 인근 지역에 사는 농부들이 자기들이 재배한 것을 가지고 와서 도시 주민들에게 판다. 7일장 역시 이 도시 주민들이 다른 사람들을 만나고, 안부를 묻고, 가족 이야기, 동네에 대한 이야기를 주고받을 수 있는 공간을 제공한다.

이 도시는 정치적으로 진보적인 사람들이 많이 사는 곳이다. 그리고 매우 진보적인 지역 신문 〈태주신문〉이 있기도 하다. 이 신문의 모토는 이 도시와 관련된 모든 것은 숨김없이 공개하고 알려야 한다는 것이다. 이런 태도를 가진 신문이기에 사람들은 이 동네에서 벌어지는 대소

사와 행사를 〈태주신문〉을 통해 거의 모두 접할 수 있다. 물론 그중에는 시 정부에 대해 비판적인 내용도 많다. 이 도시에도 무진시만큼이나 많은 모임과 단체가 있다. 사람들은 모임과 단체 안에서 원래 취지에 맞는 활동도 하지만, 거기에서 그치지 않고 그 안에서의 활동을 통해 지역 현안에도 참여하려 노력한다. 가령 학교 같은 교육 기관이나 교회와 같은 종교 단체가 교육과 종교로만 활동을 축소시키는 것이 아니라 다양한 방식으로 지역 현안에 대한 목소리를 전달하고, 지역 현안과 자신들의 활동을 연결시키는 작업을 한다. 이런 분위기 속에서 지역 주민은 지역 주민이라는 정체성을 갖고 다른 사람들을 만나고, 지역 신문을 읽고, 지역 모임과 활동에 참여하면서 지역의 작고 큰 이야기를 다른 사람들과 나누는 데 적극적으로 참여한다.

지금까지 묘사한 것을 살펴보면 무진시와 태주시는 공동체적 소통을 위한 인프라 상태에 있어서 매우 달랐다. 그러한 차이는 재난 중에 나타났다. 재난이 닥쳤을 때 그에 대처하는 모습에 있어서 무진시와 태주시는 매우 다른 모습을 보였다. 무진시에는 매년 여름 태풍이 지나간다. 여름철에는 적어도 몇 개의 태풍이 불어온다. 태풍이 이 도시를 지나가면 방송에서는 주민들 개개인이 태풍에 어떻게 대비해야 하는지에 대한 설명이 나온다. 그러면 단독 주택에 사는 사람들은 자기 집 앞마당과 뒷마당에 나가 바람에 날아갈 수 있는 것들을 집 안으로 옮기든지 줄로 묶고, 지붕이나 펜스 등을 점검한다. 아파트에 사는 사람들도 자기 집 창문에 안전장치를 한다. 어떤 사람들은 마트에서 물이나 생필품을 넉넉히 사다 놓기도 한다. 건전지로 작동하는 라디오를 준비하기도 한다. 위험에 대비하는 대부분의 노력이 개인 혹은 가족 단위로 이루어진다. 이렇게 이 도시 사람들은 재난에 대해서 매우 개인주의적 모습을 보인다.

태주시에서는 큰 홍수가 난 적이 있었다. 바로 그 전 겨울 이 도시에 큰 눈이 매우 자주 왔는데, 겨우내 녹지 않고 쌓이기만 했던 눈이 봄이 되자 한꺼번에 녹았다. 그러자 이 도시를 가로지르는 강 수위가 급속히 올라갔다. 상류에 있는 댐 수문을 열지 않으면 댐이 무너질 수도 있는 지경까지 이르렀다. 문제는 댐 문을 열면 강 주변 건물들이 물에 잠길 수밖에 없다는 것이었다. 그렇다고 댐 문을 열지 않으면 댐 자체가 무너질 수도 있었다. 고민하던 시 정부가 결국 댐 문을 열기로 했다. 댐 문을 연다는 결정이 내려지자마자 전문가들과 언론은 어느 시점부터 물이 범람하게 될지, 강 주변 어디까지 물에 잠기게 될지, 홍수 피해는 어느 정도 일지 계산을 하기 시작했다. 드디어 시 정부가 댐 문을 연다고 한 D데이 하루 전날이 되었다. 태주시에 사는 수천 명의 사람들이 강 주변으로 몰려들기 시작했다. 강가에 있는 학교 건물과 주택들 주변에 모래주머니를 함께 쌓기 시작했다. 누구도 그렇게 하라고 시킨 사람은 없었다. 모두 자발적으로 모여든 사람들이었다. 모여든 사람들은 매주 있던 동네 콘서트, 야외극장, 전통 시장 등에서 보던 사람들이었다. 그렇게 모여든 사람들은 서로를 바라보며 감격했다. 공동체적 유대에 대한 감동과 감격은 더 적극적인 협력 행위로 연결되었다. 태주시에서 발생한 홍수 재난은 피해 입은 집들이 개별적으로 대처해야 하는 개인의 문제에 그치지 않았다. 도시 전체가 공동체적 대처를 해야 하는 모두의 문제로 받아들여졌다.

무진시와 태주시, 이 두 도시의 차이는 무엇일까? 그 차이를 어떻게 설명해야 할까? 특히 이 도시들이 원래부터 갖고 있던 차이가 위험과 재난이 닥쳤을 때 이 도시 사람들이 대처하는 방식에 어떤 영향을 미친 것일까? 이런 질문들에 답을 하기 위해서는 위험 문제를 커뮤니티 문제로 바라보는 관점을 가져야 한다. 이제부터는 그런 관점에 관한 이야기를 조금 더 본격적으로 해 보겠다.

위험 문제를 공동체 문제로 보기

이 장의 서두에서 언급했듯이, 그리고 두 도시의 이야기가 비교적 생생하게 묘사하듯이, 위험 상황이 발생하면 사람들은 그것을 개인의 문제로 보기도 하고 공동체의 문제로 보기도 한다. 가령 지진이나 태풍이나 홍수 같은 자연 재난 상황에 대해서 개인이 그 재난을 잘 피해 갈 능력이 있을지, 큰 피해를 보지 않기 위해서 개인이 무엇을 해야 할지 등 개인적 측면에서 접근할 수 있다. 그런 예를 우리는 무진시에서 볼 수 있었다. 하지만 우리는 같은 재난 상황에 대해 그 재난을 겪는 공동체가 그 재난을 잘 예방하고 극복할 수 있을까, 공동체 차원에서 어떤 노력을 할 수 있을까 등과 같이 공동체적 차원의 문제로도 접근할 수도 있다. 그런 예는 태주시의 경우에서 볼 수 있었다. 자연 재난뿐 아니라 다른 유형의 위험 이슈들도 마찬가지다. 코로나19와 같은 보건 위기의 경우도 그것을 마스크 쓰기, 손 씻기, 백신 맞기 등 개인 수준의 문제로 접근할 수 있지만, 백신 개발, 실업 수당, 지역 자영업자 돕기, 불필요한 회의나 회식 자제 등 새로운 사회적 문화와 규범 만들기에 집중하는 방식으로 공동체 수준에서도 접근할 수도 있다. 마스크 쓰기나 백신 접종의 경우도 그것을 꼭 개인이 자신의 건강을 지키기 위한 개인 수준의 행동으로만 볼 수 없다. 자신의 건강뿐 아니라 공동체 수준의 방역을 위해 마스크를 쓰고, 백신을 맞는다는 생각을 개인들이 공유한다면 마스크 쓰기와 백신 맞기도 공동체적 수준의 행동으로 전환할 수 있다. 이처럼 같은 행동에 대해서도 개인적인 관점으로도 볼 수 있고, 공동체적 관점으로도 볼 수 있다. 그렇다면 위험 상황에서는 어떤 접근 방식이 더 필요하고 유용할까? 물론 둘 다 필요하고 유용하다고 해야 할 것이다. 어떤 위험이든지 개인이 해야 할 것과 공동체가 해야 할 것을 모두 수반하기 마련이기 때문이다. 아마도 우리가 피해야 하는 것은 위험을 전적으로 개인 수준의 문제로만 보면서 공동체적 문제라는 시각을 가리거나, 반대로 그것을 공동체 수준의 추상적 문제로만 파악해서 개인들이 자신의 문제로 받아들이지 못하게 하는 상황일 것이다.

지금까지 우리는 위험의 문제가 개인의 문제이면서 동시에 공동체 문제라는 점을 계속 강조해 왔다. 그런데 여기서 한 가지 언급하고 넘어갈 것은, 한 사회 내에서 권력을 쥔 주체들, 특히 위험의 관리 주체들은 가급적 위험에 대한 사회 내 인식을 개인 수준에 묶어 두려 한다는 점이다. 왜냐하면 권력 주체들은 위험 문제가 개인 문제에서 커뮤니티 문제로 확장되면 위험을 제대로 관리하고 통제하기 어렵다고 인식하는 경향이 있기 때문이다. 그들이 그렇게 인식하는 이유는 개인의 문제가 공동체 문제로 전환되면 위험에 대한 두려움이 통제할 수 없는 방식으로 전염되고, 퍼져서 위험에 대한 관리가 불가능하게 될 수도 있다고 생각하기 때문이다. 그런 생각은 일종의 전염이론에 대한 믿음을 토대로 한다(Christakis & Fowler, 2013; Sampson, 2012; Scherer & Cho, 2003). 위험이 공동체적 문제로 인식되면 그것이 종종 정치적 문제로 전환되기도 한다. 그런 전환을 두려워하기 때문에 위험 관리의 권력 주체들이 위험의 공동체적 시각을 꺼리고 그것을 개인 수준의 문제로 축소시키려 하는 것일 수도 있다. 위험이 정치적 문제로 전화되면 기존 권력관계에 대한 사회적 도전이 제기될 수 있기 때문이다.

앞에서도 잠깐 언급했지만, 위험의 공동체적 접근에 대한 시각은 종종 전염이론적 시각에 의해 왜곡된 방식으로 이해됐다. 전염이론의 기본 주장은, 개인들은 대개 주변 사람들이 위험에 대해 어떻게 인식하고 반응하는지를 짐작하고 그것에 영향을 받아 행동하게 된다는 것이다(Scherer & Cho, 2003). 여기서 다른 사람들이 실제 어떻게 느끼고 생각하고 행동했는지는 중요하지 않다. 다른 사람들이 어떻게 느끼고, 생각하고 행동했는지에 대해서 개인이 어떻게 인식했는지가 더 중요하다. 그렇기에 전염이론적 시각에 따르면, 우리는 결국 다른 사람들이 어떻게 인식하고 행동했는지로부터 영향받는 것이 아니라, 다른 사람들이 어떻게 인식하고 행동했는지에 대한 우리 자신의 인식에 의해 영향받는 것이라 할 수 있다. 그 과정에서 종종 미디어가 중요한 역할을 하기도 한다(Sampson, 2012). 미디어는 다른 사람들이 어떻게 느끼고, 생각하고, 행동했는지를 우리에게 간접적으로 알려줌으로써 위험에 대한 우리의 인식과 반응에 영향을 준다. 다른 사람들의 생각, 정서, 행동에 대한 미디어의 반영이 늘 정확한 것은 물론 아니다. 그런데도 우리는 미디어를 통해 다른 사람들이 위험에 대해 어떻게 반응하는지에 대해 배운다. 개인의 그런 간접 학습과 인식이 모여서 위험에 대한 공동체 전체의, 사회 전체의 반응이 만들어진다. 전염이론을 받아들이게 되면 위험에 대한 공동체적 접근에 대해 대개 한 가지 결론에 이른다. 그것은 위험이 초래하는 공포와 두려움의 전염성을 생각할 때 위험이 공동체 수준에서 다뤄지게 되면 대개 비합리적이고 부정적인 사회적 결과가 초래될 수 있다는 것이다.

위험을 개인적 수준에서만 파악한다면 위험 인식과 그에 대한 반응을 그림 3과 같은 그림으로 제시할 수 있다. 위험 상황이 발생하면 불확실성이 증가하고, 그런 상황에 대해 개인이 느끼는 심각성 인식이 증가한다. 그러면 사람들은 그 위험에 대해 더 많이 생각하게 되고, 두려움을 느끼게 된다. 그러한 두려움은 크게 보면 투쟁fight이냐 도피flight냐에 해당하는 두 가지 상반된 반응을 이끌어 낸다(Cho & Witte, 2005; Glanz & Schwartz, 2008). 가령 어떤 때는 두려움의 근본 원인을 없애려는 투쟁에 노력을 기울인다. 그것은 적응 반응adaptive response이라고도 부를 수 있다. 이것은 두려움 자체에 반응하는 것이 아니라, 두려움의 원인에 대해 싸

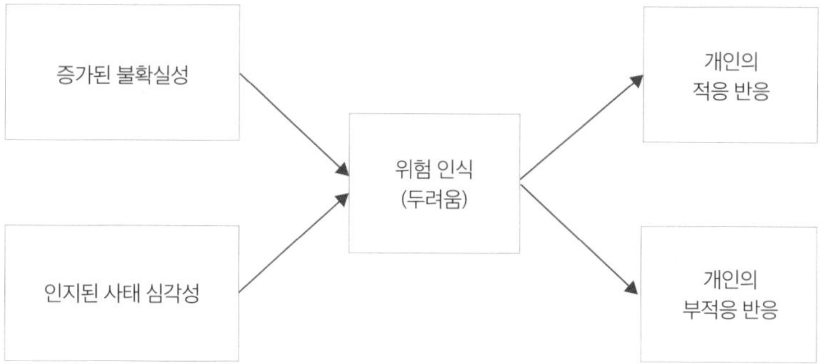

그림 3 위험에 대한 개인 수준의 반응.

우는 반응이다. 즉 위험 원인을 없앨 방법을 생각하는 적극적 반응이다. 가령 코로나19에 걸릴 위험을 낮추기 위해서 백신을 맞는 것 같은 행동이 여기에 해당한다. 그런데 개인은 종종 두려움 그 자체에 반응하기도 한다. 그러면서 문제를 적극적으로 해결하려 하기보다는 문제 자체로부터 도망치는 선택을 한다. 위험이 초래한 두려움 자체를 떨쳐내거나 잊으려고 노력하는 것이다. 현실 도피적 행동을 보인다든지, 합리화와 변명을 한다든지, 위험의 원인과 결과에 대해 자기 편의적 생각을 한다든지, 음모이론에 빠진다는지 하는 것이 여기에 해당한다. 이런 행위들은 적응 반응에 대비되는 부적응 반응maladaptive response이라 할 수 있다. 부적응 반응을 보일수록 개인은 대개 문제 해결로부터 점점 더 멀어진다.

그림 4는 그림 3의 개인 경험이 집합적 수준, 즉 공동체 수준으로 확장된 모양을 보여 준다. 그림 4에서도 앞부분은 그림 3과 똑같다. 그러나 개인의 위험 인식, 즉 개인들이 위험에 대해 느끼는 두려움은 개인 차원에서 끝나는 것이 아니라 그가 속한 공동체 차원으로 확산된다. 그러면서 공동체 차원에서 두 가지 상반된 반응, 즉 집합적인 적응 반응과 집합적인 부적응 반응을 만들어 낸다. 공동체적 집합 수준에서 볼 수 있는

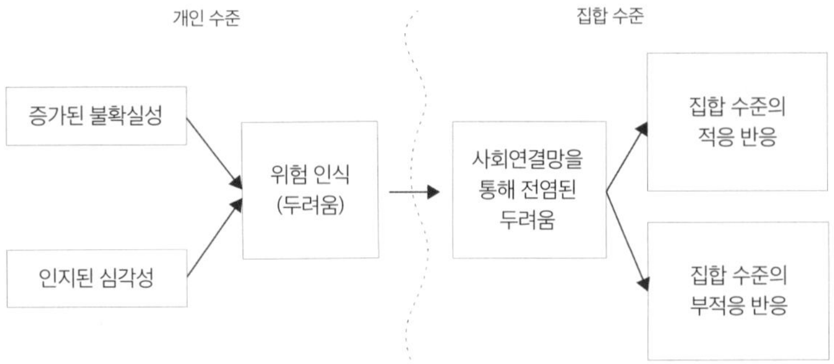

그림 4 위험에 대한 공동체 차원의 반응

부적응 반응이 바로 사람들이 전염이론 등의 이름으로 부르는 것이다. 여기에는 위험 상황 중에 사람들이 공동체 차원에서 보이는 다양한 비합리적 반응이 포함된다. 가령 두려움 그 자체에 반응하면서 집단적 패닉 상태에 빠지고, 그러면서 서로 비난하고, 서로 혐오하고, 서로 배타적인 태도와 행동을 보이는 것 등이 여기에 해당할 것이다.

하지만 집합적 수준에서 위험에 대한 적응 반응도 생각해 볼 수 있다. 공동체 차원의 위험이 발생했다 하더라도 공동체 성원들이 함께 공감하고, 협력해서, 문제를 함께 해결해 나가는 식의 대응을 보인다면 그것을 위험에 대한 공동체적 적응 반응이라 부를 수 있다. 여기서 우리가 잊지 말아야 할 점은, 위험 상황이 발생했을 때 어떤 문제들은 개인 수준의 적응 반응으로는 온전한 대처가 힘들고, 반드시 집합적 수준의 적응 반응을 통해서만 해결될 수 있다는 것이다. 그렇다면 위험을 개인 수준으로만 보는 것이 아니라 집합적 수준, 혹은 공동체적 수준으로 함께 보는 것이 더더욱 중요해진다.

위험 문제에 대해 공동체가 집합적 수준에서 보이는 적응 반응은 대개 다음과 같은 행동을 포함한다(Kim, 2018). 먼저 특정 위험을 공동체 구성원이 함께 공동의 문제로 인식problem recognition하는 것이다. 어떤 문제가 공동체의 문제로 인식되면 공동체 차원에서 그 문제와 관련된 정보에 대해 민감한 주의를 기울이게 된다. 그것을 공동체 수준의 정보 스캐닝collective information scanning이라 부르도록 하자. 정보 스캐닝이란 적극적으로 정보를 찾고 추구하는 것은 아니지만, 온오프라인상 여러 다양한 채널을 통해 흘러 다니는 정보 중에서 공동체 위험과 관련된 정보를 발견하면 거기에 주의를 기울이는 것을 가리킨다. 공동체 구성원들이 여러 다양한 맥락 속에서 마주친 정보들을 모으고 공유하는 과정까지 공동체적 정보 스캐닝에 포함시킬 수 있다. 그 단계를 넘어서면 공동체 차원에서 위험 이슈와 관련된 정보를 적극적으로 추구하는 일을 벌일 수 있다. 그것을 공동체적 정보 추구 과정collective information seeking이라 부를 수 있다. 공동체적 정보 스캐닝과 정보 추구 과정에서 공동체에 속한 미디어나 단체/모임이 매우 중요한 역할을 담당하게 된다. 위험에 대한 공동체적 적응 반응의 다음 단계는 위험 관련 뉴스, 정보, 지식을 갖고 공동체 내에서 다양한 대화가 이루어지는 단계다. 그런 대화는 공동체 구성원인 개인들 사이에서 이루어지기도 하고, 공동체 내 조직, 단체, 모임 간에 이루어지기도 한다. 공동체 차원에서 위험의 성격에 대한 규정이 내려지면(가령 위험의 발생 원인에 대한 규정, 누가 책임을 져야 하는지에 대한 규정 등), 그에 대한 공동체적 방어 및 대처 행동에 대한 논의가 이루어진다. 그러고 나서 공동체 수준에서 위험에 대한 방어와 대처를 위한 실제 행동이 실천된다. 위험 문제에 대한 공동체 수준의 적응적 대처 과정에서는 공청회, 포커스 모임, 주민위원회 등의 방법을 통해 위험에 대한 공동체 문제 인식과 해결책 모색에 대한 노력이 이루어지기도 한다. 더불어 공동체 차원에서 만들어진 이러한 공론장 위에서 위험에 대한 평가, 대책 수립, 실제 위험 관리 등이 이루어질 수도 있다.

위에서 살펴본 위험에 대한 공동체적 적응 반응을 핵심적인 것만 남겨놓고 축소한다면 결국 그것들은 '위험에 대한 공동체적 인식problem-recognition'과 '위험에 대한 공동체적 문제 해결problem-solving'로 줄일 수 있다(Kim, 2018). 특정 위험을 공동체 구성원들이 함께 공동의 위험으로 인지하는 것은 사실 말처럼 쉽지 않다. 가령 지구 온난화나 핵발전소 문제에 대해서 여전히 찬반 의견이 한국 사회 안에 존재한다는 것을 보면 그것을 쉽게 알 수 있다. 어떤 특정 위험 이슈에 대해 그것이 자기 지역의 공동 문제라는 것을 다양한 의견과 입장을 지닌 구성원이 함께 인식하는 것은 사실 매우 어려운 일이다. 즉 위험의 존재 여부, 위험의 중대성 정도 등에 대해 공동체 구성원들이 동의하고 함께 그것을 인식하는 것은 매우 힘든 일이다. 설사 공동체 구성원이 특정 위험 이슈를 자신들의 문제로 함께 인식하는 데 성공했다 하더라도 그 문제에 대해 공동체 구성원들이 모두 동의하는 문제 해결책을 찾고, 그 해결책을 함께 수행하는 것은 더욱더 어려운 일이다. 공동체가 집합적으로 함께 문제를 인식하고, 함께 문제를 해결하는 일은 저절로 이루어지는 것이 아니다. 그것을 가능케 하는 공동체 자원이 필요하다. 위험 문제에 대한 공동체적 인식과 공동체적 문제 해결은 그것을 위한 공동체적 자원이 충분히 갖춰져 있을 때만 가능하다. 앞에서 무진시와 태주시라는 두 도시가 보인 위험 대처 방식의 차이는 결국 공동체적 자원(양, 질 등)의 차이라고 할 수 있다. 가령 도시에 닥친 재난(홍수)에 대해 매우 조직적인 공동체적 대처를 보였던 태주시는 위험에 대한 집합적 인식과 문제 해결에 필요한 공동체적 자원을 무진시보다 상대적으로 더 넉넉히 갖고 있었다고 할 수 있다.

공동체 자원

공동체 자원에는 다양한 것들이 포함될 수 있다. 여기서는 그동안 사회과학자들이 언급해 온 것 중에서 대표적인 것들을 골라 살펴보도록 하겠다. 거기에는 커뮤니티 역량, 집합적 효능감, 사회 자본, 커뮤니티 복원력, 커뮤니티 조직화, 커뮤니티 참여, 커뮤니케이션 하부 구조 등이 포함된다. 이 개념 하나하나에 대해 살펴보겠다.

커뮤니티 역량

첫 번째로 살펴볼 공동체 자원은 커뮤니티 역량community capacity이다. 커뮤니티 역량이란 개인들이 속한 집단의 역량을 말하는 것이다(Dearing, 2003). 커뮤니티 역량은 커뮤니티에 속한 개인들 역량의 단순 합이라기보다는 개인의 역량이 어떻게 유기적으로 결합되었는지를 토대로 해서 나타나는 집합적 효과라고 해야 할 것이다(Goodman et al., 1998). 축구 팀을 예로 들어 보자. 가령 국가 대표급 선수들로 이루어진 팀이 하나 있고, 평범한 선수들로 이루어진 팀이 하나 있다고 해 보자. 개인들 능력의 합은 당연히 국가 대표로 이루어진 팀이 더 클 것이다. 그런데 두 팀이 경기했는데 평범한 팀이 국가 대표급 팀을 이기는 놀라운 결과가 나타났다면 어떻게 그런 일이 일어날 수 있었을까? 가상의 예이긴 하지만 아마도 가령 이런 차이가 있었을 것이다. 평범한 팀 안의 선수 한 명, 한 명의 기량은 당연히 국가 대표급 팀에 속한 선수들보다 떨어졌다. 그러나 평범한 팀 선수들 사이에는 강한 결속력이 있고, 오래 훈련된 조직력이 있고, 선수들이 존경하고 따르는 리더가 있었다. 반면 국가 대표급 팀의 선수들은 서로 자기가 최고라고 생각하면서 사이가 좋지 않았고, 그렇기에 팀에 대한 결속력도 별로 없었고, 모두 자기가 잘났다고 생각해서인지 마땅한 리더도 없었다. 이런 가상의 상황을 커뮤니티 역량이란 개념을 갖고 해석한다면, 국가 대표급 팀의 개인 역량은 하나하나 뛰어났을지 모르지만, 평범한 팀의 커뮤니티 역량이 국가 대표급 팀보다 더 컸다고 말할 수 있을 것이다.

커뮤니티 역량은 커뮤니티의 문제를 집합적으로 인식하고, 집합적으로 그것을 해결하기 위해 커뮤니티 내에 이미 존재하는 자원을 효과적으로 동원할 수 있는 능력이다. 앞에서도 이야기한 것처럼, 커뮤니티 내 구성원들이 "그래, 우리에겐 이런 공통의 문제가 있어"라고 하면서 함께 마음을 같이해서 문제에 대한 동일한 인식을 갖는 것 자체가 사실 매우 어려운 일이다. 커뮤니티 역량은 위험 문제에 대한 그런 집합적 인식을 끌어내는 원동력이다. 그리고 문제가 공동체 차원에서 인식된 다음에 그 문제를 해결하기 위해 커뮤니티 내 자원을 찾고 동원하고 사용하도록 하는 힘이기도 하다. 앞에서 우리가 살펴본 무진시와 태주시의 경우로 돌아가 보면, 무진시보다는 태주시의 커뮤니티 역량이 더 컸다고 할 수 있다.

집합적 효능감

두 번째 살펴볼 개념은 집합적 효능감collective efficacy이다. 집합적 효능감은 자아효능감self-efficacy이라는 개념이 집단 수준의 개념으로 확장된 것이다(Bandura, 1997). 자아효능감은 어떤 과제나 문제가 주어졌을 때 자신이 그것을 잘 수행하거나 해결할 수 있다고 믿는 신념을 가리키는 것이다. 즉 스스로의 행위 역량에 대한 신념인 것이다. 사회인지이론에 따르면 어떤 특정 행위에 대해 자아효능감이 높은 사람들이 실제 그 행위를 할 가능성이 크다고 말한다(Bandura, 1994). 가령 백신 접종에 대한 자아효능감이 높은 사람들이 실제 백신을 맞을 가능성이 크다는 것이다.

그런데 여기서 한 가지 주의할 점은 효능감을 실제의 능력이나 역량과 구별해야 한다는 것이다. 효능감은 개인의 역량 그 자체가 아니라, 개인이 갖는 자신의 역량에 대한 신념이다. 어떤 두 사람이 객관적으로는 똑같은 역량을 가졌음에도 한 사람은 문제 해결을 시도해서 그 결과를 얻어 내지만 다른 사람은 그렇게 할 엄두조차 못 내는 이유는 자아효능감의 차이인 경우가 많다. 즉 자신이 문제 해결을 할 수 있다고 믿느냐 그렇지 않느냐라는 신념의 차이가 실제 행동을 끌어내거나 그렇지 않거나를 결정한다는 것이다. 이런 자아효능감의 개념이 뒤에 집합적 효능감의 개념으로 확장되었다. 자아효능감과 집합적 효능감의 개념을 정리한 사람은 앨버트 밴듀라Albert Bandura라는 사회심리학자다(Bandura, 1997). 집합적 효능감의 개념은 로버트 샘슨Robert Sampson 등의 사회학자(Sampson et al., 1997)와 김용찬과 샌드라 볼로키치Sandre Ball-Rokeach 등 커뮤니케이션 학자들(Kim & Ball-Rokeach, 2006)에 의해서도 채택, 발전되었다. 집합적 효능감은 어떤 집단의 구성원들이 자기가 속한 집단이 지닌 능력에 대한 신념이다. 내가 속한 집단(혹은 그 집단의 다른 구성원들) 내부에 어떤 문제가 발생했을 때 그것을 해결할 능력과 의지가 집단에 있는지에 대한 신념이 집합적 효능감으로 나타난다. 자아효능감과 마찬가지로 집합적 효능감도 집단의 객관적 역량 그 자체가 아니라 집단이 역량을 갖추었는지에 대한 개인들의 신념이다. 앞에서 축구 팀들 사례를 통해 공동체 역량의 개념에 대해 설명했는데, 여기서도 축구 팀 이야기를 해 보자. 평범한 선수들의 팀이 국가 대표급 선수들의 팀을 이길 수 있었다면, 그에 대해 집합적 효능감 개념을 사용해서 이런 식으로 설명할 수 있다. 평범한 선수들의 팀이 상대 팀을 이길 수 있었던 것은 그 팀이 갖고 있던 객관적인 집합적 역량 때문이었다기보다는, 자신들이 비록 평범한 선수들이 모인 팀일지언정 조직력, 선수 간 유대, 리더십 등이 탄탄하기에 국가 대표급이 모인 상대 팀을 이길 수도 있다는 집합적 신념(즉 집합적 효능감)을 그 팀 선수들이 상대 팀보다 더 강하게 갖고 있었기 때문이었을 것이었다고 말할 수 있다. 결국 두 팀의 차이는 경기 승리에 대한 집합적 효능감의 차이에 있었고, 집합적 효능감의 차이가 각 선수의 경기력에 영향을 미쳐서 평범한 선수들의 팀이 국가 대표급 선수들의 팀을 이기게 할 수 있었던 것이다.

하버드대학교의 사회학자 로버트 샘슨에 따르면 집합적 효능감은 두 가지의 하부 차원으로 구성되어 있다(Sampson et al., 1997). 첫째는 공동체의 응집community cohesion이라는 것이고 두 번째는 비공식적 사회 통제 informal social control라는 것이다. 이 둘이 높아야 집합적 효능감이 크다는 것이다. 공동체 응집이라는 것은 집단에 속한 구성원들이 자기 집단 내 사람들이 서로 유대감 있게 연결되어 있다고 스스로 믿는 신념의 크기를 가리킨다. 다시 말하지만 유대감 정도가 실제로 높은지 아닌지는 별개의 문제다. 중요한 것은 구성원들이 그렇게 믿는 정도다. 두 번째로 비공식적 사회 통제는 공동체 안에 어떤 문제가 발생해서 그 문제 해결을 위한 특정 행동이 필요하게 되었을 때 나 말고도 다른 사람들이 적극적으로 그에 나설 것이라고 믿는 정도다. 역시 여기서도 잊지 말아야 할 점은 이것이 인식과 신념의 문제라는 것이다. 다른 사람들이 실제로 그렇게 할지가 중요한 것이 아니라, 그렇게 할 것이라 믿는 것 자체가 중요하다. 가령 동네 공원의 놀이 기구가 고장 나서 아이들이 다칠 수 있다는 것을 발견할 경우 우리 동네 사람들은 누구라도 구청에 신고하는 등 바로 어떤 조치를 할 것이라고 믿는 정도가 크다면 비공식적 사회 통제의 신념이 크다고 할 수 있다. 커뮤니티 응집력과 비공식적 사회 통제에 대한 신념이 높은 곳, 즉 집합적 효능감이 높은 곳에 사는 개인은 자신도 어떤 문제를 발견하면 적극적으로 그 문제를 해결하는 데 참여할 가능성이 클 것이지만, 집합적 효능감이 낮은 곳에 사는 개인은 자신도 문제 해결을 회피할 가능성이 크다는 것이 집합적 효능감 이론이 예측하는 것이다. 즉 집합적 효능감은 개인이 어떻게 행동할지에 영향을 미치고, 그런 개인들의 행동은 다시 전체 공동체 차원에서 문제 해결의 결과에 영향을 미친다.

앞의 두 도시 이야기로 다시 돌아가 보자. 두 도시 이야기를 다시 상기해 보면 아마도 무진시보다는 태주시에서 재난에 대처하는 집합적 효능감이 더 컸을 것이다. 집합적 효능감이 높은 지역에 특정 재난이 닥치면 그곳에 사는 개인들은 다른 사람들이 적극적으로 그것이 초래한 문제 해결에 참여할 것이라고 믿을 것이고, 그렇게 믿기 때문에 자기 자신도 문제 해결 과정에 적극적으로 참여할 가능성이 커지고, 그렇기에 커뮤니티 전체 차원에서 많은 사람이 함께 참여하는 공동체적 문제 해결의 결과를 경험하게 된다. 집합적 효능감이 낮은 커뮤니티에서는 그 반대의 결과를 보게 될 것이다. 즉 집합적 효능감이 낮은 곳에 재난이 닥치면 그곳의 개인들은 아무도 공동체 문제 해결에 참여하지 않을 것으로 생각할 것이고, 그렇게 생각하기 때문에 자기 자신도 문제 해결 과정에 참여하지 않을 가능성이 커지고(나 혼자 해 봤자 아무 소용없겠지라는 생각으로), 그렇기에 커뮤니티 전체 차원에서 매우 저조한 공동체적 문제 해결 참여의 결과를 경험하게 되는 것이다. 앞에서 설명한 커뮤니티 역량 개념과 더불어 지금 설명한 집합적 효능감 개념은 모두 위험에 대한 공동체적 대처 여부와 정도를 설명하는 데 매우 유용한 개념이다.

사회 자본

다음으로 살펴볼 개념은 사회 자본이라는 개념이다. 사회 자본은 아마도 사회과학 여러 분야가 지난 몇십 년 동안 가장 많이 써온 개념 중 하나일 것이다(Portes, 1998). 자본capital이란 것은 이윤을 얻기 위해 투자하는 것이다(Bourdieu, 1986). 가령 재정 자본financial capital이라 하면 이윤을 얻기 위해 투자되는 돈을 가리키는 것이다. 사회 자본도 어떤 이윤을 얻기 위해 투자하는 것인데, 특히 사회관계에 투자하는 것이다(Adler & Kwon, 1999). 프랑스의 사회학자 피에르 부르디외Pierre Bourdieu는 사회 자본을 "제도화된 관계(즉 상호 인지와 인정의 관계)의 지속적 연결망을 기반으로 하는 실제 혹은 잠재적 자원"이라 했다. 여기서 제도화된 관계라는 말은 어느 정도 일정한, 그리고 지속적인 패턴을 보이는 관계를 가리킨다. 가령 가족, 친구, 이웃, 직장 동료 등 적어도 어느 정도의 시간 동안 지속하는 관계들이 제도화된 관계라 할 수 있다. 사회 자본은 그런 관계가 지속하는 사회 연결망을 기반으로 하면서, 그런 사회 연결망 자체가 하나의 자원이 되었음을 설명하는 개념이다. 어떤 사람들은 사회관계로 이루어진 자원으로서의 사회 자본을 다른 사람들보다 더 많이 갖고 있다. 공동체 차원에서도 어떤 공동체는 다른 공동체보다 내부 구성원들 사이의 사회관계망을 기반으로 하는 사회 자본을 더 많이 갖고 있다. 그래서 사회 자본은 개인 간, 공동체 간 불평등의 원인이 되기도 한다. 돈이 많고 적은 것만이 불평등을 만드는 것이 아니라, 사회관계를 바탕으로 하는 사회 자본을 둘러싸고도 불평등이 만들어질 수 있다는 것이다. 사람들이 이른바 인맥을 쌓기 위해서 노력하는 것도 결국 사회 자본을 확장시키려는 것이라 할 수 있다. 우리는 인맥에 있어서 개인 간 불평등이 있다는 것을 경험을 통해 잘 알고 있다. 사람들 사이의 관계 특성은 공동체 간의 불평등도 만든다. 그것이 공동체의 문제 해결 능력에 영향을 주기 때문이다.

사회 자본은 개인이 소유하는 것이라고 설명하는 학자도 있지만 제임스 콜먼James Coleman과 같은 사회학자는 사회 자본은 사람들 사이의 관계 속에 내재embeded되어 있는 것이라고 설명한다(Coleman, 1988). 개인의 입장에서 보더라도 사회 자본이라는 것은 특정 개인 A가 소유할 수 있는 것이 아니라, A라는 사람이 맺고 있는 다른 사람들과의 관계 속에 보이지 않게 잠재된 것이라는 것이다. 한 공동체 안에 촘촘한 사회 연결망이 구축되어 있고 그 관계망 안에 구성원 간 다양한 유형의 실제적 혹은 잠재적 교환 관계가 내재되어 있다면 공동체 수준에서 사회 자본이 풍부하게 갖춰져 있다고 말할 수 있다. 집합적 효능감이나 공동체 역량이 공동체 안에서 문제 인식과 해결을 위한 개인들의 행위를 촉발하는 것처럼 사회 자본도 개인의 삶에서, 그리고 공동체 전체 차원에서 공동체 문제 해결을 위한 사회적 행위를 유발한다. 따라서 위험에 처한 개인과 공동체가 위험 문제 해결 과정에 착수하려 할 때 사회 자본은 매우 중요한 역할을 한다.

하버드대학교 정치학과 교수 로버트 퍼트넘Robert Putnam은 사회 자본에는 사회 연결망과 더불어 상호성의 규범과 신뢰가 중요한 요소를 차지한다고 설명한다(Putnam, 1995). 즉 사회 자본이 높은 사회가 되기 위해서는 그 안의 구성원들이 서로 상호성의 규범을 갖고 신뢰하는 분위기가 있어야 한다는 것이다. 상호성의 규범이란 이런 것이다. 오늘 내가 누군가로부터 점심을 얻어먹었다고 해 보자. 내가 아주 구두쇠가 아니라면 그에게 조만간 점심을 사줘야 할 것 같은 부담감을 느낄 것이다. 이것이 상호성의 규범이다. 주고받는 것과 관련된 규범이다. 또 다른 예를 생각해 보자. 내가 수술을 받으면서 수혈을 받았다고 해 보자. 누군가 헌혈을 했기 때문에 내가 수혈을 받을 수 있었을 것이다. 수혈을 받아 건강을 찾은 뒤, 그것이 고마워서 나도 헌혈을 하겠다는 생각을 했다고 하자. 이런 생각을 하게 된 데도 상호성의 규범이 작동한다. 그런데 점심 보응의 예와 보답 헌혈의 예에는 조금 다른 유형의 상호성이 작동한다. 점심 보응의 예는 직접적 상호성 규범이 작동한 경우다. 왜냐하면 내게 점심을 사준 바로 그에게 보답하는 것이기 때문이다. 그러나 보답 헌혈의 예는 간접적 상호성의 예다. 내가 헌혈한 것이 나에게 헌혈해 준 사람에게 바로 돌아가는 것은 아니기 때문이다. 직접적 상호성이든, 간접적 상호성이든 상호성 규범이 잘 갖춰져 있는 곳에서는 사람들 사이의 신뢰가 높기 마련이다. 하지만 규범이 허약한 곳에서는 상호 신뢰 정도가 낮을 것이다. 특히 위험 상황에서 공동체의 문제 해결 과정에서는 간접적 상호성 규범이 중요하다. 간접적 상호성이야말로 사회 전체 차원에 내재된 신뢰 관계를 구성하는 것이기 때문이다. 사람들 사이의 촘촘한 사회 연결망뿐 아니라 커뮤니티 구성원들이 서로 얼마나 신뢰하느냐의 문제가 사회 자본의 중요한 부분을 차지한다. 사회 자본이 높은 커뮤니티는 재난과 같은 위험이 발생했을 때 그런 위험 문제를 해결하는 데 쓸 수 있는 공동체적 자원이 풍부한 커뮤니티라고 말할 수 있다.

커뮤니티 복원력

공동체 자원으로서 또 하나의 흥미로운, 그러면서도 중요한 개념은 커뮤니티 복원력community resilience이라는 개념이다. 영어 리질리언스를 학자들은 회복력, 복원력, 회복탄력성 등 다양한 말로 번역해 왔다. 여기서는 그것을 복원력이라고 부르도록 하겠다. 플라스틱 자 같은 것을 구부렸다가 놓으면 원래 상태로 돌아가기 마련이다. 그렇게 원 상태로 돌아가려는 경향 혹은 그런 힘을 복원력이라고 부른다. 복원력이라는 물리적 개념을 개인의 삶에 적용하면, 똑같은 역경을 겪는데도 왜 어떤 사람은 그것을 잘 극복할 뿐 아니라 그것을 발판삼아 더 나은 삶을 사는 데 비해 어떤 사람들은 그 역경에 억눌리고 져서 결국 실패한 삶을 살게 되는지를 설명할 수 있다. 가령 비슷한 가정 환경에서 사는 아이가 둘 있다고 하자. 둘 다 사고로 부모를 잃었는데 한 명은 그 역경을 잘 이겨내서 독립적인 성향을 길러냈고 그것을 토대로 큰 기업의 대표가 되었지만, 다른 한 명은 그 역경을 이기지 못하고 범죄자가 되었다고 해 보자. 설명의 편의를 위해서 조금 극단적인 예를 들었다. 아무튼 복원력 개념을 발전시킨 학자들은 이 두 아이가 역경에 대한 복원력에서 차이가 있었기에 똑같은 역경에 맞닥뜨렸으면서도 다른 삶을 살게 되었다고 설명할 것이다. 복원력의 개념을 이렇게 개인 간 차이를 설명하는 데 쓰면, 그것은 개인 수준의 복원력에 대한 것이다. 개인 수준의 복원력에 대해 조금 더 체계적인 정의를 제시한다면, 그것은 역경을 겪은 후 개인의 적응 역량adaptive capacities을 개인 삶을 구성하는 필수 기능의 긍정적 회복과 적응으로 연결시키는 과정과 결과다. 즉 개인 수준의 복원력이란 역경 후에 가능한 빨리 역경 전의 상태로 복귀하는 능력이라고 할 수 있다.

그런데 최근 개인 수준에서뿐 아니라 커뮤니티 수준, 집단적 수준에서도 복원력 개념을 이야기하는 사람들이 생겨났다(Magis, 2010). 그것을 여기서는 커뮤니티 복원력이라고 부르도록 하겠다. 커뮤니티 복원력이란 앞에서 설명한 개인 복원력을 확장한 개념이다. 그래서 커뮤니티 복원력을 이렇게 정의할 수 있다. 커뮤니티 복원력은 역경 후에도 공동체의 네트워크화된 적응 역량을 공동체 필수 기능들의 긍정적 회복과 적응으로 연결시키는 과정과 결과다(Norris et al., 2008). 즉 커뮤니티 복원력이란 커뮤니티 수준의 다양한 위험 문제와 그로 인해 겪는 역경 후에도 공동체가 원래 작동하던 방식으로 다시 회복하는 능력이다.

그림 5를 보면 제일 왼쪽에 위기 전 상태가 있다. 모든 게 아무 문제 없이 정상적으로 돌아가던 상태다. 그런데 여기에 어떤 위기가 발생했다. 정치적 격변이든, 경제난이든, 자연 재난이든, 보건 위기이든 그런 위험 혹은 위기가 발생하면 커뮤니티가 그로부터 받을 스트레스의 크기와 그 위험에 대처할 자원의 양에 따라서 그 위험이 커뮤니티를 역경에

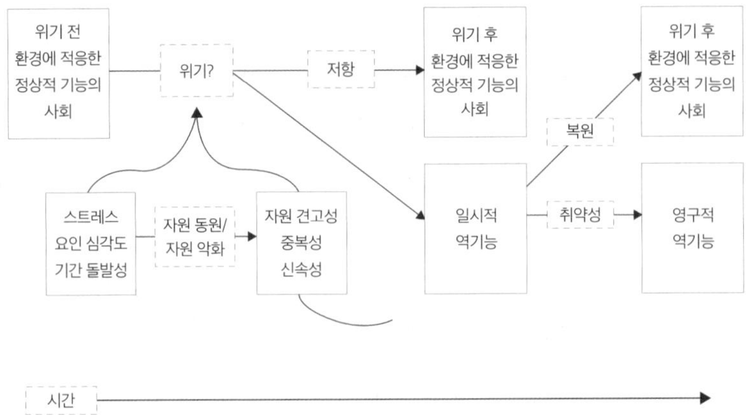

그림 5 커뮤니티 복원력.

출처: Norris et al., 2008.

빠뜨릴 위험인지 아니면 그냥 잠깐 충격을 줬다가 사라질 것인지가 결정된다. 가령 위험으로부터 받는 스트레스의 크기에 비해 커뮤니티가 보유한 자원의 양(예를 들어 사회 자본, 공동체 역량, 집합적 효능감 등)이 매우 크다면 그 위험은 그냥 잠깐의 에피소드로 끝나고 커뮤니티에 큰 타격을 주진 않을 것이다. 그런데 사태의 심각성에 비해 자원의 양이 빈약하다면 위험 이슈는 그다음 단계로 진화한다. 그다음 단계에서는 두 가지 경우의 수가 있다. 커뮤니티가 그 위험에 맞서 싸울 역량을 어느 정도 갖추고 있다면, 커뮤니티가 역기능 상태에 빠지기 전에 정상 상태로 복구할 모멘텀을 갖게 될 것이다. 그러나 그렇게 저항할 만큼의 자원도 갖고 있지 못하다면 커뮤니티는, 적어도 일시적으로는, 역기능의 상태에 빠지고 역경의 후폭풍을 겪게 된다. 이 단계를 지나고 나면 비로소 커뮤니티 복원력의 중요성이 본격적으로 드러난다. 커뮤니티 복원력이 튼튼한 커뮤니티는 일시적으로 커뮤니티가 역기능적 상태에 빠졌더라도 복원력을 발휘해서 원래의 상태로 돌아가기도 하고 어떤 경우는 역경 전보다도 더 개선된 상태로 변화하는 과정을 밟게 된다. 하지만 커뮤니티 복원력이 충분하지 않은 커뮤니티는 영구적 역기능 상태에 빠질 수 있다. 그것은 커뮤니티의 실패와 쇠락으로 이어질 것이다.

커뮤니티 복원력은 어떻게 늘릴 수 있을까? 위험의 문제를 겪을 때 커뮤니티 복원력을 행사할 수 있기 위해서는 위험 상황이 초래하는 스트레스를 이겨 낼 만큼의 커뮤니티 자원이 필요하다(Berkes & Ross, 2013; Matarrita-Cascante & Trejos, 2013). 그런 커뮤니티 자원에는 앞에서 살펴봤던 커뮤니티 역량, 효능감, 사회 자본 등이 모두 포함될 것이다. 그리고 무엇보다 위험 문제에 대해 커뮤니티 구성원들이 함께 이야기를 주고받을 커뮤니티 차원의 커뮤니케이션 자원(뒤에서 우리는 이것을 커뮤니케이션 하부 구조라는 개념으로 살펴볼 것이다)이 필요하다(Kim & Ball-Rokeach, 2006a). 또한 다른 자원 가령 경제적 자원, 정치적 자원 등도 필요하다.

커뮤니티 복원력을 높이려 할 때 몇 가지 강조할 것이 있다(Berkes & Ross, 2013; Magis, 2010; Norris et al., 2008; Sherrieb et al., 2010). 첫째, 재난에 대처하는 커뮤니티 복원력을 높이기 위해서는 충분한 경제적 자원이 필요하다. 또한 위험 노출의 불평등과 재난 대처를 위한 자원 접근에의 불평등을 줄여야 하고, 사회적으로 가장 취약한 곳(사람)에 자원을 집중해야 한다. 둘째, 재난 대처 과정의 단계 단계마다 지역 주민들을 의미 있는 방식으로 참여시켜야 한다. 하향top down의 방식이 아니라 커뮤니티 구성원들 스스로 재난 대처의 주체가 될 수 있게 해야 한다. 셋째로, 급속히 전개되는 위기 상황에서 재난 피해자들에게 지속적인 지원을 제공하려면 지역 내에 조직 간 네트워크와 사회관계망(즉 앞에서 말한 사회 자본)이 재난 전에 이미 잘 구축되어 있어야 한다. 넷째, 재난 과정에서 자연 발생하는 사람들 간의 자발적인 사회적 지원 체계를 적극적으로 보호하고 이를 장려하기 위한 적극적 중재 노력도 필요하다. 다음 장에서 더 자세히 살펴보겠지만 재난 중 사람들이 보이는 다양한 유형의 이타적 구호 행동을 조정하고 중재하는 노력도 필요하다. 다섯째, 공동체는 '대비 없는 상황에도 대비plan for not having a plan'해야 한다. 매뉴얼조차 없는 상황에서도 유연성을 발휘할 수 있는 힘을 갖고 있어야 하고, 불확실한 재난unknowns 상황에서도 효과적으로 작동하는 신뢰할 수 있는 정보 및 커뮤니케이션 자원을 구축해야 한다.

커뮤니티 조직화

위험 문제를 공동체의 문제로 파악하는 과정에서 필요한 또 하나 중요한 개념은 커뮤니티 조직화community organizing다. 커뮤니티 조직화란 커뮤니티 구성원들로 하여금 위험 문제가 개인 문제이기만 한 것이 아니라 커뮤니티 차원의 문제이기도 하다는 것을 인식하게 하고, 커뮤니티 문제로서의 위험 문제를 해결하는 과정에 스스로가 적극적으로 참여하도록 유도하는 제반 노력을 가리킨다(Dearing, 2003). 커뮤니티 조직화의 궁극적 목적은 결국 위험 문제를 커뮤니티 차원에서 해결할 커뮤니티 역량, 효능감, 복원력, 사회 자본을 구축하는 과정이라 하겠다. 구체적으로 살펴보면 커뮤니티 조직화는 커뮤니티 구성원들이 (1) 자신을 독립된 개인일 뿐 아니라 커뮤니티 일원이라 인식하게 하는 것, (2) 커뮤니티의 문제를 개인의 문제로뿐 아니라 커뮤니티의 문제로 인식하게 하는 것, (3) 자신들이 어떤 커뮤니티 자원(커뮤니티 역량, 집합적 효능감, 사회 자본)을 보유하고 있는지 인식하게 하는 것, (4) 자신들이 가진 커뮤니티 자원을 어떻게 사용할 수 있는지 알게 하는 것, (5) 커뮤니티 자원을 활용하면서 커뮤니티 문제 해결 과정에 참여케 하는 것 등의 내용을 포함하는 것이다. 커뮤니티 조직화는 정부나 단체가 하향식으로 시민을 조직하는 것

표 1 커뮤니티 조직화에서 문제와 해결의 소재

문제의 소재	해결의 소재	
	개인	제도
개인	자기 해결	행동 변화 캠페인
제도	풀뿌리 사회 운동	사회 생태학적 중재

출처: Medved(2001)가 만든 표를 Dearing(2003)이 재구성한 것.

일 수도 있고, 시민 스스로가 주체가 되어서 스스로 조직화하는 상향식의 방식을 띨 수도 있다.

표 1에서 보는 것처럼 커뮤니티 조직화는 문제의 소재를 어떻게 보느냐와 문제의 해결 주체가 무엇이냐 따라 달라진다(Dearing, 2003). 가령 문제의 소재가 개인이고, 해결 주체도 개인인 경우는 그냥 개인이 알아서 하면 된다. 가령 흡연으로 인해 건강이 나빠지는 경우가 여기에 해당할 것이다. 개인의 건강이 나빠지면 그것은 그저 개인이 감수할 문제이고, 그것을 피하려면 개인이 알아서 담배를 끊어야 한다고 사람들이 생각한다 해 보자. 그렇다면 커뮤니티 조직화는 본격적으로 이루어지지 않을 것이고, 문제 인식과 해결은 개인 차원에서만 이루어질 것이다. 반면 문제의 소재는 개인에게 있는데, 해결의 소재를 커뮤니티에서 찾는 경우엔 개인의 문제를 커뮤니티 차원에서 제도적으로 해결하려는 노력이 수반될 것이다. 가령 흡연자들이 금연할 수 있도록 격려하는 금연 캠페인 같은 것들을 커뮤니티 차원에서 벌이는 것이 여기에 해당할 것이다. 문제의 소재가 커뮤니티 차원에 있는데 문제 해결을 개인 혹은 개인들이 하는 경우도 있다. 가령 정부나 기업을 상대로 주민들이 자발적으로 하는 풀뿌리 사회 운동이나 시민운동 같은 것들이 여기에 포함된

다. 마지막으로 문제의 소재도, 문제 해결의 주체도 커뮤니티에 있는 경우다. 이런 경우엔 일종의 사회생태학적 중재가 커뮤니티 조직화의 형태가 된다. 사회생태학적 중재intervention란 커뮤니티의 문화나 규범 자체를 바꾸려는 노력이다. 친환경적 라이프스타일, 세계관, 관습, 법, 제도 등을 만드는 공동체적 노력이 여기에 해당한다고 할 수 있다.

커뮤니티 참여

공동체 자원으로서 살펴볼 또 하나의 개념은 커뮤니티 참여community participation다(Lundgren & McMakin, 2004). 위험에 대한 관리가 효과적으로 이루어지기 위해서는 정부와 같은 위험 관리 주체가 일방적으로 위험 관리와 통제를 하는 방식에서 벗어나, 위험 문제 인식과 해결 주체로서 주민을 참여시키는 쌍방향적 방식으로 위험 관리 과정이 변화되어야 한다는 지적들이 있었다. 그렇다면 위험 문제에 대한 쌍방향 커뮤니케이션이 위험 관리와 대처 과정에서 매우 중요한 요소가 될 수밖에 없다. 현대 사회를 위험 사회로 부른다면 위험에 대한 정보와 그를 토대로 한 판단과 결정을 정부와 같은 특정 집단이 완전히 독점할 수는 없다. 커뮤니티 구성원들이 함께 정보를 공유하고, 함께 판단·결정하고, 함께 행동할 수밖에 없는 상황이 많아지고 있기 때문이다. 그래서 커뮤니티 참여라는 개념이 점점 더 중요해지고 있다. 위험 문제 인식과 해결 과정에 위험 문제와 연관된 모든 사람이 함께 참여하는 것이 커뮤니티 참여다(Kim, 2018). 커뮤니티 참여와 관련해 우리가 던져야 하는 핵심 질문 중 하나는 위험 사회의 공중을 위험 관리와 위험 커뮤니케이션 과정에서 어느 수준만큼 참여시켜야 하느냐는 질문이다. 물론 이 질문은 주로 위험 관리의 주체들이 던지는 질문일 것이다.

커뮤니티 참여에 대해서는 두 가지의 다른 태도가 있었다. 첫 번째는 과학적, 관리적 태도다. 이것은 위험 관리 당국이 위험 문제에 대해서는 자기들이 전문가이고 그래서 위험과 관련된 과학적 정보를 자기들이 더 많이 갖고 있으니 주민들은 자기들만 믿고 자기들이 지시하는 것만 잘 따르면 된다는 식으로 말할 때 보이는 태도다. 반면 두 번째로 다원론적, 공동체적 태도는 과학적 사실에 대해서도 다른 해석들이 존재할 수 있고, 위험에 대해 문화적 접근 방식을 취하는 학자들이 말하는 것처럼, 문화적 공동체별로 위험 문제를 다른 방식으로 받아들인다는 것을 이해하면서 위험 문제에 접근하려 할 때 보이는 태도다. 즉 다원론적, 공동체적 태도는 똑같은 위험 상황에 대해서도 개인별, 집단별로 다른 감수성, 태도, 행동을 보일 수 있다는 점을 인정하는 것이다. 그런 차이와 다름을 인정하면서도 위험 정보를 커뮤니티 내에서 구성원들끼리 적극적으로 공유하고, 커뮤니티 내 공론장 안에서 위험에 관한 결정이 이루어지도록 하는 것이 커뮤니티 참여에 대한 다원론적, 공동체적 태도다. 위험에 대한 최근 논의들은 과학적, 관리적 태도보다는 다원론적, 공동체적 태도를 더 강조하는 방향으로 변화하고 있다(6장에서 언급한 신고리 5, 6호기 공론화위원회에 관한 내용이 이런 태도가 실천된 사례를 보여 준다).

시민들이 위험 상황에 대한 관리, 통제, 대처 과정에 직접 참여하는 방식에도 다양한 것들이 있다(Lundgren & McMakin, 2004). 시민들은 위험 상황에 대한 정보를 스스로 생산하거나 그것을 공유할 수 있다. 위험 상황에 대해 다른 사람들과 온라인/오프라인에서 대화를 하고, 필요하다면 위험 대처를 위한 집단행동을 벌이기도 한다. 자기보다 더 곤궁에 처한 사람들을 돕는 자조 집단self-help group을 구성하거나, 이미 있는 집단에 참여하기도 한다. 위험 문제 해결을 제대로 하는지 믿을 수 없는 정부에 대해서는 집단적 항의나 시위를 하기도 한다. 이 과정에서 국민청원 같은 제도를 이용하기도 한다. 위험 관리 주체들은 이런 모습에 당황

하기도 하고 부정적인 반응을 보이기도 하겠지만, 이것 자체가 현대 사회의 변화된 모습임을 이해해야 한다.

위험 관리 주체 스스로가 위험 관리 과정에서 커뮤니티 참여를 적극적으로 유도하는 방식들도 있다. 공청회를 열거나, 표적 집단 토의focus group discussion 등을 통해 주민 의견을 청취하거나, 워크숍, 자문 집단 등에 일반 시민들을 참여시키는 것 등이 예가 될 것이다.

시민들이 위험 상황에 참여하는 것을 위험 상황 단계별로도 나눠 볼 수 있다. 즉 시민들이 위험 평가 과정에 참여하는 것, 위험 관련 결정 과정에 참여하는 것, 위험 관리 과정에 참여하는 것 등으로 분류해서 살펴볼 수 있다. 즉 현재 닥친 위험 상황이 공동체가 보유한 다양한 물적, 경제적, 사회적, 심리적 자원을 쓸 만큼 정말 위험한 것인지에 대해 평가하는 과정, 그러한 평가를 바탕으로 구체적인 위험 정책을 수립하는 과정, 그리고 위험 정책을 실제 수행하는 활동 과정 등에 대해 시민들이 수동적으로 통보만 받는 것이 아니라 적극적으로 전문가들과 함께 참여하게 할 수 있다. 가령 코로나19 바이러스의 위험 정도가 변화하는 것을 평가하고, 그것을 토대로 사회적 거리 두기 해제, 마스크 사용 중지 등을 결정하고, 그러한 결정을 토대로 실제 새로운 방역 지침을 수행하고 관리하는 과정 모두에 시민들을 참여시킨다고 해 보자. 그런 것이 이루어진다면 코로나19 방역에 대한 커뮤니티 참여가 이루어진다고 말할 수 있다. 그런 커뮤니티 참여의 방식을 취한다면 정부와 전문가만 모여 방역 관련 결정을 하고, 시민들은 통보만 받는 식의 일방적 체제를 넘어서게 된다.

위험 사회에서 커뮤니티 참여에 대한 중요성이 점점 커지고 있다. 그런데도 모든 개인이 문제 인식과 해결 과정에 적극적으로 참여하고자 하는 동기와 역량을 보이는 것은 아니다. 그렇기에 커뮤니티 참여의 여건이 갖춰져 있다 하더라도 모든 커뮤니티가 높은 커뮤니티 참여 경향을 보이지는 않는다. 무진시와 태주시가 보인 차이가 그것을 방증한다. 개인 수준에서 위험 문제 해결을 위한 커뮤니티 참여 수준 차이를 만드는 요인에 대해 생각해 보자. 우선 과거에 참여해 본 경험이 있는지가 새로운 문제에 대한 참여 의사에 영향을 미칠 것이다. 커뮤니티 참여를 위해 필요한 최소한의 지식, 기술skills 등이 있느냐도 영향을 미칠 것이다. 또한 커뮤니티 참여를 위해서는 시간적, 금전적 여유가 필요하기도 하다. 더불어 개인이 갖는 사회적 연결망의 크기, 미디어 이용 패턴, 참여에 대한 자아효능감, 정치적 효능감political efficacy 등도 중요한 요인이 될 수 있다. 여기서 정치적 효능감이란 내가 참여했을 때 그것이 공동체적 의사 결정 과정에 실제적인 영향을 미칠 수 있을 것인가에 대한 신념을 가리키는 것이다. 그런 신념이 큰 사람일수록 커뮤니티 참여의 가능성이 크다 할 수 있다(Kim & Ball-Rokeach, 2006a). 커뮤니티 차원에서 참여 정도의 차이를 만드는 것은 앞에서 살펴본 커뮤니티 자원이라 할 수 있다. 즉 커뮤니티 역량, 커뮤니티 복원력, 사회적 자본, 커뮤니티의 집합적 효능감, 커뮤니티 조직화 동원의 노력, 그리고 (조금 있다 살펴볼) 커뮤니케이션 하부 구조communication infrastructure 등이 커뮤니티 참여 정도에 영향을 미치는 커뮤니티 수준의 요인이다.

커뮤니티 참여와 관련해서 몇 가지 남은 중요한 이슈들을 살펴보도록 하겠다(Lundgren & McMakin, 2004). 첫 번째는, 커뮤니티 참여 과정에서 정치적, 사회적 갈등이 빚어지는 주된 이유는 대개 커뮤니티 참여를 '목적'으로 보는지 '수단'으로 보는지에 대해서, 그리고 참여하는 시민이 위험 관리의 주체로 존중받는지, 아니면 여전히 관리 대상으로만 취급받는지 등에 대해서, 위험 관리 주체와 커뮤니티 구성원들이 서로 다른 관점을 갖고 있기 때문이다. 커뮤니티 참여 과정에서는 이런 인식의 차이를 극복하는 것이 가장 중요한 문제다. 위험 대처와 관리 과정에서 커뮤니티 참여를 십분 활용하려면 커뮤니티 구성원이 위험 인식과 문제 해결 과정에서 스스로 주체라는 생각을 할 수 있는 환경을 만들어 주는 것이 중요하다. 두 번째는, 커뮤니티 참여 프로그램이 실패하는 중요한 이유 중 하나가 위험 관리 과정의 단계에서 너무 늦게 커뮤니티 공중을 참여시키는 것이라는 점이다. 가급적 위험 상황의 초기부터 커뮤니티 공중이 주체적으로 참여할 수 있는 길을 열어 주는 것이 필요하다. 세 번째는, 효과적인 커뮤니티 참여 프로그램을 만들려면 커뮤니티 공중에게 위험 내용을 잘 이해할 수 있는 기술적/분석적 자원을 공급하고, 리스크에 대한 지식을 행동에 옮길 수 있는 제도적, 환경적 여건을 마련해 줘야 한다는 것이다. 이런 이유 때문에 개방적 데이터 정책이 매우 중요하다. 위험과 관련한 다양한 데이터를 정부나 기업 등이 일반 공중도 잘 이해할 수 있도록 쉽게 번역하는 노력을 해야 한다. 동시에 위험 문제에 대한 공중의 문해력litaracy을 증진시키는 노력도 필요하다. 마지막으로, 커뮤니티는 하나의 집단으로 이루어진 것이 아니라, 위험 이슈 참여 정도에 따라 다양한 종류의 집단이 커뮤니티 공중 사이에 존재한다는 점을 인식하고 인정해야 한다는 것이다. 정부 등 위험 관리 주체는 커뮤니티 하위 집단들 각각에 맞는 리스크 커뮤니케이션 전략을 개발해야 하고, 그것을 토대로 다양한 방식의 커뮤니티 참여가 이루어지도록 해야 한다.

지금까지 우리는 위험에 대한 커뮤니티 차원의 집합적 인식과 집합적 문제 해결이 효과적으로 이루어지기 위해서는 커뮤니티 차원에서 적절한 자원을 갖추고 있어야 한다는 점을 살펴보았다. 그리고 그러한 자원으로서 커뮤니티 역량, 집합적 효능감, 커뮤니티 복원력, 사회 자본, 커뮤니티 조직화, 커뮤니티 참여 등의 개념을 살펴보았다. 이제 우리는 이런 커뮤니티 자원을 떠받치는 더 근본적인 자원에 관해서 이야기해 보려 한다. 그것은 커뮤니티 자원을 구축하고 유지하는 데 필요한 커뮤니케이션 하부 구조다.

커뮤니케이션 하부 구조

커뮤니케이션 하부 구조는 커뮤니티 자원을 떠받치는 인프라다. 커뮤니케이션 하부 구조가 잘 갖춰져 있어야만 위험 상황에서 동원할 수 있는 커뮤니티 자원을 지속해서 유지할 수 있다. 이런 생각은 샌드라 볼로키치와 김용찬 등이 함께 만든 커뮤니케이션하부구조이론communication infrastructure theory을 토대로 하는 것이다(Ball-Rokeach et al., 2001; Kim & Ball-Rokeach, 2006a; Kim et al., 2018). 커뮤니케이션하부구조이론의 핵심적 주장은 도시 지역 커뮤니티 내 문제 인식과 해결을 위해 필요한 커뮤니티 자원의 가장 중요한 조건은 질 높은 커뮤니케이션 하부 구조(혹은 인프라)가 구축되어 있어야 한다는 것이다.

커뮤니케이션 하부 구조란 무엇일까? 커뮤니케이션하부구조이론에서는 그것을 "커뮤니케이션 행위 맥락communication action contexts 안에 놓여 있는 커뮤니티 이야기하기 연결망community storytelling network"이라고 정의 내린다(Kim & Ball-Rokeach, 2006a). 그림 6을 보면 커뮤니케이션 하부 구조는 크게 두 개의 부분으로 구성되어 있는 것을 알 수 있다. 안쪽을 보면 커뮤니티 이야기하기 연결망이 있다. 커뮤니케이션 하부 구조를 구축하는 데 가장 핵심적인 점은 커뮤니티 내부에서 구성원들이 자신들의 문제(위험 문제를 포함해서)에 관해서 이야기할 기회가 많고, 그런 기회를 바탕으로 실제 자신들의 이야기를 하고 있느냐 그렇지 않으냐 하는 것이다. 도시 지역 커뮤니티 안에서 이런 역할, 즉 자신의 문제에 관해서

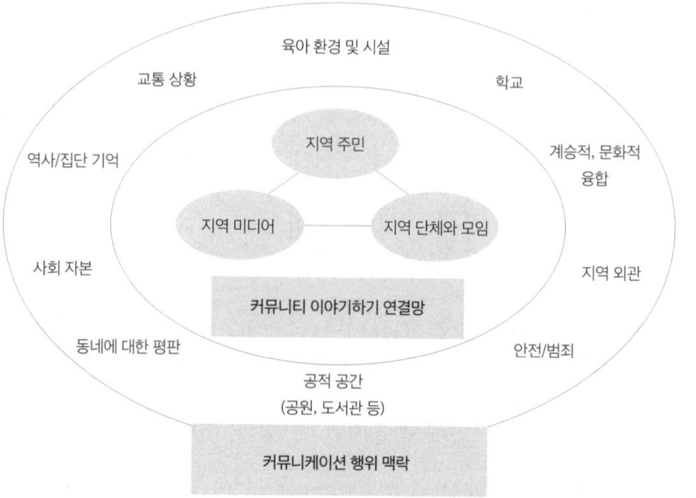

그림 6 커뮤니케이션 하부 구조.

출처: Kim & Ball-Rokeach, 2006a.

이야기하는 역할을 담당하는 세 개의 주요 주체들이 있는데 그들은 주민, 지역 미디어, 지역 모임/단체 등이다. 이들 각각이 일반적이고 보편적인 이슈가 아닌 자신들과 직접 연관 있는 자기 지역의 현안, 문제, 위험 등에 관해 이야기한다면 지역 이야기하기의 주체community storyteller가 된다. 자신들만 지역 연관성 있는 주제의 이야기를 하는 것이 아니라 다른 지역 주체들이 그런 일을 할 수 있도록 서로 격려할 수 있다. 가령 주민들은 지역 미디어와 지역 모임과 단체가, 지역 미디어는 주민들과 지역 모임/단체가, 지역 모임은 주민들과 지역 미디어가 지역 이야기하기의 활동에 적극적으로 참여할 수 있도록 도울 수 있다. 그런 식의 상호 장려의 연계가 원활하게 이루어진다면 이 커뮤니티에는 커뮤니티 이야기하기의 연결망이 튼튼하게 구축되어 있다고 말할 수 있다.

커뮤니티 이야기하기 연결망이 튼튼하게 갖춰져 있는 곳의 주민, 미디어, 모임과 단체는 자신들과 연관된 이야기를 생산하고 공유할 자원을 잘 갖추고 있을 가능성이 크다. 현대 도시에 사는 사람들과 단체가 자신들과 연관된 문제를 인식하고 그에 관해 이야기하는 것이 늘 쉬운 일은 아니다. 모든 지역 공동체에 작고 큰 문제가 있지만, 어떤 곳엔 그 문제에 대해 스스로 말할 수 있는 커뮤니케이션 하부 구조가 잘 갖춰져 있고, 또 어떤 곳엔 그런 하부 구조가 부실하다. 커뮤니티 이야기하기 연결망이 잘 갖춰져 있는 곳에는 위험 문제가 발생했을 때 구성원들끼리 비교적 쉽게 그 문제에 대해 함께 이야기를 나눌 수 있고, 그것을 토대로 문제에 대한 공동의 인식, 공동의 이해를 할 수 있고, 그것을 토대로 공동의 문제 해결을 도모할 수 있다. 반면에 커뮤니티 이야기하기 연결망이 잘 갖춰져 있지 않은 곳의 구성원들은 개별적으로 문제를 감지했다 해도 그것을 커뮤니티의 문제로 함께 인식하고 논의할 기회를 얻지 못한다. 그들도 무엇인가를 다른 사람들과 이야기하겠지만 대개 그것은 자신들의 위험 문제와 직접 관련 없는, 자신들과 연관성이 낮은 이야기들일 뿐일 것이다(Kim, 2018).

커뮤니케이션 하부 구조를 구성하는 두 번째 부분은 커뮤니티 이야기하기 연결망을 둘러싸고 있는 커뮤니케이션 행위 맥락이다(Kim & Ball-Rokeach, 2006a, 2006b). 이것은 커뮤니티 안에 있으면서 커뮤니티 이야기하기 연결망이 제대로 만들어질지 그렇지 않을지를 결정하는 커뮤니티 내의 물리적, 문화적, 제도적, 상징적 환경을 가리킨다. 가령 주거 환경이 잘 되어 있고, 좋은 학교가 있고, 아동 관련된 시설이 잘 갖춰져 있고, 식당이나 카페, 마트 등 상업 시설의 질이 좋아서 사람들이 다른 곳에 갈 필요 없이 자기 지역 내에서 질 높은 상품과 서비스를 접할 수 있다고 한다면 커뮤니티 내 다른 구성원들과 접촉하고 만날 구조적 기회가 더 많아질 것이고, 이를 토대로 커뮤니티 이야기하기 연결망을 강화할 가능성이 커질 것이다. 그 반대의 경우도 생각해 볼 수 있다. 동네에 좋은 시설들이 잘 갖춰져 있지 않으면 사람들은 필요한 상품과 서비스를 위해 지역 밖으로 나가게 될 것이다. 그것은 결국 커뮤니티 이야기하기 연결망을 구조적으로, 장기적으로 약화할 것이다. 청결한 거리를 유지하는 것도, 사람들이 늦은 시간에 돌아다녀도 동네가 안전하다고 느끼는 것도 중요한 요인이다. 그래야 지역 구성원들이 서로 마주칠 가능성이 커질 것이기 때문이다. 지역 커뮤니티 안에 사람들이 쉽게 물리적으로 만날 수 있는 공원, 도서관, 카페 등의 공공장소가 얼마나 있느냐 하는 것도 중요한 요인이다. 그런 공간이 많을수록 지역 내 주체들이 지역 이야기하기의 활동을 할 가능성이 커질 것이기 때문이다. 지역의 역사나 평판 등도 사람들이 자신들과 관련 있는 문제에 대해 다른 사람들과 이야기를 나누는 데 영향을 주는 환경 요인이 된다고 할 수 있다. 지역에 대한 자부심이 높을수록 지역 이야기하기 연결망 일부로 연결될 가능성이 커질 것이기 때문이다.

커뮤니케이션 하부 구조의 두 구성 요소, 즉 커뮤니케이션 이야기 연결망과 커뮤니케이션 행위 맥락은 상호 작용하면서 커뮤니티의 구성원들이 자신들의 문제를 자신들의 문제로 실제 인식하고, 커뮤니티 차원에서 그 문제를 해결하는 데 필요한 커뮤니티 자원(앞의 절에서 살펴본 것들)에 연결되도록 도와준다(Kim, 2018). 커뮤니케이션 하부 구조를 구축하고, 잘 유지하는 것이야말로 앞에서 언급한 위험에 대한 공동체적 자원을 구축하는 데 필수적인 일이라 할 수 있다.

무진시와 태주시의 이야기로 다시 돌아가 보자. 우리 모두 짐작하다시피 무진시는 커뮤니케이션 행위 맥락이 열악하고, 커뮤니티 이야기 연결망도 분절된 상태여서 결국 사회적 자원에 접근하고 그것들을 활용하는 것을 도와주는 커뮤니케이션 하부 구조가 열악한 곳이었다 할 수 있다. 반면에 태주시의 경우는 커뮤니케이션 하부 구조가 매우 튼튼히 갖추어진 도시라 할 수 있다. 그런 커뮤니케이션 하부 구조의 덕택으로 재난 시 필요한 다양한 사회적 자원을 비교적 빨리, 효율적으로 동원할 수 있었다.

커뮤니케이션 하부 구조가 두 부분으로 구성되어 있지만 그런데도 가장 핵심적인 부분은 안쪽 부분인 커뮤니티 이야기 연결망이다. 특히 여기서 중요한 점은 커뮤니티 이야기하기 연결망에 속해 있는 이야기하기의 주체들, 즉 주민, 지역 미디어, 지역 모임이나 단체 등이 커뮤니티 문제에 관해 이야기하기를 둘러싸고 서로 통합되어 있어야 한다는 것이다. 그런 통합을 통해서 커뮤니티의 문제를 커뮤니티 내부의 시각, 입장, 관점을 갖고 이야기하도록 돕는 하부 구조를 커뮤니티가 갖게 되는 것이다. 이것을 커뮤니케이션하부구조이론은 통합된 커뮤니티 이야기하기 연결망(integrated connectedness to community storytelling network 혹은 줄여서 ICSN)이라고 부른다(Kim & Ball-Rokeach, 2006a).

ICSN, 즉 통합된 커뮤니티 이야기하기 연결망은 커뮤니케이션 하부 구조를 강화하고, 그렇게 강화된 커뮤니케이션 하부 구조는 위험 상황에서 필요한 커뮤니티 자원, 즉 커뮤니티 역량, 집합적 효능감, 사회 자본, 커뮤니티 복원력, 참여를 가능케 하는 원동력이 된다(Kim, 2018; Kim & Ball-Rokeach, 2006a, 2006b). 예를 하나 살펴보자. 2006년 미국 남부에는 아이반이라는 이름의 허리케인이 불어와서 큰 피해를 발생시켰다. 허리케인이 온다는 뉴스가 나오자 허리케인 영향권에 속한 지역 사람들은 그에 대비하기 시작했다. 그 지역에는 바로 몇 년 전에도 어마어마한 규모의 허리케인 카트리나가 지나갔기 때문에 사람들은 매우 긴장할 수밖에 없었다. 김용찬과 강진애(Kim & Kang, 2010)는 허리케인 아이반에 대해 커뮤니티가 대처하는 과정에 커뮤니케이션 하부 구조가 어떤 역할을 하

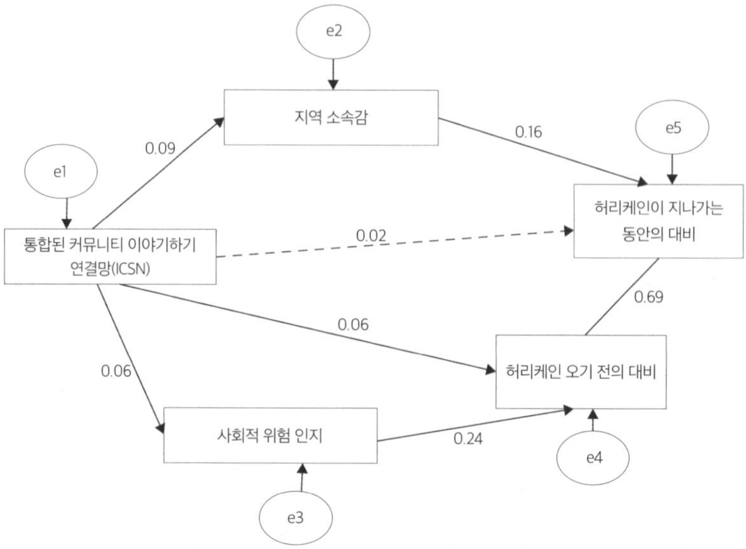

그림 7 허리케인 대비 경로 모델.

는지에 관한 연구를 했다.

이 연구는 허리케인에 대한 대처로서의 커뮤니티 참여를 허리케인이 오기 전의 대비 행동 참여before-hurricane preparedness와 허리케인이 지나가는 동안의 대비 행동 참여during-hurricane preparedness로 나누어서 살펴보았다. 그림 7을 보면 통합된 커뮤니티 이야기하기 연결망(ICSN)은 지역 소속감(사회 자본과 밀접하게 연관된 것이라 할 수 있다)을 높이고, 높아진 지역 소속감이 허리케인 중의 대비 행동 참여 정도를 높인다는 결과를 볼 수 있다. 허리케인이 오기 전의 대비 행동 참여는 ICSN이 직접적으로 영향을 주는 것을 확인할 수 있다. 즉 커뮤니케이션 하부 구조가 허리케인과 같은 자연 재난 상황 이전과 재난 상황 중 대비 행동 참여를 어떤 때는 직접, 어떤 때는 지역 소속감 등을 통해 간접적으로 높이는 영향을 준다는 것을 확인할 수 있었다.

이런 연구 결과들은 위험에 대한 커뮤니티 참여에 커뮤니케이션 하부 구조가 매우 중요한 역할을 한다는 것을 보여 준다. 이 결과는 위험이 실제 발생하기 전에 우리가 공동체 차원에서 무엇을 해야 할지 알려 준다. 바로 우리 각자가 속해 있는 공동체에 튼튼한 커뮤니케이션 하부 구조를 구축하고 강화하는 노력을 해야 한다는 것이다.

우리는 어떻게 위험을 '우리의 문제'로 접근할 것인가

서론에서 한국 사회는 위험 사회인가라는 질문에 대해 생각해 보았다. 한국 사회 역시 위험 사회라는 것이 그 질문에 대한 답이었다면 그것이 의미하는 바는 무엇일까? 2장에서 소개한 개념을 가지고 이야기한다면 그것은 다음의 것들을 의미할 수 있다. 우선 한국 사회가 위험 사회라는 것은 그 사회 안에 위험 문제를 다루는 사회적 자원이 빈약하다는 말이다. 그리고 사람들 사이에 사회적 신뢰가 약하다는 것이다. 더불어 위험의 문제를 개인의 문제로만 보고 커뮤니티 문제로 보는 시각이 약하다는 것을 의미하기도 한다. 그리고 한국 사회가 위험 사회라는 것은 위험 상황에서 위험의 문제를 자신의 말로, 자신의 느낌으로, 자신의 시각과 입장에서 말하고 공유할 수 있는 개인의 소통 능력과 커뮤니티 차원의 커뮤니케이션 하부 구조가 열악하다는 것을 의미한다. 위험의 문제를 커뮤니티의 문제로 본다면 커뮤니케이션 하부 구조의 중요성이 더욱더 부각이 된다. 아마도 이것이 이 장의 결론에 해당하는 이야기가 될 것이다.

3장

위험 상황에서 사람들은 왜 연대와 적대의 이중적 모습을 보이는가

위험, 연대, 적대

이번 장은 그림 두 점에 대한 이야기로 시작하려 한다. 첫 번째 그림은 노르웨이가 자랑하는 화가 에드바르 뭉크Edvard Munch가 1919년에 그린 〈스페인 독감*Self-Portrait with the Spanish Flu*〉이라는 작품이다. 스페인 독감은 1918년부터 1920년까지 전 세계를 강타한 팬데믹이었다. 지금으로부터 약 100년 전의 일이다. 뭉크라는 화가 이름을 들으면 아마도 많은 사람이 〈절규*The Scream*〉(1893)란 그림을 떠올릴 것이다. 〈스페인 독감〉은 〈절규〉만큼 유명한 그림은 아닐지라도 뭉크의 미술 세계를 잘 보여 주는 작품이라고 할 수 있다. 이 그림은 일종의 자화상이다. 그러니까 뭉크가 스페인 독감에 걸린 자신의 모습을 그린 것이다. 사실 뭉크는 병원이나 집에서 침대에 누워 있는 환자들을 많이 그렸다. 그들에 대한 연민, 동정 등이 그가 그린 많은 그림에 잘 드러나 있다. 그런 〈스페인 독감〉 자화상이 특이하고 흥미로운 점은 뭉크 본인은 스페인 독감에 걸린 적이 없었다는 사실 때문이다. 스페인 독감에 걸리지도 않았으면서 마치 독감에 걸린 환자인 것처럼 자화상을 그렸다. 이것이 의미하는 바는 무엇일까? 우리는 그것이 뭉크가 보인 인간에 대한 연민과 공감의 모습이었다고 생각한다. 뭉크는 스페인 독감에 걸려서 혹시라도 죽을지 모른다는 두려움을 느끼고 있던 다른 많은 사람에게 감정이입을 했고, 그들의 입장과 상황에 자기 자신을 내려놓고 그림을 그린 것이다. 재난 중 연대의 중요한 재료인 공감이 이 그림 안에 가득 차 있다.

두 번째로 이야기할 그림은 스페인의 화가 프란시스코 고야Francisco Goya가 1790년대 말에 발표한 작품이다. 이 그림의 제목은 〈허공에 떠 있는 마녀들*Vuelo de brujas*〉(1797~1798)이다. 재난 상황에서는 누군가 그 재난에 대한 비난을 근거 없이 고스란히 뒤집어쓰는 경우가 많은데, 서양

그림 8 에드바르 뭉크의 〈스페인 독감〉. 뭉크는 스페인 독감에 걸려서 혹시라도 죽을지 모른다는 두려움을 느끼고 있던 다른 많은 사람에게 감정이입을 했고, 그들의 입장과 상황에 자기 자신을 내려놓고 그림을 그린 것이다. 재난 중 연대의 중요한 재료인 공감이 이 그림 안에 가득 차 있다.

그림 9　프란시스코 고야의 〈허공에 떠 있는 마녀들〉. 이 그림 안에서는 같은 재난 상황 속에 있다는 것을 제외하고는 어떤 모습의 공감이나 연대를 찾아보기 힘들다. 서로 간의 의심과 적대만 도사리고 있을 뿐이다.

에서는 그 대상이 마녀들이었던 시절이 있었다. 대개 무고한 여자들에게 마녀라는 누명을 씌우고 그들을 잡아 가두거나 죽였다. 마녀들이야말로 사람들이 재난 중에 호전적 적대감을 빈번하게 드러낸 대상들이었다. 그림 속에서 허공에 떠 있는 이들이 바로 마녀들이다. 더 정확히 말하자면 마녀로 누명 쓴 사람들이라고 해야 할 것이다. 그림을 자세히 보면 마녀들은 허공에서도 서로가 서로를 잡아먹고 있다. 같은 희생자들끼리도 서로 전혀 연민을 느끼지 않는 모습이다. 그들 사이에도 끔찍한 적대만 있을 뿐이다. 땅으로 시선을 옮기면 두 사람을 볼 수 있다. 한 사람은 엎드려 있고, 또 한 사람은 수그린 채 걷고 있다. 그들을 자세히 살펴보면 엎드려 있는 사람은 귀를 막고 있고, 수그린 채 걷는 사람은 눈을 가리고 있다. 다른 사람들의 고통에는 눈과 귀를 막고 자신의 앞가림만을 생각할 뿐이라는 것인가? 이 그림 안에서는 같은 재난 상황 속에 있다는 것을 제외하고는 어떤 모습의 공감이나 연대를 찾아보기 힘들다. 서로 간의 의심과 적대만 도사리고 있을 뿐이다.

뭉크와 고야의 그림을 나란히 놓고 바라보면 우리는 우리 안에 연민과 공감의 모습과 적대와 배타의 모습이 함께 공존하고 있음을 새삼스레 깨닫게 된다. 두 그림이 보여 주는 것은 다른 두 인류, 즉 연대하는 인류와 적대하는 인류의 모습이 아니다. 연대와 적대의 모습을 동시에 지닌, 모순덩어리 인류의 모습이다. 우리는 늘 이런 모순적인 모습을 함께 지니고 살아간다. 인간 사회가 갖는 그런 양면적 모습을 찰스 디킨스Charles Dickens는 자신의 유명한 소설 《두 도시 이야기*A Tale of Two Cities*》(1859)의 전반부에서 아주 극적으로 표현했다. 디킨스는 《두 도시 이야기》를 이렇게 시작한다(Dickens, 1859/2007).

"최고의 시절이자, 최악의 시절. 지혜의 시대이자 어리석음의 시대였다. 믿음의 세기이자 의심의 세기였으며 빛의 계절이자 어둠의 계절이었다. 희망의 봄이면서 곧 절망의 겨울이었다. 우리 앞에는 모든 것이 있었지만, 한편으로는 아무것도 없었다."

우리는 특히 위험의 순간에 이런 모순을 경험한다. 위험 상황에서는 우리 안에 최고와 최악, 지혜와 어리석음, 믿음과 의심, 빛과 어둠, 희망과 절망이 동시에 존재한다는 것이 적나라하게 드러난다. 우리 안에 연대와 적대의 모습이 공존하고 있다는 것을 비로소 깨닫게 된다.

이번 장에서 같이 생각해 볼 질문은 왜 위험 상황에서 어떤 사람은 평소보다 더 강한 연대의 모습을 보이고, 어떤 사람은 평소보다 더 큰 적대의 모습을 보이는가다. 재난 상황에 처하면 어떤 사람들은 더 착해지고 주변 사람들에게 더 큰 친절을 보인다. 심지어는 길거리에서 만나는 낯선 사람들에게도 연대의 모습을 보인다. 그런데 흥미로운 점은 바로 그 사람들이 재난 상황에서 평상시보다 더 호전적인 모습을 보이기도 한다는 것이다. 특정 사람/집단에 대해 평상시보다 더 적대적인 모습을 보이고, 그들을 비난하고, 그들에게 폭력을 행사하고, 내쫓으려 하는 모습을 보이기도 한다. 이렇게 사람들은 연대와 적대의 이중적 모습을 보인다. 연대의 모습을 보이는 사람들이 따로 있고, 적대의 모습을 보이는 사람들이 따로 있는 것이 아니다. 같은 사람들이 어떤 때는 평상시보다 더 큰 연대의 모습을 보이다가 어떤 때는 평상시보다 더 큰 적대의 모습을 보인다. 연대와 적대의 모습이 동일한 사람 안에 동시에 존재하는 것이다. 왜 사람들은 위험 상황 속에서 이런 이중적 모습을 보이는 것일까? 이 장에서 우리는 그 이유를 설명하는 이론과 개념을 같이 살펴보려 한다.

한편, 연대와 적대의 이중적 모습이 새로운 미디어 환경 속에서 디지털화되어 왔다. 새로운 환경에서 사람들이 보이는 연대와 적대는 이제 디지털 미디어를 통해 매개된다. 그래서 재난 중 연대와 적대는 디지털 연대digital solidarity와 디지털 적대digital hostility(Kim et al., 2022)의 형태를 띤다고 할 수 있다. 이 장에서 우리는 그러한 현상에 대해서도 살펴볼 것이다.

연대하는 인간들, 적대하는 인간들

앞에서도 말했듯이 사람들은 위험 상황에 처하면 평상시보다 훨씬 더 큰 연대의 모습과 이타적인 모습을 보이곤 한다. 최근 한 연구(Li et al., 2013)는 재난 중에 더 강해지는 연대감과 이타적 행동을 어린아이들 사이에서도 찾아볼 수 있다는 결과를 발표했다. 이 연구는 6세 아이들과 9세 아이들을 대상으로 했는데, 연구의 골자는 아이들에게 그들이 좋아할 만한 예쁜 스티커를 나눠 주고 지진과 같은 재난 발생 후에 그 스티커를 다른 사람들에게 얼마나 아이들이 기꺼이 나눠 주는지 살펴보는 것이었다. 아끼는 스티커를 다른 사람들에게 준다는 것은 아이들 입장에서는 이타적 행위이고 연대감을 높이는 행위라고 봐야 할 것이다. 연구 결과를 보면 6세 아이들의 경우에는 지진 발생 한 달 후에 치러진 실험에서 스티커 나눠 주는 것을 조금 줄이는 모습을 보였다. 즉 지진 후에 조금 더 이기적인 모습을 보였던 것이다. 그런데 9세 아이들의 경우엔 지진 전보다 훨씬 더 이타적인 모습을 보였다. 그들은 자신의 스티커를 아끼지 않고 다른 사람들에게 기꺼이 나눠 줬다. 이 단순한 결과가 얘기해 주는 것은 무엇일까? 연구자들은 그것을 9세 정도가 되면 아이들이 벌써 재난 중 이타적 행동이나 연대의 행동을 보이는 법을 배우게 되는 것이라고 해석했다.

코로나19 상황이 처음 발생했을 당시 사람들 사이에서도 재난 중

착한 모습을 많이 볼 수 있었다. 사람들은 서로서로 연대하는 모습을 보면서 감동하기도 했다. 택배 기사들까지 챙기는 모습을 서로 바라보면서 스스로 정이 많은 사람이라고 느끼는 경우도 있었다. 어떤 임대인들은 자기가 소유한 상가의 임대료를 낮춰 주기도 했고, 사람들은 그들을 '착한 임대인'이라고 불러 주었다. 코로나 팬데믹 초기에 마스크가 동이 났을 때는 자기가 갖고 있는 마스크를 기꺼이 다른 사람들과 나누려는 사람들이 있었다. 대한민국뿐 아니라 외국에서도 흥미로운 사례가 많았다. 가령 싱가포르의 포장마차 주인은 코로나로 경제적 타격을 받은 사람들에게 무료로 음식을 제공했다. 이탈리아의 나폴리에서는 사회적 격리를 하면서도 '연대의 바구니'라고 부른 바구니에 음식을 담아 그것을 집 발코니에서부터 길가로 내려서 동네 사람들이 음식을 서로 나누는 일도 있었다. 사회적 격리 기간에 노인들은 특히 장을 보기 어려웠다. 그래서 독일 베를린의 사라마 릴라Samsarah Lilja와 존 워스Jon Worth는 Shop4Me라는 앱을 만들어서 노인들이 부르면 달려가 대신 장을 봐 주는 서비스를 만들었다. 이것과 유사한 서비스는 독일뿐 아니라 브라질, 미국 등 전 세계에 걸쳐 대부분의 도시에서 찾아볼 수 있었다. 심지어는 브라질의 빈민가 파벨라에 사는 사람들도 스스로가 힘든 시간을 보내고 있었음에도 불구하고 자기들보다 더 어려운 사람들에게 음식과 생필품을 기꺼이 나누는 모습을 보였다. 싱가포르의 한 아파트에서는 주민들이 각자 자기 아파트 공간에 격리되어 있으면서도 일정한 시간을 정해 함께 노래를 부르며 서로 격려하기도 했다. 이런 비슷한 광경을 아시아의 다른 도시들, 유럽과 북남미의 도시들에서도 발견할 수 있었다. 프랑스 파리의 아파트에서는 격리 기간 중에 동네 사람들이 창밖으로 서로를 바라보며 퀴즈를 푸는 동네 예능 쇼를 열면서 이웃 커뮤니티의 연대를 유지하기 위해 노력하기도 했다. 이탈리아 로마의 한 동네에서는

그림 10　2020년 3월 14일 정오에 이탈리아 로마에 사는 한 부부가 집 발코니에 '모든 것이 다 잘 될 거야Andra tutto bene'라는 글귀를 적은 국기를 걸어놓고 코로나19와 사투를 벌이는 의료진을 응원하는 의미로 박수를 치고 있다. (사진: 연합뉴스)

사람들이 일종의 플래시몹으로서 모두 발코니에 동시에 나와 박수를 쳤는데, 그 박수는 코로나19 팬데믹 기간 중 누구보다 희생을 아끼지 않은 의료 종사자들을 격려하는 것이었다. 영국에서는 격리 기간 중에 음악가들이 비대면으로 오케스트라를 연주하면서 우울한 영국인들을 위로하기도 했다. 음악가들이 함께 노래를 불러서 사람들을 위로하는 시도는 한국을 포함해 많은 나라에서 발견할 수 있었다. 지금 이야기한 것들은 지극히 일부의 사례들일 뿐이다. 이외에도 훨씬 더 많은 사례들이 있었다. 많은 사람이 기꺼이 헌혈을 하고, 기부를 하고, 일부러 동네 골목 상권에 가서 장을 보고, 타인들을 위해 마스크를 쓰고, 전체 공동체의 집단면역을 위해 백신을 맞는 모습들을 보였다. 이 모든 것이 사회적 연대의 모습들이었다.

그런데 이렇게 연대하는 사람들이 어느 순간엔 등을 돌려 서로 밀

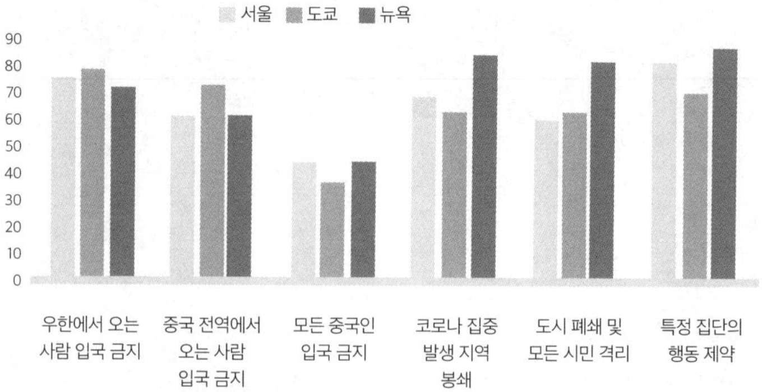

그림 11　코로나19 관련 타자에 대한 태도. .

어내고, 서로 비난하고, 서로 적대하는 모습을 보이기도 했다는 것은 실로 아이러니가 아닐 수 없다. 그림 11은 코로나가 막 발발하기 시작한 시점에 서울, 도쿄, 뉴욕 사람들이 자기와 다른 타자들을 상대로 어떤 태도를 드러냈는지 보여 준다. 코로나19가 아직 초기였던 시기에 연세대학교 도시커뮤니케이션연구실Urban Communication Lab이 도쿄와 뉴욕의 연구자들과 함께 진행한 연구에서 나온 결과다. 그림에 나오는 막대들은 밑에 제시한 내용에 동의하는 사람들의 비율이다. 중국에서 입국하는 사람들에 대해서뿐만 아니라, 자국 내 다른 사람들이나 특정 지역에 대해서도 50%가 넘는 대다수가 상당히 배타적인 모습을 보였음을 알 수 있다.

2020년 초에 시작한 코로나19 팬데믹 기간을 돌이켜보면 사람들이 타자를 향해 매우 배타적이고 적대적인 태도와 행동을 보인 예들을 많이 찾아볼 수 있었다. 2020년 초반 대구에서 코로나19가 터졌을 때 사람들은 대구 지역에 대한 혐오를 노골적으로 드러냈다. 특정 지역에 대한 혐오뿐 아니라 신천지 같은 특정 종교에 대한 혐오, 중국 등 특정 국가에 대한 혐오가 분출되어 나왔다. 이태원 클럽 집단 감염 사태 중에는 성소수자에 대한 혐오가 노골적으로 표현되기도 했다. 이런 현상은 한국에서만 찾을 수 있는 것이 아니었다. 가령 인도네시아에서는 확진자 수가 늘어나자 의료 종사자들까지 배척의 대상이 되고 곱지 않은 시선의 피해자가 되었다. 한국 사회를 비롯해 전 세계의 다양한 사회에서 가장 큰 혐오와 적대, 배척의 대상이 된 사람들은 이주민들이었다.

코로나19 팬데믹 기간 중에 사람들이 보인 연대와 적대의 이중적 모습은 특별한 것이 아니라, 거의 모든 재난 상황에서 나타나는 현상이라 할 수 있다. 이렇게 사람들은 재난 중에 한 편에서는 따뜻한 연대의 모습을, 또 다른 곳에서는 차가운 냉대와 혐오의 모습을 보인다. 사람들이 보이는 이런 모순적이고도 이중적인 모습을 어떻게 이해해야 할까?

연대와 적대의 모순을 설명하는 이론들

재난 중 사람들은 왜 연대와 적대의 이중적 모습을 보일까? 이 문제를 설명하는 다양한 이론들이 있다. 여기서는 그중 대표적인 것들을 골라서 살펴본다.

사회정체성이론

첫 번째는 사회정체성이론social identity theory이다(Hogg, 2016; Tajfel & Turner, 2004). 사람들은 자신의 자아 개념, 즉 '나는 누구인가'라는 개념을 온전히 자기 자신의 독립적이고 고유한 특성으로만 만들 수 없다. 사람들은 사회적 동물이기 때문에 '나는 누구인가'라는 생각에는 내가 누구와 관계를 맺고 있는지, 내가 어느 집단에 소속되어 있는지 등 사회 요인이 영향을 줄 수밖에 없다. 그렇게 사회관계와 소속감을 기반으로 자아 개념이 만들어지는 것을 우리는 사회정체성social identity이라 부른다. 앙리 타지펠Henri Tajifel이나 존 터너John Turner같이 사회정체성이론을 주창하는 학자들은 어떤 집단이나 어떤 범주category에의 소속감을 기반으로 하는 정체성, 즉 사회정체성이 현대 사회에서 개인들의 자아 개념을 형성하는 중요한 부분을 차지한다는 점을 강조한다.

사회정체성의 자아 개념을 갖고 개인들이 다른 사람들과 만나면 온전히 독립적이고 고유한 개인으로서가 아니라 어떤 집단의 성원 혹은 어떤 사회 범주에 속한 사람으로서 다른 사람들과 상호 작용하게 된다(Trepte & Loy, 2017). 이 책의 저자들은 광운대학교, 연세대학교, 포스텍 학생들을 모아서 비대면으로 공동 강의를 하고 있다. 수강생들이 많았기에 화면에 나오는 자기 이름 옆에 학교 이름 이니셜을 붙이도록 했다. 각각의 학생은 그냥 한 개인일 뿐인데, 이름 옆에 학교 이니셜을 붙이는 순간 일종의 사회정체성을 부여받게 된다. 그런 이니셜 때문에 수업 중에 질문을 할 때 학생은 개인으로서만 질문을 하는 것이 아니라 한 학교의 구성원으로서 질문하는 것이 되기도 한다. 질문하는 학생이 이를 강하게 의식한다면 우리는 이름 옆에 붙은 학교 이니셜이 질문하는 사람의 사회정체성 인식을 높였다라고 말할 수 있다. 사회정체성 인식이 높아진다는 것을 다른 말로 사회정체성에 대한 현저성salience이 높아진다고 표현하기도 한다(Stets & Burke, 2000). 우리 한 사람 한 사람은 그냥 지구상에 살아가는 호모 사피엔스로서의 개인일 뿐이다. 그런데 종종 집단 소속감을 강조하는 사회정체성의 현저성이 높아지는 순간을 맞이하곤 한다. 가령 평상시에는 별 큰 애국심 없이 살아가던 사람이라 할지라도 국가 간 축구 경기를 한다고 하면 갑자기 애국심 많은 한국인이 된다. 평상시에는 온순한 사람이 특정 정치 이슈를 갖고 이야기를 하다 보면 진보나 보수 등의 집단 정체성을 보이기도 한다. 이처럼 우리는 상황에 따라서 개인으로서의 개인 정체성의 현저성이 높아지는 순간을 맞기도 하고, 특정 집단/범주에 속한 사람으로서 사회정체성의 현저성이 더 높아지는 순간을 맞기도 한다. 개인으로서의 정체성보다 사회정체성이 더 부각되면 내집단 구성원들과의 연대, 외집단 구성원에 대한 배척/배타가 더 커지게 된다.

특히 위험 상황에서는 사람들이 사회정체성을 부각시키는 미디어 메시지에 더 많이 접하게 된다. '우리나라가 팬데믹 상황에 있다'라든지, '우리가 하나의 국가로서 어떻게 이 상황에 대처해야 하는가'라든지, '다른 나라보다 한국은 방역에 성공했다'라든지, '한국이 다른 나라보다 백신 접종은 늦었다'라든지, '마스크, 백신 등으로 우리 사회가 집단 면역을 이뤄야 한다'라든지 등의 메시지들은 모두 우리가 한국이란 집단에 속해 있음을 부각시키는 메시지이고, 그래서 그 메시지를 듣는 사람들에게 사회정체성의 현저성을 높이는 메시지들이다. 이렇게 사회정체성, 집단 소속감을 바탕으로 하는 정체성이 부각되면, 그것은 내집단에 대한 연대로 이어진다(Abrams & Hogg, 2010). 나랑 비슷한 사람들, 나와 같은 집단에 속한 사람들과의 연대감이 높아진다는 것이다. 반면에 외집단에 대해서는 평상시보다 더 배타적인 태도와 행동을 보이게 된다(Turner & Reynolds, 2001). 즉 '우리의 연대'는 내집단에 한정되고, 그 경계 밖 세상에 있는 '우리'에 속하지 않는 외집단의 타자들에게는 적대적 태도를 보이게 된다는 것이다. 이런 이유로 사람들은 재난 중에 더 두드러진 연대적 행동과 적대적 행동을 보인다.

방어적귀인이론

두 번째 이론은 방어적귀인이론defensive attribution theory이다. 방어적귀인이론에 대해 설명하기 전에 일반적인 귀인이론attribution theory에 대해 먼저 잠시 이야기해 보도록 하겠다. 귀인이론에서 귀인attribution이란 어떤 사건이 발생하면 그 사건과 그 사건의 원인을 연결시키는 것을 의미한다(Kelley & Michela, 1980). 귀인이론에 따르면 사람들은 사건이 발생했거나 중요한 경험을 하게 되면 그 사건과 경험의 원인에 대해서 생각하게 되는데, 종종 그때 편향적 사고를 한다(Zuckerman, 1979). 편향적 사고를 하는 이유는 대개 자신의 자존감을 지키기 위해서다. 가령 사람들은 '왜 대학 졸업자들이 제때 취업을 못할까'라는 문제에 대해 생각할 때 그것이 다른 사람들의 문제라면 대개 그 이유에 대해 '당사자가 뭔가 부족해서'라고 생각하는 반면, 그것이 자신의 문제라면 그 이유를 우리나라의 산업 구조 문제 때문에, 교육 환경의 문제 때문에, 부모를 잘 못 만나서라고 하는 등 외부에서 찾는 경향을 더 많이 보인다. 즉 어떤 부정적인 일에 대해 왜 그런 일이 발생했는지 생각할 때, 대개 자기 자신에 대해서는 외부적 요인에 귀인을 하고, 타자에 대해서는 내부적 요인에 귀인을 하게 되는 것이다. 긍정적인 사건이나 경험에 대해서는 반대 방향으로 귀인을 할 것이다.

방어적귀인이론은 귀인이론의 특수한 경우라 할 수 있다. 이 이론은 사람들이 불행한 사건을 목도했을 때 그에 대해 어떻게 반응하는지에 주목한다(Shaver, 1970). 방어적귀인이론에 따르면, 사람들이 미디어 보도 등을 통해 재난 사건에 대한 이야기를 접하면 그것이 우연히 발생했거나 어떤 외부의 구조적 이유 때문에 발생했다고 생각하기보다는 재난을 당한 피해자 본인의 문제 때문에 일어난 것이라 생각하는 경향을 보인다(Walster, 1966). 예를 들어 자동차 사고 장면을 뉴스에서 보게 되면 사람들은 대체로 그것이 우연히 일어났거나 우리나라 교통 신호 체계 문제로 발생했다고 생각하기보다는 운전자의 운전 미숙 때문이라 생각하는 경향을 보인다는 것이다. 자연 재난에 대해서도 마찬가지다. 홍수나

지진 같은 자연 재난 피해를 입은 사람들에 대해서도 그들이 피해를 입은 이유는 다른 외부적 요인 때문이 아니라 피해 입은 사람들 자체의 문제 때문이라 생각하는 경향을 보인다는 것이다. 자연 재난과 그에 대한 피해야말로 무작위로 일어나는 것임에도 말이다.

누군가 재난의 피해를 입었을 때 그것이 피해자의 문제이거나 특정 집단 가령 이주민 같은 외부 집단 세력 때문이라고 몰아가는 편향적 사고를 사람들이 하는 이유는 무엇일까? 이 질문에 대해 방어적귀인이론은 '그렇게 생각해야지만 내가 그 재난의 직접적 희생자가 될 가능성을 낮게 인식할 수 있기 때문이다'라고 답한다. 피해가 무작위로 발생한 것이고, 피해자들은 우연히 그 피해를 입은 것이라고 생각하면, 나도 언젠가 희생자가 될 수 있다는 것을 인정하는 것이 된다. 그렇게 생각하면 개인은 불안과 불확실성의 고통을 겪으며 살아야 한다. 불안과 불확실성으로부터 벗어나려면 달리 생각해야 한다. 피해자를 바라보며 '결국 당할 사람들이 당한 거야'라고 생각해야 한다. 그리고 그런 편향적 생각을 토대로 해서 피해자에 대한 비난, 재난과 직접 관련 없는 제3의 집단, 가령 이주민 등과 같은 외집단에 대해 비난하고, 적대감을 표하게 된다.

이런 과정을 거치면서 사람들은 재난 시에 내집단을 향해서는 연대감을 높이고 외집단에 대해서는 적대감을 높이게 된다. 즉 연대감과 적대감을 동시에 표출하는 이중적 행동은 일종의 방어적 귀인의 결과라고 할 수 있다. 이는 앞서 살펴본 사회정체성이론과도 어느 정도 연결된 해석이라 할 수 있다.

공포관리이론

세 번째 이론은 공포관리이론terror management theory이다(Greenberg et al., 1986; Solomon et al., 2004). 공포관리이론에서 주목하는 것은 죽음에 대한 생각이

유대감 혹은 적대감에 어떤 영향을 미치는가에 대한 것이다. 이 이론의 기본적인 논리는 다음과 같다. 어떤 이유에서든지 한 사람이 죽음에 대한 생각을 많이 하게 되었다고 해 보자. 사람들이 죽음에 대한 생각을 많이 하게 되는 이유는 다양하다. 가령 가까운 사람이 최근에 죽었기 때문일 수도 있고, 사람들이 많이 죽는 영화를 봤기 때문일 수도 있고, 혹은 사망 사건 뉴스를 막 접한 직후였기 때문일 수도 있다. 이런 경험과 이야기들에 접하게 되면 사람들은 죽음에 대해 평상시보다 더 많이 생각하게 된다. 이런 경우 죽음에 대한 현저성이 높아졌다고 표현한다. 죽음에 대한 현저성이 높아지게 되면 사람들은 불안감이 증가하는 것을 느끼게 되고, 자신이 스스로의 운명을 통제하지 못할 수 있다는 통제감 결핍 인식의 경험을 하게 된다. 죽음이야말로 대개 자신이 어떻게 할 수 없는, 자신의 통제권 밖에 있는 것이니까 말이다. 그렇기 때문에 죽음에 대한 생각을 하게 된 사람은 어떻게든 죽음에 대한 생각이 초래한 불안을 누그러뜨리고, 자기 삶에 대한 통제감을 다시 높이고자 하는 동기를 갖게 된다. 공포관리이론에 따르면 사람들은 그런 동기를 만족시키기 위한 전략으로서 자기에게 원래부터 익숙한 가치관, 세계관, 그리고 자기에게 익숙한 사람들과 집단에 집착하게 된다. 왜냐하면 익숙하게 느끼는 가치관, 세계관, 사람들 안에서는 스스로 뭔가를 통제할 수 있다는 통제감을 더 많이 느낄 수 있기 때문이다. 익숙함의 감정이 통제감을 높이는 것이다. 그런 이유 때문에 죽음에 대한 현저성이 높아지면 사람들은 자기와 같은 가치관, 같은 세계관, 같은 소속감을 공유하는 사람들에게 평상시 때보다 더 큰 유대감을 보인다. 반면에 자기와 다른 가치관, 다른 세계관, 다른 집단에 속한 사람들로부터는 거리감을 두려 하거나, 심지어는 평상시보다 더 큰 적대감을 보이게 된다. 왜냐하면 익숙하지 않은 것들은 통제감 인식에 방해가 되기 때문이다.

사람들이 죽음에 대한 메시지를 특히 많이 접할 때는 아마도 재난과 같은 위험 상황에서일 것이다. 가령 코로나19 상황을 돌이켜 보면 우리는 자주 사망자 통계, 치사율 등과 같이 죽음과 직간접적으로 연관된 이야기를 듣기도 하고, 또 직접 하기도 했다. 세월호나 이태원 참사 같은 이야기를 들을 때도 마찬가지다. 전쟁을 전하는 뉴스도 마찬가지다. 그런 상황에 처하면 개인의 인식에서 죽음에 대한 현저성이 높아질 것이다. 그렇게 높아진 죽음에 대한 현저성은 결국 내집단에 대한 유대와 외집단에 대한 배타로 이어진다. 이것이 연대와 적대의 이중성을 공포관리이론이 설명하는 방식이다.

사회인지이론

사회인지이론social cognitive theory을 주창하는 학자들은 연대와 배척 모두 개인이 사회적으로 학습해야 하는 태도와 행동이라 설명한다(Bandura, 1986; 1994). 그리고 이러한 학습은 대개 직접 경험을 통해서보다는 미디어 등을 통한 간접 경험, 혹은 매개된 경험을 통해 이루어진다. 연대와 배타를 사회적으로 학습한다는 것은 특히 다른 사람들이 보이는 연대와 적대의 태도 및 행동과 그 태도 및 행동이 만들어 내는 결과를 간접적으로 관찰하고 배운다는 것을 의미한다. 현대 사회에서 개인들은 신문, 방송 등의 전통적 미디어와 소셜 미디어 등 다양한 디지털 플랫폼을 통해 연대적 행동이 가져오는 개인적/사회적 결과(긍정적, 부정적 결과), 적대/배타적 행동이 가져오는 개인적/사회적 결과(긍정적, 부정적 결과)에 대해 학습한다. 이런 사회적 학습을 통해서 연대적 행동에 대한 자아효능감을 학습하고 동시에 배타적 행동에 대한 자아효능감을 학습하기도 한다(Bandura, 1997). 연대와 배타의 자아효능감이란 특정 상황이 주어지면 자신도 연대의 행동, 혹은 배타적 행동을 드러낼 수 있다는 것에 대한 신념이다. 그런 식으로 학습한 연대를 위한 자아효능감은 연대의 행동으로 이어지고, 적대를 위한 자아효능감은 적대의 행동으로 이어지게 되는 것이라고 사회인지이론은 설명한다. 연대와 적대에 대한 자아효능감뿐 아니라 연대적 행동에 대한 집합적 효능감(내가 속한 집단은 그럴 상황에 처한다면 연대 행동을 보일 능력을 갖고 있다는 신념)과 배타적 행동에 대한 집합적 효능감(내가 속한 집단은 필요하다면 힘을 합쳐 '해가 될' 타자를 물리칠 능력을 지녔다는 신념)도 사람들은 주로 미디어 등의 간접적 방법을 통해 학습한다. 자아효능감과 집합적 효능감의 차이에 대해서는 2장에서 자세히 설명했다. 학습된 집합적 효능감의 경우도 자아효능감과 마찬가지로 연대 혹은 적대의 행동으로 이어지게 된다.

사회인지이론을 토대로 이야기하자면, 결국 연대와 적대의 효능감 중 어떤 것을 더 많이 학습할 환경에 있느냐가 개인과 공동체가 연대의 모습을 보일지, 아니면 배타와 적대의 모습을 보일지를 결정한다고 할 수 있다. 재난 중에 연대를 보이는 태도와 행동이 궁극적으로 자신과 자신이 속한 공동체에 손해보다는 유익이 된다는 것을 학습했다면 그런 학습을 한 개인은 연대의 태도와 행동을 보일 가능성이 크다. 반면에 적대적 행동이 자기 자신과 공동체를 보호하고 지킬 수 있는 것이라 학습할 환경에 놓여 있던 개인은 적대와 배타의 행동을 보일 가능성이 크다고 할 수 있다. 미디어의 다양한 장르(드라마, 영화, 웹툰, 예능, 뉴스 등)를 통해 사람들이 간접적으로 학습하는 내용은 연대와 적대의 내용을 모두 포함한다. 그렇기에 대부분의 사람들은 연대와 적대를 모두 학습하는 미디어 환경에 놓여 있다. 사회인지이론의 틀 속에서는 사람들이 보이는 연대와 적대의 이중적 모습을 그들이 처한 모순적 미디어 환경 속에서 찾을 수 있다.

배양이론

미디어효과이론 중 하나인 배양이론cultivation theory(Gerbner, 1998)을 통해서도 위험 상황에서 사람들이 보이는 연대와 적대의 이중성에 대해 생각해 볼 수 있다. 배양이론은 현대 사회에서 매스 미디어, 특히 TV가, 현대인이 세상을 바라보는 방식을 구성, 즉 배양cultivation한다고 주장한다(Gerbner & Gross, 1976). 마치 유럽에서 중세에 교회가 사람들의 세계관을 좌지우지했듯이 말이다. 현대 사회에서 매스 미디어는 사람들이 사회를 인식하는 상징적 환경을 조성한다. 매스 미디어가 만든 상징적 환경 속에서는 객관적 현실과 구별되는 매개된 현실이 만들어진다. 우리는 그 현실을 실재로 받아들이고 거기에 맞춰서 다른 사람들을 대하며 살아간다. 배양이론 학자들은 매스 미디어가 매개하는 현실은 대개 실제 현실보다 더 부정적 현실이라고 주장한다. 그런 생각 속에서 그들은 "사악한 세계 증후군mean world syndrome"이란 말을 만들어 제시하기도 했다(Gerbner et al., 1980). 매스 미디어가 제시하는 세상의 모습은 실제의 세상보다 더 사악한 곳처럼 묘사된다는 것이다. 매스 미디어가 보여 주는 세계에 대한 이런 부정적 편견 때문에 매스 미디어에 대한 노출이 많은 사람일수록 세상을 더 위험하고, 무섭고, 더 부정적으로 보는 경향이 있다(Gerbner & Gross, 1973). 세상에 대한 부정적 인식은 개인으로 하여금 지역적으로, 인종적으로, 문화적으로 낯선 사람들을 의심하고, 적대하는 경향을 갖게 한다. 즉 외집단에 대한 부정적 편견을 강화시킨다는 것이다. 외집단에 대한 부정적 편견은 반대로 내집단에 대한 집착으로 이어질 수 있다. 재난 등의 위험 상황에서는 매스 미디어의 이런 배양 효과가 더 강화되기 마련이다. 세상이 위험하다는 메시지가 평소보다 더 늘어날 것이기 때문이다. 그렇다면 재난 상황에서는 사람들이 보이는 외집단 타자들에 대한 적대적 태도도 평소 때보다 더 강화될 것으로 예측할 수 있다.

커뮤니케이션하부구조이론

마지막으로 커뮤니케이션하부구조이론communication infrastructure theory (Ball-Rokeach et al., 2001; Kim & Ball-Rokeach, 2006)을 통해서도 위험 상황에서 보이는 연대와 적대의 이중성에 대한 설명이 가능하다. 커뮤니케이션하부구조이론의 구체적 내용에 대해서는 2장에서 자세히 설명했다. 커뮤니케이션하부구조이론에 따르면, 위험 상황에서 특정 커뮤니티에 속한 사람들 사이의 연대의 모습은 그 커뮤니티가 이미 보유하고 있는 커뮤니케이션 하부 구조의 질에 달려 있다. 특히 2장에서 설명한 '커뮤니티 이야기하기 연결망'이 통합적으로 잘 갖춰져 있어서 구성원들이 자신들의 문제를 다른 사람들과 함께 원활히 잘 이야기할 수 있는 자원이 충분히 갖춰져 있는 커뮤니티에서는 문제 해결을 위한 소통과 연대가 비교적 쉽게 이루어질 것이다.

그런데 여기서 생각해 볼 점은 커뮤니티 이야기하기 연결망이 연대의 결과만 초래하는가라는 것이다. 가령 자기 지역 내에 장애인 학교와 같은 이른바 혐오 시설이 설치되지 못하도록 연대하면서 그런 시설 설치에 찬성하는 사람들을 배척하기 위해 커뮤니티 이야기하기 연결망이 사용되는 경우는 어떻게 설명을 해야 할까? 즉 커뮤니티 이야기하기 연결망이 지역 이기주의의 강화를 위해 사용되는 경우에 대해서 어떤 설명이 가능할지와 같은 질문을 던질 수 있다. 기존의 커뮤니케이션하부구조이론의 틀 속에서는 이런 질문에 대한 답을 충분히 할 수 없었다.

해당 이론적 문제를 해결하기 위해서 김용찬, 김예란, 채영길이 이끈 연구진이 최근에 커뮤니티 이야기하기의 개념을 더 세분화하는 작업을 하였다(Kim et al., 2022; Kim et al., 2023). 그런 작업을 진행한 결과 커뮤니티 이야기하기를 두 가지 유형으로 세분화하였다. 첫째는 차이 감소의 커뮤니티 이야기하기(difference-reducing community storytelling: DRCS)이고, 둘째는 차이 관리의 커뮤니티 이야기하기(difference-managing community storytelling: DMCS)다. 먼저 차이 감소의 이야기하기란 무엇일까? 그것은 커뮤니티 내에서 다름과 차이를 보이는 쟁점, 이슈, 사람들에 대한 이야기를 억누르거나, 회피하거나, 미루거나, 내쫓는 것을 말하는 것이다. 대개 그런 식의 소통은 화합과 통합이란 이름으로 이루어진다. 사회 통합을 위해서 서로 다른 의견, 분쟁, 갈등은 잠시 잊자는 방식의 소통인 것이다. 그러나 그런 회피 때문에 갈등이 나중에 더 증폭될 수 있다. 회피 자체가 차이와 갈등을 없애는 것은 아니기 때문이다. 그렇다면 차이 관리의 이야기하기란 무엇일까? 다름과 차이를 그저 잊거나, 억누르거나, 없는 척하거나, 통합이라는 이름을 앞세우며 강제로 삭제시키려 하기보다는 오히려 솔직하게 그것의 존재를 인식, 인정하고, 차이와 다름을 적극 드러내고, 그 의미와 중요성을 타자와 함께 공유하는 방식의 소통을 일컫는다. 다름과 차이라고 하는 것은 늘 불편하고, 어색하다. 그런 불편함과 어색함까지도 솔직하게 공유하는 이야기가 차이 관리의 이야기하기라고 할 수 있다.

새로운 개념으로 더 정교화된 커뮤니케이션하부구조이론에 따르면 차이 감소와 차이 관리의 이야기하기 중 어떤 유형의 커뮤니티 이야기하기 연결망이 특정 커뮤니티 내에 활성화되어 있느냐에 따라서 연대와 적대의 모습이 달리 나타난다 할 수 있다. 즉 차이 감소의 커뮤니티 이야기하기 과정에서는 연대의 태도와 행동이 내집단 경계 안에서 멈추고, 그것을 넘지 못할 가능성이 크다. 그래서 내집단 안에서는 강한 응집을 보이지만 외집단에게는 배타적인 모습을 보이게 된다. 하지만 차이 관리의 이야기하기가 더 활성화되어 있다면 내집단/외집단 경계를 넘어서서 외집단으로까지 연대의 행동을 확장할 수 있는 소통의 하부 구조를 갖췄다고 할 수 있다.

디지털 연대, 디지털 적대

이 장에서 우리는 다양한 이론들을 통해서 위험 상황에서 사람들이 보이는 연대와 적대의 이중적 행동을 설명해 보려 했다. 어느 이론도 완벽한 이론은 없다. 그런데도 이 이론 중에서 어떤 이론이 가장 적절하게 위험 상황에서의 연대와 적대의 모순적 행동에 대해 설명한다고 생각하는지, 독자 스스로 한번 판단해 보기 바란다. 위험 상황에서 사람들이 연대와 적대의 모습을 함께 보인다는 것이 최근 갑자기 나타난 현상은 아닐 것이다. 오랫동안 사람들은 그런 모습을 보여 왔다. 그러나 최근 디지털 미디어 기술을 통해 위험 상황에서 사람들이 보이는 연대와 적대의 모습에도 질적 변화가 만들어지고 있다. 그런 변화를 포착하기 위해서 우리는 여기서 두 가지 새로운 용어를 제시해 보려 한다(Kim et al., 2022). 하나는 디지털 연대digital solidarity라는 것이고 또 하나는 디지털 적대digital hostility라는 것이다. 디지털 연대와 디지털 적대는 디지털 포용과 디지털 배타라는 말로도 표현할 수도 있다. 디지털 기술을 통해서 사람들이 연대하는 행동의 폭이 대폭 확장되었다. 전에는 상상하기 힘든 방식의 연대를 할 수 있는 길이 열렸다고도 할 수 있다. 마찬가지로 디지털 기술을 통해서 전에는 상상하기 힘든 방식으로 사람들이 타자를 향해 적대적 표현을 할 수도 있게 되었다. 연대와 적대가 디지털 기술을 통해서 새로운 차원으로 진화한 것이다. 디지털 연대와 디지털 적대에 대해 좀 더 살펴보자.

먼저 디지털 연대에 대한 것이다. 디지털 미디어 환경 속에서 사람들은 위험이 발생했을 때 종래처럼 마음을 나누고, 헌혈하고, 성금을 공유하는 오프라인 연대도 하지만, 그것을 넘어서서 정보, 지식, 경험, 기술skill, 자원 등을 온라인과 오프라인을 포괄하는 방식으로 공유하는 디지털 연대도 할 수 있게 되었다. 이런 과정에서 집단 지성과 연계된 힘이 발생하기도 한다. 그리고 장소에 묶이지 않는 네트워크 개인들(Wellman et al., 2003)과 네트워크 공중(Bennett & Segerberg, 2013)이 탄생한다. 이들 네트워크 개인들과 네트워크 공중은 시간과 공간의 한계, 물리적 한계, 사회적 연결망의 경계를 넘어서는 새로운 연대의 모습을 보인다. 디지털 미디어 환경이 만들어지기 이전에는 감히 엄두를 못 냈던 것들이다. 디지털 연대는 특정 동네를 중심으로 하는 하이퍼로컬 수준의 연대를 가능하게도 하고, 또 국경을 넘어서는 글로벌 수준의 연대도 가능하게 한다.

디지털 적대에 대해서도 살펴보자. 학자 중에는 디지털 미디어가 사람들 사이의 면 대 면 커뮤니케이션 빈도를 줄여왔고, 그렇게 줄어든 대면 접촉이 초래하는 중요한 결과 중 하나는 개인들의 공감 능력 상실이라고 지적하는 사람들이 있다. 사람들의 공감 능력은 대면 소통을 통해서만 길러질 수 있기 때문이라는 것이다(Turkle, 2011). 디지털 미디어가 공감 능력을 저하시킨다면 사회 내에서 연대의 가능성은 줄어들고 적대의 가능성만 커질 것이다. 이런 이유로 디지털 미디어는 양극화를 만드는 채널이 될 수 있다. 특히 '탈개인화 효과에 대한 사회정체성 모델social identity model of deindividuation effect model'(Postmes et al., 1998; Reicher et al., 1995; Spears & Lea, 1994)을 주창하는 학자들은 디지털 미디어의 익명적 환경이 개인들로 하여금 개인 정체성보다는 사회정체성의 현저성을 더 많이 경험하게 하기 때문에, 자기가 속한 내집단에 충실하고, 외집단에 적대적인 모습을 보이는 경향을 더 강화시킨다는 점을 강조한다. 결국 디지털 미디어가 만드는 익명적 상황이 디지털 적대의 토대가 된다는 것이다. 로버트 퍼트넘은 디지털 미디어가 사회관계망, 소속감, 사회적 신뢰 등으로 구성되는 사회 자본을 감소시키는 주요인이 되었다고 주장하기도 했다. 사회 자본의 감소는 결국 사람들로 하여금 타자와 연대할 근거를 상실하는 결과를 초래한다. 최근 우리는 디지털 미디어 알고리즘과 그것을 토대로 한 맞춤형 필터링이 자동화되는 것을 목격하고 있다. 그래서 이제 우리가 모두 자기가 듣고 싶은 것만 듣고 보고 싶은 것만 보는 이른바 필터버블(Pariser, 2011)과 에코체임버(Jamieson & Cappella, 2008) 속에 갇혀 살게 되었다고 말하는 사람들이 있다. 이러한 과정을 거치면서 사회적 양극화가 심화되고 고착화되는 결과가 만들어진다고 주장하는 사람들도 있다. 이런 상황이 실제로 벌어진다면 현대의 위험 사회는 결국 이른바 디지털 신부족주의 사회digital neo-tribal society로 나아갈 것이다(Maffesoli, 1996; 김용찬, 2020). 디지털 미디어 기술을 토대로 해서 사람들은 이제 자기가 속한 집단이나 공동체 안에서 모든 필요한 것을 자급자족하면서, 외집단의 사람들과는 특별한 교류의 필요성을 느끼지 않아도 되는, 그야말로 새로운 신부족 사회 속에 다시 살게 되는 것이다. 그런 부족사회화야말로 디지털 적대의 토대라고 할 수 있다.

줄다리기: 뭉크와 고야 사이에서

이번 장을 뭉크와 고야의 그림으로 시작했으니까 마무리도 그림에 대한 이야기로 해 보겠다. 조지 투커George Tooker라는 20세기 미국 화가의 그림이다. 첫 번째 그림은 그의 초기 대표작 중 하나인 〈지하철*the subway*〉(1950)이다. 같은 지하철역 공간에 있지만 그곳에 있는 사람들 사이에는 어떤 소통도, 어떤 연대의 흔적도 없다. 그림 속의 사람들은 오히려 서로 의심하고, 경계하고 있는 것 같고, 적대의 태도만 보이는 듯하다. 아니 사실은 그림 속 사람들 모두 다른 사람들의 존재 자체를 부정하는 것처럼 각각 서 있다. 이 작품 안에는 적대와 배타의 그림자만 존재한다. 그러나 조지 투커의 1977년작 〈목소리*Voice*〉에 있는 사람들은 조금 다른 모습을 보인다. 서로에 대한 경계심과 의심과 두려움이 완전히 사라진 것 같지는 않다. 그러나 서로의 존재를 의식하기 시작했고, 심지어는 서로의 숨소리를, 들릴 듯 말 듯한 목소리를 들으려는 모습도 보인다. 아마도 적대에서 연대로 옮겨가는 과정의 모습이라 할 수 있을까? 흥미롭게도, 조지 투커가 말기 작품들에 담은 주된 주제는 〈껴안음*embrace*〉(1986)이었다. 그림 속 사람들이 서로를 완벽하게 이해하고 있는지는 잘 모르겠다. 그러나 서로의 존재를 받아들이고, 서로를 존중하려는 태도가 껴안음의 모습 속에서 드러난다. 바로 연대의 모습이다.

한 작가의 작품 세계 속에 적대와 연대의 모습이 연대기적으로 펼쳐져 있는 것처럼, 사람들도 위험 상황 속에서 연대와 적대의 모습을 연대기적으로 혹은 동시적으로 보이곤 한다. 이 장에서 우리는 그것과 연관된 이슈들에 대해 살펴보았고, 또 그것을 설명할 수 있는 이론들을 살펴보았다. 이 장은 몇 가지 질문을 던지면서 마치도록 하겠다. 위험 상황에서 배타성은 낮추고, 사회적 연대는 높일 수 있는 소통은 무엇일까? 한 사회 내의 다른 집단들끼리 서로의 다름을 인정하고 존중하면서, 위험 문제 해결을 위해 서로 연결될 수 있는 방법은 무엇일까? 위험 상황 속에서 집단 간 차이를 감추거나, 미루거나, 없애는 것이 아니라, 공동의

조지 투커의 〈지하철〉, 〈목소리〉, 〈껴안음〉. 한 작가의 작품 세계 속에 적대와 연대의 모습이 연대기적으로 펼쳐져 있는 것처럼, 사람들도 위험 상황 속에서 연대와 적대의 모습을 연대기적으로 혹은 동시적으로 보이곤 한다.

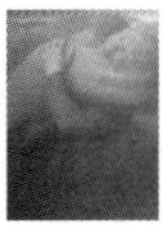

문제 해결을 위해 서로의 차이를 ‘관리’하면서 함께 문제 해결 과정에 참여하기 위한 소통은 어떤 것일까? 이 질문에 대한 답을 여기서 바로 제시하지는 않겠다. 대신 이 질문을 독자들이 스스로 생각해 볼 질문으로 남겨 놓겠다.

4장

미디어는 위험의 해결자인가, 위험의 촉진자인가

이 장에서 우리는 위험 사회라는 맥락에서 미디어의 문제를 본격적으로 생각해 보려 한다. 우리가 생각해 볼 핵심 질문은 위험 사회에서 미디어는 위험의 해결자인가, 혹은 위험의 촉진자인가다. 위험 상황에서 미디어는 사람들이 그 위험 상황을 인지하고, 이해하고, 그에 대처하는 데 필요한 정보와 지식을 제공한다. 그리고 위험 발생 후에도 위험의 원인을 규명하고, 재발을 방지하기 위해 필요한 사회적 논의의 장을 제공하기도 한다. 그렇다면 미디어는 위험의 해결자인가? 그러나 종종 미디어 자체가 위험의 주범이라는 비난을 받기도 한다. 사회에 해가 되는 내용을 전달함으로써 오히려 위험의 불씨를 제공하고, 허위 정보를 공유하는 채널이 되면서 위험 문제를 해결하는 과정을 오히려 방해하기도 한다. 최근 등장한 디지털 미디어는 이용자의 노동을 착취하고, 일자리를 빼앗고, 개인을 감시하고, 통제하는 일을 하고 있다는 비판을 받고 있기도 하다. 미디어가 새로운 유형의 사회적 문제를 만들어 내고 있는 것이다. 그렇다면 미디어는 위험의 촉진자인가? 위험 사회의 맥락에서 미디어는 이중적 모습을 띠고 있다. 이 장에서 우리는 미디어의 그런 이중성에 대해 따져볼 것이다.

미디어의 다섯 가지 차원과 위험

위험 상황에서 나타나는 미디어의 이중적 모습에 대해 본격적으로 살펴보기 전에, 먼저 과연 미디어란 무엇일까에 대해 생각해 보는 것이 좋겠다. 미디어란 말을 들으면 먼저 머릿속에 거실에 있는 TV나 핸드폰 같은 미디어 기기와 장치들이 떠오른다고 하는 사람들이 있을 것이다. 드라마 내용이나 뉴스 내용 같은 것들이 떠오른다고 하는 사람도 있을 것이다.

아니면 특정 언론사의 뉴스 앵커나 기자, 드라마의 배우나 예능 프로그램 진행자가 머리에 떠오른다고 하는 사람도 있을 것이다. 페이스북, 인스타그램, 트위터, 틱톡 같은 소셜 미디어가 떠오른다고 하는 사람도 있을 것이다. 유튜버가 머리에 떠오른다고 하는 사람들도 있을 것이다. 아마도 미디어란 말 속에는 이 모든 것들이 다 들어 있다고 해야 할 것이다.

김용찬(2023)은 《포스트매스미디어: 연관성의 위기에서 초위기로》에서 미디어란 말에 적어도 다섯 가지의 차원이 들어 있다고 설명한다. 첫째는 장치나 기기, 도구로서의 미디어다. 전화, 전신, TV 수상기, 라디오 수신기 등이 여기에 포함될 것이다. 둘째는, 장치나 도구로서의 미디어가 생산하고 공유하는 내용들로서의 미디어다. 미디어학자들이 미디어 효과media effects에 대해 말할 때는 대개 미디어 내용의 효과에 대한 것이었다. 셋째로 미디어는 제도나 조직을 가리키는 것이기도 하다. 즉 우리는 미디어 장치를 이용해서 내용을 생산하는 조직이나 제도를 미디어로 불러왔다. 누군가가 '우리 사회에 미디어가 정말 문제야"라고 말했다면 그것은 도구나 내용으로서의 미디어에 대한 것이라기보다는 특정 미디어 조직을 가리키는 것일 것이다. 이렇게 미디어는 도구, 내용, 제도를 모두 아우르는 것이지만, 거기에 그치는 것이 아니다. 다른 차원들이 더 있다.

김용찬(2023)이 제시하는 미디어의 네 번째 차원은 사람으로서의 미디어다. 오래전부터 미디어란 말에는 서로 다른 주체들 사이에 있는 사람들이라는 의미가 있었다. 신과 사람들을 이어주는 영매들을 지금도 영어권 사람들은 영적 미디어spiritual media라고 부른다. 그렇기에 사람들을 미디어로 칭하는 것 자체가 이상한 것은 아니다. 매스 미디어 시대 이후로 미디어 내용을 생산, 공유, 이용하는 과정에는 늘 다양한 사람들이 있었다. 기자들의 경우 미디어 조직의 구성원들이라는 정체성을 가지면서도 동시에 스스로가 미디어가 되기도 한다. 여러 개인 혹은 개체 사이를 매개하는 것을 무엇이든 미디어라 부를 수 있다면 정치가들도 어떤 의미에서는 일종의 미디어라 할 수 있다. 그들은 국가, 민족, 이념 등과 일반 시민들을 매개하는 역할을 한다고 스스로 주장하는 사람들이기 때문이다. 요즘에는 유튜버 같은 이른바 1인 미디어들이 등장하면서 사람으로서의 미디어가 무엇인지 어느 때보다 더 분명해졌다. 자기 스스로를 1인 미디어나 유튜버라 부르지 않는다 하더라도 오늘 아침 재미있게 읽은 글이나, 언론 기사나, 사진이나 동영상을 소셜 미디어에서 다른 사람들에게 공유했다면, 사람으로서의 미디어 역할을 한 것이라 할 수 있다. 다섯 번째로 미디어는 공간적 차원을 갖기도 한다(김용찬, 2023). 공간이 일종의 미디어 역할을 하기도 한다는 것이다. 가령 서양에서는 오랫동안 광장이 하나의 미디어 역할을 했다. 광장이란 공간에서 사람들이 다른 사람들을 만나고, 거기서 새로운 정보와 이슈들을 공유하고, 특정 이슈에 대한 의견을 공유할 수 있다면 광장이 일종의 미디어적 역할을 했다고 할 수 있다. 지금은 인터넷 공간, 온라인 공간이 사이버스페이스에서의 광장 역할을 하면서 공간으로서의 미디어 모습을 보여 준다. 최근 급속히 진행되는 도시의 디지털화(김용찬, 2020)로 인해 우리가 사는 물리적 공간으로서의 도시가 거대한 미디어로 탈바꿈하고 있다. 사실 원래 도시라는 것은 수메르 문명에서 처음 출현할 때부터 관습, 정보, 지식 등을 저장하는 거대한 미디어였다. 최근 우리가 사는 물리적 공간을 디지털 기술을 활용해서 가상 현실과 증강 현실로 확장하려는 다양한 아이디어들이 제시되고 있다. 이런 것들도 결국 공간으로서의 미디어에 대한 이야기라 할 수 있다. 공간으로서 미디어와 연관된 흥미로운 사례들은 앞으로 더 많아질 것이다.

이제까지 미디어의 다차원성에 대해서 간략히 살펴보았다. 미디어라는 것은 이렇게 다차원적 요소가 결합해서 이루어지는 것이다. 그렇다면 미디어와 위험 사회 간 관계를 살펴볼 때도 적어도 미디어의 다차원적 측면을 모두 고려해서 살펴보는 것이 좋을 것이다. 그렇게 할 때 위험 사회와 미디어 사이의 관계를 보다 입체적으로 살펴볼 수 있기 때문이다. 미디어의 다섯 가지 차원 중 어느 것으로 살펴보더라도 공통적인 것은 이것이다. 미디어는 위험을 해결하는 주체가 될 수 있다는 기대와 더불어 위험을 증폭하고 혹은 그 자체가 위험의 원인이라는 우려를 동시에 받는다는 것이다. 위험 사회의 맥락에서 미디어는 그 다섯 가지 차원 모두에서 이율배반적 존재다.

먼저 도구로서의 미디어를 위험 사회와 연결해서 살펴보도록 하자. 장치와 도구로서의 미디어에 대해서 그것이 한편으로는 위험의 해결책 역할을 하면서 동시에 위험의 원인이자 촉매제 역할을 하는 이중적인 모습을 보인다는 점에 대해 많은 사람이 오랫동안 지적해 왔다. 그들은 도구로서의 미디어는 사람들에게 위험 정보를 신속하게 전달해 주기 때문에 사람들로 하여금 위험에 미리 대처하고 위험 문제를 잘 해결할 수 있도록 도와준다고 말해 왔다. 그것을 보여 주는 역사적 사례 중 가장 극적인 것은 1912년 4월 15일 영국의 사우샘프턴에서 출발해서 뉴욕으로 가다가 빙하와 충돌하면서 침몰한 타이태닉호 사건에서 찾을 수 있다(Barczewski, 2004). 타이태닉호는 당시 세계에서 가장 큰 배였다. 사고 당시 타이태닉호에는 2,224명이 타고 있었다. 이들 중 1,500명가량이 침몰 사고로 목숨을 잃었다. 타이태닉호 침몰 사건은 인류 역사상 최대의 해상 사고였다고 할 수 있다. 사람들은 희생자에 대해 안타까워하느라 타이태닉호 침몰 사고에서 생존한 700여 명에 대해서는 충분히 주목하지 않았다. 700여 명은 결코 적은 숫자가 아니다. 그들은 차가운 북대서양 바다에서 어떻게 무사히 구조될 수 있었을까?

답은 타이태닉호가 갖고 있던 당시로서는 최첨단 미디어 기술에 있었다. 타이태닉호는 마르코니가 개발한 최신의 무선 커뮤니케이션 시스템을 갖추고 있었다. 타이태닉호에 타고 있는 무선사 잭 필립스Jack Phillips는 타이태닉이 빙하와 충돌했다는 메시지와 구조 요청 메시지를 무선 전신 시스템을 이용해서 인근 배들에게 전송했다(Hazelgrove, 2021). 그의 신속한 행동으로 구조 보트에 타고 있던 사람들 700여 명은 2시간 정도를 기다린 끝에 필립스가 보낸 무선 전신 메시지를 받고 현장에 도착한 카르파티아호에 의해 구조되었다. 타이태닉호에 남아 있던 사람들은 결국 모두 배와 함께 침몰하고 말았지만 말이다. 무선 신호를 보냈던 잭 필립스도 타이태닉호에 남아 있다가 다른 희생자들과 함께 목숨을 잃고 말았다. 그런데 타이태닉호에 무선 장치가 설치되어 있지 않았다면 구조 보트에 있던 사람 중에서도 많은 사상자가 나왔을 것이다. 미디어는 이렇게 급박한 위험 상황에서 문제 해결에 결정적 도움을 준다.

또 다른 예를 살펴보기 위해 이제는 중미 카리브해의 섬나라 아이티로 가보자. 2010년 아이티에서는 규모 7.0의 지진이 발생했다(Bilham, 2010). 피해 규모는 상상을 초월하는 것이었다. 사망자 수가 22만 명을 넘었고, 부상자 수도 30만 명이 넘었다. 아이티섬 사람들 거의 대부분이 직간접적으로 지진 피해를 입었다 해도 과언이 아니었다. 아비규환 같은 상황에서 당시 중요한 역할을 했던 것은 다름 아닌 휴대전화였다. 휴대전화가 없었다면 지진 직후 아이티 사람들이 가족들을 찾고, 필요한 구호 정보를 얻는 것은 매우 힘든 일이 되었을 것이다(Freifeld et al., 2010). 도구로서의 미디어라 할 수 있는 휴대전화가 끔찍한 재난 상황에서 살아남은 사람들이 붙잡을 동아줄 역할을 한 것이다.

도구로서의 미디어가 위험 사회의 맥락에서 늘 긍정적인 역할만 하는 것은 아니다. 위험을 해결해 주는 장치와 수단이 아니라 사람들은 미디어가 오히려 위험의 원인이 될 수 있지 않을까 우려하기도 했다. 가령

그림 12　2010년 1월에 발생한 아이티 지진으로 파괴된 학교. 아비규환 같은 상황에서 당시 중요한 역할을 했던 것은 다름 아닌 휴대전화였다. 휴대전화가 없었다면 지진 직후 아이티 사람들이 가족들을 찾고, 필요한 구호 정보를 얻는 것은 매우 힘든 일이 되었을 것이다. (사진: 연합뉴스)

라디오가 가정에 보급되기 시작한 1930년대에 이미 사람들은 아이들이 라디오에 중독되는 것을 걱정하는 목소리를 내고 있었다(Lynd & Lynd, 1929). 미디어 중독에 대한 우려는 새로운 미디어 장치가 나올 때마다 거의 예외 없이 등장했다. TV 중독, 인터넷 중독, 게임 중독 등이 그런 것들이다. 정말로 '중독'이란 말을 미디어에 붙일 수 있는가라는 논의가 계속되어 왔지만, 미디어 자체가 위험의 요소가 될 수 있다는 걱정이 사회에 늘 있어 왔다. 도구로서의 미디어 자체가 사람들의 신체에 직접적인 해를 끼친다는 우려도 있어 왔다. 대표적인 예는 휴대폰에서 나오는 전자파가 암을 유발할 수 있다는 걱정일 것이다.

내용으로서의 미디에 대해서도 생각해 보자. 여기서도 미디어의 이중성을 쉽게 발견할 수 있다. 전통적 미디어와 뉴 미디어를 통해서 우리는 위험에 대한 뉴스와 정보를 얻고 그것을 통해 위험 사회에서도 생존할 수 있는 지침을 얻을 수 있다. 위험 상황에서 미디어가 전달하는 위험 정보와 지식은 우리가 위험을 극복하는 데 매우 중요한 역할을 한다. 하지만 미디어는 종종 허위 정보와 조작 정보의 통로가 되기도 하고, 그렇게 유통되는 허위 조작 정보는 위험 상황을 더 악화시키는 결과를 가져오기도 한다(Naeem et al., 2021). 1990대부터 유럽과 미국에서는 어린이 예방 접종이 자폐증을 유발할 수 있다는 음모론이 퍼졌다(Dixon & Clarke, 2013). 이런 음모론을 믿고 퍼뜨리는 세력이 점점 커져 갔다. 그것의 직접적 결과 중 하나는, 예방 접종이 제도화되면서 거의 사라졌다 믿었던 백일해나 홍역 같은 질병이 다시 서구 국가에서 나타났다는 것이었다. 타이태닉호 침몰 당시에도 당시 아마추어 무선사 중에는 타이태닉호 승객이 모두 무사히 구조되었다는 허위 정보를 유포하는 사람들이 있었다(Hazelgrove, 2021). 이런 허위 정보 내용 때문에 당시 구조가 더 늦어졌을 가능성이 있다. 세월호 침몰 때 지상파 방송에서 승객이 모두 구조되었다는 잘못된 내용을 보도하면서 구조 노력에 혼선이 생겼던 것과 거의 흡사한 일이었다. 미디어 내용은 이렇게 위험 상황을 더 악화시키는 역할을 하기도 한다.

제도로서의 미디어 측면에 대해서도 살펴보자. 위험 상황에서는 언론사 조직이 위험 대책 본부 같은 역할을 감당하기도 한다. KBS 같은 공영 방송은 재난 주관 방송이라는 정체성을 갖고 있을 정도다. 2016년과 2017년에 박근혜 대통령 탄핵 사태라는 정치적 위기 상황에서 〈조선일보〉, jtbc, 〈한겨레〉 등의 언론사가 중요한 역할을 하기도 했다. 1971년 미국이 겪었던 정치적 위기에서 〈워싱턴 포스트*The Washington Post*〉 같은 언론사는 밥 우드워드Bob Woodward와 칼 번스타인Carl Bernstein 같은 용감한 기자들을 앞세우고 워터게이트 사건을 공론화하였다. 언론사가 정치적 위험을 찾아내고, 그 해결의 중심에 서 있던 경우라고 할 수 있다. 하지만 종종 우리는 언론사들이 경제적 이해관계, 정치적 정파성 등으로 인해서 위험의 파수꾼 역할을 하기보다는 오히려 위험을 만들거나 확장시키는 주인공 역할을 하는 경우도 종종 보게 된다.

위험 상황에서 종종 특정 개인이 미디어의 역할을 하는 경우도 있다. 가령 앤디 카빈Andy Carvin이 그런 사람이었다(de Torres & Hermida, 2017). 1990년대 인터넷이 등장한 초기부터 뉴 미디어 전문가로서의 명성을 쌓아온 앤디 카빈은 2010년 미국의 공영 라디오 방송인 NPR의 뉴 미디어 담당 부서를 맡고 있었다. 2010년 아이티에서 지진이 터지고 엄청난 사상자가 발생하자마자 그는 바로 아이티 지진에 대한 블로그를 구축했다. 이 블로그는 실종자를 찾는 센터 역할을 하기도 하고, 구호 관련 정보를 주고받는 플랫폼 역할을 하기도 했다. 순식간에 이용자 수가 급증하면서 이 블로그는 아이티 재난 구호 과정의 중심에 서게 되었다. 한 개인이 재난 상황에서 정보 센터 역할을 감당했던 것이다. 그러나 개인으로서의 미디어가 어떤 때는 위험의 대리인 혹은 촉매제 역할을 하기도 한다. 1인 미디어로서의 유튜버들이 위험 소식을 전하는 언론 기능을 감당하는 경우도 있지만 동시에 위험 그 자체가 되기도 한다. 가령 조회 수와 구독자 수를 늘리기 위해 출소한 성범죄자 집 앞에 몰려든 유튜버들이 오히려 그 동네 사람들을 위험에 빠뜨리는 경우가 그런 예가 될 수 있다. 극단적인 의견을 만들고 공유하는 유튜버들이 사회의 양극화를 처치 곤란할 정도의 상황으로 몰아간다는 걱정도 커지고 있다.

공간으로서의 미디어도 다양한 방식으로 위험 사회와 만난다. 종종 우리는 우리 주변의 공간이 하나의 미디어로서 역할을 하는 것을 본다.

인터넷과 같은 온라인 공간뿐 아니라 물리적 공간도 그렇다. 사람들이 광장이나 공원에 모여 정치 문제, 경제적 불평등, 평화 문제, 환경 문제 등 위험 이슈에 대해 함께 이야기할 때 그 공간은 하나의 거대한 미디어가 된다. 신자유주의하의 경제적 불평등 문제를 지적하며 전 세계적 운동으로 퍼져나간 월스트리트 점령 운동에서는 맨해튼의 주코티 공원이 그런 역할을 했다. 2016년과 2017년에 박근혜 정부하 최순실 등 민간인에 의한 국정농단 사태 때는 광화문 광장이 거대한 미디어로서의 역할을 했다. 공간으로서의 미디어는 우리를 위험으로부터 지켜 주는 다양한 장치들을 품을 수 있다. 도시 전체를 샅샅이 감시하는 CCTV 같은 것들이 그 예가 될 수 있다. 그러나 그런 감시 장치들로 인해서 우리가 사는 공간으로서의 미디어는 우리를 감시하고 우리를 통제하는 공간이 되기도 한다. 공간으로서의 미디어 역시 이중적인 성격을 갖고 있다.

위험 사회에서 미디어 환경은?

미디어라고 하는 것을 이렇게 도구, 내용, 제도, 사람, 공간으로서의 측면을 모두 갖는 다차원적인 것으로 이해하면, 그런 다차원적 미디어들이 함께 작동하는 일종의 '미디어 환경'을 생각해 볼 수 있다. 다양한 차원의 미디어들이 함께 있는 거대한 숲과 같은 미디어 환경을 상상해 볼 수 있다면, 위험 상황에서 공동체의 생존과 발전을 위해 바람직한 미디어 환경과 그렇지 않은 미디어 환경의 모습을 그려 볼 수 있을 것이다. 그런 점을 염두에 두고 위험 대처를 위해 바람직한 미디어 환경과 바람직하지 않은 미디어 환경이 어떤 것인지에 대해 대략적인 그림을 그려 보자.

바람직한 미디어 환경은 어떤 것일까? 아마도 이런 곳일 것이다. 위험에 대한 정보를 효과적으로 감지/생산, 신속하게 공유하는 장치로서의 미디어가 원활하게 잘 작동하고 거기에 누구나 쉽게 접근할 수 있는 곳, 사람들이 살아가는 실제 상황과 연관성 높은 위험 정보를, 그 정보를 필요로 하는 사람들이 쉽게 접근하고, 이해하고 이용할 수 있는 곳, 정보의 정확성을 의심할 필요가 없고, 아는 것과 모르는 것을 분명하게 구분해서 파악할 수 있는 곳, 언론이 정치권력과 상업적 이윤 추구에서 독립적이면서 동시에 위험 문제를 다룰 제도적 자원과 역량을 갖춘 곳, 새로운 미디어 역량을 기반으로 자신의 이야기를 스스로 생산, 공유하는 개인들이 집단의 경계를 넘어서 타자들과 협력하는 곳, 개인의 자율성과 프라이버시를 존중하면서도 공동체의 안전을 보장하는 곳, 그리고 그런 것들을 함께 자유롭게 논의할 수 있는 공간을 제공하는 곳일 것이다.

그렇다면 바람직하지 않은 미디어 환경은 어떤 곳일까? 아마도 이런 곳일 것이다. 도구로서의 미디어 기술이 위험 정보를 생산하고 공유하는 기능을 제대로 수행하지 못하는 곳, 그런 기능을 수행한다 하더라도 많은 사람이 미디어에 대한 접근성을 갖지 못하고 배제되는 곳, 사람들이 위험 정보를 받긴 하지만, 대개 그것이 자신의 상황과 직접적 연관성이 없는 곳, 연관성 있는 정보가 공유된다 하더라도 그 정보가 그것을 필요로 하는 사람들이 쉽게 접근하고, 이해하고, 이용하기 어려운 방식으로 만들어지는 곳, 언론이 정파적이며 이윤 추구만을 앞세우면서, 위험 문제를 제대로 다루기 위한 전문성은 갖추지 못한 곳, 사람들이 자신과 비슷한 사람들과만 끼리끼리 소통하면서 내집단 편견에 오염된 정보들만 공유하는 곳, 그렇기에 집단 간 벽을 넘어서서 위험 문제 해결을 위해 협력하는 역량은 갖지 못하는 곳, 미디어를 통해 개인의 자율성과 프라이버시에 대한 존중이 충분히 반영되지 않는 곳, 포용보다는 배제의 논리가 지배하는 곳, 오로지 유일한 가치는 안전, 효율, 편리함이기만

하고 정의, 포용, 비차별 등의 가치는 부차적이거나 오히려 사회의 성장을 막는 위험한 것으로 치부되는 곳일 것이다.

미디어 환경 속에서의 위험 저널리즘과 위험 보도의 문제

위험 상황에서 미디어를 둘러싼 경쟁 구도

앞에서 우리는 위험 사회에서 바람직한 미디어 환경과 그렇지 못한 환경을 개괄적으로 살펴보았다. 그런 논의를 배경으로 삼으면서 이제 논의의 범위를 조금 좁혀 보도록 하자. 이제 우리가 생각해 볼 것은 전체 미디어 환경의 일부라 할 뉴스 미디어의 문제다. 언론사, 즉 뉴스 미디어 조직은 위험의 문제를 어떻게 다루고 있는가에 대해 살펴보도록 하겠다. 재난 전에, 재난 가운데, 재난 후에 나오는 언론 보도야말로 재난에 제대로 대처하는 미디어 환경을 만드는 데 매우 중요한 요소일 것이기 때문이다. 위험과 뉴스 미디어의 관계를 논하는 것은 앞에서 살펴본 미디어의 다차원적 요소(도구, 내용, 제도, 사람, 공간) 모두와 관련된 것이지만 특히 제도로서의 미디어와 내용으로서의 미디어와 밀접하게 연관된 문제라 할 수 있다.

제도와 내용으로서의 뉴스 미디어 문제를 그것을 포함하는 정치사회적 환경의 맥락에서 살펴보면 그림 13과 같은 그림을 그릴 수 있다(Murdock et al., 2003). 이 그림은 위험 이슈가 발생했을 때 그 이슈와 관련된 주요 주체들, 그리고 그들 사이의 관계를 보여 준다. 더불어 그런 관계망 속에서 뉴스 미디어가 어떤 위치를 차지하는지 보여 준다. 여기서 로비 활동이라는 것은 자신의 뜻을 다른 조직에 관철시키기 위해 여러 형태의 압력을 가하는 것을 가리키는 것이다. 그러한 압력이 미디어를 상대

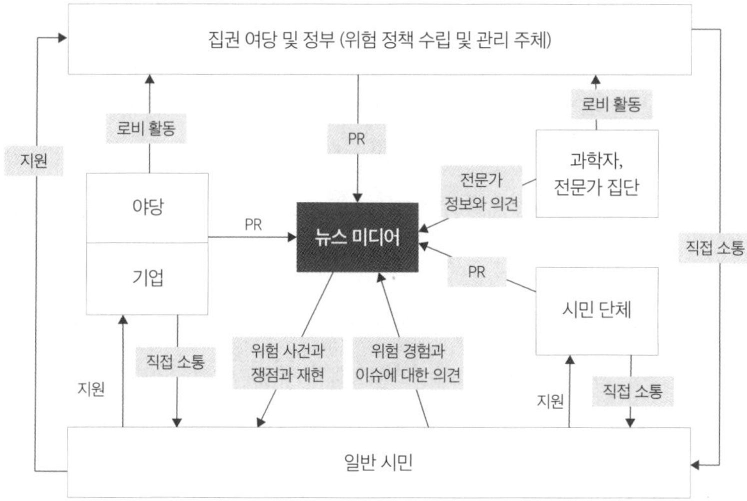

그림 13 위험 사회 미디어 환경 속의 매스 미디어.

출처: Murdock et al., 2003.

로 할 때는 PR의 형태로 나타난다. 위험과 관련된 정책을 수립하고 관리하는 주체인 집권 여당이나 정부는 미디어를 상대로 PR을 한다. 자신들의 정책과 의견이 미디어에 잘 반영되도록 하는 노력을 한다는 것이다. 보도 자료를 언론사에 보낸다든지, 기자들에게 브리핑을 한다든지 하는 활동들이 여기에 해당할 것이다. 뉴스 미디어를 상대로 PR을 하는 주체는 또 있다. 야당이나 기업, 시민 단체도 언론을 상대로 자신의 입장, 의견 등이 반영되도록 하는 PR을 한다. 위험 상황에서는 종종 과학자와 전문가 집단이 중요한 역할을 맡게 된다. 코로나19 상황에서는 감염병 전문가와 보건의학 전문가, 백신 개발 전문가 등이 여기에 해당된다. 이들도 끊임없이 뉴스 미디어에 과학적인 정보를 제공한다. 위험 사회에서는 전문가 사이에서도 종종 이견과 대립이 존재한다. 전문가로부터 서로 상충하는 이견들이 뉴스 미디어에 전달되면 뉴스 미디어는 그런 이견들이 대결하는 결투장으로 변하기도 한다. 일반 시민은 위험을 직간접적으로 경험하면서 스스로 위험의 원인과, 성격, 대처 방안에 대한 의견을 갖게 된다. 물론 그것은 비전문가로서 갖는 의견일 것이다. 가령 코로나19 상황이 장기화되면서 많은 일반 시민이 방역 정책에 대해, 백신 정책에 대해 자신의 의견을 갖게 되기도 하는 것처럼 말이다. 일반 시민들의 경험과 의견이 뉴스 미디어에 취재나 제보 등 방식으로 전달되기도 한다. 그리고 미디어는 시민들에게 위험 사건과 쟁점들에 대해 전달한다. 사실 시민들이 경험하는 위험은 직접 경험한 위험이라기보다는 대개 미디어에 의해 재현된 위험인 경우가 많다.

그림 13에서 우리가 볼 수 있듯이, 위험이 발생하면 많은 주체들이 미디어를 둘러싸고 서로 경쟁하는 일종의 '미디어의 장'이 만들어진다(Murdock et al., 2003). 그 주체들은 몇 가지 목적을 놓고 경쟁한다(Murdock et al., 2003). 첫 번째는 이슈의 가시성visibility이다. 즉 언제, 어떻게, 어떤 위험 정보를 노출시킬 것인지 혹은 숨길 것인지를 결정하는 능력을 놓고 경쟁한다. 예를 들어, 방역 주체는 대개 정보의 가시성을 낮추려 하는 경향이 있지만, 미디어는 그것을 빨리 드러내려고 할 것이다(즉 가시성을 높이려 할 것이다). 두 번째로 정당성legitimacy을 놓고 경쟁한다. 정부 여당과 야당, 시민 단체, 전문가, 그리고 미디어가 서로 다른 입장과 의견을 갖고 있을 때 누구의 주장이 더 신뢰할 만하고, 더 권위 있는지를 놓고 경쟁한다. 세 번째는 우위성precedence을 놓고 경쟁한다. 즉 위험과 관련한 상황, 의제, 논쟁의 구도, 흔히 말하는 프레임 규정의 위치를 누가 선점할지를 놓고 경쟁하는 것이다. 마지막으로는 신뢰trust를 놓고 경쟁한다. 즉 공중의 신뢰와 지지를 누가 가져갈 것인지를 놓고 위험 상황에 참여하는 각 주체들이 경쟁한다. 위험 상황에 개입하는 다양한 주체들이 이슈

의 가시성, 정당성, 우위성, 신뢰 등을 놓고 경쟁하면서 어느 세력이 미디어의 장을 장악하는지, 그리고 참여 주체들이 서로 어떻게 협력하고 어떻게 대립하는지 등에 따라서 한 사회가 위험을 이해하고 그에 대해 반응하는 방식이 달라진다고 할 수 있다. 이런 상황 속에서 뉴스 미디어는 여러 가지 다양한 유형의 역할을 수행할 수 있다. 이를 몇 가지로 나눠서 살펴보자.

위험 상황에서의 뉴스 미디어 역할

위험이 발생한 후의 상황 속에서 뉴스 미디어가 어떤 역할을 담당해야 하느냐에 대해서는 다양한 관점이 존재한다. 그것들을 여기서 고속 도로 모델, 광장 모델, 광부 모델, 해결책 저널리즘 모델 등으로 이름을 붙이고 각각에 대해서 살펴보겠다.

첫 번째는 고속 도로 모델이다. 이 모델에 따르면 뉴스 미디어는 사실을 이동시키고 전송시키는 고속 도로 역할만 하면 된다(Carey, 1988). 즉 위험 상황에서 뉴스 미디어의 역할은 위험 관리 당국의 메시지를 공중에게 잘 전달해 주는 것이다. 고속 도로 모델 관점에서는 미디어가 위험 관리 당국의 충실한 목소리 역할을 하는 것이 중요하다.

두 번째, 광장 모델은 위험 상황에서 다양한 의견, 입장, 이해관계를 갖고 있는 주체들이 함께 모여 위험 문제에 대한 토론과 숙의를 하는 공론장(Habermas, 1989)을 제공하는 것이 미디어의 역할이라고 본다. 뉴스 미디어 자체가 사회적 논의를 위한 광장이 되어야 한다는 것이다. 광장 모델 안에서도 미디어 역할에 대해 크게 두 가지 다른 인식이 있을 수 있다. 첫 번째는 뉴스 미디어가 중립을 지키면서 논의의 장만 제공해 주는 일종의 공정한 심판 역할을 해야 한다는 '중립적 심판' 입장이다. 두 번째는 뉴스 미디어가 공론장을 제공하면서도 동시에 스스로도 자신의 의견을 갖는 적극적 논의 주체이자 공론장의 플레이어로 참여해야 한다는 '선수로서의 심판' 입장이다. 뉴스 미디어가 심판과 선수 역할을 동시에 담당해야 한다는 것이다. 뉴스 미디어가 '선수로서의 심판' 입장을 따른다는 것은 객관성과 중립성을 겉으로만 내세우면서, 어떤 때는 은근히, 또 어떤 때는 노골적으로, 정파성을 보이는 경우와는 사뭇 다른 것이다. 선수이면서 심판인 뉴스 미디어는 공중에게 처음부터 자신이 어떤 정파적 입장을 갖고 있는지 밝히면서 위험 문제에 대한 사회적 의미와 해결을 위한 프레임을 구축해 전달해야 한다. 그 과정에서 논의의 다른 주체들도 자신의 의견을 자유롭게 제시할 수 있는 공론장의 공정한 제공자 역할도 동시에 감당해야 한다.

세 번째, 광부 모델은 뉴스 미디어가 이미 알려진 위험에 수동적으로 반응하기만 하는 것이 아니라 숨겨진 위험 현실의 발굴자 역할을 해야 한다는 것이다(De Burgh, 2008). 마치 광석을 캐내는 광부들처럼 뉴스 미디어는 위험 이슈를 캐내는 위험 이슈의 광부들이 되어야 한다는 것이다. 그럼으로써 사회 내 다른 주체들이 그 사회 안에서 이미 드러난 위험뿐 아니라 잠재적 위험에 대한 논의까지도 할 수 있는 기회를 제공해야 한다.

네 번째는 해결책 저널리즘의 관점이다(McIntyre, 2019; Wenzel et al., 2018). 이 관점에 따르면 뉴스 미디어는 문제를 지적하는 것에만 집중하는 것이 아니라, 문제의 해결에도 집중해야 한다. 문제 해결의 관찰자에 머물러서도 안 되고, 문제 해결의 주체 중 하나가 되어야 한다. 그런 역할을 수행하려면 뉴스 미디어는 자기가 속한 공동체의 문제 해결 역량, 회복력, 커뮤니케이션 하부 구조 등을 잘 파악할 수 있어야 한다. 그리고 스스로가 공동체의 문제와 해결책에 대한 이야기하기에 적극 참여하는 커뮤니티 스토리텔러로서의 역할을 감당해야 한다. 스스로가 문제 해결의 이야기 주체가 되는 것, 그것이 해결책 저널리즘 관점에서 주목해야 하는 점이다.

이처럼 뉴스 미디어는 위험 상황에 대해 여러 다른 관점으로 접근할 수 있다. 뉴스 미디어가 고속 도로, 광장, 광부, 문제 해결자의 관점 중 어떤 것을 택하는지를 살펴보는 것이 중요한 이유는 어떤 관점을 취하는지에 따라서 뉴스 미디어가 어떤 유형의 위험 뉴스를 생산하고 보도하는지가 달라질 수 있기 때문이다. 이제는 위험 뉴스의 내용에 대해서 살펴보자.

뉴스 미디어가 생산하는 위험 뉴스

우리 주변에 있는 위험 요소들이 모두 위험 보도의 대상이 되는 것은 아니다. 그렇다면 그들 중 어떤 것이 위험 보도의 대상이 될까? 코로나19, 미세먼지, 지진 사태와 같이 언론 보도의 단골 대상이 되는 위험이 있다. 그러나 생명을 위협할 만큼 충분히 위험하지만 미디어가 위험 뉴스로 보도하지 않는 것들도 있다. 암벽 등반이나 번지 점프 같은 것이 그 예가 될 것이다. 혹은 충분히 위험했지만 실제로는 위험이 발생하지 않은 것도 위험 보도의 대상에서 제외될 것이다. 가령 화재가 발생했더라도 사상자가 없었다면 대개 위험 보도의 대상이 되지 않거나 잠깐 언급하는 뉴스로만 취급될 것이다.

뉴스 미디어가 특정 위험 요소를 보도 가치가 있는 것으로 파악했다 하더라도 그것을 어떻게 보도할지가 항상 일정한 것은 아니다. 언론사가 위험 뉴스를 다루는 방식에는 다양한 요인이 작동한다. 언론사의 성향, 기자의 자질, 언론사와 기자가 취재원과 맺는 관계 유형, 광고주의 압력 등이 영향을 미칠 것이다(Shoemaker & Reese, 1991). 그러나 무엇보다, 앞에서 살펴본, 뉴스 미디어가 위험에 대해 갖는 관점(고속 도로, 광장, 광부,

문제 해결자)에 따라 달라질 것이다.

위험에 대한 뉴스를 크게 구분하자면, 무엇이 발생했나를 전달하는 뉴스, 왜 그런 일이 발생했나를 전하는 뉴스, 그리고 어떻게 문제를 해결할 것인지를 다루는 뉴스로 나눌 수 있을 것이다(Wills, 1997; Singer & Endreny, 1998). 첫 번째로 무엇이 발생했는가, 즉 단순 사실이나 정보를 전달하는 보도는 고속 도로 모델과 광부 모델에서 강조하는 보도라 할 수 있다. 두 번째 '왜'의 문제에 집중하는 보도는 광장 모델에서 강조하는 보도일 것이다. 뉴스 미디어는 스스로 '왜'라는 질문을 던지면서, 동시에 다양한 사회 주체들이 위험 사건의 다양한 쟁점들, 의견들, 원인, 예방, 후속 조치, 윤리 문제 등에 대한 견해들이 교환되는 공론장을 제공하려 할 것이다. 세 번째로 '어떻게'에 집중하는 보도는 해결책 저널리즘 모델에서 강조하는 보도라 할 수 있다. 이 모델에서는 위험을 어떻게 예방하고 어떻게 그 문제를 해결할 것인가에 집중하기 때문이다.

위험 뉴스와 편견

뉴스 미디어가 위험 이슈에 대해 어떤 접근 방식(고속 도로, 광장, 광부, 해결자)을 취하든지, 그리고 어떤 점(무엇, 왜, 어떻게)을 강조하는 뉴스 보도를 하든지 상관없이 위험에 대한 뉴스 보도의 과정에는 일정한 패턴의 편견이 작동한다(Singer & Endreny, 1998). 위험에 대한 뉴스 미디어의 편견은 현대 사회 속에서 뉴스 미디어 조직이 다른 주체들(광고주, 정부, 경쟁 미디어, 수용자 등)과 맺는 관계 속에서 만들어지는 것이다. 뉴스 미디어는 주로 어떤 편견을 갖고 있을까? 가령 미디어는 심각하고 추상적이고 이론적인 것보다는 스토리가 들어 있는 사건들을 좋아하고, 또 인물을 중심으로 하는 휴먼 스토리를 좋아한다. 또한 전통적인 뉴스 가치를 따라 사건의 중요성(즉 보도 가능성)을 파악하지만, 아무리 중대한 것이라도 작년에 발생한 것보다는 막 발생한 시의성 높은 것을 다룰 가능성이 높다. 그리고 멀리서 발생한 것보다는 가까운 곳에서 발생한 것, 지루한 것보다는 흥미로운 것, 특히 방송의 경우는 방송에 내보낼 그림이 있는 사건을 더 선호한다. 이런 것들이 뉴스 미디어가 갖는 보도에 있어서의 편견이다.

뉴스 미디어가 위험 보도를 할 때 드러내는 편견은 뉴스 미디어의 위험 보도에 몇 가지 특징을 만든다(Singer & Endreny, 1998; Slovic, 1986; Wahlberg & Sjoberg, 2000). 첫째, 위험 사건이 기사화될 가능성과 위험 자체의 확률적 발생 가능성 사이에는 필연적 관련이 없는 경우가 많다. 가령 사람이 평생 살면서 비행기 충돌 사고로 죽을 확률과 심장병으로 죽을 확률 중 어느 것이 더 높을까? 확률적으로는 후자가 훨씬 더 높을 것이다. 그런데도 뉴스 미디어는 비행기 사고를 훨씬 더 자주, 더 비중 있게 보도하는 경향을 보인다.

둘째, 뉴스 미디어는 사망자가 있는 사건을 그렇지 않은 사건보다 더 길고, 더 눈에 띄는 위치에 배치해서 보도하는 경향이 있다. 뉴스 미디어는 같은 비중의 재난이라 할지라도 거기에 사망자가 있다면 훨씬 더 비중 있게 다룬다. 사망자가 발생한 사건 중에서도 복수의 사망자가 발생하는 등 사망 발생의 극적 요소가 있는 사건들이 기사화될 가능성이 더 높다.

셋째, 막 발생한 시의성 높은 사건에 대한 기사가 그렇지 않은 것보다 더 길고, 더 눈에 띄는 위치에 배치될 가능성이 크다. 뉴스를 하나의 장르로 본다면 다른 장르들(학술 논문, 다큐멘터리, 소설 등)과 비교했을 때 뉴스 보도가 갖는 가장 중요한 차이점은, 뉴스는 시의성 있는 것을 중요하게 여긴다는 점일 것이다. 아무리 흥미롭고, 중요한 내용이라 할지라도 뉴스 미디어는 어제 발생한 일보다는 오늘 발생한 일에 주목하게 마련이다. 같은 이유로 뉴스 미디어는 궁극적으로는 사회에 미칠 영향력이 더 클 수 있는 장기적이고 점진적으로 발생하는 위험보다는 막 발생한 위험을 더 비중 있게 다루는 경향이 있다.

넷째, 위험 이슈가 뉴스화되는 데는 근접성이 영향을 미치곤 한다. 똑같은 사건이라 할지라도 뉴스 미디어 조직 자체가 있는 곳에서 가까운 곳에서 발생한 것일수록 비중 있게 보도될 가능성이 크다. 가령 비슷한 규모의 재난이라 할지라도 뉴스 미디어는 외국보다는 국내에서 발생한 것을 더 비중 있게 다룰 것이다. 외국에서 발생한 것이라도 자신이 속한 국가에서 가까운 나라에서 발생한 것을 더 비중 있게 다룰 것이다. 여기에는 지리적 근접성도 영향을 주겠지만, 정치, 외교, 군사적으로 얼마나 가까운지, 경제 교역 관계에 있어서 얼마나 가까운지 등도 영향을 미칠 것이다. 국내에서 발생한 사건들 사이에서도 근접성이 영향을 미친다. 전국을 대상으로 하는 뉴스 미디어라 할지라도 뉴스 미디어 조직이 있는 도시에서 발생한 위험 문제를 국내 다른 도시에서 발생한 위험 문제보다 더 비중 있게 다룰 것이다.

다섯째, 비행기 사고가 심장병 사고보다 보도될 가능성이 더 크다고 앞에서 말한 것을 통해서도 알 수 있듯이, 뉴스 미디어는 질병에 관한 기사보다는 사건 기사를 더 선호한다. 사실 사람들이 죽는 대부분의 이유는 사고보다는 질병이다. 그런데도 우리가 미디어에서 접하는 대부분의 사망 기사는 사고로 인한 사망에 대한 것이다. 그래서 가령 한 해에 당뇨병으로 사망하는 사람들이 교통사고로 사망하는 사람들보다 훨씬 많음에도 우리는 교통사고 기사를 훨씬 더 많이 보게 되는 것이다. 질병에 관한 기사 중에서도 새로 발견된 질병이거나, 원인이 아직 밝혀지지 않은 질병일 경우, 혹은 새로운 치료법이나 예방법이 막 발견된 질병일 경우에는 기사화될 가능성이 높다. 코로나19 이전에도 계절 독감으로 죽는 사람들이 매년 1,000명이 넘었다. 하지만 우리는 그에 대한 기사를 본 적이 거의 없다. 독감 바이러스도 앞에 신종이 붙어 있는 상황이 되어야지만 관련 기사를 보게 될 것이다.

뉴스 미디어가 위험 보도에서 드러내는 편견들의 요인은 무엇일까에 대해서도 생각해 보자. 무엇보다 우선 관행처럼 굳어진 뉴스 가치에 대한 관념, 즉 어떤 뉴스가 더 보도될 가치가 큰가에 대해서 뉴스 미디어가 습관적 관행으로 굳혀 온 것이 위험 보도에서의 편견에 영향을 줄 것이다(Shoemaker & Reese, 1991). 뉴스 미디어의 정파적 성격, 소유 방식(가령 공영인지 민영인지), 언론사의 규모와 역사 등도 영향을 줄 것이다. 그와 더불어 뉴스 보도를 하는 기자의 성향, 자질, 경험 등도 영향을 미칠 것이다. 이처럼 뉴스 미디어의 위험 보도가 보이는 편견에는 조직적 차원의 요인과 개인적 차원의 요인이 모두 영향을 주는 것이다(Wills, 1997; Shoemaker & Reese, 1991; Singer & Endreny, 1998). 이 두 차원의 문제를 조금 더 살펴보도록 하자.

먼저 조직 차원의 요인에 대해 생각해 보자. 뉴스 미디어 조직은 조직마다 나름의 문화, 관례, 관습, 사회화 과정, 기사 작업 패턴 등을 갖고 있다(Tuchman, 1978). 뉴스 미디어가 갖는 이런 조직 특성이 위험 보도의 내용에 지속적으로 영향을 준다. 또한 뉴스 미디어 조직이 경제적 이윤 추구의 목적을 강조하느냐 그렇지 않느냐 하는 것도 위험 보도 내용에 영향을 줄 것이다. 언론사가 어떤 정파성과 이데올로기를 갖고 있는지, 즉 진보 성향인지, 보수 성향인지 등도 위험 보도에 영향을 미칠 것이다. 뿐만 아니라 언론사가 위험 보도를 할 수 있는 전문 인력을 얼마나 확보하고 있는지도 위험 보도의 내용에 영향을 미칠 것이다. 가령 최근 언론사들이 특정 분야별로 전문 기자를 보유하는 경우가 있는데, 이런 인력 등을 통해 특정 위험 이슈를 다룰 전문성을 얼마나 확보하고 있는지가 위험 보도의 내용과 질에 영향을 미칠 수 있다. 최근 한 연구는 언론사

안에 의학 전문 기자가 있느냐 없느냐가 그 언론사가 보도하는 암 유발 원인 및 대처 방안에 대한 내용이 개인의 책임에 초점을 맞추는지, 아니면 사회 전체 책임 문제에 초점을 두는지에 차이를 만든다는 것을 밝혔다(Kim et al., 2017). 의학 전문 기자가 있는 언론사의 경우에는 암 발병 원인과 예방/치료 방법 문제에서 개인적 책임 문제뿐 아니라 사회적 책임의 문제도 비슷한 비중으로 다루는 반면, 의학 전문 기자가 없는 언론사들은 상대적으로 개인적 책임에 초점을 두는 기사가 많았다.

두 번째는 개인적 차원의 문제다(Shoemaker & Reese, 1991; Singer & Endreny, 1998; Wills, 1997). 위험 문제를 다루는 기사의 내용에는 그 기사를 쓰는 사람이 누구냐도 영향을 미칠 수 있다. 기자들은 자신이 위험 상황에 대해 최대한 객관적으로 파악하고 있다는 인상을 독자들에게 주고 싶어한다. 또 자신이 정의의 편에 서 있다라는 인상을 전하고 싶어 하기도 한다. 기사를 쓰는 기자의 그런 생각이 자기도 모르는 사이에 기사의 내용과 방향에 영향을 줄 수 있다. 기자들이 어떤 뉴스원을 갖고 있는지, 그들과 어떤 관계를 맺고 있는지 등도 기사의 내용에 영향을 준다. 기자들은 기자로서의 독립성을 유지하고자 하는 것과 조직 내에서 인정받고 싶어하는 욕구를 동시에 갖기 마련인데, 그것도 기사의 내용에 영향을 줄 수 있다. 위험 이슈에 대해 기사를 쓰는 사람이 기자로서 갖는 저널리즘 전문성과 특정 위험 이슈를 다루기 위해 필요한 분야별 전문성 사이의 간극이 얼마나 되는지가 기사 내용에 각각 영향을 미칠 수 있다. 그 간극을 메우기 위해서 앞에서 언급한 것과 같이 전문 기자 제도가 한국 언론에 도입되었다. 더불어 기자 개인이 갖는 이념, 세계관, 종교, 자신의 특별한 경험 때문에 만들어진 특정 이슈에 대한 태도(가령 흡연자 혹은 비흡연자로서 금연에 대한 태도) 등도 기사의 내용에 영향을 줄 수 있다. 더불어 기자가 써야 하는 기사의 양, 기사 작성 빈도 등 업무 강도도 기사의 내용과 질에 영향을 미칠 것이다. 마지막으로 기자들은 늘 마감 시간과 싸우는 사람들이다. 마감 시간과 같은 시간 압박의 패턴도 기사의 내용에 영향을 줄 수 있다.

뉴스 미디어의 위험 보도는 뉴스 미디어의 조직 관련 요인, 그리고 그 안에서 활동하는 기자들과 관련한 요인과 더불어 뉴스 미디어가 사회 환경 내의 다른 주체들과 어떤 방식의 역동적 관계를 맺고 서로 영향을 주고받는지를 통해서도 영향을 받는다는 점을 잊지 말아야 한다. 뉴스 미디어 조직과 그 안에서 일하는 개인들이 모두 사회적 진공 상태에 있는 것이 아니기 때문이다. 한 사회가 갖는 특정 위험에 대한 문화적 신념, 통념, 일반적 정서 등을 뉴스 미디어 조직과 개인도 공유할 수밖에 없다. 그들도 사회의 일부이기 때문이다. 물론 이상적인 뉴스 미디어와 기자들은 그것들로부터 최대한 거리 두기를 하려고 하겠지만, 거기에는 늘 한계가 있을 수밖에 없다. 뉴스 미디어 조직 외부의 정치적 지형도 뉴스 미디어 조직과 기자들, 그들의 보도 행위에 중요한 영향을 미칠 것이다. 가령 뉴스 미디어 조직과 비슷한 정치 성향의 정치 집단이 집권을 하느냐, 아니냐가 위험 보도 과정에서 어떤 편견이 어떻게 작동할지에 영향을 미칠 수 있다.

위험 보도의 수용

위험 보도의 문제를 이해하기 위해서는 뉴스 미디어의 위험 보도 생산 측면과 더불어 위험 보도가 독자, 청취자, 시청자에게 어떻게 수용되는지에 대한 것도 함께 살펴봐야 한다. 미디어 수용자인 일반 공중은 위험 상황이 발생하면 그림 14에 열거된 것들과 같은 행동을 취하기 마련이

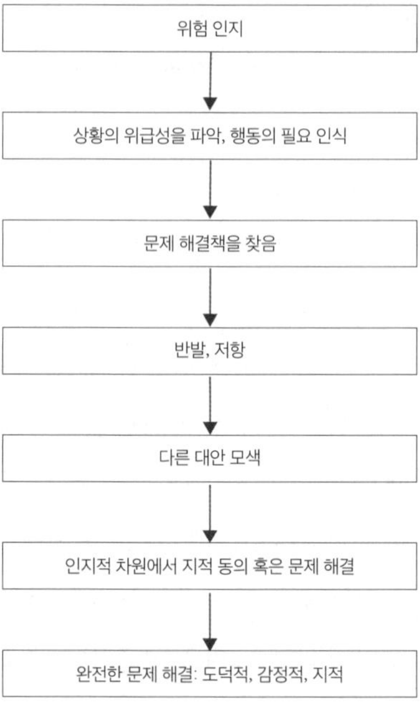

그림 14 위험 보도 수용의 과정.

다(Wills, 1997). 위험이 발생했다는 것을 인지하면 대부분의 사람들은 상황의 위급성을 확인한 뒤 그 문제에 대한 해결 과정에 참여하려 할 것이다. 물론 모든 사람이 그렇게 하는 것은 아니다. 사실 어떤 사람들은 위험 상황에 놓이면 그냥 위험 상황 자체를 잊고 거기서 도피하려는 모습을 보이기도 한다. 위험이 주는 스트레스 때문이다. 같은 이유로 위험 현실을 왜곡된 방식으로 재해석하려 노력하기도 한다. 그러나 위험 문제를 적극적으로 해결하려는 사람들은 위험 문제에 대해 인지한 이후에 상황의 위급성을 확인하고, 문제 해결을 위해 직접 행동이 필요한지 결정한다. 행동이 필요하다고 판단하면 적극적으로 문제 해결책을 찾으려 할 것이다. 그 과정에서 다른 주체들의 문제 해결 인식과 해결 방식에 반발하고 저항하기도 하고, 또 대안을 제시하기도 한다. 그러면서 생각이 다른 주체들과 합의와 동의를 이뤄나가려 할 수도 있다. 이런 과정이 순조롭게 진행된다면 도덕적, 정서적, 지적으로 수긍할 수 있는 문제 해결을 경험하게 될 것이다.

위에서 언급한 과정에서 뉴스 미디어의 위험 보도는 어떤 역할을 하게 될까? 앞에서 우리는 뉴스 미디어가 위험 보도에 접근하는 방식에는 여러 유형(고속 도로, 광장, 광부, 해결자)이 있다는 것에 대해 살펴보았다. 그 유형에 대한 논의를 여기에 다시 가져온다면 단계마다 다른 유형의 뉴스 미디어 보도가 중요하다는 것을 알 수 있다. 가령 앞부분에서는 고속 도로 관점과 광부 관점의 뉴스 미디어가 중요하다. 이 단계에서는 무엇보다 사람들에게 무슨 일이 벌어졌는지에 대한 사실 전달이 필요하기 때문이다. 중간 단계에서는 광장 관점의 뉴스 미디어가 중요하다. 무슨 일이 벌어진 것인지, 왜 벌어진 것인지, 어떻게 해결할 것인지 등에 대해 여러 의견들이 서로 충돌하고, 논의하고, 합의점을 찾는 공론장을 뉴스 미디어가 제공해 줄 수 있어야 하기 때문이다. 그리고 중간 단계 이후부터 문제 해결에 대한 논의와 실행 과정의 단계에서는 해결책 저널리즘 관점의 뉴스 미디어가 중요한 역할을 할 수 있다.

위험 보도 내용의 수용자 효과

미디어 내용의 효과를 설명하는 이론들은 뉴스 미디어의 위험 보도가 수용자에게 미치는 다양한 효과들에 대해 이야기해 왔다. 그것 중에서 대표적인 것 몇 가지만 살펴보도록 하자.

미디어체계의존이론media system dependency theory에 따르면 개인과 집단이 위험 상황에 처하게 되면 평상시보다 사회 환경의 불확실성을 더 인지하게 되고, 그런 불확실성 인지의 증가는 뉴스 미디어에 대한 의존도의 증가로 이어지게 된다(Ball-Rokeach, 1985; Kim, 2020). 위험 상황에 처하게 되면 평소 뉴스를 보지 않던 사람들도 뉴스를 찾아보는 방식으로 뉴스에 대한 의존도를 높일 것이고, 정부같이 위험 관리 주체들도 정보를 얻거나 전하기 위해서 미디어에 대한 의존도를 높일 것이다. 그렇게 높아진 개인들과 집단의 미디어 의존 때문에 위험 상황에서 미디어의 힘(권력)은 평상시보다 더 커지게 된다. 위험 상황에서 높아진 미디어 의존은 미디어가 개인과 공동체의 인지(위험에 대한 정보, 지식, 태도, 의견, 가치관 등), 정서, 행동에 미치는 영향력의 크기를 높인다.

배양이론에 따르면 매스 미디어(특히 TV)는 사람들로 하여금 자기들이 사는 곳을 더 위험한 곳이라 인식하게 만드는 경향이 있다(Gerbner & Gross, 1976; Gerbner et al., 1977). 그렇기에 매스 미디어가 만드는 상징적 환경에 깊이 들어가 있는 사람들은 그렇지 않은 사람들보다 세상을 더 부정적으로, 위험하게 인식할 것이다. 세상에 대한 위험 인식은 사람들의 행동에 영향을 미치게 된다. 가령 낯선 사람들을 필요 이상으로 의심하고 꺼리게 된다. 그래서 TV 세계에 깊이 들어가 있는 사람들은 이미 알고 있는 사람들과의 관계에만 집착하고, 낯선 타자들과 어울리는 것을 포기하게 될 것이다. 이런 과정에서 인종, 국적, 계층, 지역, 문화, 정체성 등의 측면에서 소수 집단에 속하는 사람들은 이른바 주류 사회로부터 더욱더 배제되는 결과가 만들어지게 된다. 이런 사회적 분리 때문에 사회는 더욱더 위험한 곳으로 변해 갈 것이다. TV와 같은 미디어에 의해 일종의 악순환 구조가 만들어지는 것이다.

위험의 사회적 증폭 모델social amplification of risk을 구축한 사람들은 매스 미디어의 위험 보도가 위험에 대한 사람들의 반응을 증폭하여 만드는 잔물결 효과, 즉 사회/경제/정치적으로 위험이 초래하는 연쇄 효과에 대해 설명한다(Kasperson et al., 1988; Pidgeon et al., 2003). 호숫가에 돌을 던지면 잔물결이 일면서 퍼져나가는 것처럼 미디어가 전하는 위험 보도가 종종 예상치 않은 2차, 3차, n차의 잔물결 효과를 만들어 내게 된다는 것이다. 가령 2008년 〈PD수첩〉의 광우병 보도는 보도 내용 자체만 보면 보건 위기에 대한 보도에 그치는 것이었을지 모르지만, 그것이 잔물결 효과를 만들어 결국 이명박 정권 자체를 임기 내내 흔드는 정치적 이슈로 번져나갔고, 소고기 소비에 영향을 미치는 경제적 문제를 초래하기도 했고, 미국과의 통상 외교 문제로까지 번져나갔다.

제3자 효과 가설third person effect hypothesis은 사람들이 미디어 내용 자체가 갖는 위험성에 대해 걱정한다는 것에서부터 이야기를 시작한다(Davison, 1983; Perloff, 1999). 종종 미디어 내용 그 자체가 위험의 원인이 되기도 하기 때문이다. 가령 미디어는 사람들에게 잘못된 정보를 주기도 하고, 편향적 내용을 전달하기도 하고, 잘못된 인식과 태도를 만들기도 하고, 바람직하지 못한 행동을 유발하기도 한다. 제3자 효과에 따르면 미디어의 위험성에 대해 사람들이 걱정할 때 일종의 낙관적 편견이 작동한다. 즉 미디어의 위험성은 대개 자신이 아닌 다른 사람들에게 미치는 것이라고 사람들이 생각하는 경향이 있다는 것이다. 그런 낙관적 편견은 종종 사람들로 하여금 위험 현실 속에서 자신의 취약성에 대해 제대로 인식하지 못하게 하고, 스스로에 대해서 과신하게 만들고, 그럼으로써 위험 문제에 대해 효과적으로 대처하지 못하게 만들 수 있다.

사회인지이론social cognitive theory은 매스 미디어가 위험 예방과 위험 대처를 위해 필요한 자기효능감self-efficacy을 높이는 메시지를 전달할 수 있다고 설명한다(Bandura, 1994). 사람들은 대개 위험을 직접 경험하기 전에는 대개 그것을 간접적으로만 접하게 된다. 위험의 간접 경험 과정에서 중요한 역할을 하는 것이 미디어다. 사람들은 미디어를 통해서 위험이 어떤 것인지, 어떤 피해를 입는지, 어떻게 대처해야 하는지 등을 간접적으로 경험한다. 그 과정에서 미디어를 통해 학습할 수 있는 중요한 점은 자기 스스로가 위험 상황에 처했을 때 위험을 예방하거나 그에 대처하는 행동을 할 수 있다는 자기효능감이다. 미디어를 통해 그런 것들을 간접적으로 학습하는 경우, 실제 위험에 처했을 때 효과적으로 행동할 수 있다. 자기효능감은 행동을 이끄는 강력한 요인이 되기 때문이다. 그런데 반대로 미디어를 통해 사람들은 위험을 촉진하는 행동(가령 흡연, 음주 등)에 대해서도 자기효능감을 학습할 수 있다. 즉 미디어를 통한 간접학습은 미디어 내용에 따라서 긍정적 결과와 부정적 결과 모두를 가져올 수 있다.

의제설정이론agenda setting theory은 뉴스 미디어의 보도를 통해서 매일 발생하는 위험 이슈 중에 어떤 것에 대해 관심을 갖고, 생각하고 이야기할지를 배운다는 점을 강조한다(McCombs & Shaw, 1972). 가령 앞에서 언급했던 것처럼 뉴스 미디어가 질병 관련 이슈보다 사건 사고 관련 이슈를 중요한 의제로 보도하는 경향이 있기 때문에, 사람들은 사건 사고 이슈가 더 중요한 것이라 받아들일 수 있다. 프레이밍이론framing theory은 하나의 위험 관련 사안이 갖는 여러 하부 속성 중에서 미디어가 어떤 것을 선택해서 제시하느냐에 따라 사람들이 그 위험 이슈에 대해 어떻게 생각하고 이야기할지가 달라질 수 있다는 점에 주목한다(Scheufele, 1999). 즉 위험 이슈에 대한 뉴스 미디어의 프레이밍 작업은 사람들이 그 특정 위험 이슈의 어떤 측면에 초점을 두고 생각하고 말할지 어떤 것에는 초점을 두지 않을지에 영향을 미칠 수 있다. 가령 지진 재난 이슈에 대해서도 그에 대한 보도를 재난 그 자체에 초점을 둘 수도 있고, 정부의 복구 노력에 둘 수도 있고, 복구 과정에서의 휴먼 스토리에 초점을 둘 수도 있고, 지진에 대비하는 체계가 사회 전반적으로 어떤 상태에 있는지에 초점을 둘 수도 있을 것이다. 어디에 초점을 둘 것인지를 결정하는 것이 프레이밍이라 할 수 있다. 하나의 위험 사안이 어떻게 프레이밍 되는지에 따라 사람들이 그 사안에 대해 인식하고, 이해하고, 행동하는 데 영향을 미칠 수 있는지 살펴보는 것이 프레이밍 연구의 주요 주제다.

마지막으로 지식 격차 가설knowledge gap hypothesis을 통해서도 위험 이슈의 수용 문제를 논할 수 있다. 지식 격차 가설은 한 공동체 안에 새로운 지식 유입이 늘어나면 늘어날수록 공동체 내 구성원들 사이의 지식 격차는 오히려 커진다는 점에 주목한다(Donohue et al., 1973). 그리고 그러한 격차를 만드는 요인을 규명하는 것이 이 이론의 중요한 목표 중 하나다. 지식 격차 가설을 위험 관련 지식과 정보 수용 과정에 적용하면, 매스 미디어가 위험 자체와 대처 방안에 대한 지식 등을 한 공동체 내 구성원들에게 많이 전달하면 전달할수록 그런 지식에 대한 공중 사이의 지식 격차는 더 벌어지게 된다고 할 수 있다. 결국 그런 지식 격차 때문에 어떤 사람들(가령 교육 정도가 높은 사람들)은 다른 사람들(가령 교육 정도가 낮은 사람들)보다 위험에 대한 예방 및 대처에 훨씬 더 효율적으로 임할 수 있게 된다. 이런 것은 결국 지식의 격차를 넘어서서 위험으로 인한 부정적 결과가 확산되는 과정에서의 불평등으로까지 이어진다.

지금까지 살펴본 이론들이 이야기하는 것을 종합해 보자. 위험 상황에서 사람들이 보이는 위험에 대한 이해는 사람들이 위험에 대해 갖는 상황적 지식situated knowledge, 매개된 지식mediated, 네트워크화된 지식networked knowledge이 서로 타협적으로 상호 작용한 것의 산물이라 할 수 있다. 상황적 지식은 개인이 직접 위험을 경험하면서 얻은 지식이다. 매개된 지식은 주로 미디어를 통해 얻은 간접적 지식이다. 네트워크화된 지식은 대면 혹은 소셜 미디어 등 다양한 디지털 미디어를 통해 다른 사람들로부터 얻은 위험에 대한 지식을 말한다. 사람들은 미디어로부터 위험 상황에 대해 일방적이면서도 수동적으로 배우는 것이 아니라, 이

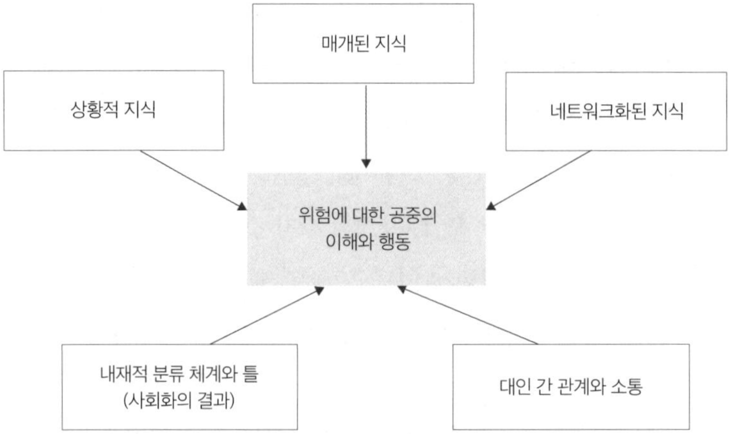

그림 15　미디어 수용자의 위험에 대한 이해와 행동을 구성하는 요인.

렇게 다른 지식들과의 관계 속에서 타협적으로 미디어 내용을 수용하고 위험 상항에 대한 이해를 한다. 그리고 그런 과정에는 개인이 어렸을 때부터 사회화를 통해 학습한 세상을 분류하는 체계, 즉 세계관과 이념 역시 영향을 미칠 것이다. 더불어 개인들은 주변 사람들(이른바 여론 지도자들을 포함하는 주변 사람들)과 갖는 대인 커뮤니케이션을 통해 미디어의 내용과 해석을 거르고 다시 재해석한다. 그런 제반의 과정을 거친 후 개인들은 위험 이슈에 대한 나름의 이해를 하게 되고, 그런 이해가 반영한 방식의 행동을 하게 된다고 할 수 있다.

바람직한 위험 보도

앞의 논의들을 토대로 해서 이제는 바람직한 위험 보도의 원칙에 대해 생각해 보자. 여기서 우리는 일곱 가지 정도의 원칙을 제시해 볼 수 있다.

첫 번째, 위험 상황에서 뉴스 미디어는 문제를 단순화시키지 말고 문제의 복잡성을 솔직하게 전달하려 노력해야 한다. 각각의 위험 사건은 그 자체의 고유한 성격을 갖고 있다. 어떤 위험이 새로 발생했을 때 그것을 일반적인 공식에 맞춰서 기사화하기보다, 그 위험 자체가 갖는 고유한 성격을 이해하고 드러내는 것이 필요하다. 태풍은 늘 같은 태풍같이, 또 지진은 늘 같은 지진처럼 보도하기보다는 각각의 재난이 갖는 고유성을 부각시켜야 한다는 것이다. 그리고 특정 재난의 원인과 해결책을 지나치게 단순화시켜서 하나의 일반적 원인과 하나의 일반적 해결책으로 연결시키기보다는, 실제로는 원인 규명이 매우 복잡한 과정을 거치는 것이며, 복잡한 과정 후에도 원인에 대한 결론 도출은 쉬운 것이 아니며, 그런 이유 때문에 해결책에 대한 논의도 매우 복잡할 수밖에 없음을 위험 보도를 통해서 사람들에게 전달할 수 있어야 한다. 위험 이슈를 지나치게 단순화시켜 보도하면 그 이슈에 대한 불필요한 오해와 갈등을 조성할 수 있다.

두 번째, 위험 상황이 발생하면 대개 위험 문제를 둘러싸고 서로 충돌하는 의견과 가치관이 있게 마련이다. 종종 그런 갈등은 위험 전문가 사이에서도 나타난다. 위험 보도는 그렇게 충돌하는 가치관과 의견 중에서 어느 한쪽 손을 들어주는 것에 매우 신중해야 한다. 가급적 갈등하는 가치, 해석, 의견이 무엇인지를 사람들이 이해할 수 있게 잘 설명해 주고 미디어 수용자가 스스로 자신의 입장을 정하도록 하는 기사가 좋은 기사다.

세 번째, 좋은 위험 보도는 그 보도를 통해서 특정 위험 이슈에 대해 우리 사회가 함께 취할 행동이 무엇인지 규명할 공동의 장common ground을 제공해 주는 것이어야 한다. 앞에서 말한 것처럼, 뉴스 미디어는 우선 서로 대립하는 가치, 의견, 해석이 무엇인지에 대해 보도해야 하지만 거기서 그쳐서는 안 된다. 그렇게 대립하는 가치, 의견, 해석 등을 서로 논의할 수 있는 공론장을 제공해 줄 수 있어야 한다(앞에서 말한 광장 모델을 떠올려 보라). 위험 문제에 대해 진지하면서도 민주적인 논의가 계속 되고 있는지, 그리고 공동체가 합의할 수 있는 최소한의 공통분모가 만들어지고 있는지를 모니터링하고 그 결과를 사람들에게 전달하는 것도 필요하다.

네 번째, 바람직한 위험 보도는 늘 복수의 믿을 수 있는 정보원을 활용하는 것이어야 한다. 이것은 위험 보도뿐 아니라 모든 종류의 기사에 다 적용해야 하는 원칙일 것이다. 앞에서 위험 상황에서는 다양한 가치가 대립한다고 했고, 언론은 그런 가치들이 서로 만나고, 대립하고, 논의하는 장을 마련해야 한다고 했다. 그런 작업을 하는 과정에서 가장 기본적 사항은 각각의 가치를 대변하는 정보원들을 다양하게 다뤄야 한다는 것이다.

다섯 번째, 좋은 위험 기사는 사회가 이미 확실히 알고 있는 것은 무엇이고, 모르는 것은 무엇인지를 잘 구별해 주는 기사라 할 수 있다. 위험 상황의 가장 중요한 특징은 불확실성이다. 위험 상황 중에는 위험의 원인과 진행 방향과 결과에 대해서 상당한 정도의 불확실성이 존재하기 마련이다. 그래서 언론은 물론이고 그 위험 이슈에 대한 전문가조차도 쉽사리 확실한 이야기를 하지 못하는 상황이 자주 있다. 그런 상황에서 좋은 언론 보도는 불확실성의 정도를 솔직하게 알리는 보도다. 위험 상황에서 사람들이 불안해하는 이유는 무엇을 몰라서가 아니라 무엇을 모르는지를 몰라서다. 바람직한 언론 보도가 제공해 줄 수 있는 중요한 정보는 위험 상황 속에서 어떤 부분은 확실히 알고 있고, 어떤 부분은 아직 확실히 모르는지를 구분해서 알려주는 것이다. 더불어 아직 확실히 알지 못하는 것 중에도 어떤 것은 조금 시간이 지나면 알게 될 것과 시간이 지나더라도 알기 쉽지 않은 것들을 구분해서 알려줄 수 있어야 한다.

여섯 번째, 바람직한 위험 보도는 무엇보다 보도를 접하는 수용자에게 연관 있는relevant 내용을 전달하는 것이어야 한다. 즉 위험 보도는 전달자 위주의 보도가 아니라 수용자 위주의 보도가 되어야 한다. 수용자들이 궁금해하고, 필요로 하는 정보를 수용자들이 이해할 수 있고, 위험 상황 속에서 문제 해결 과정에 바로 사용할 수 있는 방식으로 전달해야 한다. 종종 위험 보도가 언론사가 속한 특정 집단 혹은 지역의 관점에서만 만들어져서 위험을 실제 겪고 있는 사람들에게는 연관 없고, 이해할 수 없고, 사용할 수 없는 내용을 전하는 경우가 많다. 이런 식의 위험 보도가 이루어지지 않도록 해야 한다.

일곱 번째, 바람직한 위험 보도인지 아닌지를 결정하는 가장 기본적인 기준은 무엇보다 정확성이다. 위험 보도는 어떤 식의 애매모호함도 포함해서는 안 된다. 위험 보도가 추구하는 것은 분명한 정확성이다. 애매모호한, 부분적 정확성만 품는 위험 보도는 그 자체가 위험 요소가 될 수 있다. 진실truth 없는 정확성accuracy은 무의미하지만 정확성accuracy 없이 진실truth은 존재할 수 없다.

미디어 환경의 이중적 성격

우리는 언제부터인가 우리가 사는 미디어 환경이 급속하게 변하고 있다는 말을 들어 왔다. 1980년대까지 사람들이 살던 미디어 환경은 매스 미디어가 지배했다. 그러나 1990년대 이후부터는 케이블 방송, 인터넷, 소셜 미디어 등이 등장하면서 포스트매스미디어 시대라 부를 수 있는 새로운 미디어 환경이 만들어졌다. 우리가 살아가는 새로운 미디어 환경은 우리를 위험으로부터 지켜 주는가 아니면 그것이 또다른 위험 요소가 되고 있는가? 이제 이런 질문을 던져야 하는 세상이 되었다. 우리가 사는 미디어 환경이 급속히 디지털화되고 있다. 그런데 위험을 통제하기 위한 디지털화 그 자체가 새로운 위험 거리들을 만들어 내고 있다. 미디어 환경의 디지털화는 주체성을 잃은 수동적 시민과 민주주의의 퇴보, 사회관계를 초합리화하면서 지속적이고 의미 있는 관계를 사람들의 삶에서 삭제하는 것, 개인 정보, 감시, 통제의 문제, 일자리 대체 문제, 일자리의 양극화 문제, 개인 간, 계층 간, 지역 간 소득 불평등과 디지털 격차 문제, 삶의 질 양극화 문제, 사회적 양극화의 문제, 허위 조작 정보의 문제 등 어쩌면 더욱더 심각한 위험 거리들을 우리에게 던지고 있다. 앞에서 우리는 미디어가 다양한 차원을 포괄하는 것이라는 점을 살펴보았다. 도구로서의 미디어, 내용으로서의 미디어, 제도와 조직으로서의 미디어, 사람으로서의 미디어, 공간으로서의 미디어 등이 그것이다. 미디어의 다차원적 요소들이 합쳐져서 미디어 환경을 만드는 것이라는 점도 생각해 보았다. 이제 그런 미디어 환경이 급속하게 디지털화되면서 혁명적 변화를 겪고 있다. 이런 변화 상황을 생각하면서 우리는 이런 질문을 던져야 한다. 위험 사회 문제에 적절히 잘 대처하기에 바람직한 디지털 미디어 환경은 어떤 것인가? 우리가 어떤 미디어 환경에서 살 때 다양한 위험에 효과적으로 대처하면서 살아나갈 수 있을까? 9장에서 12장에 걸쳐 우리는 이런 문제에 대해 보다 심층적으로 살펴볼 것이다.

5장

우리는 왜 위험을 과대, 과소평가하는가

본격적으로 위험 인식에 대해 알아보기 전에 우선 몇 가지 퀴즈를 풀어 보자. 첫 번째 퀴즈다. 전 지구적으로 자살률은 지난 40여 년간 어떻게 변해 왔을까? (1) 약 25% 줄어들었다, (2) 똑같이 유지되고 있다, (3) 약 25% 증가했다. 과연 (3) 증가했을까? '정답은 (1) 약 25% '감소'다. 약 90% 이상의 퀴즈 참가자들이 증가를 선택했다고 한다. 두 번째 퀴즈다. 전 세계적으로 안전한 물에 접근할 수 있는 사람들의 수치는 얼마나 될까? (1) 30%, (2) 50%, (3) 70%. 정답은 (3) 70%다. 혹시 그보다 낮은 수치를 생각했다면, 깨끗한 물을 마시지 못하는 아프리카 지역 아이들이 나오는 유니세프 광고를 떠올렸기 때문일 수도 있다. 마지막, 세 번째 퀴즈다. 전 세계 저소득 국가에서 최소 열한 살이 될 때까지 학교에 다니는 여자아이의 비율은 얼마나 될까? (1) 20%, (2) 40%, (3) 60%. 정답은 (3) 60%다. 이보다 낮은 수치를 생각했다면, 이는 거의 50년 가까이 뒤처져 있는 것이다. 놀랍게도, 약 80% 이상의 퀴즈 참가자들이 세 번째인 60%를 선택하지 않았다. 퀴즈는 보건학자 한스 로슬링Hans Rosling이 만든 갭마인더(www.gapminder.org)라는 스웨덴의 비영리 통계 분석 서비스의 다양한 통계 수치에서 가져왔다. 퀴즈의 예시에서 살펴보았듯이, 우리는 위험과 연관된 현상을 종종 과대평가 혹은 과소평가하는 경향이 있음을 알 수 있다. 왜 이러한 경향이 발생할까? 이를 어떻게 설명할 수 있을까?

위험 인식

일반 공중이 위험과 관련된 현상을 주관적, 직관적으로 인식한다는 것이 위험 인식risk perception에서 고려해야 할 핵심 내용이다. 전문가의 과학적, 확률적 판단(예: 사상자 숫자, 재산의 피해 규모)에 기반한 객관적 위험 지각만이 바람직하고, 위험에 대한 주관적 인식은 무지, 착각, 허위로 취급받았던 적도 물론 있었다. 하지만 전문가와 일반 공중의 위험 지각을 이분법적으로 바라봐도 좋을까? 전문가의 반응은 과학적 이해, 양적 분석, 이성에 기반한 반면, 일반 공중의 반응은 비과학적 이해, 질적 분석, 감정에 기반한 반응으로 취급하는 시각에 문제점은 없을까? 과학적 정보도 때로는 불확실하고 전문가 사이에서도 의견이 나뉠 수 있는데, 과학적 지식의 우월만을 강조하는 것은 아닐까? 일반 공중을 정보의 수동적 수용자로 취급하여 그들이 갖는 우려와 관심, 판단 근거들에 대한 이해가 소홀한 것은 아닐까? 위험을 온전히 소통하고 관리하기 위해서는 공중이 위험을 주관적, 직관적으로 인식하고 판단하는 근거에 대한 심도 깊은 이해가 필수적이다. 따라서 정부, 언론, 전문가 집단 등 위험 거버넌스의 다양한 주체들은 위험 인식에 있어서 심리학적, 문화적, 사회학적 이해가 반드시 있어야 할 것이다.

세 접근 모두 공통적으로 위험에 대한 인식이 단순히 객관적 위험의 크기에 의해 결정되지 않는다는 점에 동의한다. 하지만 전문가의 기술적 판단을 버리고 오직 공중의 판단 기준에 따라 위험을 인식해야 한다는 것은 물론 아니다. 전문가와 공중이 위험에 대해 상호 대화해야 함을 보여 준다. 특히 심리학적 접근에 기반한 위험 인식을 좀 더 살펴보자. 우리는 종종 의식하지 못한 채, 일상생활에서 특정 대상이나 활동이 얼마나 위험한가를 판단한다. 예컨대, 고온다습한 한여름에 김밥을 사 먹어도 괜찮을까? 금방 도착할 거리지만, 자동차의 뒷좌석에 앉을 때 안전벨트를 매야 하지 않을까? 코로나19가 한창 기승이었을 때는 이런 판단도 내려야 했다. 확진자가 자꾸 늘어날 즈음, 기침이 자꾸 나고 컨디션이 좋지 않은데, 저녁에 사람들을 만나도 될까? 코로나19 백신 부작용이 걱정되는데 접종해야 할까? 등을 떠올려 볼 수 있다. 이런 생각을 하고 결정을 내릴 때, 우리는 뭔가 통계나 수학적 모델 등 정교한 방법을 기반으로 확률을 계산해서 위험을 판단하지 않는다. 다시 한번, 위험 인식은 주관적, 직관적이다. 이러한 인식을 이해하는 것이 중요한 이유는 결국 이것이 일반 공중의 선택과 행동에 커다란 영향을 미칠 수 있기 때문이다. 확대된 혹은 축소된 위험 인식을 설명하기 위해 마련된 다양한 위험 유형의 특성, 지각자가 이용하는 어림짐작(휴리스틱) 유형, 지각자의 특성을 살펴본다.

위험의 특성에 따른 지각

초기 위험 인식 연구에 크게 기여한 미국 오리건대학교의 심리학자 폴 슬로빅Paul Slovic에 따르면, 전문가와 공중 간 위험 인식에 괴리가 생기는 이유는 위험의 개념이 서로 다르기 때문이다(Slovic, 1987). 그는 위험 특성에 따른 다면적 위험 인식이 필요하다며 심리 측정 패러다임psychometric paradigm을 제안했다. 공중이 체감하는 위험 인식의 정도는 사망률이나 재산 피해 등의 객관적 지표보다는 위험 대상이 지닌 다양한 특징적 요소 혹은 조건에 집중한다. 가령, 위험의 효력이 단기적인지 아니면 사람들이 소중하게 여기는 미래 세대까지 지연되면서 영향을 미치는지, 우리에게 익숙한 위험인지 전혀 새로운 위험인지, 누구에게나 공평한 위험인지, 소수의 특정 집단에만 영향을 미치는 불공평한 위험인지, 우리 자신을 자발적으로 노출하는 위험인지 강압적으로 노출당하는 위험인지 등에 따라 지각되는 위험의 정도가 다르다는 것이다. 이러한 여러 특성은 상호 유사함에 기반하여 두 가지 차원으로 수렴될 수 있다고 보고되었다. 첫 번째 차원은 해당 위험이 끔찍한 파국을 가져오는지 혹은 그렇지 않은지dreadfulness, 두 번째 차원은 잘 알려져 있는지 혹은 그렇지 않은지 unfamiliarity다. 대부분의 위험을 이 차원에 올려놓을 수 있고, 끔찍한 파국을 가져오는 미지의 위험일수록 위험 인식이 한층 고조된다.

가령 원자력 발전소 사고로 죽을 확률이 스키를 타거나 자동차 운전을 하다가 죽을 확률보다 낮다고 알려져 있지만, 일반 공중은 원자력 발전소를 훨씬 더 위험하게 여긴다. 원자력 발전소 사고는 익숙하지 않은 치명적 위험이지만, 스키나 자동차 사고는 비교적 잘 알려진 덜 파국적인 위험이다. 구체적으로 원자력 발전소는 내가 원하지 않는 지역에 들어설 수 있고, 광범위한 지역에 영향을 미치므로 비자발적 위험이다. HBO 드라마 〈체르노빌*Chernobyl*〉(2019)이나 영화 〈판도라〉(2016)에서 그려지듯, 원자력 발전소의 사고는 사람들의 통제가 불가능할 뿐만 아니라 미래 세대의 자라나는 아이들에게도 영향을 미칠 수 있는 회복이 불가능한 혹은 더딘 치명적 위험을 상징한다. 반면, 스키나 운전으로 인한 사고는 자발적 위험, 즉 스스로 기꺼이 선택하는 위험이기 때문에 사람들의 위험 인식은 훨씬 관대하다. 유사하게, 가습기 살균제로 인한 피해의 경우 익숙하지 않은 치명적 위험일 수 있지만 심장 질환 수술 등으로 인한 위험은 상대적으로 익숙하고 덜 파국적일 수 있다. 특히 전자의 경우 위험에 노출된 사람들의 숫자가 많지만, 후자의 경우 노출된 사람들의 숫자가 상대적으로 적다. 따라서 전자가 후자보다 위험의 주관적 인식을 고조시킬 수 있다. 우주나 해저 탐사, 미세 플라스틱 관련된 위험은 상대적으로 미지의 세계인 반면, 총기 사고, 일광욕으로 인한 피부암, 화재의 위험은 우리에게 비교적 익숙하고 잘 알려져 있다. 미지의 위험이 익숙한 위험보다 더 두려울 수 있다.

2008년 전문가 및 정부 관료와 일반 공중의 서로 다른 위험 인식으로 큰 갈등을 빚은 밀양 고압 송전선 및 송전탑 건설 사건이 있었다. 한국전력이 경남 밀양의 마을에 신고리 원자력 발전소의 전력을 수도권 등 다른 지역에 공급하기 위해 고압 송전선로를 건설하고자 했는데, 주민들은 전자파 피해, 자연 훼손 등의 이유로 반대했다. 밀양 주민들은 송전탑과 관련한 위험을 어떻게 인식했을까? 앞서 미지의 세계/통제 불능/비자발성 등에 대해 언급했는데, 이 사례에서는 공정성 부분도 생각해 봐야 한다. 불공정하게 여겨지는 위험 관련 활동이 그렇지 않은 활동보다 더 위험하게 지각된다. 특히 "서울로 전기를 공급하기 위해 왜 우리가 희생해야 하는가"에 대한 주민들의 회의감은 높았다. 주민들의 한국전력이나 정부에 대한 불신도 고조되어, 송전탑 건설에 대해 더욱 높은 위험 인식을 불러일으켰다.

이처럼 슬로빅은 사망자 숫자 등 위험의 실제 크기나 확률보다는 익숙하지 않은/미지의/다음 세대에 영향을 미치는/불공정한/통제가 어려운/비자발적으로 파국의 결과를 가져오는 위험에 대한 인식이 훨씬 고조된다고 밝혔다. 결국 위험 인식은 위험의 특성에 따라 공중의 머리 속에 자리 잡은 구성물이라 할 수 있다. 위험 요소의 특징에 기반을 둔 심리 측정 패러다임은 일반 사람들의 위험 인식을 설명하는 데 크게 기여했으나, 해당 인식의 기저 메커니즘을 설명함에는 다소 부족했다는 평가를 받았다.

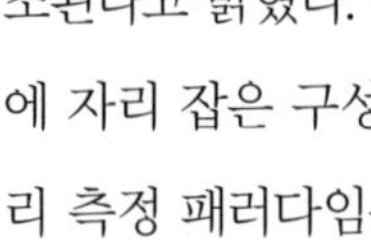

밀양 송전탑 사태. 주민들은 "전기는 눈물을 타고 흐른다"라는 문구가 있는 피켓을 들고 송전탑 반대 집회에 나섰다. 〈KBS 뉴스〉, 2021. 6. 22.

휴리스틱에 의존하는 지각

휴리스틱(어림짐작)은 '발견하다'의 어원을 갖고 있으며 경험에 기반한 발견법, 혹은 간편 추론이라는 의미다. 사람들은 위험 관련 사건이나 활동에 대해 지각하고 판단할 때, 가능한 모든 정보나 통계를 동원해서 체계적으로 심사숙고하기보다는 인지적 지름길mental shortcut, 즉 어림짐작rules of thumb의 원리를 적용해서 재빨리 효율적 판단을 내리고자 한다. 복잡한 위험 대상에 대한 상세한 배경지식을 갖고 있지 않은 공중의 경우 더욱 그러하다. 우리는 이러한 휴리스틱에 의존하는 인지적 구두쇠cognitive miser로서 위험을 때때로 과소 혹은 과대평가한다.

위험의 주관적, 즉각적 인식에서 작동될 수 있는 다음 다섯 가지 유형의 휴리스틱이 있다(Kahneman et al., 1982; Siegrist & Arvai, 2020; Slovic et al., 2007).

첫째, 가용성 휴리스틱availability heuristic이다. 우리의 지각과 판단은 전체 정보에 기반하기보다는 쉽게 마음속에 떠오르는 관련 예시들, 즉 부분 정보에 따라 결정된다. 미국 사람들에게 살인, 강간, 약탈 등의 폭력적 범죄가 각각 하루에 얼마의 비율로 발생하느냐고 물었을 때, 우선 머릿속에 쉽게 떠오르는 (아마도 미디어에서 빈번하게 봤었던) 이미지와 예시에 기반하여 답변할 수 있다. 유사하게 영어의 R이 첫 번째로 시작하는 단어(예: rose)와 세 번째에 들어가는 단어(예: north) 중 어떤 단어의 숫자가 많냐고 질문했을 때, 사람들은 후자를 떠올리기 어려워한다. 실제로는 후자의 단어가 영어에는 훨씬 많지만, 전자의 단어가 더 많다고 주관적으로 인식할 수 있다. 이번에는 2001년 9·11 테러를 생각해 보자. 흥미로운 한 연구 결과에 따르면(Gigerenzer, 2006), 당시 테러 발생 이후 사람들은 비행기 대신 자동차로 장거리 여행을 많이 다녔다고 한다. 의사 결정은

그림 16 테러 공격을 받은 세계무역센터. 9·11 테러 이후, 많은 사람이 비행기 여행의 위험을 과대평가하고 자동차로 장거리 여행을 하면서 오히려 고속 도로에서 사망 사고가 증가했다. (사진 © Robert on Flickr)

가용성 휴리스틱에 기반해서 내린 것이다. 그런데 예년에 비해서 오히려 고속 도로 사망률이 크게 올라갔다. 이전 5년의 사망자 숫자를 초깃값 baseline으로 했을 때, 2001년 9월 이전에는 초깃값으로부터 벗어나지 않았지만, 9월 이후에는 많이 벗어나 사망자 숫자가 크게 증가한 것으로 나타났다. 자동차 사고로 사망할 확률이 비행기 사고로 사망할 확률이나 테러를 당하는 확률보다 높다. 그런데도 사람들은 낮은 확률로 강력한 영향을 미치는 테러의 위험을 과대평가한 나머지 비행기 대신 자동차로 여행을 단행했고, 역설적으로 오히려 더 위험한 상황에 빠지게 됐다. 당시 미국 사람들은 왜 테러 위험을 과대평가했을까? TV를 통해 세계무역센터가 무너지는 생생한 초유의 공포 이미지를 보았고, 그 이미지는 반복되었다. 이처럼 큰 영향력의 테러는 당시를 기준으로 비교적 최근이었다. 비교적 최근에, 자주, 생생하게 머릿속에 각인된 예시들의 이

미지를 쉽게 떠올려 위험을 지각하게 되면 가용성 휴리스틱에 의존했다고 볼 수 있다. 위험의 과대평가와는 대조적으로 누군가는 위험을 과소평가할 수 있다. 예컨대, 가까이 지내는 할머니가 75년 동안 매일 1갑씩 담배를 피워 왔음에도, 현재 102세까지 장수하는 경우를 오랫동안 보아 왔다면, 흡연의 위험에 대한 평가에 관대해질 수 있다. 흡연에 대한 위험 인식에서 해당 예시가 지각자에게 쉽게 떠오르고 익숙하기 때문이다.

통제된 실험 상황에서 우리가 가용성 휴리스틱에 의존하여 정보를 처리할 경우 배양 효과가 더욱 강화될 수 있음을 보여 준 사례도 있다(Shrum, 2001). 배양 효과는 미디어에 많이 노출될수록, 사악한 세계 증후군(3장 참조)의 영향으로 위험 지각이 높아진다는 주장이다. 위험 지각은 "하루 평균 경찰이 총을 겨누는 비율은?" "일생 동안 총기 난사로 희생되는 사람들의 비율은?" 등의 질문으로 측정한다. 미디어 노출이 많은 사람은 적은 사람에 비해 위험(예: 범죄) 관련 예시를 좀 더 머릿속에 쉽게 떠올리기가 쉽다. 특히 "떠오르는 대로 답변하라"고 연구자가 지시하면, 적은 노력을 투여하는 주변적 정보 처리를 활성화시켜 더욱더 가용성 휴리스틱에 의존하여 범죄 관련 위험을 과대평가한다. 흥미롭게도 미디어에 많이 노출되었지만 연구자가 "나중에 제시한 답변을 정당화해야 한다"라고 언급하며 체계적 정보 처리를 촉구할 때 오히려 관련 위험을 과소평가하는 경향을 보인다. 이는 아마도 응답자들이 자신의 답변이 미디어에서 온다는 것을 깨닫고 그 정보원source을 별것 아닌 것으로 에누리하기discount 때문으로 보인다.

둘째, 대표성 휴리스틱representativeness heuristic이다. 우리가 어떤 예시를 처리함에 있어 해당 예시를 더 큰 모집단을 대표하는 전형적 예시로 인식함으로써 일어나는 어림짐작이다. 예컨대, '지오'라는 사람이 있다. 비혼이고, 솔직하며, 철학 전공자이고, 차별과 사회 정의 문제에 관심이 많다. "지오는 은행원이다"와 "지오는 페미니스트 운동에 열성적인 은행원이다"가 있을 때 지오는 어느 쪽에 더 가까울까? 지오를 기술한 내용이 페미니스트 운동에 열성적인 사람들이라는 특정 사회 집단에 대한 전형성을 보여 줄 수 있다고 여겨 두 번째라고 답한다면 이는 대표성 휴리스틱에 근거한 판단이다. 확률적으로 '페미니스트 은행원'보다는 그냥 '은행원'이 좀 더 흔하기에 지오는 은행원일 가능성이 높다. '은행원'이 '여성 은행원'보다 더 많은 것처럼 말이다. 유사하게, 의학 보도에서 특정 의학 기술로 인해 생명을 구한 한 환자의 예시는 해당 의학 기술로 혜택을 받을 수 있는 큰 모집단을 대표하는 전형적, 대표적 예로 인식되기에 우리는 해당 기술에 대해 좀 더 호의적 판단(즉 과대평가)을 내릴 가능성이 있다(Hong, 2013). 이처럼 대표성 휴리스틱에 기반하여 정보를 처리할 때, 우리는 기저율 정보base rates information를 무시하는 경향이 있다. 다른 예시로서 새로운 식품이 나왔고 그것을 소비하는 것이 얼마나 위험한가를 판단할 때, 만약 그 새로운 식품이 이전에 해롭다고 이미 알려진 대표적 식품(가령 소시지나 햄 등의 초가공 식품)과 대략적으로라도 비교 가능한 유사한 점이 조금이라도 있다면, 사람들은 이러한 기억과 경험에 기반하여 종종 해당 식품이 안전하지 않다고 지나친 일반화에 기반한 범주화로 판단하는 경향이 있는데, 이것도 대표성 휴리스틱에 의존한 위험 인식이다.

가용성과 대표성 휴리스틱이 동시에 작동하여 위험을 더욱 과대평가할 수도 있다. 예컨대, 뉴스에 등장하는 예시가 얼마나 과장되는지의 정도가 우리의 전반적 위험 인식에 영향을 미칠 수 있음을 보여 준다(Gibson & Zillmann, 1994). 흔히 뉴스에서 관련 사건 사고의 기저율 정보를 제공하지 않는 경우가 많다. 가령 차량 탈취의 희생자 중 75%가 상해(신체 부상)가 없었고, 21%가 약간의 까짐, 멍 등의 사소한 상해가 있었으며,

3.8% 정도가 심각한 상해가 있었고, 0.2%가 사망했다는 것이 기저율 정보라고 해 보자. 동일한 기저율 정보를 갖고 있지만, 희생자의 부상 정도를 네 가지, 즉 상해가 전혀 없거나, 사소한 상해가 있거나, 심각한 상해가 있거나, 사망한 경우가 있거나로 다르게 조작한 뉴스 자극물로 실험을 수행한 결과를 살펴보자. 네 가지 유형 중 하나의 뉴스에 무작위로 배당된 실험 참가자들에게 실험 의도와 무관한 다른 기사들과 섞어 읽게 한 후 차량 탈취 위험 이슈가 얼마나 심각한 문제인지 질문했다. 그 결과 동일하게 제공된 기저율 정보와 무관하게, 사망 예시를 다룬 뉴스에 노출된 참가자들이 가장 높은 정도로 위험을 지각했다. 실험이 종료되고 약 일주일 후 다시 참가자들에게 연락하여 위험 지각을 측정한 결과, 기억의 왜곡으로 앞서 보고된 높은 위험 지각은 더욱 강화되었다. 이처럼 기저율 정보를 무시하고 쉽게 떠오르는 뉴스의 예시 이미지에 기반하여 위험 지각이 이뤄지기에 그리고 해당 이미지로 모집단에서 발생할 위험의 정도를 과대평가하기에 각각 가용성과 대표성 휴리스틱이 모두 작동했음을 알 수 있다. 코로나19 백신 접종 이후 쏟아져 나온 부작용 뉴스 기사에도 유사하게 적용될 수 있다. 특히 심각한 부작용이나 사망 예시 기사들이 빈번했고, 기저율 정보는 거의 제공되지 못했다. 따라서 뉴스 예시에 기반을 둔 공중의 백신에 수반된 위험 지각은 더욱 고조될 수밖에 없었다.

셋째, 초기 정보 주 활용과 조정 휴리스틱anchoring & adjustment heuristic이다. 최초로 제시된 값을 기준으로 설정하여 이후 판단을 내리는 경향을 의미한다. 예컨대, 한 집단에는 8×7×6×5×4×3×2×1의 식을 주고, 다른 한 집단에는 1×2×3×4×5×6×7×8의 식을 준 후 5초 안에 답변을 적으라고 했을 때, 전자에 속한 사람들 답변의 평균이 후자에 속한 사람들 답변의 평균보다 훨씬 컸다. 결국 최종값은 같은데, 큰 숫자로 초깃값을 설정했기 때문에 나타난 결과라고 해석할 수 있다. 유사하게, "UN에 소속된 아프리카 국가의 수가 전체 UN 가입국의 10%보다 많을 것 같습니까?" 혹은 "65%보다 많을 것 같습니까?"라고 각각 질문했을 때, 응답자들은 전자보다 후자의 질문에 좀 더 높은 비율로 답하는 경향을 보인다. 초깃값을 어떻게 주느냐가 사람들의 최종 답변을 결정하는 것에 영향을 미친 것이다. 흔히 백화점이나 온라인 쇼핑몰에서 할인 행사를 한다고 할 때, 이전 가격을 표시한 후 여기에 줄을 긋고 지금 얼마인지를 알려주며 "굉장히 저렴하다"라고 암묵적으로 광고하곤 한다. "너무 저렴하다"라며 재빨리 구매한 경험이 있다면, 판매자가 임의로 제공한 초기 가격(닻)과 그게 기반하여 이뤄진 조정 가격을 직관적으로 받아들인 행동이다.

초기에 주어진 정보는 위험 판단에도 중요한 영향을 미친다. 건강과 질병의 맥락에서 비록 환자들이 질병에 걸릴 위험에 대한 객관적 정보를 의사로부터 제공받더라도, 그들의 위험 인식을 해당 객관적 정보로 수렴하여 조정해 나가기보다는 아마도 이전에 주변 친구나 가족으로부터 얻었던 정보에 근거해서 주관적 위험 인식을 고정시키는 경향이 있을 수 있다. 초기에 닻을 내리게 된 정보가 이후 조정이 불충분하게 이뤄질 수 있다는 의미다. 결과적으로 최종 인식된 위험은 원래 주관적 위험 인식의 추정치와 제공받은 객관적 위험 수치 사이에 어디쯤 위치하기에 관련 질병 위험을 계속 과소 혹은 과대평가하게 된다. 마치 유방암 가족력이 있는 여성에게 객관적으로 걸릴 확률이 20%라고 담당 의사가 알려주더라도, 여전히 그보다 훨씬 높은 확률(예컨대 40% 이상)이라고 과대평가하는 것처럼 말이다. 물론 그 반대의 경우도 가능하다. 담당 의사를 만나기 전에 유방암에 걸릴 확률을 스스로 과소평가한 여성은 의사가 다소 높은 확률을 언급하더라도 여전히 이와 필적될 수 있는 수준으로 위험 확률을 끌어올리는 데 실패할 수 있다.

네 번째는 "자연이 더 좋다" 휴리스틱이다The nature-is-better heuristic (Siegrist & Hartmann, 2020). 인간이 자연에 개입해서 나타날 수 있는 신기술의 혜택, 자연적 상태 그대로에서 나타날 수 있는 위험성을 모두 부인하는 어림짐작이다. 가령, 농약이나 화학 비료를 사용하지 않는 유기농 식품은 환경에도 해를 주지 않고, 인간의 건강도 유지하며, 안전하고, 맛과 풍미가 가득하다고 여긴다. 반면, 유전자 변형(재조합) 식품의 경우 자연의 원리를 위반했기에 위험하다고 여기며 받아들이길 거부한다. 하지만 해당 어림짐작에 기반한 위험 판단이 항상 올바르거나 과학적 지지를 받는 것은 아니다. 유기농 식품도 세균 감염에 취약하여 각종 식중독균 오염의 가능성이 있기에, 항상 안전하고 우리의 신체에 혜택을 가져다주는 것이 아니다. 유사하게, 모든 가공, 합성 식품이 본질적으로 해로운 것도 아니다.

식품 외 다른 영역에서도 사람들의 자연에 대한 선호는 뚜렷해 보인다. 두 제품의 성분은 비슷하지만, 자연이나 생태를 의미하는 에코eco 표시가 붙은 배수구 청소 세제가 그렇지 않은 청소 세제보다 훨씬 안전한 것으로 인식된다(Bearth et al., 2017). 유사하게, 원유 유출로 인해 1,000여 마리의 새들이 떼죽음을 당했는데, 그 원인이 인간인 경우(원유 굴착 장치에서 원유 유출)와 자연인 경우(바다 바닥에서의 자연적 원유 유출)로 실험 시나리오를 조작했을 때, 전자가 후자보다 사람들의 위험 인식을 훨씬 고조시켰다(Siegrist & Sütterlin, 2014). 이처럼 인간이 자연에 개입하려는 것에 대한 높은 우려는 '자연=안전'이라는 휴리스틱과 관련이 있다. 동물 복제, 이산화탄소 채집, 기후 공학 등에 대한 강한 반감도 예외가 아니다.

마지막 다섯 번째는 감정 휴리스틱affect heuristic이다(Finucane, Alhakami et al, 2000; Slovic et al., 2007). 위험 인식에서 대상이나 활동이 유도하는 직관

적 긍정 및 부정 감정의 중요성을 주장한다. 위험 대상의 위험risk과 이득benefit을 평가할 때, 사람들은 그와 연합된 긍정적 느낌과 부정적 느낌 일대affective pool에 접속하여 판단을 내린다. 큰 시간을 투자하지 않고 효율적으로 내리는 판단이다. 예컨대 원자력 발전소를 떠올린 후의 즉각적인 부정적 감정은 원자력 발전소는 나쁜 것(방사능 위험과 폐기물 생성), 원자력 발전은 위험한 것(통제의 어려움), 원자력 발전소는 이득이 없는 것(지열, 풍력 발전기 등 핵발전 대체 가능), 결국 위험하므로 해로운 것 등으로 연동될 수 있다. 즉 대상에 대한 부정적 혹은 긍정적 감정 반응이라는 것이 위험과 이득을 판단하는 선행 요인으로 작동한다. 이 의미는 원자력 발전소의 좋은 점(이득)과 관련된 단서들, 가령 석탄이나 석유 등과 같이 감소하는 연료에 의존하지 않는다는 점, 철저한 모니터링과 규제로 안전기록이 우수하다는 점 등을 공중에게 강조하여 제공한다면 긍정적 감정을 불러일으키며 지각된 위험 인식을 누그러뜨릴 수도 있음을 시사한다. 유사하게, 앞서 언급된 위험과 손해cost, 해로움에 대한 단서들을 강조하여 제공하면 부정적 감정을 불러일으키며 원자력 발전소에 대한 지각된 이득을 낮출 수 있다.

이러한 감정 휴리스틱의 작동 원리를 고려해 볼 때, 위험의 대상이 촉발시키는 감정에 지나치게 의존하는 것은 우리의 인식과 판단을 잘못 이끌 수도 있다. 미디어의 사악한 세계 증후군으로 커다란 두려움을 느낀 사람들이 스스로를 보호하기 위해 총기를 구매한다고 생각해 보자. 이들의 총기에 대한 위험 인식은 이득에 초점이 맞춰져 있을 가능성이 크고, 이로 인한 예측 불허의 사고(실수로 방아쇠를 당기고, 총싸움으로 번지게 되는 경우 등)로 자신을 포함하여 가족, 친구가 해를 입을 수도 있다는 점은 크게 고려되지 못한다. 유사하게, 6장에서 살펴볼 삼성 1호–허베이스피리트호 원유 유출 사고에서 대규모 자원봉사자들의 나눔과 베풂

표 2 위험 인식에서 작동하는 대표적 휴리스틱

휴리스틱(어림짐작)	
가용성	머릿속에 쉽게 떠오르는 비교적 빈번하고, 최근의, 생생한 예시에 의존한 위험 지각
대표성	기저율 정보를 무시한 채 위험하다고 널리 알려진 대표 집단과의 유사한 점에만 초점을 둔 위험 지각
초기 정보와 조정	초기에 들어온 위험 정보에만 의존하여 새롭게 들어온 관련 정보에 따른 조정이 불충분하게 이뤄지는 위험 지각
자연이 더 좋다	기술이 개입된 인공, 합성보다는 자연, 생태 그대로가 안전하다는 위험 지각
감정	위험 대상에 접근했을 때 즉각적으로 떠오르는 손실(나쁜 것)과 이익(좋은 것)에 기반한 연관 부정, 긍정 감정에 따라 이뤄지는 위험 지각

에 커다란 방점을 둔 언론 보도는 사람들에게 친절한 세계 증후군kind world syndrome(Oliver, 2021)을 불러일으켜 해당 사건을 최악의 해양 오염으로 인한 피해보다는 초유의 연대감에 기반한 대응이라는 이득에 초점을 두어 긍정적 인식을 심어줄 수 있다. 위험 대상에 대해 이득과 해로움은 공존할 수 있다. 즉 이득을 가져다주는 새로운 기술의 위험성은 높을 수도 있다. 그러나 일반 공중의 위험 인식은 이득과 해로움 중 한쪽에 방점을 둔 채 종종 이뤄지곤 한다. 이러한 위험 인식은 사람들 마음속에 각인된 지각된 위험과 지각된 이득의 역관계inverse relationship를 설명해 준다. 특히 분석적 숙의보다는 시간의 제약으로 효율적 판단이 필요할 때 더욱 강화될 수 있다. 감정 휴리스틱은 앞서 설명한 네 가지 유형의 휴리스틱과 비슷한 점이 있을 수도 있다. 유사점과 차이점 대한 후속 연구가 필요하다.

어림짐작과 그에 따른 편향적 위험 지각은 쉽게 사라지지 않는다. 이들은 어쩌면 인간의 생존에 유리하게 작동할 수 있기에 우리의 마음에 깊이 각인되어 있다. 이러한 측면을 종합해 볼 때, 나의 위험에 대한 시각도 왜곡되었을 가능성이 있다는 점을 염두에 둘 필요가 있다. 어쩌면 우리는 어림짐작을 끌어안고 주관적 위험 인식에 대해 전문가-공중 등 사회구성원 간의 이해를 구하고, 신뢰를 구축하며, 나아가 교정하면서 살아가야 할 필요가 있다.

위험 지각자들의 특성에 따른 위험 인식

위험 지각자들이 갖고 있는 어떠한 특성들이 위험 인식에 영향을 미칠까? 위험 인식에서 과대평가 혹은 과소평가를 결정하는 개인 차이 등의 요인들이 있음이 밝혀져 왔다. 가령 사회인구학적 속성(나이, 성별, 교육 수준 등), 성격이나 기질(감각 추구 성향, 정서적 안정 성향 등), 위험의 직접적 경험 여부, 개인이 추구하는 가치(평등, 공동체, 탈원전, 환경에 대한 가치), 배경지식(숫자나 통계적 정보 처리 능력, 구체적 위험 영역에 대한 지식), 문화 집단(국가), 재난 거버넌스 주체(정부 기관 등)에 대한 신뢰 정도 등이 그것이다.

예컨대, 일반인과 전문가의 위험 인식에 있어서 차이를 보자(Sjöberg, 1998). 일반인은 전문가에 비해 신기술과 관련된 위험에 대해 좀 더 큰 위험 지각을 하는 반면(예: 핵폐기물 처리), 전문가는 일반인에 비해 가정용 라돈/흡연/음주 등 라이프스타일과 밀접한 위험에 대해 좀 더 큰 위험을 지각한다. 두 집단은 모두 잘 알려진 흔하게 볼 수 있는 위험(예: 암으로 인한 사망)에 대해서는 동일한 수준의 위험 지각을 보이는 경향이 있다. 본인이 직접 경험한 위험인지 혹은 뉴스 미디어 등의 보도를 통해 간접적으로 경험한 위험인지에 따라 상이한 위험 지각을 보일 수 있다description-experience gap(Hertwig & Erev, 2009). 가령 자동차 사고, 식중독, 지진 등의 위험을 직접 경험한 사람들은 그렇지 않은 사람들(즉 언론 등을 통해 간접 체험한 사람들)보다 높은 수준의 위험을 지각한다. 단, 해당 위험으로부터 배움이 있었다면, 그래서 좀 더 익숙해지고 통제감이 생긴다면 위험 지각을 누그러뜨릴 수도 있다. 일본 사람들이 느끼는 규모 4.0대의 지진처럼 말이다. 하지만 반대의 경우도 생각해 볼 수 있다. 백신 접종과 관련하여 직접 경험이 있는 의사와 언론 보도 등을 통해 간접적으로 접하는 일반 공중 중 후자의 집단이 좀 더 높은 위험 지각, 즉 부작용을 우려할 수 있다.

나이도 위험 인식의 정도에 영향을 줄 수 있다. 청소년은 그들의 행동이 가져올 위험을 가늠해 볼 수 있는 정보에 큰 관심을 보이지 않는 듯하다. 그들은 해당 정보를 처리할 역량은 갖추고 있으나, 새로운 경험이나 감각을 추구하는 데 좀 더 관심이 있는 시기로 불확실성에 대한 인내가 높다고도 할 수 있다(van den Bos & Hertwig, 2017). 사회적 역할에 따라 위험 지각이 달라질 수도 있다. 가정 내 주요 돌봄자인 어머니들은 높은 위험 지각을 보이는 경향이 있다(Fothergill, 1996). 위험에 대한 대응, 복구, 예방, 대비 등을 총괄하는 가정 내 주체라는 규범적 역할을 수행해야 한다는 책임감과 관련 있어 보인다. 코로나19 상황을 겪으면서 문화적 차이에 따른 위험 지각도 드러났다. 한국, 중국, 일본 등의 사람들이 미국, 영국, 덴마크 등의 사람들보다 마스크 착용이 더 잘 이뤄졌는데(Lu et al., 2021), 이는 아시아 사람들의 코로나19에 대한 높은 위험 인식을 반영한 것으로 보이며 이러한 인식은 위험을 개인보다는 집단의 문제(2장 참조)로 바라보았기 때문으로 해석할 수 있다. 내가 마스크를 쓰지 않으면 다른 사람에게 폐를 끼친다는 인식인데, 아시아권의 집단주의나 상호의존적 자아의 시각에서 비롯될 수 있다. 반면, 미국이나 서유럽에서 관찰된 상대적으로 낮은 위험 지각과 마스크 미착용은 '나의 신체' 그리고 '나의 선택'이라는 자유에 기반한 개인주의나 독립적 자아의 시각에 기반할 수 있다.

백인 남성 효과White Male Effect로 알려진 개인차도 흥미롭다(Finucane, Slovic et al., 2000; Flynn et al., 1994). 백인 남성이 여성이나 소수 인종에 비해 환경이나 건강 등에 걸친 다양한 유형의 위험에 대해 덜 두려워하고 덜 걱정하는 경향을 의미한다. 백인 남성 효과는 인종이나 성별보다는 세계관의 차이로 나타나는 상이한 위험 인식으로 해석해 볼 수 있다. 백인 남성은 위계적이고 개인주의적 세계관을 갖는 경향성이 높고, 지배 세력과 권위를 신뢰한다고 여겨진다. 이들은 백인 남성이라는 자신들의 집단 정체성을 보호하기 위해 강한 현상 유지status quo 동기를 갖는다. 위험 상황으로 인해 현 체제가 흔들리며 사회 내 자신들의 집단 위상group status에 위협이 가해지는 것을 이들은 두려워할 수 있기에 위험을 무시하거나 부인할 수 있다. 이러한 위험 인식을 잘 꿰뚫어 보기 위해서는 설문지를 이용한 자기보고식보다는 혈압이나 맥박 등의 생리적 반응을 측정할 수 있다(Scheepers et al., 2009).

낙관적 편향optimistic bias(Weinstein, 1989)에 좀 더 취약한 사람들은 좋지 않은 결과를 가져오는 사건, 사고, 질병 등은 나와는 거리가 멀다며 위험을 과소평가하는 경향이 있다. 낙관적인 것이 필요하고 기능적일 때도 있으나(불필요한 두려움이나 불안을 느끼지 않도록 함), "나는 안전하다"라는 착각으로 자신을 보호할 수 있는 예방 행동을 실천하지 않게 될 위험이 있다. 부작용을 겪을 확률에 대한 구체적인 숫자(%)가 제공되는 의료 치료에 대해서도 사람들은 여전히 그것이 나에게 일어날 확률을 과소평가한다(Hanoch et al., 2019). 가령 2011년 동일본 대지진으로 인한 후쿠시마 원전 사고에 대한 사람들의 낙관적 편향을 들여다보자(김인숙, 2012). 어떤 사람들이 해당 편향에 좀 더 취약할까? "나는 원전 사고에 대해 잘 알고 있다"라는 지각된 주관적 지식이 높을수록 그리고 "원전 사고 보도가 나보다는 다른 사람들에게 영향을 준다"라는 자기 통제감에 기반한 제3자 효과 인식third-person perception이 높을수록 낙관적 편견은 높은 것으로 나타났다(4장 참조). 반면, 원전 사고는 사람과 자연 등에 매우 치명적이고, 파국적이며, 다음 세대에까지 영향을 미친다고 지각할수록 낙관적 편견은 낮아진다. 유사하게 텔레비전을 통해 원전 사고 관련 보도에 빈번하게 접하고, 관련 정보를 인터넷을 통해 적극 찾아보며, 다른 사람들과 자주 이야기를 나눌수록 낙관적 편견이 낮아진 것으로 나타났다.

위험 인식 이후 관련 정보의 추구와 처리

주관적 위험 지각 이후 나타나는 과정은 무엇일까? 해당 위험에 대한 정보 탐색이 뒤따른다. 이후 높았던 위험 지각이 누그러질 수도 있으나, 높은 위험 지각이 유지될 경우, 이를 예방하기 위한 직접적 행동에 앞서 관련 위험 정보를 더욱 적극적, 체계적으로 탐색할 가능성이 크다. 사람들이 어떻게 위험 관련 정보를 탐색하고 또 처리하는지, 나아가 그것이 어떻게 궁극적으로 예방 행동까지 이끌어 낼 수 있을지 살펴보자.

위험 정보 탐색 처리 모델Risk Information Seeking and Processing Model (Griffin et al., 1999)은 다양한 위험의 맥락에 적용되면서 공중의 위험 관련 정보 처리를 설명해 왔다. 이 모델은 개인의 위험 정보 탐색과 처리 과정에 영향을 미치는 다양한 사회, 심리, 커뮤니케이션 요인을 체계화하여 제시했다. 기존의 두 가지 이론을 통합했다고 볼 수 있다. 첫 번째 이론은 우리의 행동을 결정짓는 요소들인 행동 대상에 대한 주관적 태도, 행동을 둘러싼 지각된 사회적 규범, 행동에 대한 주관적 통제감을 탐색한 계획된 행동 이론Theory of Planned Behavior(Ajzen, 1991)이다. 가령 코로나19 예방을 위한 마스크 착용이라는 행동을 설명하는 요소로 해당 행동에 대한 나의 긍정적 태도(마스크 착용은 감염을 예방하는 효율적 수단이다), 내가 지각하는 주관적 사회 규범(내 주변 사람들은 모두 내가 마스크를 착용해야 한다고 생각한다), 그리고 통제감(마스크 착용은 손쉽게 실천할 수 있다)의 요소로 결정된다는 것이다. 이 중 하나가 미흡할 경우, 마스크 착용이라는 행동은 실천되지 않는다. 그리고 두 번째 이론은 정보 처리와 관련된 방식으로 적은 노력을 들여 눈에 띄는 단서에 의존한 휴리스틱 정보 처리와 자신이 가진 정보가 불충분하다고insufficiency 여길 때, 노력과 시간을 들여 꼼꼼히 분석하는 체계적 정보 처리Heuristic-Systematic Information Processing(Chaiken et al., 1989; Petty & Cacioppo et al., 1986) 모델이다(7장 참조). 언급한 두 종류의 이론을 통합하고 위험 관련 정보를 탐색, 처리함에 있어 영향을 미치는 요인과 그들의 관계를 종합했다. 특히 전자의 이론에서는 지각된 사회적 혹은 주관적 규범perceived social or subjective norm인 사회 압력의 개념을, 후자의 이론에서는 정보 불충분성 개념을 적극 활용했다는 특이점이 있다.

위험 정보 탐색 처리 모델의 구성 요소를 살펴보자. 무엇보다 위험 관련 정보 추구를 시작하는 것은 위험을 주관적으로 인식하고 공포, 불안 등의 부정적 감정을 느끼는 선행적 요소가 필요하다. 모델의 핵심 요소로서 정보를 추구하게 되는 동기는 바로 지각된 정보 불충분성과 지각된 사회 규범이다. 내가 주관적으로 느끼기에 관련 위험 정보가 불충분하다면 계속 탐색한다. 더불어 가족 구성원들이나 친구들 등 내 주변 사람들이 내가 관련 위험 정보를 잘 알길 바란다면, 즉 어느 정도의 사회적 압력이 있다면 더욱 정보를 적극적으로 탐색한다. 결과적으로 위험과 관련된 정보를 더 많이 얻고, 최신의 정보를 얻기 위해 탐색(대 회피)할 수 있고, 휴리스틱에 의존한 주변적 처리보다는 꼼꼼하고 분석적으로 처리할 수 있다. 정보 탐색과 처리 이후 예방 행동(예: 마스크 쓰기, 손 씻

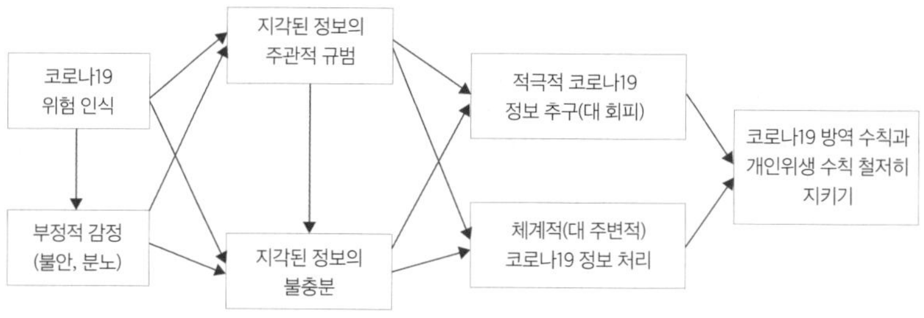

그림 17 위험 정보 탐색 및 처리 모델(코로나19 사례).

출처: 서미혜, 2016; 허서현 · 김영욱, 2015 참조.

기, 사람들이 붐비는 곳에 가지 않기 등)뿐 아니라 위험 관련 정책 지지 여부(예: 기후 변화 관련 정책), 관련 정보를 다른 사람과 공유하는 행태(예: 원자력 에너지에 대해 얻은 정보를 주변 사람들과 공유) 등에 영향을 미치는 것으로 알려져 있다(김효정, 2019; 서미혜, 2016; 허서현 · 김영욱, 2015). 다양한 개인 차이는 해당 모델에 영향을 미칠 수 있다. 위험 관련 직접 경험의 여부, 위험 관련 가치value 체계, 자기 통제self-monitoring, 인지 욕구need for cognition, 사회인구학적 속성 등에 따라 모델에 약간의 변화가 있을 수 있다.

코로나19에 대한 초기의 위험 지각은 공포, 불안 등의 부정적 감정을 이끌어 내고, 이는 각각 주관적 규범("내 주변 사람들은 내가 코로나19에 대해 잘 알고 있고 계속 변화하는 내용을 따라잡을 수 있어야 한다고 생각한다")과 정보의 불충분성("나는 코로나19에 대해 알아야 할 것이 많다")을 고조시킬 수 있다. 물론, 지각된 사회적, 주관적 규범도 불충분성에 영향을 미칠 수 있다. 핵심 동기적 요소인 지각된 사회 규범과 불충분성은 코로나19와 관련된 더 많은 정보, 더 최신의 정보를 탐색하도록 독려하고 정보도 대강 훑어보기보다는 꼼꼼히 처리하며 어떻게 행동할지 숙고하도록 한다. 이러한 정보 처리는 관련 예방 수칙을 잘 지키는 행동 의도 혹은 행동까지 영향을 미친다(그림 17). 그런데 해당 모델이 모든 위험적 상황에 일률적으로 적용되기보다는, 위험의 유형에 따라(통제 가능한지 혹은 불가능한지), 시간의 흐름에 따라(단기적 사건인지 혹은 기후 변화처럼 장기적 사회 이슈인지), 또 얼마나 관련 위험이 나와 관련성이 높은지에 따라(원자력 이슈에 대해 부산, 울산, 경남 거주자 혹은 수도권 거주자) 약간의 변형을 보일 수 있다.

이러한 모델이 시사하는 점은 무엇일까? 사회적으로 관심을 가져야 하는 이슈, 예컨대 기후 변화 등에 대해 사람들이 관련 정보를 찾고 취해야 할 행동에 대한 의도를 높이기 위해서는 해당 정보의 지각된 사회적, 주관적 규범을 높이는 것도 하나의 핵심 수단이 될 수 있다. 내가 속한 소중한 집단 및 사회에서 기후 변화에 대해서 잘 알고 있어야 한다는 규범적 인식이 공공 캠페인 등 다양한 커뮤니케이션 채널을 통해 높아진다면 사람들은 해당 규범을 곧 자신의 신념과 일치시켜 적극적으로 관련 정보를 탐색하고 결과적으로 문제 해결을 위한 실천 의도를 높일 수 있게 될 것이다.

독일 막스플랑크연구소의 게르트 기거렌처Gerd Gigerenzer 박사는 리스크 리터러시risk literacy를 제안했다(Gigerenzer, 2012). 이를 간략히 정의하면, 불확실성과 위험을 제대로 이해하고 비판적으로 평가하는 역량이다. 주관적, 직관적 위험 인식의 작동 원리를 면밀히 파악하고, 위험 관련 공식적 수치들을 올바로 이해하여 스스로가 위험의 피해자가 되지 않도록 판단할 수 있어야 한다. 위험 사회로의 진입이 가파르게 진행되는 현대 사회에서 불확실성과 관련된 여러 확률적 요소를 잘 이해하는 것은 위험 대비 행동을 취하는 데 중요한 역할을 한다. 자칫 9·11 테러 이후 미국 고속 도로 자동차 사망 사고의 급증 사례처럼 위험을 피하려 하다가 더 큰 위험에 빠질 수도 있다. 확실성만을 추구해야 한다는 강한 욕구를 스스로 경계해야 할 것이다.

기거렌처가 운영하는 하딩 리스크 리터러시 센터Harding Center for Risk Literacy(www.hardingcenter.de/en)에서 가져온 다음의 문제를 살펴보자. 질문은 다음과 같다. "여러분은 지금 TV로 일기 예보 방송을 시청하고 있다. 기상 전문가가 말하길, "내일 비가 올 확률은 30%"라고 한다. 다음 중 해당 발언의 올바른 설명은 무엇인가?" 첫째, "내일 전체 시간의 30% 시간에 비가 올 것이다." 24시간의 30%를 의미하므로, 내일 7~8시간 동안 비가 온다는 의미다. 둘째, "내일 전국 30% 지역에 비가 올 것이다." 전국 지역의 30% 정도의 지역에만 비가 온다는 의미다. 셋째, "내일 같은 날은 30% 정도 비가 올 것이다." 많은 날 중 내일 비가 올 확률이 30%라는 의미다. 넷째, "기상학자 10명 중 3명은 내일 비가 올 것이라 믿는다." 정답은 세 번째다. 오직 내일 비가 올 가능성만을 나타낸다. 반면, 첫째와 둘째는 이미 비가 확실히 온다고 가정하고 있다. 방송에서는 무엇에 대한 30%("30% of what?")인가에 대한 설명이 불분명한데, 여기서 무엇은 날days인 것이다. 이처럼 확률에 대한 오해는 효율적 위험 커뮤니케이션을 방해할 수 있다.

기거렌처에 따르면, 절대적 위험absolute risk과 상대적 위험relative risk의 차이를 구분하는 것도 중요하다. 전자는 준거 집단과 비교 없이 전체 모집단이나 한 개인에게서 발생할 수 있는 위험 확률을 알려주는 데 반

통계를 어떻게 사용하여 위험을 평가할 수 있을까? 상대적 위험과 절대적 위험의 차이점과 이것이 뉴스에서 어떻게 사용되는지 등에 대한 게르트 기거렌처의 테드 강연.

해, 후자는 두 모집단 혹은 개인과의 (처치 전후) 비교를 통한 증감 수치를 통해 위험 발생 가능성을 알려준다. 언론은 상대적 위험에 초점을 두어 보도하는 경우가 많기 때문에 신약이나 백신의 효과가 지나치게 과대평가되면서 낙관적으로 묘사될 수 있음에 유의해야 할 것이다. 예컨대, 유방 X선 촬영을 통해 유방암 사망률이 1,000명 중 5명에서 4명으로 줄었다면, 절대적 위험은 0.1% 감소한 것이다. 하지만, 유방암 사망자가 5명에서 4명으로 줄어든 부분에 초점을 두는 상대적 위험은 20%가 감소한 것이다. 후자에 초점을 둘 경우, 일반 공중은 해당 촬영 검사의 영향력을 과대평가하게 된다. 따라서 언론 보도가 위험의 감소와 증가를 절댓값으로 알리는지 혹은 상댓값으로 알리는지 면밀히 살펴서 보도된 수치를 맹신해서는 안 된다. 위험의 감소나 증가를 절댓값이 아닌 상댓값으로 사용하는 것은 위험을 과장, 축소할 가능성이 있다는 점을 염두에 두어야 할 것이다.

위험의 주관적, 왜곡된 인식에 미치는 요소는 매우 다양할 수 있으나, 이 장에서는 위험의 특성, 어림짐작(휴리스틱), 지각자의 특성 등에 초점을 두어 살펴보았다. 위험 지각자들은 이러한 주관적 인식 메커니즘을 이해하고, 자신이 위험을 과대 혹은 과소평가할 수 있음을 인정해야 한다. 그리고 스스로 합리적 의사 결정을 내리기 위해 노력을 기울여야 할 것이다. 가령 기저율 정보 등을 꼼꼼하게 탐색 처리해야 한다. 위험을 관리하는 주체나 전문가는 공중의 위험 지각은 이처럼 다양한 요소들에 영향을 받아 왜곡될 수도 있음을 이해해야 한다. 예컨대, 의료진은 질병과 관련하여 환자의 주관적 인식을 이해하여 좀 더 개별 환자에 적합한 맞춤 소통 전략을 마련할 수 있을 것이다. 나아가 위험을 다루는 행정의 주요 부처들이 공중의 위험 인식 방식을 이해한다면, 가령 부안 방폐장 입지 선정, 밀양 송전탑 사태와 같은 국내의 커다란 사회적 갈등과 충격을 줄일 수 있는 첫걸음이 될 것이다. 위험 정보를 어떻게 처리하는지 그 구성 요소들도 다뤘는데, 특히 체계적 정보 처리는 위험을 예방할 수 있는 행동까지 이끌어 낼 수 있음에 주목해야 하고, 이러한 처리를 촉진할 수 있는 지각된 사회적 규범을 높일 수 있는 방안이 필요할 것이다. 끝으로 재난, 질병, 재정 등 위험 영역에서의 리스크 리터러시가 장착될 수 있다면 공중은 상대의 위험 커뮤니케이션의 전략을 좀 더 잘 파악하고 현명한 의사 결정을 내릴 수 있을 것이다.

6장

위험은 뉴스 미디어에서 어떻게 구성되는가

2016년 9월 12일 경주에서 발생한 규모 5.8의 국내 최대 규모 지진, 2017년 11월 15일 포항에서 발생한 규모 5.4의 지열발전소 가동으로 인한 촉발triggered 지진, 2019년 4월 4일 강원도 고성–속초 산불, 2020년 9월 2일 울릉도를 덮쳤던 태풍 마이삭, 2022년 8월 11일 군산에서 발생한 100년 만의 물폭탄 침수 피해. 나열된 재난의 공통점은 무엇인가? 모두 비수도권 중소 규모의 도시에 집중된 재난이었다. 이러한 재난들은 주류 기성 언론, 특히 서울 기반의 중앙 언론에 어떻게 보도될까? KBS, MBC, YTN, 〈조선일보〉, 〈경향신문〉 등은 이러한 재난들을 보도하기 위해 충분한 시간과 지면을 투입할까? 보도를 하더라도 재난민의 생존에 실질적으로 도움이 되는 정보를 제공할까? 가뜩이나 서울(수도권)과 비수도권의 차별과 갈등이 잠재되어 있는 대한민국 현실에서 자칫 불충분한 보도 분량과 '서울 공화국' 시각은 비수도권 재난민들에게 상대적 박탈감과 소외감을 안길 수도 있다. 이러한 의심은 실제 서울 기반의 중앙 언론 대 지역 언론의 빅 데이터 뉴스 분석에서 부분적으로 확인되었다(금준경, 2022). 2022년 기준, 9월 태풍이 상륙할 즈음에는 중앙 언론도 관심을 보이며 보도를 했지만, 서울에 집중적으로 영향을 미치지 않을 경우 지역 언론에 비해 보도량이 급격히 줄어든다. 반면, 8월 폭우의 경우, 서울이 직접적 영향권으로 들어가면, '동작구,' ' 서초구,' '관악구,' '강남구' 등을 언급하며 보도량이 증가한다. 이후 유사한 피해 규모가 경기도 및 강원도에 지속되고 있음에도, 폭우가 서울 영향권을 벗어나면 보도량이 감소한다.

비수도권에 집중된 언급한 재난 외에 질병, 기술, 환경 등과 관련된 다양한 유형의 위험은 뉴스 미디어에 얼마나 자주 그리고 어떠한 맥락으로 묘사되고 있을까? 위험의 사회적 구성을 탐색하는 데 다음과 같은 네 가지 문제로 접근할 수 있다. 첫째, 실제의 위험과 뉴스 미디어에 구

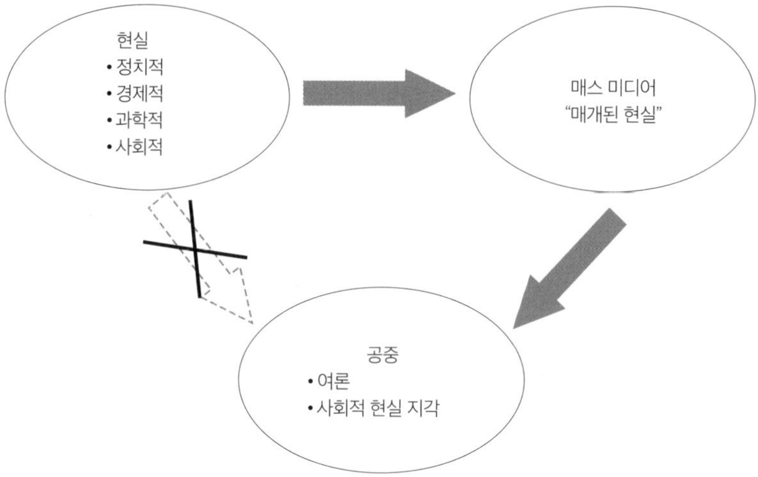

그림 18 미디어의 현실 구성: 실제의 사건, 미디어, 공중 인식 간의 관계.

출처: Binder et al., 2014: 71.

성된 위험의 빈도적 차이, 둘째, 신기술의 등장에서 나타날 수 있는 혜택의 지나친 강조 및 잠재적 위험 요소의 외면, 셋째, 위험의 불가피한 불확실성이 정치 세력과 결합하여 정치적(대 과학적) 입장으로 변질, 넷째, 위험을 둘러싼 집단 갈등의 첨예화 부각이 그것이다. 물론 이 네 가지 주제가 완전히 상호 배타적인 것은 아니다. 예컨대, 위험의 정치화와 위험을 둘러싼 집단 갈등의 첨예화는 서로 중첩되는 부분이 있을 수 있다. 마찬가지로, 이 네 가지 주제가 완전히 포괄적인 것도 아니다. 다섯 번째, 여섯 번째 주제도 도출되어 추가될 수 있다.

그림 18에서 볼 수 있듯이 대부분의 공중은 주류 미디어의 뉴스에 묘사된 내용을 통해 위험을 간접적으로 경험한다. 따라서 공중은 위험 현실을 지각하고 해석, 평가하는 데 언론 보도에 큰 영향을 받을 수밖에 없다. 위험의 사회적 확산 모델에 따르면(4장 참조), 뉴스 미디어는 발생

한 위험에 대해 긴급히 보도하고 공중의 격렬한 반응은 연속적으로 잔물결을 일으키며 위험을 증폭시킬 수 있다. 특정 위험 보도의 빈도가 잦은 경우, 뉴스 미디어는 의제 설정 역할을 수행하여 공중은 해당 위험 이슈의 중요성을 지각하게 된다(4장 참조). 언론 보도는 프레이밍을 통해 위험의 특정 측면을 부각시키며 강조하는 반면 다른 측면은 생략하거나 주변화함으로써 위험 현실에 대해 일정한 방향으로 공중의 해석을 유도할 수도 있다(4장 참조). 이처럼 위험의 본질에 대한 정의를 내리고, 누가 책임을 져야 할 것인지 판단하고, 해결책까지 제시하는 뉴스 미디어의 역할에 대한 이해가 어느 때보다 중요해지고 있다.

실제 위험 빈도와
뉴스 미디어에 구성된 위험 빈도는 다르다

위험의 사회적 구성에서 살펴볼 첫 번째 내용은 실제 현실에서 발생하는 위험 유형 및 빈도와 뉴스 미디어에 구성된 위험 유형 및 빈도 간의 비교inter-reality comparison다. 실제 현실의 위험은 주로 통계청, 질병관리청 등에서 공식 발표되는 사망, 질병 발생의 유형과 빈도로 간주한다. 해당 자료를 기준yardstick으로 삼아 뉴스 미디어에 묘사된 위험의 유형과 빈도가 얼마나 실제로부터 벗어나 있는지를 보여 준다. 4장에서 다룬 모든 위험이 언론에 보도되는 것이 아니라는 사실을 상기해야 한다. 위험 빈도에 있어서, 실제 현실과 뉴스 미디어 구성 사이의 괴리를 보여 주는 주요 사례는 다음과 같다.

바버라 콤스Barbara Combs와 폴 슬로빅(Combs & Slovic, 1979)은 미국에서 41개에 달하는 원인별 사망자 수와 오리건주 및 매사추세츠주의 지역 일간지 기사의 사망을 포함한 위험 주제를 다룬 보도 빈도를 비교했다. 심장병, 뇌졸중, 암 등의 질병 사망은 실제 사망 빈도에 비해 뉴스에 덜 보도되는 반면, 살인, 토네이도, 익사, 자동차 사고 등은 실제 사망 빈도에 비해 뉴스에 좀 더 자주 보도되는 경향을 보였다. 우리나라 통계청에서 발표한 2020년 기준 사망 원인 주요 순위를 보면, 암, 심장 질환, 폐렴, 뇌혈관 질환 등 대부분 사고보다는 질병인 것을 알 수 있다. 그러나 질병의 경우 좀 더 흔하며, 어쩔 수 없는 경우가 대부분이고, 사적인 문제일 수 있기에 언론사 입장에서 보면 뉴스 가치가 그리 높지 않다. 반면 위험의 돌출성이 두드러지는 자연재해의 경우, 사람들이 크게 취약성과 통제 불가능성을 느끼고 예방 및 대피 등의 행동 요령을 알려주는 생존과 직결될 수 있는 정보를 추구하기 때문에 뉴스 보도가 많이 이뤄진다. 특히 시각적 이미지가 중요한 텔레비전 뉴스에서 흥미로움이 부각되며 자칫 위험의 오락화 및 상업화될 여지를 제공한다. 좀 더 다양한 언론 기사를 대상으로 분석한 캐런 프로스트Karen Frost 등(Frost et al., 1997)의 연구 결과도 유사하다. 이들은 의료적, 비의료적 위험 요인을 모두 포함하여 비교했는데, 그 결과 뉴스 보도에서 심장병과 담배로 인한 사망은 실제보다 아주 적게 다뤘다. 반면, 불법 약물, 독성 물질, 혹은 사고로 인한 사망 그리고 살인 등을 과도한 빈도로 다뤘다.

질병 영역으로 좁혀 보면, 코로나19나 메르스처럼 새로 나타난 전염병이 아닐 경우 뉴스에서는 크게 다루지 않는다. 신종 전염병에 대한 빈번한 보도가 위험의 확산에 기여함은 물론이다. 가령, 라리사 봄리츠Larisa Bomlitz와 메이어 브레지스Mayer Brezis(Bomlitz & Brezis, 2008)는 미국 언론데이터베이스에서 2003년 신문, 텔레비전, 라디오 등의 뉴스 기사를 검색해 사스, 웨스트나일열, 바이오테러 등과 같이 새롭게 등장하는 건강 관련 위험과 흡연, 운동 부족 등 이미 알려진 만성적 건강 위험 요인의 보도 양태를 비교하여 조사했다. 전자에 대한 보도 건수는 6만 건 가까이 되었으나, 후자에 대한 보도 건수는 2만 건에 채 미치지 못하는 것으로 나타났다. 후자가 좀 더 많은 사람의 생명을 앗아갈 수 있음에도 말이다. 결과적으로 아이러니하게도 뉴스 보도가 빈번하게 될수록 그로 인한 사망률은 낮은 것으로 나타났다. 신종 전염병에 초점을 둔 빈번한 보도 양태는 가용성 휴리스틱을 촉발시켜 자칫 과도한 공포를 조장하여 공중의 위험 지각에 왜곡을 불러일으킬 우려가 있다. 나아가 만성 질환을 예방하기 위해 좀 더 우선순위로 실천해야 할 활동이 미뤄지게 만들 수도 있다. 한국에서도 2003년 사스, 2004년 조류 독감, 2009년 신종 플루(H1N1바이러스)가 등장했을 때 만성 질환과 비교하여, 해당 위험 보도가 크게 증가한 것으로 나타났다(주영기 · 유명순, 2010). 미디어의 집중적 관심은 속보 경쟁으로 이어지고 공포가 급격히 확산되어 감염자에 대한 낙인화까지 초래할 수 있다(김영욱 · 함승경, 2016). 이러한 낙인화는 감염자들이 공동체로부터 느끼는 사회적 거리감을 더욱 고조시킬 수 있다. 예컨대, 공중은 메르스가 종식되어도 메르스 감염자가 발생한 지역을 방문하고 싶어 하지 않을 수 있다.

앞서 언급했듯이 새로 등장한 위험 그리고 돌출성이 있는 위험이 뉴스 미디어의 주목을 받아 좀 더 빈번하게 다뤄질 수도 있지만, 위험 자체보다는 위험을 둘러싼 외부적 주체(예: 기업) 요인도 빈번한 보도에 기여하는 것으로 보인다. 마이클 슬레이터Michael Slater 등은 암 관련 뉴스 보도 빈도를 실제 암 사망률 및 발병률과 비교하였다(Slater et al., 2008). 이들은 미국의 질병통제센터(한국의 질병관리청과 유사)의 데이터와 대표성 있는 주요 신문의 암 관련 기사를 비교했다. 연구 결과, 유방암 보도가 실제 발병률 및 사망률보다 빈번하게 보도되고, 폐암 보도는 덜 빈번하게 보도된다. 사망률보다는 전반적으로 발병률에 좀 더 초점을 두어 보도 빈도가 이뤄지는 경향을 보였다. 이처럼 암과 관련하여 현실 세계와 뉴스 보도의 양적 불균형의 원인은 무엇일까? 유방암의 경우 대중적 관심과 관련 예방 캠페인(핑크리본 캠페인)의 활성화 때문에 빈번하게 보도되는 것으로 보았다. 획기적 치료제가 나왔을 경우, 제약 회사의 홍보력이 발휘될 수 있고, 유명 연예인의 진단 등의 요인이 영향을 미친 것으로 보고 있다. 기업이나 비영리 단체 등의 영향에서 완전히 독립적이지 못한 언론의 모습을 반영한 것일 수도 있다. 한편, 예방과 관련하여 다뤄진 내용이 상대적으로 너무 적거나, 진단이나 조기 발견도 마찬가지로 그리 많은 보도가 이뤄지지 않고 있는 것으로 나타났다. 이는 자칫 공중에게 암에 대한 숙명적 태도cancer fatalism(Lee & Niederdeppe, 2011)를 심어줄 우려가 있다. "나는 암을 예방하는 능력이 부족하다"거나 "진단을 받은 후 죽음을 피할 수 없다"라고 여길 수 있는 것이다.

공중 건강 영역에서 살펴본 것처럼 뉴스 미디어의 위험 보도는 실제 위험 현실과는 다소 동떨어져 있을 뿐만 아니라 광고에 기반을 둔 비즈니스 모델 때문에 기업을 포함한 다양한 사회 주체의 영향을 받는 것으로 보인다. 종합해 보면, 언론 보도가 위험의 확산 과정에 체계적으로 관여한다고 평가하기 어렵다. 더구나 낙인찍기의 예시에서 볼 수 있듯이 공중의 주관적 위험 지각 경향을 고려해 본다면, 뉴스 미디어에 구성된 위험은 사회적으로 더욱 강렬하게 확장될 수 있고 이는 위험 거버넌스 주체들의 합리적 대응을 더욱 어렵게 할 수 있다.

위험을 둘러싼 핵심 쟁점을 외면한다

위험의 사회적 구성과 관련된 두 번째 주제는 위험의 본질적 측면을 심층적, 핵심적으로 보여 주지 못하는 언론 보도의 패턴이다. 예컨대, 과학적 난제를 해결하려는 과학자를 지나치게 영웅화하는 데만 초점을 두거나 대규모의 환경 재난이 발생한 후 일반 시민들이 베푼 선행에만 과도한 분량을 할애한다거나 신기술이 등장했을 때 이것이 해결할 수 있는 긍정성만 강조하는 것이다. 이러한 뉴스 미디어의 위험 구성은 위험의 복잡성이나 예측 불가능성, 윤리나 책임 등 위험 사회를 둘러싼 본질적 문제를 외면하게 만들 가능성이 크다. 해당 내용과 연관된 사례들을 좀 더 자세히 살펴보자.

첫 번째 사례는 2005년 5월 20일 한국의 '난치병 환자 체세포로 배아줄기세포 배양 성공'이 처음 발표된 후, 관련 생명과학 이슈에서 핵심 쟁점으로 다룰 필요가 있는 정책과 윤리를 국내 뉴스 미디어가 등한시한 경우다(김수정·조은희, 2005). 이러한 핵심 주제가 외면되는 이유는 무엇이었을까? 〈조선일보〉, 〈한겨레〉 그리고 〈뉴욕 타임스〉, 〈워싱턴 포스트〉의 관련 기사를 비교 분석한 연구 결과에 따르면, 양국 언론에서 두드러지게 사용한 주제 프레임이 달랐다. 이를 통해 한국 언론 보도 특성의 사회적 맥락을 짚어 낼 수 있었다. 우선 '선두' 주제에서는 배아 세포 성공으로 세계 최고가 될 수 있었다는 점을 강조하고 있고, '영웅' 주제에서는 황우석 교수에 초점을 두어 세계적 생명공학자의 모습을 다룬다. '정책 갈등' 주제에서는 한국 정부의 무제한적 연구 지원 논란, 미국 연방 정부의 줄기세포 연구 지원 쟁점 등을 다뤘고, '윤리 갈등' 주제 보도에서는 배아 파괴 연구의 비윤리성, 난자 채취 쟁점을 논했다. 한국 보도에서는 '선두'와 '영웅' 주제가 압도적으로 많은 비중을 차지한 반면, 미국에서는 '정책 갈등'이나 '윤리 갈등'을 좀 더 다루었다. 한국의 경우, 과학 선진국으로 진입하고자 하는 국가적 열망으로 민족주의적 소구가 두드러졌다. 반면, 미국의 경우, 생명 윤리 영역에서 선도적 위상을 갖고

그림 19 삼성 1호 - 허베이스피리트호 원유 유출 사고, 방제 작업 11일째에도 자원봉사자들이 기름 제거 작업을 하고 있다. 당시 자원봉사자들의 나눔과 베풂이 강조되면서 환경 위험은 과소평가된 면이 있다. (사진: 연합뉴스)

있었기에 배아 연구 지원에 대한 입법 갈등이라는 정치 맥락과 연관시키는 방식으로 해당 이슈를 의미화한 것으로 보인다. 한미 국가 간 비교를 통해 동일한 사안이라도 각 국가의 정치, 사회, 문화적 상황과 이해관계에 따라 뉴스가 다르게 구성되고 의미화됨을 알 수 있다.

두 번째 사례는 위험 관련 핵심 원인과 책임 주체를 적극적으로 규명하는 데 소홀했던 보도 양태이다. 이는 종종 다른 곳으로 공중의 시선을 돌림으로써 이뤄지기도 한다. 가령 재난의 수습 과정에 자발적으로 참여한 일반 시민들에게 과도한 보도 분량을 할애하는 것이다. 2007년 12월 7일, 예인 중이었던 삼성중공업 소속 크레인인 삼성 1호와 정박해 있던 홍콩 선적 유조선 허베이스피리트호가 충돌하여 유조선 탱크에 있던 1만 킬로리터가 넘는 원유가 충남 태안 앞바다에 유출되는 국내 최대, 최악의 해양 오염 사건이 발생했다. 당시 이 사고는 어떻게 주요 일간지에 보도되었는가? 양정혜(2008)에 따르면 시민들의 대규모 봉사 활동이나 주민들에 대한 피해 보상 영역을 강조하여 사태의 본질적 원인과 책임 규명이 충분히 밝혀지지 못했음이 나타났다. 〈한겨레〉를 제외하면, '나눔과 베풂'의 주제가 상당히 지배적인 특징을 보였다. “태안 자원봉사 100만 명 돌파,” “태안 살리기 한 달, 검은 절망 걷어낸 23만의 땀 업그레이드,” “자원봉사, 태안은 울지 않는다,” “부녀 봉사단체 찬바람에도 굵은 땀 봉사” 등의 헤드라인은 일종의 ‘태안의 기적’이라는 감동적인 미담과 서사극을 만들어 냈다. ‘친절한 세계 증후군’이 나타났지만, 기름의 독성이 인체에 위해를 가져올 수 있는 부분을 간과한 ‘위험한 태안의 기적’에 방점을 둔 보도라는 평가도 받았다(윤순진·박효진, 2011). 반면, 원인 규명의 경우, 절대적 분량도 빈약하지만, 원인으로 제시하는 항목도 유조선과 크레인선 중 어느 쪽이 충돌에 더 큰 과실이 있는가의 영역에 국한되어 있는 것으로 나타났다. 이는 자칫 개인 운항 책임자들의 판단력 미숙이나 부주의를 해당 재난의 원인으로 부각시켜 결국 책임을 기업의 구조적 문제보다는 개인의 문제로 돌릴 수 있게 된다. 이럴 경우, 삼성중공업을 포함한 기업에 대한 비판 담론이 확산되지 못하여 결국 환경 재난을 보도하는 언론의 감시 기능을 제대로 발휘하지 못한다. 한편, 주민의 고통은 〈한겨레〉를 제외하고는 거의 다뤄지지 않았다. 유례없는 환경 재난의 피해자인 태안 주민들은 서울 기반의 중앙 언론의 보도에 대해 상당히 좌절했다. 주민 인터뷰에 따르면, 부정확한 보도, 피해 지역으로 사건 이름(‘태안 기름 유출’)이 지어진 것에 대한 우려, 자원봉사자 등에게만 초점을 둔 보도, 주민의 고통을 외면한 보도 등의 문제가 드러났다(박동균, 2009).

세 번째 사례는 신기술 등장을 뉴스에 보도하면서 사람들이 누릴 혜택에만 초점을 둔 나머지 그것이 초래할 잠정적 위험에 대해서는 충분히 논의하지 않는 경향이다. 예컨대, 촉망받는 미래 기술 중 하나인 나노 기술nanotechnology을 예시로 살펴보자. 나노는 아주 작은 초미세의 세계를 의미한다. 물질이 나노미터(nm=10억 분의 1미터, 머리카락 굵기의 약 10만 분의 1) 수준으로 작아지면, 원래 크기에서는 볼 수 없던 새로운 물리적·화학적 성질을 띤다고 알려져 있다(최정석, 2023). 이러한 나노 물질을 연구하는 나노 과학을 기반으로 편리한 제품들을 만드는 나노 기술이 개발되고 있다. 이를 통해 더 강한 물질('나노 코팅'), 더 깨끗한 공정('은나노 세탁기'), 더 빠르고 더 작은 전자 기기('나노 로봇') 등이 가능하다. 그러나 동시에 나노 기술이 초래할 위험에 대한 우려도 제기되고 있다. 나노 입자 등이 분해되기 어려운 오염 물질이 될 수 있다거나, 나노 물질의 독성이 인간의 신체에 영향을 미칠 수 있다거나, 군사적 이용 등에 대한 우려 등이 그것이다(이영희, 2004). 하지만 이러한 위험 요소는 언론 보도에서 자주 언급되지 않는 것으로 나타났다. 국내 언론이 나노기술을 어떻게 보도하는지 살펴보자(송해룡 · 조항민, 2013). 보도 주제로는 '기초 기술/연구'와 '비즈니스 시장/경제'가 80% 가까이 차지했으며, '위험,' '사회/윤리' 등 나노 기술의 문제점을 고민하는 주제들의 비중은 대략 8% 정도에 불과한 것으로 나타났다. 나노 기술에 대한 입장도 긍정적 비율(58.9%)이 부정적 비율(33.6%)보다 높았고, 위험에 대한 대응책에 대한 언급(53.6%)도 간헐적으로 이뤄졌다. 언론 보도가 나노라는 신기술을 희망적 발전으로만 다루고, 위험 가능성을 소홀히 여긴 것이다. 나노 기술을 다룬 대부분의 기사 형식이 스트레이트 기사(74%)였다는 점은 이러한 문제점을 가속화시킬 수 있다.

위험은 정치화된다

위험의 정치화는 불확실성과 통제 불가능성이 고조된 위험 상황이 정치적 영역, 좀 더 구체적으로 정치적 주체들의 입장과 결합되어 변질되는 현상이다. 가령, 한 국가의 지도자, 정치인, 정파 언론 등 정치 주체 세력은 통제나 예측의 불가능성, 나아가 과학적 합의에 의문을 던지며 자신과 자신이 속한 내집단(예: 지지 정당)에 유리할 수 있는, 따라서 정치적으로 반대 진영에 있는 자들에게는 상대적으로 불리할 수 있는, 발언을 내보낸다. 이는 지지자들이 갖고 있는 불확실성을 일시적으로 누그러뜨리는 효과를 발휘할 수 있으며, 나아가 그들을 효율적으로 결속시킬 수도 있다. 미국에서 코로나19 바이러스가 확산한 2020년 초기, 도널드 트럼프 전 대통령은 극도로 불확실한 상황에서 마스크 착용 거부를 선언했고, 그로 인해 그의 지지자들이 "나의 몸, 나의 선택My Body, My Choice"을 외치면서 마스크 착용을 거부하고 나아가 사회적 거리 두기를 실천하지 않았던 상황은 위험의 정치화 현상을 잘 보여 준다. 트럼프의 선택은 지지자들이 갖는 위험 불확실성을 잘못된 방향으로 낮추는 역할을 했을 가능성이 크고, 미국의 폭스FOX 뉴스 등 정파 언론까지 결합하면서 민주당과 공화당의 갈등을 극렬히 증폭시켜 정치적 양극화 심화 현상까지 초래한 듯하다. 당시 세계보건기구(WHO) 등에서 과학적 근거에 따라 마스크 착용을 이미 권고한 상황이었다는 점에서 트럼프의 마스크 미착용 선언은 불안한 당시 상황을 파고들어 지지자들의 정치적 집단 정체성 버튼을 자극하여 무분별하게 동조하도록 했다고 볼 수 있다.

통상적으로 위험의 문제는 과학의 불확실성과 관련이 있다. 과학은 아무리 '참'일지라도 '거짓'일지도 모를 가능성을 열어 둔다. 이 점을 고려한다면, 좀 더 정확하게는 위험 상황에서 과학의 정치화 현상을 의미한다고도 볼 수 있다. 과학의 본질적 불확실성을 지나치게 악용하는 것

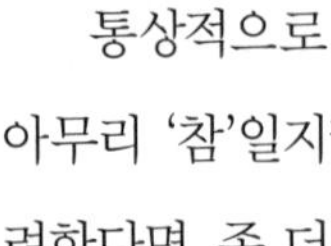

미국 공화당 지지자들이 개인주의, 자유의 가치에 기반해 마스크 착용을 거부한 것은 위험의 정치화 현상을 보여 준다. (Why face masks became political in the US, Vox, 2020. 8. 22)

일 수 있기에 정치화는 과학계에 위협적일 수 있다. 일반 공중은 과학자들의 노력으로 검증된 과학 정보를 무시하며 따르지 않을 수도 있게 된다. 과학의 정치화는 비정치적 인물에 의해 촉발될 수도 있으나, 언급한 예시처럼 종종 정치인에 의해서도 나타날 수 있다. 특히 정치인이 숙의에 기반을 둔 공공의 장이나 조직의 구성원이 검토해 주는 게이트키핑 과정을 통하지 않는 개인 소셜 미디어, 예컨대 트위터 등에서 특정 과학적 합의를 부정할 때, 정파성이 강한 지지자들은 해당 정치인의 시각을 다소 맹목적으로 받아들인다. 기후 변화에 대한 객관적 증거와 우려가 이미 과학계에서 제기되었음에도 불구하고, 이를 다소 조롱하는 듯한 트럼프의 트윗("너무 춥고 눈도 많이 오는 뉴욕. 지구 온난화가 필요해!")을 떠올려볼 수 있다. 지지자들은 이러한 정파적 단서를 가용성 휴리스틱으로 활용하여 기후 변화 관련 위험을 과소평가하고 이에 기반하여 이후 유입되는 정보를 처리할 수 있다(5장 참조). 특히, 지지하는 정치인의 발언을 내집단ingroup 정보로 범주화시켜 인식하고, 내가 취하고 싶은 내용만을 선택, 해석하는 확증 편향에 빠질 가능성이 크다. 결국, 내집단과 스스로를 동일시하면서 집단 소속감을 높이고 상호 결속을 다지면서 '우리'의 시각으로 불확실성을 누그러뜨리는 경향을 보인다.

위험의 정치화에 대한 다음 세 가지 연구 사례를 살펴보자. 언론에 보도된 과학 전문가의 합의보다는 자신이 지지하는 정치인의 발언을 신뢰하는 경우, 언론사들마다 자신들의 입장을 지지해 주는 전문가를 선별하여 인터뷰하는 경우, 코로나19와 같은 글로벌 위험을 안전한 내집단과 위험한 외집단으로 구별 지어 내집단의 위험 지각을 누그러뜨리려는 시각으로 보도하는 경우가 그것이다.

우선 첫 번째는 실험 연구 사례다. 실험에 참가한 민주당과 공화당 지지자들이 트럼프와 과학자가 MMR 백신 접종과 자폐의 관계에 대해 상충되는 발언을 하는 뉴스 보도에 동시에 노출될 경우 어떠한 행동 의도를 보이는지 살펴보았다(Jones-Jang & Noland, 2020; 실험 2). 첫 번째 실험 조건에서는 참가자들에게 과학자들은 백신이 자폐 위험을 가져온다고 주장하지만, 트럼프는 트위터를 통해 해당 위험이 낮다는 반대 입장을 취하고 있다는 뉴스 기사를 보여 주었다. 두 번째 실험 조건에서는 서로의 발언이 바뀌도록 했다. 실험 자극물에 노출된 이후 참가자들은 "만약 내가 미래에 아이를 갖게 된다면, 나는 주치의가 추천하는 예방 접종을 아이에게 반드시 맞힐 것이다"에 얼마나 동의하는지 응답했다. 우선 과학자가 백신의 위험성이 높다고 하고, 트럼프가 백신 위험이 낮다고 한 첫 번째 조건의 경우, 공화당 지지자들은 트럼프를 따라 높은 접종 의도를 보인 반면, 민주당 지지자들은 과학자를 따라 낮은 접종 의도를 보였다. 그런데 두 번째 실험 조건, 즉 과학자가 백신 위험이 낮다고 한 반면, 트럼프가 백신 위험이 높다고 한 경우, 공화당 지지자뿐만 아니라 민주당 지지자도 접종 의도가 낮았다. 민주당 지지자들에게 두 번째 조건의 경우, 보수 성향의 정치인들과 과학자들에게서 제공받는 통상적으로 일치하는 방향성의 정보가 아니기에 불확실성이 한껏 고조된 것으로 보인다. 그런데도 해당 연구 결과는 트럼프가 위험이 낮다고 과학적 합의에 도전하는 입장을 공개했을 경우, 공화당 지지자들의 동조를 얻는 것을 볼 수 있다. 이처럼 정치인의 입장이 비정치적 영역인 공중 보건에 침투하여 사람들의 백신 위험에 대한 태도와 행동 지침에 영향을 미칠 수 있다.

위험의 정치화 두 번째 사례는 2008년 당시 미국산 소고기의 광우병 언론 보도에서 각 언론사들이 어느 조직 소속의 전문 과학자를 정보원(취재원)으로 활용하고, 그 과학자는 광우병 위험에 대해 어떠한 입장을 전달하는가를 살펴본 연구다(박희제, 2011). 광우병에 대한 과학적 지식의 불확실성이 당시 높은 상황이었다. 이 연구는 과학 전문가를 광우병에 대한 전문 지식을 갖춘 사람으로 정의하고, 이들의 소속을 국내 대학, 정부 기관, 시민 단체, 해외 대학으로 범주화했다. 뉴스에 보도된 그들의 발언을 (1) 광우병이 위험하다고 말했는지, (2) 안전하거나 위험이 과장되어 있다고 말했는지, (3) 중립(위험/안전 모두 취하거나, 불확실성을 강조하거나, 중립적 정보만 제공)이라고 했는가로 나누어 분석했다. 〈조선일보〉, 〈동아일보〉의 경우는 상대적으로 식품의약품안전처 등 정부 소속 전문가가 위험을 낮게 판단한 인용이 빈번했고, 나머지 언론사들, 즉 〈한겨레〉, KBS, MBC의 경우는 환경운동연합 등 시민 단체 소속 전문가가 위험을 높게 판단한 인용이 잦았다. 이러한 결과는 언론 속의 전문가가 미국산 소고기의 위험성에 대해 중립적인 발언을 하기보다는 위험하다 혹은 안전하다는 특정 입장을 취하고 있음을 보여 준다. 상대적으로 대학교수들이 중립적 입장을 표명했으나, 정부 소속 전문가는 압도적으로 안전을(81.8%), 시민 단체 소속의 전문가는 압도적으로 위험을(87.2%) 주장했다. 결국 언론사들은 자신의 입장을 이야기해 줄 전문가를 선택적으로 찾아서 인터뷰했다는 점을 부인하기 어려울 것이다. 광우병이라는 위험의 불확실성이 고조된 당시 상황에서 과학 전문가는 뉴스에서 독립적 정보원으로서 역할을 수행하지 못했다. 이들은 객관적 지식보다는 논쟁 중 한쪽 입장을 대변하며 뉴스 미디어에 의해 정치적으로 활용된 것이라고 연구자는 해석했다.

세 번째 사례는 글로벌 위험에 대한 언론 보도다. 위험의 정치화는 국내의 서로 다른 세력 집단 외 국가적 차원의 범주화를 통해서도 나타날 수 있다는 점을 보여 준다. 코로나19의 경험에서 알 수 있듯이, 글로벌 위험은 초국가적 성격을 띠고 있다. 유사하게, 2011년 동일본 대지진 당시 후쿠시마 원전 사고도 글로벌 위험으로 간주할 수 있다. 양은경(2014)에 따르면, 해당 주제를 보도한 KBS1 〈9시 뉴스〉는 글로벌 위험임에도 불구하고 한국과 관련된 관심사에만 초점을 두었다. 심각하게 진행 중인 일본의 위험을 적극적으로 공유하며 연대를 모색하기보다는 우리('안전한 한국')와 그들('위험한 일본') 사이에 선을 긋고 구분하여 단절시켰다. 더 나아가 과거의 양 국가 간의 갈등적 이슈, 가령 반일 감정을 위험 맥락에 소환시켜 오히려 글로벌 위험이 과소평가되도록 방관한 것이라는 우려를 자아냈다. 코로나19도 글로벌 위험인데, 국내 언론이 얼마나 총체적 관점과 접근으로 해당 위험을 다뤘는지 검토해 봐야 한다. 예컨대, K방역에 초점을 둔 지나친 국가주의적 접근으로 글로벌 위험을 이해하고자 한 것은 아닌지 질문해야 한다.

위험 관련 사회 갈등이 첨예화된다

언론이 위험으로 촉발된 사회 갈등을 공론장으로서 중재적 역할을 하기보다는 오히려 관련 집단 간 갈등을 부추기는 이른바 '경마 중계식' 행태로 보도를 수행한다는 비판이다. 즉 언론이 사회 갈등을 적극적으로 조정하고 올바른 합의를 이끌어나가는 역할은 매우 중요한데(광장 모델, 4장 참조) 제 역할을 하지 못하는 경우가 빈번하다는 것이다. 관련된 몇 가지 사례들을 통해 알아보자. 우선 첫 번째 사례로 2003년 전북 부안 핵폐기물 처리장 유치 관련 보도다. 님비NIMBY(Not In My Backyard) 시설로 여겨지는 핵폐기장 혹은 방폐장은 부지 선정 때마다 극심한 사회적 갈등을 불러일으켰다. 참고로 방폐장은 끝내 부안이 아닌 경북 경주에 유치되었다. 부안 핵폐기장 언론 보도를 살펴보자. 나미수(2004)에 따르면, 언론은 주민과 부안(정부) 간에 본질적인 갈등 원인과 해결책보다는 표면적으로 드러나는 대결 구도에 초점을 두어 보도했다. 주민들의 반대 의견의 근본적 이유 혹은 구체적 배경은 잘 드러나지 않는다는 진단이다. 예컨대, 주민들의 시위나 집회를 보도하면서 "시위대의 화물차가 경찰을 향해 무서운 속도로 돌진합니다. 국민들이 던진 화염병이 여기저기에서 폭발합니다. 급기야 LP 가스통마저 터지면서 부안 지역은 순식간에 아수라장으로 변했습니다"(《KBS 뉴스 9》, 2003. 11. 20)처럼 문제 해결보다는 갈등을 전면에 부각시킨다는 것이다.

두 번째 사례는 앞서 다른 관점으로 살펴보았던 밀양 고압 송전선로 건설과 관련된 갈등이다(5장). 이화연과 윤순진(2013)은 어떻게 언론이 표면적 갈등에만 초점을 두었는지 분석하면서, 갈등의 주제를 여러 가지로 범주화했다. 밀양 주민들의 보상금에 대한 관심 등 지역 이기주의 부각, 송전선로 건설은 국책 사업이니 어쩔 수 없다는 상황적 요인 강조, 주민 폭력이나 분신 등 부정적 행위에 초점, 한국전력-주민의 갈등 상황 고조 등이 그것이다. 결과적으로, 언론 보도는 밀양 송전선로 건설 사업을 둘러싸고 야기된 주체들의 사회 갈등에 대해 개인 재산권을 위해 국책 사업을 반대하는 지역 이기주의와 지역민들의 폭력성 및 위법성을 부각시켜 다룬 것으로 나타났다. 중앙 언론뿐 아니라 〈경남도민일보〉 등 지역 언론의 경우도 갈등 대립이나 지역민의 분신 폭력 비중을 상대적으로 높게 다룬 것으로 나타났다.

한편, 위험을 둘러싼 사회 갈등의 문제가 해결되기 어렵고 언론도 광장의 역할을 수행하지 않는 상황에서, 정부는 대안책을 고안했는데, 2017년 7월 신고리 5·6호기 공사를 3개월간 일시 중단하고 공사 중단 혹은 재개 여부를 공론 조사에 맡기자고 결정한 것이 사례가 될 수 있다. 이러한 결정에 대해 일부에서는 중대한 국가 에너지 정책을 비전문가인 시민 대표 참여단에게 맡긴다, 공론 조사의 공정성 훼손 가능성이 있다 등의 부정적인 의견을 제기했으나, 7월 24일 신고리 5·6호기 공론화위원회는 공식적으로 출범했다. 공론화란 중요한 정책 결정에 앞서 행하는 제도적 의견 수렴 과정으로서, 특정 공공 정책이 초래할 수 있는 사회 갈등에 대한 해결책을 모색하기 위해 이해관계자, 전문가, 시민참여단 등의 주체들이 제시하는 다양한 의견을 토론, 성찰하며 관점 등을 변화시켜 나가는 동적인 과정이다(이영희, 2018). 당시 지역 순회 토론회, TV 토론회, 2박 3일에 걸친 500여 명의 시민 참여단의 종합 토론회 등의 공론화로 최종 권고된 제안은 신고리 5·6호기 공사 재개와 원전 축소였다. 이러한 제안 결과는 찬반 양측 진영 모두에게 그리고 여론 조사 결과 공론화 과정을 지켜본 일반 국민에게도 비교적 잘 받아들여진 것으로 나타났다. 효과적 공론화를 위해서는 대표성과 숙의성 그리고 균형 잡힌 정보가 충분하게 제공되어야 하고, 공론화 과정이 공정하고 투명하게 관리되어야 한다. 당시의 공론화 절차는 숙의 시간 부족이나 지역 주민 및 미래 세대의 누락 등 참가자들의 대표성 결여 등의 한계점은 있었으나, 일반 시민이 최초로 정책 결정권을 부여받은 숙의 민주주의 실현의 실험으로 평가받기도 했다(윤순진, 2018; 이영희, 2018).

이 장에서는 다양한 유형의 위험이 어떻게 뉴스 미디어에 반영되며 사회적으로 재구성되는지 살펴보고 문제점을 제기했다. 실제의 위험과 뉴스에 구성된 위험의 유형 및 빈도 차이, 위험을 둘러싼 핵심적 쟁점이나 책임자 규명은 소홀한 채 민족주의, 개인의 나눔과 베풂, 새로운 기술의 장점만을 부각시키는 보도, 과학의 본질적 불확실성을 정치적 관점으로 변질시키는 위험의 정치화 양상, 그리고 위험을 둘러싼 사회 집단 갈등의 증폭과 첨예화가 그것이다. 위험을 공중과 제대로 소통할 수 있도록 노력해야 하는 위험 거버넌스의 주요한 주체로서 뉴스 미디어의 위험 관련 보도의 규범적 역할을 치열하게 고민해야 한다. 위험의 주관적 인식 연구 결과를 바탕으로(5장) 정부 관료, 과학 전문가, 언론, 공중 간에 합리적이고 생산적인 위험 소통 방안을 논의해야 한다. 이러한 소통을 기반으로 위험을 보도할 때 살펴보았던 다양한 유형의 문제점들을 점진적으로 해소해 나갈 수 있다.

7장

엔터테인먼트 콘텐츠는 위험의 도피처인가, 의미의 자원인가

위험 사회와 엔터테인먼트는 얼핏 보면 서로 관련이 없어 보인다. 영화, 드라마, 예능 등은 우리에게 웃음, 재미, 서스펜스 등 주로 쾌락적 경험을 선사한다. 하지만 코로나19처럼 위험 상황이 장기적으로 만성화되고 사회적 거리 두기가 강화될 때, 엔터테인먼트의 적절한 선택과 소비는 우리를 두려움, 긴장감, 스트레스 등에서 벗어나게 한다. 동시에 엔터테인먼트는 우리 사회의 복잡다단한 문제적 현실을 반영하고(예: 재난 영화, SF 영화), 우리는 현실과 맞닿는 묘사 속으로 전송transportation되어 다양한 정보와 의미의 자원을 획득하기도 한다. 엔터테인먼트를 정확히 정의 내리는 것은 매우 어렵다. 이 장에서는 구체적 장르나 미디어의 구분보다 소비의 경험 자체에 초점을 두었을 때, '재미'와 '의미'라는 내적 만족감을 가져다주는 콘텐츠라고 정의하도록 한다(Bartsch, 2017).

현대 사회에서 미디어 콘텐츠의 다양화, 혼종화가 급격히 진행되고 있다. tvN의 〈알쓸신잡〉이나 〈유퀴즈온더블럭〉 등과 같은 프로그램의 등장에서 볼 수 있듯이, 리얼리티와 픽션, 정보와 오락 등의 장르 구분이 급격하게 모호해지고 있다. 2021년 〈시사IN〉에서 실시한 주관식 설문 조사 결과, 가장 신뢰하는 언론인 2위로 방송인 유재석이 꼽혀(이오성, 2021) 스스로도 당황했다는 보도가 있었다. 일반 대중의 인식 속에서 언론인과 예능인의 구분이 사라지고 있다는 반증일 수 있다. 기존 방송뿐만 아니라, 소셜 미디어, 대표적으로 유튜브 플랫폼을 통해 이용자 스스로 만들어 내는 콘텐츠와 그 조회 수도 급증하고 있다.

우리가 위험에 대해서 생각해 볼 수 있는 기회를 제공하는 콘텐츠는 뉴스나 다큐멘터리뿐만 아니라 드라마, 영화, 웹툰 등 픽션 기반의 콘텐츠를 포함해 매우 광범위할 수 있다. 다양한 콘텐츠를 의도적, 적극적으로 찾아보면서 위험에 대한 이해를 돕고 지각된 위험에 따른 불확실성과 불안감을 누그러뜨릴 수도 있다. 또한 드라마, 리얼리티쇼 등의 예능, 영화 등의 장르에서도 관련 주제를 우연히 접할 수도 있고, 이러한 노출이 위험 관련 우리의 믿음, 태도, 행동에도 알게 모르게 영향을 미칠 수 있다.

위험 사회와 엔터테인먼트에서는 다음 주제들을 살펴본다. 첫째, 지각된 위험으로 인한 부정적 감정(공포, 두려움, 불안)과 스트레스를 누그러뜨리기 위해 개인들은 특정 엔터테인먼트 콘텐츠에 스스로를 선택적으로 노출시킬selective exposure 수 있다(Knobloch, 2013; Zillmann, 2000). 통상 이러한 노출은 스트레스에 적응하기 위해 사람들이 활용하는 여러 전략과 대응시킬 수 있다(Folkman & Moskowitz, 2004). 이를 통해 엔터테인먼트의 도구적 활용이 스트레스를 효율적으로 관리하는 데 도움이 될 수 있다는 자각, 즉 적응효능감coping efficacy을 갖게 할 수 있음을 제시한다. 둘째, 위험 사회 맥락에서 소비한 엔터테인먼트 콘텐츠의 학습과 그 효과에 대한 탐색이다. 구체적 장르에 얼마나 노출하느냐에 따른 효과 여부보다는, 크게 재미pleasure(유머와 서스펜스 포함)와 의미meaningfulness라는 상이한 소비 경험으로 구분하고, 이러한 경험을 어림짐작과 숙고에 각각 기반한 주변적 혹은 체계적, 즉 이중 정보 처리dual information processing(Chaiken et al., 1989; Petty & Cacioppo, 1986) 논의와 결합시켜 어떻게 해당 경험이 위험과 관련한 우리의 믿음, 태도, 행동의 변화에 영향을 미치는지 알아본다.

위험 상황과 엔터테인먼트 이용

2020년 코로나19 상황에서 다시금 주목받았던 영화 〈컨테이젼*Contagion*〉(2011)과 〈감기〉(2013)를 생각해 보자. 우리는 위험을 지각하여 부정적 감정을 느낄 때, 현실 도피, 긴장 완화 등의 쾌락적 동기를 강화시켜 코미디, 스릴러, 액션 등의 장르를 선호할 수 있다(Knobloch, 2013; Zillmann, 2000). 하지만 〈컨테이젼〉과 〈감기〉를 사람들이 많이 검색하고 감상한다는 것은 코로나19 상황에서 현실 도피의 동기만으로 엔터테인먼트를 선택하고 이용하는 것이 아님을 보여 준다. 사람들은 왜 이 영화들을 찾았던 것일까? 당시 겪고 있는 코로나19 상황이 해당 영화의 주요 줄거리와 유사했기 때문이다. 이러한 콘텐츠를 통해 사람들은 내집단과 외집단의 구분과 단절, 외집단을 향한 혐오, 집단 간 갈등, 사람들의 이타적 모습과 연대 등의 복합성을 보여 주는 코로나19 상황에 대해 좀 더 잘 이해할 수 있고, 팬데믹 독감과 계절성 독감의 차이에 대한 지식도 얻게 된다. 동시에 팬데믹은 언제든 재등장할 수 있고, 아직 준비가 미흡한 우리가 이를 대비하기 위해 어떤 관심을 가져야 할지 고민해 보게 만든다. 이처럼 엔터테인먼트의 이용과 선택은 재미 추구나 현실 도피라는 쾌락적 동기를 넘어 위험 상황을 해결하고 숙고에 도움을 줄 수 있는 유용한 정보나 의미 추구 등의 비쾌락적 동기와도 관련이 있다(Nabi et al., 2006; Oliver & Bartsch, 2010). 나아가 영화 감상을 마친 이후 어떻게 위험에 대해 준비하고 실천할지도 다른 사람들과 손쉽게 접근 가능한 플랫폼을 통해 수평적 온라인 대화를 나눌 수 있고(최윤정, 2018), 관련된 정통 뉴스나 탐사 보도도 찾아볼 수 있다(Bartsch & Schneider, 2014).

쾌락적 대 비쾌락적 동기

우선 초기에 진행된 엔터테인먼트 연구를 살펴보자. 이용과 충족Uses and Gratifications(Rubin, 2009) 접근에 따르면, 능동적 수용자로서 우리는 자신의 다양한 사회심리적 욕구를 파악하고 있고, 대안적 활동(등산, 운동)

과 미디어 이용을 평가한 후 해당 욕구를 충족시키는 채널과 콘텐츠를 적극적으로 선택, 이용한다. 하지만 부정적 경험을 완화시키는 콘텐츠의 구체적 특성에 대해서는 명확히 제시하지 않았다. 기분조정Mood Management(Zillmann, 2000)이론에서는 특히 감정 욕구에 집중하면서, 부정적 감정을 경험할 때 이를 누그러뜨려 긍정적 기분으로 향상시키거나 항상성homeostasis(긴장의 완화 혹은 지루함 극복)이 유지되는 미디어 콘텐츠를 선택한다고 주장한다. 두 이론적 접근의 공통점은 수용자들을 모두 능동적으로 바라본다는 점이다. 스트레스와 적응 분야의 연구의 경우(Lazarus & Folkman, 1984), 주로 사회심리학 분야에서 탐색되었는데, 이 분야에서는 엔터테인먼트 이용을 기분 전환이나 레저 활동으로 취급하는 경향이 있어 왔다. 하지만 미디어 콘텐츠의 특성을 반영한 구체적 스트레스 적응 전략을 체계적으로 진척시키지는 않았다.

기분 조정이나 스트레스에 대한 적응의 도구로서 엔터테인먼트를 연구 대상으로 삼은 것은 그리 오래되지 않았다. 초기에 관련 연구 대부분은 미국이나 서유럽에서 수행되었고, 서스펜스, 웃음, 즐거움 등의 경험을 추구하는 데 주로 초점을 두어 쾌락적 동기에 집중했다(Knobloch, 2013; Zillmann, 2000). 해당 연구의 가장 큰 기여는 우리의 감정 상태를 변화시킬 수 있는 엔터테인먼트 콘텐츠의 특성properties을 규명하여 개념화하고, 실제로 실험실 상황에서 부정적 감정과 콘텐츠 선택의 인과관계를 밝힌 것이다. 크게 세 가지의 콘텐츠 특성으로 정리할 수 있다. 첫째, 긍정적 감정을 이끌어 낼 수 있는 콘텐츠 역량이다. 특히 KBS2 〈개그콘서트〉와 같은 코미디 장르에서의 웃음은 재미의 핵심적 요소라 할 수 있다. 유머의 경우 전달되는 메시지가 그리 중요하거나 심각하지 않다고 여기게 할 수도 있다. 이를 메시지 할인message discounting 효과라고 부른다(Feldman & Borum Chattoo, 2019). 쾌락적 경험을 이끄는 두 번째 콘텐츠의 특성은 플롯(스토리라인)이 부정적 경험을 떠올리게 하지 않는다는 것이다. 이를 개념적으로 의미론적 유사성이 낮다고low semantic affinity 말한다. 즉 콘텐츠가 다루고 있는 주제나 묘사가 수용자가 현재 경험하는 부정적 경험을 소환하지 말아야 한다(Medoff, 1982; Kim & Oliver, 2011). 가령, 연인과 결별한 후, 로맨스를 주요 스토리라인으로 다룬 영화를 보고 싶어하지 않을 수 있다. 유사하게 코로나19로 스트레스를 받는다면, 콘텐츠 내용은 코로나19 상황을 소환하지 않아야 재미를 경험할 수 있다.

세 번째 재미의 경험을 이끄는 콘텐츠 특징은 강력한 흡인력absorption이다. 몰입도가 높다는 의미와 유사하다. 메시지를 소비하는 동안 주변에 무슨 일이 일어났는지 살필 겨를도 없고, 다른 잡념도 떠오르지 않으며, 예측 가능성이 낮은 스토리를 포함한 강력한 서스펜스가 예시일 수 있다. 한편, 부정적 감정을 각성arousal의 차원에서 살펴볼 때, 느린 지루함(낮은 수준의 각성)이나 첨예한 스트레스(높은 수준의 각성)가 예시일 수 있다. 이러한 상황에서는 각각 각성 수준을 좀 더 올려주거나(예: 플레이오프 게임쇼) 낮춰 주는 콘텐츠(예: 평온한 자연 다큐멘터리)를 선택해서 각성의 항상성을 유지할 수 있다(Bryant & Zillmann, 1984). 코로나19 팬데믹 상황이 장기화되어 부정적 감정이 만성적으로 지배적일 때, 이러한 감정을 향상시키거나 잠시 누그러뜨리기 위해 코미디를 보거나 흡인력이 비교적 강한 스릴러 시리즈, 잔잔한 자연물을 다룬 콘텐츠를 소비할 수 있다.

그러나 쾌락적 동기만으로 수용자들의 엔터테인먼트 선택과 노출을 설명하기 어렵다. 부정적 경험을 떠올리게 하는 콘텐츠를 피하기보다는 오히려 적극적으로 소환해서 그 안에서 정보적 가치나 유용성information value/utility을 찾아 자신의 문제를 해결하는 데 실질적 도움을 받을 수도 있다(Hastall, 2009; Nabi et al., 2006). 나아가 당장 문제를 직접적으로 해결하지는 못해도 삶의 목표에 좀 더 가까이 갈 수 있도록 자원을 얻을 수 있는데, 그 자원이 의미다. 이러한 의미 추구 동기를 개념적으로 쾌락적 동기와 구분하여 성찰적 동기eudaimonic motivation라 명명할 수 있다(Oliver & Raney, 2011). 예컨대, 나의 문제가 그리 큰 문제가 아닐 수 있다는 깨달음, 모두들 자신만의 어려움을 갖고 있다는 지각, 내가 추구하고자 하는 삶의 목표 재확인, 새로운 관점의 습득, 당연한 것에 대해 감사할 수 있는 마음 등이 해당된다. 의미 추구의 경험을 이끄는 콘텐츠의 속성은 앞서 재미의 경험을 가져다주는 속성과 거의 반대라고 볼 수 있다. 긍정적 감정보다는 부정적 감정(슬픔 등)을 이끌어 내고, 종종 혼합된mixed 감정을 경험할 수 있다(Larsen et al., 2001). 여기서 혼합된 감정이란 긍정적 및 부정적 감정의 동시 경험으로 애잔함, 감동적임, 혹은 영감을 주는 감정일 수 있다. 또한 현실 도피와는 달리 그 부정적 현실을 소환하여 안으로 들어가게 한다. 유용한 정보를 획득하여 상황을 해결하거나 정당화할 수도 있고, 의미를 경험할 수 있도록 돕는다. 따라서 의미론적 유사성이 높은high semantic affinity 콘텐츠라 할 수 있다. 마지막으로 강력한 흡인력보다는 다소 느리게 전개되는 내러티브 속도로 나의 경험과 콘텐츠의 주제를 연결시켜 숙고할 수 있도록 돕는다(Green & Brock, 2002). 앞서 언급했던 영화 〈감기〉나 〈컨테이젼〉 등이 코로나19 상황에서 사람들의 재주목을 받은 것이 성찰적 동기의 좋은 예시다. 해당 영화를 감상하면서 겪고 있는 현실의 어려움을 들여다보며 반성reflection의 기회로 삼을 수 있다.

엔터테인먼트 이용과 스트레스 적응

개인이 스트레스에 어떻게 적응하는가를 논의하는 사회심리학적 연구

(Lazarus & Folkman, 1984)에서 엔터테인먼트 이용 부분을 심층적, 체계적으로 다루지는 않았다. 하지만 일상생활을 하는 대학생들과 유방암 환자들을 대상으로 각각 조사한 연구 결과를 살펴보면 미디어 이용은 서로 다른 표본에서 모두 빈번한 스트레스 적응 전략으로 보고되었다(Nabi et al., 2017). 음악 듣기, TV 시청하기, 게임하기, 책이나 잡지 읽기, 인터넷 서핑하기, 페이스북 등 소셜 미디어 이용하기 등이 그것이다. 조사 시점을 기준으로 지난 4주 동안 스트레스를 다루기 위해 어떠한 전략을 활용했는지 질문한 후, 그 전략을 재분류한 결과다. 스트레스 상황에서 규칙적으로 운동하기, 다른 친구나 가족과 이야기를 나누며 위안과 정보 나누기, 스트레스의 원인에 대해 다른 각도로 생각해 보기, 요가/명상/의식적 호흡 등 긴장감 낮추기 등과 함께 엔터테인먼트 이용과 소비는 여러 적응 수단 중 상대적으로 꽤 중요한 위상을 차지하고 있는 것으로 나타났다.

유사하게, 코로나19로 인해 사회적 거리 두기가 지속되고 미국과 서유럽 등의 국가에서는 집 밖으로 나가지도 못하는 '록다운' 상황까지 발생했기에 사람들의 스트레스 경험 수준은 크게 고조되었다. 감염에 대한 두려움, 어그러지는 일상 스케줄, 변이나 종식에 대한 불확실성은 계속 증폭되었다. 사람들이 집 안에 머무는 시간은 늘어났고, 이에 따라 유튜브나 OTT 서비스를 통한 엔터테인먼트 이용도 크게 증가한 것으로 나타났다. 넷플릭스 서비스의 경우, 팬데믹이 시작된 2020년 매출이 전년도에 비해서 전 세계적으로 크게 증가하여 27조 원에 달했다(장우정, 2021). 국내의 경우도 2020년 넷플릭스 결제 금액이 전년도에 비해 크게 상승하여 5,000억 원이 넘어선 것으로 집계되었다(장우정, 2021). PC/모바일/콘솔/아케이드/가상 현실(VR) 게임 이용도 전반적으로 증가한 것으로 나타났다(한국콘텐츠진흥원, 2021).

이처럼 미디어 이용이 스트레스에 대한 적응을 돕는 도구로서 활용되고 있음에도 불구하고, 코로나19 상황에서 방역 당국의 미디어 이용 관련 권고 사항은 뉴스에만 집중되곤 했다. 미국 국립보건원의 예시를 살펴보면, 뉴스에 대한 지나친 노출을 자제하고 허위 정보가 아닌 팩트에 집중하라고 권고한다(National Institute of Mental Health, 2020). 엔터테인먼트 이용 등은 충분히 제시되고 있지는 않다. 마찬가지로 우리나라의 코로나19 통합심리지원단에서도 정보에 집중하며 허위 정보에 대한 경고가 중심이다(국가트라우마센터, 2020). 한국언론진흥재단(2020)의 코로나19 미디어 리터러시 실천 지침을 살펴보아도 위험 관련 전반적 미디어 이용, 예컨대 재난 관련 다큐멘터리나 엔터테인먼트 콘텐츠 감상 및 토론에 대한 언급은 부족하다. 이러한 이유를 유추해 본다면, 엔터테인먼트 콘텐츠를 소비하는 것은 자칫 나도 모르게 게을러지거나 재택근무나 비대면 학습 등 좀 더 중요한 목적을 달성하는 데 방해가 될 수 있다는 우려 때문인 듯하다.

앞서 살펴본 배경에 기반하여 엔터테인먼트 미디어 이용이 구체적으로 어떻게 스트레스에 대한 적응에 도움이 될 수 있을지 다음 세 가지 적응 전략에 대응시켜 보도록 한다. 엔터테인먼트를 통한 재미와 서스펜스의 추구는 감정에 초점을 둔 적응emotion-focused coping, 정보적 가치 및 유용성의 추구는 문제 기반 적응problem-focused coping, 통찰과 의미 경험의 추구는 의미에 초점을 둔 적응meaning-based coping과 각각 대응되면서 스트레스를 다스릴 수 있다(Folkman & Moskowitz, 2004; Lazarus & Folkman, 1980).

첫 번째 감정에 초점을 둔 스트레스 적응 전략은 스트레스를 둘러싼 부정적 감정을 누그러뜨리고 기분 좋은 감정으로 향상시키기 위한 노력이다. 일상생활에서 친구들과 이야기 나누기, 자신에게 긍정적이고 희망적인 말해 주기, 낮잠 자기, 흡연, 음주 등이 해당될 수 있다. 엔터테인먼트 이용 맥락에서는 대체로 쾌락적 동기 추구와 좀 더 관련이 있다. 즐거움, 서스펜스, 차분한 경험을 추구할 수 있다. 한 가지 생각해 볼 만한 지점은 불쾌한 현실에서 도피하기 위해 엔터테인먼트 콘텐츠를 이용하는 것은 스트레스 적응에 궁극적으로 도움이 될 수도 있고, 또 그렇지 않을 수도 있다. 계속 회피만 한다면 결국 문제를 더 악화시킬 수도 있기 때문이다. 현실 도피의 수단으로 미디어를 어떻게 효율적으로 활용해야 스트레스 적응에 도움이 될지는 고민이 필요하다. 엔터테인먼트 콘텐츠가 부정적 감정을 긍정적으로 전환시키는 데 유용하게 활용될 수 있는 이유는 비용이 크게 들지 않고, 인터넷만 있으면 쉽게 접근 가능하기 때문이다. 배경지식을 요구하는 난도가 높거나 복잡한 콘텐츠도 간혹 있을 수 있으나, 대체적으로 특별한 배경지식을 크게 요구하지도 않는다. 한꺼번에 몰아서 볼 수도 있고, 이용하면서 마스크 등을 착용하지 않아도 되므로 평범한 일상처럼 느낄 수 있다. 코로나19 상황에서 넷플릭스에서 많이 검색된 키워드로는 범죄, 로맨스, 리얼리티, 예능, 시리즈 등 기분 향상이나 현실 도피에 도움이 되는 콘텐츠인 것으로 보인다(최홍규, 2020). 그리고 각 방송사 엔터테인먼트 유튜브 채널의 조회 수가 급증했는데, 아무래도 짧게 편집된 영상들의 인기 때문으로 해석 가능하다. 이처럼 자유롭게 선택된 미디어 콘텐츠는 웃음과 즐거움을 가져다줄 수 있기에 부정적 감정을 누그러뜨리는 데 유용할 수 있다. 하지만 쾌락적 동기만을 충족시키기 위한 엔터테인먼트 이용은 스트레스의 원인을 실제로 해결하여 개인의 궁극적 목표 달성에 진전이 없을 수도 있다. 이를 위해서는 다음 두 번째 전략이 필요하다.

두 번째는 문제에 기반한 스트레스 적응 전략으로 스트레스의 원인을 적극적으로 제기하고, 이를 해결하는 실용적 방법, 즉 정보의 유용성information utility을 추구하는 것이다. 가령 우리가 깊은 후회감을 경험할 때, 의미론적 유사성이 높은 비쾌락적 엔터테인먼트 콘텐츠를 선택했다고 해 보자. 콘텐츠 속 주인공이 후회감으로 자신을 비난하며 자책하기보다는 상황의 합리화를 이끌어 냈다면, 우리는 이러한 묘사에서 잠재적 정보 가치를 발견하고 경험하고 있던 후회감을 누그러뜨릴 수 있다(Nabi et al., 2006). 한편, 코로나19 맥락에서는 방역 수칙을 철저히 지켜서 감염 위험으로부터 나 자신을 보호하는 것이다. 이를 위해서는 행동 요령 등 유용한 정보를 잘 알고 있어야 한다. 따라서 정기적으로 뉴스를 살펴서 계속 업데이트해야 한다. 단, 앞서 언급되었듯이 너무 많은 뉴스를 습관적으로 이용할 경우는 도움이 되지 않고 오히려 혼란과 불안이 증폭될 수도 있어 주의해야 한다. 특히 위협에 대해 바짝 경계하는 민감한 사람sensitizers의 경우 더욱 그러하다(Krohne, 1993). 긴장을 유지하면서 인지적 모호함을 감소하려 하는데, 이러한 경향은 오히려 역효과가 날 수 있다. 예컨대, 민감한 사람들의 경제 위기 관련 뉴스에 머무는 시간은 해당 위기에 대한 지각된 위협이 높을수록 긴 반면, 현실 도피할 수 있도록 돕는 뉴스, 즉 경제 위기와 관련이 없는 뉴스에 머무는 시간은 지각된 위협이 높을수록 짧았다(Kim et al., 2014). 이러한 민감자들의 경우, 해결책을 생각하기보다는 계속 부정적 상황을 순환적 고리에 매몰된 채 걱정할 가능성이 높고 따라서 결과적으로 불안감은 더욱 증폭될 우려가 있다. 이러한 기존 연구 결과로 유추해 볼 때, 코로나19 상황에서 민감자가 관련 뉴스만 배타적으로 지나치게 많이 소비하는 것은 문제에 기반한 스트레스 적응에 그다지 도움이 되지 않을 가능성이 크다.

세 번째는 의미에 기반한 스트레스 적응 전략이다. 삶의 어려운 시기를 맞아 웰빙을 지속시키기 위해 믿음, 가치, 삶의 목적 등을 이끌어 내는 것이다. 부정적인 삶의 사건으로부터 좋은 점을 찾아 긍정적으로 바라보고, 과거를 의도적으로 회상하며 좋았던 점을 되짚어 보고, 목표를 수정한다. 예컨대 도저히 불가능할 것 같은 목표는 포기하기도 하고, 새로운 목표로 대체할 수 있다. 삶의 우선순위를 다시 바꾸며 무엇이 정말 중요한지 고민하고, 산책과 같은 일상적 사건에 긍정적 의미를 투영하여 바라볼 수 있다. 특히 내가 통제할 수 없는 어려움이라면 의미에 기반한 적응은 도움이 될 수 있다. 엔터테인먼트 콘텐츠에서는 특히 부정적 혹은 혼합된 감정을 불러일으키는 슬프고 진지한 드라마나 영화 등이 의미에 기반한 적응에 도움을 줄 수 있다고 알려져 있다(Khoo et al., 2021). 예컨대, 공포관리이론(Greenberg et al., 1986)을 적용하여 설명 가능하다(3장 참조). 우리는 모두 각자의 죽음에 대해 생각해 보는 순간들이 있다. 80세 이상 어르신들은 본인의 죽음에 대해 좀 더 만성적으로 떠올린다. 재난 등 어떠한 이유로 죽음에 대한 생각의 현저성이 높아지면, 우리는 불안과 공포를 느끼게 되고 이를 통제하고자 한다. 그 수단은 우리가 평소에 갖고 있는 기본 가치(일상의 중요함, 우리 삶의 근원적 의미)에 매달리는 것이다. 이러한 가치들을 쾌락적 동기를 만족시키는 코미디나 액션 콘텐츠에서 찾기는 쉽지 않다. 반면, 비극적인 휴먼 드라마를 통해 삶에 대한 통찰, 의미, 성숙함 등을 경험할 수 있고, 따라서 죽음의 공포를 누그러뜨리며 안정감을 되찾게 된다(Goldenberg et al., 1999).

엔터테인먼트 이용과 스트레스 적응효능감

지금까지 스트레스에 대한 적응 연구에서 제시된 세 가지 전략들을 엔터테인먼트 콘텐츠의 선택적 노출에 각각 대응시켜 살펴보았다. 그렇다면 이러한 소비는 결과적으로 스트레스를 누그러뜨릴 수 있을까? 코로나19 상황에서 사회적 거리 두기가 막 실행된 시기, 즉 2020년 3월 말경 미국에서 수집된 데이터로 발표된 연구를 예시로 살펴보자(Nabi et al., 2022). 코로나19 관련 스트레스의 정도와 다양한 미디어 콘텐츠의 이용 빈도와의 관련성은 통계적으로 모두 유의미하다. 미디어 이용 외에 낮잠 자기, 기도하기, 명상하기, 건강하게 먹기, 건강하게 먹지 않기 등이 코로나19 관련 스트레스와 유의미한 관련을 갖는 적응 전략들이었다. 연구자들이 좀 더 관심이 있었던 것은 어떠한 전략이 스트레스 적응효능감coping efficacy과 관련이 있는가였는데, 해당 효능감은 코로나19를 잘 대처하고 관리할 수 있다는 개인의 자신감을 의미한다(Bandura, 2001). 주목할 만한 결과는 의도적으로 건강하게 먹는 것, 미디어 콘텐츠를 이용하는 것이 효능감을 높였다는 것과 더 나아가 높아진 효능감은 사회적 거리 두기를 잘 준수할 수 있도록 도왔다는 것이다. 코로나19 상황으로 인한 스트레스 적응 수단으로 엔터테인먼트의 선택과 소비는 사회적으로 바람직한 결과를 도출해 내고, 개인적으로 웰빙에 도움을 줄 수 있었음을 시사한다.

이처럼 엔터테인먼트 콘텐츠의 이용은 스트레스에 대한 적응 전략으로 유용할 수 있지만, 과거 연구에서 해당 전략이 효율적일 수 있다는 인식은 그리 자주 보고되지 못했다. 그 이유는 아마도 엔터테인먼트 소비는 죄책감이 드는 유희guilty pleasure라는 인식이 강했기 때문으로 보인다. 사람들은 드라마, 리얼리티 프로그램 등을 시청한 후 생산성이 떨어진다는 죄책감으로부터 자유롭지 않다. 누군가에게 "나 어제 예능 프로그램 5시간 몰아 보았다"라고 자신있게 말하기는 다소 멋쩍을 수도 있다. 그런데도 기존 연구 결과를 바탕으로 엔터테인먼트 콘텐츠는 분명 만성적인 위협 상황에 대처하기 위해 활용되는 유용한 도구일 수 있다. 스트레스 관리를 위해 좀 더 효과적인 엔터테인먼트 콘텐츠 개입을 스스로에게 허락할 수 있고, 궁극적으로 엔터테인먼트 이용에 대한 인식을 폄하하기보다는 도구적, 기능적일 수 있다는 점을 수용할 필요가 있다. 무엇보다 앞서 소개한 연구 결과에서도 드러났듯이, 만성적 위험 상황으로 인한 스트레스에 대한 적응효능감을 증대시켰을 때, 사회적 거리 두기와 같은 규범적으로 바람직한 결과를 사회적 차원에서도 이끌어낼 수 있기 때문이다.

위험 상황에서 엔터테인먼트 콘텐츠의 선택적 노출과 이용이 어떻게 적응 수단으로 활용될 수 있는지, 특히 코로나19 상황을 예시로 들어 살펴보았다. 이어지는 세션에서는 선택한 엔터테인먼트의 소비 경험으로 나타나는 효과 측면을 다루고자 한다. 많은 기존 연구들이 위험 관련 특정 장르(예: 의학 드라마, 환경 다큐멘터리)에 한정하여 그 효과를 관련 영역 내에서 주로 탐색해 왔다(예를 들면 Holbert et al., 2003). 그러나, 예컨대, 건강 관련 정보는 꼭 의학 드라마에서만 얻을 수 있는 것은 아니다. 마찬가지로 기후 변화로 인한 환경에 대한 관심, 그리고 친환경적 행동 실천 의도는 환경 다큐멘터리에 대한 노출 정도와만 유의미한 관련을 보이는 것은 아니다. 언급했듯이, 엔터테인먼트 장르 간의 경계가 불분명해지고 유튜브 등 소셜 미디어의 등장으로 특정 장르에 초점을 둔 노출 빈도보다는 다양한 콘텐츠의 소비 경험으로 확장시켜 효과를 탐색할 필요가 있다. 건강, 환경 등의 주제를 명시적으로 다루지 않는 예능 콘텐츠에서도 우연히 관련 이슈를 접할 수도 있고, 이에 대해 고민해 볼 수 있기 때문이다. 이어서 쾌락적 및 비쾌락적 동기에 기반한 재미와 서스펜스 그리고 의미의 소비 경험 각각에 초점을 두고 효과를 탐색해 보고자 한다.

위험 사회와 엔터테인먼트 소비 경험: 재미와 의미

재미, 서스펜스, 의미의 경험을 거의 균등하게 제공한 콘텐츠로 영화 〈기생충〉(2019)을 꼽을 수 있다. 초반에 웃음을 주었고 이후 긴장감 그리고 결말 부분에서는 여러 생각할 거리를 던져 주었다. 이러한 엔터테인먼트 콘텐츠 소비 경험의 정치사회적 효과를 탐색하기 위해서 해당 경험과 이중적 정보 처리 모델dual information processing model을 결합한 연구를 소개하고자 한다(Bartsch & Schneider, 2014). 여기서 이중적 정보 처리란 우리가 메시지 정보를 처리할 때 크게 주의를 기울이지 않고 휴리스틱(어림짐작)에 기반해서 주변적으로 처리하기도 하지만 주의를 기울여 심사숙고하여 체계적으로 처리하기도 한다는 것이다(Chaiken et al., 1989; Petty & Cacioppo, 1986). 이러한 이중적 정보 처리 모델을 각각 재미(서스펜스 포함)와 의미의 경험과 대응시킬 수 있다. 재미의 경험을 통해 긍정적 기분을 느끼는 수용자는 깊게 생각하는 대신 자신에게 쉽게 접근 가능한 부분적 정보만을 주로 이용해서 판단을 내린다. 가령 엔터테인먼트 콘텐츠에서 다룬 주제에 대한 중요성을 지각하고, 투영된 가치나 묘사 등을 다소 수동적으로 내재화해서 전달하려는 메시지를 쉽게 받아들여 설득되는 경향을 보일 수 있다. 삐딱한 저항이나 반박을 줄이게 되고, 콘텐츠의 스토리라인에 몰입하면서 암시적으로 투영된 주장에 동의하게 된다(Moyer-Guse et al., 2011). 예컨대, jtbc 〈청춘시대〉라는 드라마를 시청한 후 데이트 폭력이라는 주제와 심각성을 인식하거나, 우연히 유튜브 게임 스트리머 방송에서 페미니즘의 중요성을 알게 될 수도 있다. MBC 〈복면가왕〉 시청 후 악조건에서도 계속 노력해야 한다는 가치관을 내재할 수도 있다.

반면 의미의 경험은 부정적 혹은 혼합적 감정을 느끼는 수용자를 충분히 적극적으로 숙고하게 만든다. 콘텐츠를 체계적으로 처리하여 소비한 후 추가 정보를 찾아보거나 다른 사람과 (온라인) 대화를 통해 사회적 참여와 실천을 모색할 수 있다(최윤정, 2018; Bartsch & Schneider, 2014; Xenos & Becker, 2009). 예컨대, 보디빌더 유튜브 개인 채널을 통해 이른바 '약투'(보디빌더들의 약물 투약 스캔들) 사건을 접한 후, 관련 내용을 뉴스 등을 통해 좀 더 능동적으로 탐색할 수 있다. 유사하게, KBS2 〈슈퍼맨이 돌아왔다〉에서 환경적 이슈를 접하고 숙고적 정보 처리를 통해 좀 더 실천 의지를 다질 수 있다. 의미의 경험이 이끌어 낼 수 있는 사회 규범적으로 바람직한 결과들에 대한 탐색은 이제 막 시작 단계라 할 수 있다. 메디컬 드라마를 통한 의학 정보 수용에 있어서 종종 상충되는 연구 결과(암에 대한 유용한 정보를 얻을 수 있다 혹은 암에 걸리면 죽음을 받아들여야 하는 숙명이다)가 보고되곤 했는데(Chung, 2014; Lee & Taylor, 2014), 수용자의 재미와 의미의 경험에 초점을 두고 각각 주변적 대 체계적 정보 처리 모델에 기반한다면 어느 정도 타협과 절충이 가능할 것으로 보인다. 암에 대한 숙명적 태도를 배양한 수용자의 경우 의미보다는 재미의 경험이 좀 더 지배적이었을 가능성이 크다.

유사하게, 실제 일어난 사건을 기반으로 한 사회 고발 영화(예: 〈택시운전사〉, 〈도가니〉, 〈제보자〉)를 감상한 후 재미와 의미의 경험과 사회참여의 관계를 다룬 연구를 살펴보자(최윤정, 2018) 이러한 영화들은 우리가 갖고 있는 부정적 경험을 소환하고, 대부분 부정적 혹은 혼합 감정을 이끌어 내며 스릴러나 액션 영화와 비교할 때 전개도 느린 편이다. 연구자는 사회 고발 영화를 감상한 후 보고된 재미와 의미의 경험을 각각 쾌락적 만족(재미있다, 갈등 고조로 긴장되었다 등) 그리고 성찰적 만족(교훈을 주었다, 나의 삶을 되돌아보게 했다 등)으로 개념화했다. 사회 참여는 영화 관련 이슈에 대한 청원, 서명 운동, 관련 사건이나 이슈와 관련한 모금 운동 등으로 조사

했다. 그 결과, 의미의 경험은 사회 참여와 유의미한 정적인 관련이 있었는데 이는 숙고적 정보 처리를 통해 가능했을 것이다. 다만, 이러한 효과를 가져오는 콘텐츠는 사회 고발 영화에 한정되지 않을 수 있다. 좀 더 다양한 유형의 엔터테인먼트 콘텐츠(예: 리얼리티 프로그램 등)로 범위를 넓혀 의미의 경험과 사회 참여 효과의 유의미한 관계를 탐색해도 좋을 것이다. 한편, 재미의 경험은 오히려 사회 참여와 부적인 관계가 드러나 숙고적 정보 처리가 누락될 경우에는 사회 참여를 이끌어 내기 어려움을 시사했다.

이러한 예시를 〈컨테이젼〉이나 〈감기〉 등의 재난 영화 맥락에도 유사하게 적용해 볼 수 있다. 해당 영화를 감상한 후, 재미보다는 의미의 경험이 좀 더 강할 수 있다. 콘텐츠의 속성들을 살펴보면 대체로 부정적 감정이나 혼합된 감정을 이끌어 내고, 현실 도피보다는 우리가 겪고 있는 코로나19 관련 부정적 경험을 소환하여 성찰해 보도록 한다. 그래서 나의 경험과 영화 속 묘사를 통합하여 숙고할 수 있는 기회를 제공한다. 영화 감상 후 호흡기 질병 등 관련 이슈를 유튜브, 뉴스 등을 통해 추가로 검색해 볼 수 있고, 온라인에서 다른 사람들과 영화에 대한 이야기를 나눌 수 있다. 예컨대, 넷플릭스에서는 '텔레파티'라는 공간을 제공하는데, 여기에서 다른 사람들과 영화를 같이 감상하면서 실시간으로 이야기를 나눌 수 있다. 이를 "온택트 사회적 시청"이라고 부르기도 한다(최세정, 2021). 이러한 대화가 물론 감정적 표현에 머물고 피상적일 수도 있다. 하지만 자아 성찰적이고 사회 비판적 시각을 갖게 할 가능성도 있다는 연구 결과가 제시되고 있다(최윤정, 2014). 해당 재난에 대해서 주관적일 수도 있으나 지식을 습득했다고 여길 수 있고, 어느 정도 정교한 입장이나 의견도 형성할 수도 있다. 나아가 재난을 대비하는 실천 의지로도 연결될 수 있다. 예컨대 기후 변화에 대비하기 위해서 적정 실내 온도 유지,

대중교통 이용, 친환경 제품 구입, 물 아껴 쓰기, 쓰레기 줄이기, 자연 보호 실천 등을 실천하고 공적으로 서약할 수 있다.

추가적으로 재미와 의미 경험의 관계에 대해서도 생각해 봐야 한다. 이 둘은 개념적으로는 서로 구분되지만, 완전히 상호 배타적인 것만은 아닐 수 있다(Oliver & Bartsch, 2010). 이러한 점을 염두에 둔다면 재미의 경험을 피상적인 것으로 취급하여 폄하할 필요는 없다. 재미를 경험하더라도 위험 관련 주제에 대한 중요성을 좀 더 접근 가능하게 할 수 있다. 나아가 이것이 디딤돌 역할을 하면서 추가 정보를 추구하게 할 수도 있고, 좀 더 적극적 참여와 실천으로 연결될 수도 있기 때문이다(Andersen, 2019). 재미와 의미의 경험은 종종 정도의 차이는 있겠지만 하나의 콘텐츠 소비에서 동시에 겪을 수 있다. 그렇다면 재미와 의미의 경험이 적정 균형을 이룰 때 좀 더 사람들에게 어필할 수 있을까? 또한 재난 준비나 대응에 대해서 규범적으로 바람직한 일종의 설득 효과를 좀 더 끌어낼 수 있을까? 최근 연구에 따르면 이러한 균형적 경험은 코로나19 관련 부정적 감정을 효과적으로 누그러뜨릴 뿐 아니라 희망과 영감도 함께 주는 것으로 밝혀졌다(Strick, 2021).

관련해서 생각해 볼 개념은 감정적 흐름emotional flow이다(Nabi & Green, 2015). 기존 연구에서 대체적으로 재미와 의미 경험의 총합만을 결과적으로 측정하고, 시간의 흐름에 따라 내러티브가 전개되면서 이러한 경험이 어떻게 변화하는지에는 그다지 큰 관심을 두지 않았다. 그러나 감정적 흐름에 따라 수용자들의 엔터테인먼트 콘텐츠에 대한 호감이 달라질 수도 있지 않을까? 나아가 앞서 언급한 설득적 효과가 강화될 수 있지 않을까? 2018년 삼성에서 제작하고 유튜브에 공개된 〈고래먼지〉는 미세먼지, 가뭄 등을 다룬 SF 재난 드라마로서 영상 초반에는 미래 세계의 불안과 공포, 좌절, 단절 등의 부정적 감정을 느끼게 하지만 후반으로 가면서 희망의 메시지를 전달한다. 희망의 감정은 위험 상황에 잘 대처할 수 있는 능력에 대한 믿음을 갖게 하며(일종의 적응효능감), 긍정적 감정으로는 드물게 실천적 행동을 이끌 수 있다(Snyder, 2000). 따라서 엔터테인먼트를 통한 공포와 희망이라는 감정적 흐름의 경험은 위험 상황을 헤쳐 나가는 지도로서의 역할을 할 수도 있을 것이다.

이 장에서는 사람들이 위험 사회 맥락에서 어떠한 엔터테인먼트 콘텐츠를 선택적으로 이용하고, 해당 노출이 스트레스에 대한 적응을 돕는지 살펴보았다. 적응의 결과를 효율성 측면에서 평가하기에는 특히 단기간 소비에 초점을 둘 경우 쉽지 않아 보인다. 해당 평가에 있어서 개인들 스스로의 자발적 선택이 아닌 목적 지향적 미디어 처방media prescriptions(Prestin & Nabi, 2020)을 고려해 볼 수도 있다. 가령 스트레스를 누그러뜨리기 위해 영감, 재미, 차분함 등의 긍정적 감정 경험을 각각 가능하게 하는 엔터테인먼트 메시지를 약 5일간 의도적으로 연속 제공하는 것이다. 해당 미디어 처방(특히 영감)이 부정적 감정을 누그러뜨리고 문제 해결의 실마리를 제공하며 의미를 도출하여 희망을 가지게 하는 등 스트레스 적응에 기능적으로 도움을 줄 수 있는 것으로 나타났다.

엔터테인먼트를 스트레스 적응을 돕는 도구로 활용하는 데 무엇보다 중요한 점은 개인들의 웰빙에도 물론 도움이 되겠지만, 집합적 수준에서도 적응효능감을 갖게 된다면 사회적으로 추진하는 여러 정책(예: 사회적 거리 두기)의 적극적 실천을 이끌 수도 있다. 엔터테인먼트 콘텐츠의 선택적 소비 외에 소비 경험, 즉 재미와 의미의 경험이 각각 어림짐작 기반의 자동적 처리 그리고 체계적 노력 기반의 숙고적 정보 처리와 대응하면서 다양한 사회 정치 효과를 가져올 가능성에 대해서도 탐색했다. 특히, 소셜 미디어에서 두드러지는 타인들과의 수평 관계에 기반하여 그들과의 엔터테인먼트 미디어 콘텐츠에 대한 비판적 토론(일종의 '사회적 시청')은 의미의 경험을 더욱 강화시켜 위험 사회를 헤쳐 나갈 실천적 의지도 북돋아 줄 가능성도 열어 준다. 아울러 재미(서스펜스 포함)와 의미 경험의 균형 있는 적정 조합과 내러티브가 펼쳐지며 겪는 특정 감정의 흐름(예: 공포 → 희망)이 위험 사회 맥락에서 어떠한 설득적 효과를 가져올지도 좀 더 탐색될 수 있길 기대한다.

8장

소셜 미디어는 위험을 해결하는가, 촉진하는가

코로나19 재난 상황에서 내가 살고 있는 동네의 확진자 관련 소식은 어디서 접할 수 있었는지 상기해 보자. 아마도 텔레비전, 라디오, 신문 등 기성 언론보다는 지역 기반 소셜 미디어(인터넷 카페, 밴드, 단톡방 등)에서 재빨리 들을 수 있었을 것이다. 뿐만 아니라, 가족 중 중증 환자가 코로나19에 감염되었을 경우 관련 온라인 커뮤니티나 오픈 채팅방 등에서 핵심 맞춤 정보, 나아가 심리적 유대감 등의 사회적 지지까지 얻을 수 있었다. 그렇지만 소셜 미디어는 코로나19와 관련된 허위 정보나 외집단으로 규정된 집단(중국인 등)을 향한 혐오도 부추겼다. 이러한 양면성을 염두에 두고, 이 장에서는 4장 "미디어는 위험의 해결자인가, 촉진자인가"에서 현대 사회에서 급격히 부상하고 있는 소셜 미디어를 분리해서 한 걸음 더 들어가 본다. 첫째는, 위험의 해결자로서 소셜 미디어다. 소셜 미디어는 기성 언론에서 제공하지 못하는 배타적exclusive 정보를 제공하는 비공식적 채널back channel이 될 수 있고, 집단 지성collective intelligence에 기반하여 당면한 문제의 해결책을 제시할 수 있으며, 운명 공동체 구성원 간의 사회적 지지 교환 및 연대를 통해 집합적 행동을 가능하게 한다. 둘째는, 위험의 촉진자로서 소셜 미디어다. 소셜 미디어를 통해 급속하게 퍼지는 허위 정보, 극단적 정보의 양상들을 사례로 살핀 후, 소셜 미디어 자체를 디지털 위험이라고 개념화할 수 있을지도 알아본다.

위험 상황에서 강력한 비공식적 채널로서의 소셜 미디어

위험 상황에서 배타적 정보를 제공할 수 있는 강력한 비공식적 채널로서 소셜 미디어가 주목받고 있다. 여기서 소셜 미디어는 이용자 스스로가 정보원이 되어 만들어 낸 메시지를 일대다뿐만 아니라 다대다로 전달하도록 한다. 쌍방향 관계를 기반으로, 이용자 모두 메시지의 소비자와 생산자가 동시에 될 수 있는 환경이다. 대표적 소셜 미디어로 소셜 네트워크 웹사이트인 페이스북, 마이크로 블로그에 해당하는 트위터, 동영상 공유 웹사이트 유튜브, 온라인 커뮤니티인 네이버 혹은 다음 카페 등이 있다.

위험 상황이 되면 불확실성uncertainty이 굉장히 높아지게 된다. 사람들은 여러 의문을 갖게 되고, 이에 대한 정보를 추구하고자 하는 욕구가 증폭된다. 갑작스러운 지진을 예로 들어 보자. 재난 문자가 바로 오지 않는 경우, 내가 느낀 것이 지진이 맞는지, 규모는 얼마나 되는지, 방금 느낀 흔들림이 본진, 전진, 여진 중 어디에 속하는지, 진앙지는 어디고 어느 지역이 특히 많이 흔들렸는지, 어떠한 행동을 취해야 하는지, 다른 사람들은 어떻게 대처하고 있는지, 내 가족과 친구들은 안전한지 등의 정보를 얻고자 한다. 관련 정보를 획득할 경우 해당 불확실성을 낮추고 현재 위험의 상황을 이해할 수 있다. 나아가 적절한 대비나 행동을 취할 수 있고, 자연스럽게 불확실성으로 인한 두려움이나 공포감도 완화된다. 그러나 지진 직후, 기성 언론에 한 줄 속보가 아닌 구체적 정보가 공식적으로 제공되기까지는 시간이 필요할 수밖에 없다. 이때 소셜 미디어에 사람들이 모여 활발하게 예측할 수 있는 규모, 흔들린 지역, 도로 상황 등 정보 교환을 할 수 있는데, 특히 기존에 커뮤니케이션 하부 구조가 튼튼하게 구축되었던 도시나 지역에서 더욱 빛을 발할 수 있다(2장 참조).

언급한 정보 추구 욕구의 증가 때문에 위험 상황에서 사람들은 기성 언론의 이용, 낯선 사람을 포함한 대인 소통, 소셜 미디어나 인터넷 기반 대안 미디어 이용까지 전체적으로 커뮤니케이션의 정도도 강해지고 범위도 넓어지게 된다(Kim et al., 2004). 이때 기성 언론에 보도되는 정보가 불충분하고 그다지 유용하지 않다는 인식이 재난민들 사이에 강해지는 경향이 있다. 이는 아마도 실시간 정보를 속도감 있게 전달하지 못하는 한계와도 관련이 있을 것이다. 가령, 코로나19 초기에 확진자가 다녀갔던 장소와 관련 배경 이야기들이 재난 문자나 공식 보도에 앞서 지역 기반 소셜 미디어(예: 지역 온라인 커뮤니티)에 먼저 빠르게 공유되곤 했다. 기성 언론 보도의 한계점은 실시간 정보 전달의 부재에서 더 나아가는 듯하다. 인용되는 전문가의 의견이 비일관적이라든지, 특히 비수도권 지역의 중소 규모 도시에 집중된 재난의 경우 서울 기반의 중앙 언론이 신속, 정확하게 보도하지 못한다는 인식도 한몫한다. 예컨대, 2016년 경주 지진 당시 일본 NHK의 2011년 동일본 대지진의 속도감 있는 보도와 달리 재난 방송국인 KBS에서 이를 제때 뉴스에 내보내지 않아 사람들은 "정규 방송 그만하고 재난 방송 좀 하라"며 해당 언론사를 비난하기도 했다(〈연합뉴스〉, 2016. 9. 13). 2019년 강원도 고성–속초 산불의 재난 보도도 유사하게 비난받았다. 특히 산불 규모나 피해 상황 소식 자체의 정보만 전달하고, 재난민에게 필요한 대피·구조 정보를 충분히 제공하지 못한 것으로 나타났다(정서현·박주연, 2019). 재난 방송의 초점이 강원 지역 피해 당사자들보다는 수도권 시청자들에게 그곳의 소식을 전달하는 데 맞춰져 '강 건너 불구경' 저널리즘에 불과하다는 것이다(송수진, 2019).

이처럼 기성 언론이 보도도 늦게 할 뿐 아니라 재난민의 생존에 필수적인 구체적 행동 요령 등의 정보를 제공하고 있지 못하다는 비난 가운데, 소셜 미디어가 비공식 정보 채널로서 위험 상황에서 속보 기능을 하며 주목받고 있다. 재난 현장에 있던 시민들이 일종의 실시간 특파원

국가 재난 주관 방송사인 KBS는 경주 지진 관련 특보와 자막만 내보낸 뒤 1시간 넘게 일일드라마 등 정규 프로그램을 계속 방송했다. 일본 공영 방송인 NHK는 2011년 3월 규모 9.0의 동일본 대지진 발생 2분 후에 재난 방송을 했다. 〈동아일보〉, 2016. 9. 14.

이나 기자 역할을 수행하며 소셜 미디어를 통해 위험 관련 정보를 탐지, 보고, 분석, 배포한다. 기성 언론의 권력 혹은 영향력을 상대적으로 분산시켜 뉴스 생산 과정에서 정보의 소유권이 수용자에게 이전되고 있는 양상이다. 2019년 강원도 산불 발생 당시 관련 트윗은 18시간 내 약 100만 건으로 집계됐다(차현아, 2019). 산불에 관여된 여러 사람들은 트위터를 통해 실시간 현황뿐만 아니라 대피자들에게도 도움을 주는 내용을 실시간으로 전달했다. 한 재난민이 산불 대피소의 위치를 표시한 지도를 제작해서 올렸고, 이는 다시 급속도로 리트윗되면서 퍼져나갔다. 유사하게, 자동차로 산불을 피해 탈출하는 사람들을 돕기 위해서 트윗된 차량 내기 순환 모드를 이용하여 외부 공기가 차내로 유입되지 않도록 하는 방법이 6,000건이 넘게 리트윗되면서 큰 호응을 얻기도 했다(성기윤, 2019). 또한 대형 산불로 가족 간 상호 연락이 두절된 경우도 있었는데, 이때 사람들은 즉각 소셜 미디어에 몰려 성명, 인상착의 등의 정보를 올렸다(BBC News 코리아, 2019). 이를 통해 서로 찾게 된 경우도 있었다고 한다. 물론 이용자 스스로 만들어 낸 메시지들은 언론사 내의 게이트키핑이나 사실 확인 과정을 거치지 않기에 진실성에 취약할 수 있는 단점도 있다. 그런데도 트위터 등의 소셜 미디어의 활약은 여러 재난의 유형에서 꾸준히 보고되고 있다.

한 개인의 소셜 미디어를 통한 성명서 발표가 기성 언론의 재난 보도 방향에 일침을 가한 적도 있었다. 2020년 9월 태풍 마이삭으로 울릉도 피해가 매우 컸는데, 이를 서울 기반의 중앙 언론(KBS, MBC, YTN, jtbc

2019년 4월 4일 강원도에서 일어난 산불 관련 트윗이 당일 오후 7시부터 18시간 동안 100만 건 넘게 발생했다. 고성에서 시작된 산불은 거센 바람을 타고 속초와 강릉까지 번지면서 트위터에서는 실시간으로 산불 소식과 산불 대처 정보 공유가 이뤄졌다. 〈IT 조선〉, 2019. 4. 5.

등)에서는 거의 다루지 않았던 것이다. 오히려 태풍이 한반도를 벗어나 해역으로 빠져나가 다행이라는 보도를 했다. 대한민국과 국민을 대표해야 하는 중앙 언론이 울릉도 피해의 심각성을 제대로 보도하지 않을 경우, 섬 주민들은 위험 상황에서 사회적 배제로 인한 소외감을 더욱 강하게 느낄 수 있다는 지적이다. 당시 사단법인 섬연구소 강제윤 시인은 "섬 사람도 대한민국 국민"이라며 관심을 요청하는 성명서를 소셜 미디어에 발표하며 수도권과 육지 중심의 언론 보도에 항거를 펼쳤다(공성윤, 2020). 이러한 성명서 내용이 다시 YTN 뉴스에 보도되기도 했다(YTN, 2020). 재난 상황에서 소셜 미디어를 통한 강력한 외침이 되돌아와 다시 주류 언론의 의제로 다뤄진 경우라 할 수 있다.

자신이 속한 지역의 만성적 문제를 지역 기반 소셜 미디어에 적극 공유하면서 해당 문제가 공동체의 문제임을 강조하는 일반인 전문가lay expert도 등장하게 된다. 가령, 경주에 거주하면서 핵발전소와 방사능의 위험에 대해 스스로 공부하고 관련 활동에 적극 참여하게 된 주부가 있다(박은수, 2015; 인터뷰, 김진희, 2019. 10. 31~11. 1). 그는 전국 환경 단체(그린피스, 녹색당 등)가 모여 있는 텔레그램 단톡방에 참여하면서, 경주 시민의 자격으로 경주 상황을 전달하고, 중앙 정보를 받아 경주 지역 기반 소셜 미디어에 다시 공유하기도 한다. 여기서 중앙 정보란 원전 가동의 현황(예: "1호기가 현재 멈춰 있다") 등을 의미한다. 경주에서 학교의 천장 석면 제거나 원전 사고를 대비한 요오드 비축을 요구한 적도 있다. 위험과 관련한 소통이 온전히 이루어지려면 일반 시민들도 그들의 경험에 근거한 전문성을 가지고 있다는 점이 인정될 필요가 있다. 전문가가 실제 현장 속에서 일어나는 복잡한 문제에 대해 모두 다 정확히 알고 대처할 수 없기 때문에, '보통 지식lay knowledge'의 중요성을 강조하는 주장과도 일맥상통한다(현재환 · 홍성욱, 2012).

위험에 처한 사람들 스스로가 정보원이 되어 소셜 미디어 내에서 이뤄지는 활발한 상호 의존적 대화는 공동체에 닥친 불확실성을 해소할 수 있게 돕는다. 예컨대, 2007년 미국 버지니아공대 총기 난사 사건 당시 페이스북은 해당 사건의 게시판 역할을 수행했다. 대학생들이 이미 활발하게 이용하고 있던 기존 소셜 네트워크가 긴박했던 당시 상황에서 중요한 정보 채널로 활약하게 된 것이다. 희생자들의 명단이 공식적 발표에 앞서 놀라울 정도로 정확하게 파악되었고, 페이스북 이용자들이 상호 정보를 교환하면서 계속 업데이트하며 수정한 것으로 나타났다(Vieweg et al., 2008). 집단 지성에 기반하여 공동의 문제를 해결하는 데 당시 페이스북은 효율적 채널로서의 역할을 수행한 것이다. 긴급한 상황에서 희생자 명단 파악이라는 집단 공통의 목적을 달성하기 위해 버지니아 공대 학생들은 페이스북 내에서 집단 규범을 재빨리 형성해 나갔다. 예컨대, 한 학생이 페이스북을 통해 사망자의 이름을 밝히고 어떻게 이러한 결론을 내리게 되었는지 게시한다. 관련 정보의 정확한 출처가 없으면 어떻게 알게 되었는지 상호 질문하며 정보원을 명확히 밝혀야 한다는 내집단 규범을 통해 자체적으로 검증verification하려는 노력을 기울였다. 이러한 과정으로 사망자 명단을 추려 나갔고, 때로는 버지니아공대 학생이 아니어도 해당 페이스북 페이지에 뛰어들어 관련 정보를 상호 업데이트해 나갔다.

기존에 구축된 소셜 미디어 네트워크를 활용하기보다는 위험 상황에 맞춰 새롭게 구축된 사례도 있다(임완수, 2013). 2012년 10월 말경에 허리케인 샌디가 미국 동북부를 강타하여 뉴욕, 뉴저지 지역에 큰 피해를 입혔다. 특히 많은 가정에서 정전으로 인해 저녁 난방에 어려움을 겪었고, 도로가 파괴되어 주유소에서 기름을 제대로 구할 수도 없는 상황이었다. 시민들은 기름을 제공하는 주유소를 찾아 헤매야 했고, 기름을 둘러싼 갈등은 혼잡과 무질서를 야기했다. 이때 구글 지도에 기반하여 각 주유소의 연료 상황을 표시한 온라인 지도 앱과 웹사이트가 구축, 공유되었다. 이후 시민들 스스로 주체가 되어 주변 주유소의 영업 상황, 기름 재고량, 판매 여부 등의 실시간 정보를 온라인 지도 위에 표시했다. 해당 지도의 배타적 정보는 당시 시민들에게 생존 목표를 달성할 수 있도록 도왔을 뿐만 아니라 혼란을 수습할 수 있도록 했다. 공동체에 닥친 위험을 모두가 나서서 서로 연대하면서 만들어 나갔던 온라인 공동체 지도community participatory mapping가 해결했던 사례라 할 수 있다.

유사하게, '우샤히디ushahidi('증언'이라는 의미)' 공동체 지도는 언론이 통제되는 등 급진적 변화를 겪는 케냐의 정치적 맥락에서 등장했다. 2007년 케냐의 대통령 선거 당시 폭력 사태의 여파 속에서 집권 정부가 왜곡하거나 은닉하려는 폭동, 사망, 건물 파손, 정부 진압, 시민군, 약탈 등의 정보를 시민들 스스로가 적극 참여하며 집단 지성의 힘을 바탕으로 케냐의 폭력 지도를 그려 나갔다. 가령 해당 지도에 표시된 폭동을 클릭하면 날짜 등 좀 더 자세한 내용을 볼 수 있다. 시민들의 자발적 참여와 인터넷 기술의 결합은 케냐 정부가 은닉하려는 폭력 사태의 진실을 사람들에게 알리는 역할을 했다고 평가받았다. 우샤히디의 현 대표자 로티치는 "밖에서는 집들이 불타고 있는데 텔레비전에서는 한가롭게 영화나 틀어주고 있는 모순에 온라인 공동체 지도를 그리기 시작했다"고 밝혔다(권오성, 2011). 케냐 사태 이후 '우샤히디'는 현재 오픈 소스로 공개되어 누구나 사용할 수 있게 되었다. 예컨대, 2010년 7.0 규모의 아이티 지진 당시 응급 지도로도 활용되어 현지의 실시간 정보가 공유되어 구호 활동에 큰 도움을 준 바 있다. 재난 상황에서 소셜 미디어를 수단으로 사람들은 더욱 상호 연대하며 배타적 정보를 공유하며 협력해 나갔다고 평가할 만하다.

반드시 재난 등의 위험 상황이 아니더라도 일상에서 스마트폰 기반의 온라인 공동체 지도 만들기가 이뤄진 사례들도 있다. 지역 공동체 구성원이 함께 지역의 정보를 수집해 지도를 만들고 이를 공유, 소통하는 것이다. 예컨대, 서울 성북구의 숭덕초등학교 학생들과 학부모가 학교 주변의 교육, 놀이, 상점, 유해 시설 등을 분류하여 지도를 그려 나갔다(임완수, 2021). 유사하게, 성북동 커뮤니티는 오래된 가게, 집, 길, 나무, 역사적 장소 등으로 분류한 공동체 지도를 만들어 나갔다('성북커맵'). 시민들은 댓글 등을 달면서 지역에 대해 함께 이야기를 나눌 수 있기에 자신이 사는 동네에 좀 더 관심을 기울이게 된다. 일상에서 이러한 커뮤니티 이야기 구조가 촘촘하다면 위험 상황에서도 해당 커뮤니티의 대처 능력은 높아질 수 있다(2장 커뮤니케이션 하부 구조를 참조하라). 이미 해당 커뮤니티는 사회 자본도 잘 갖추고 집합력 효능감도 높을 가능성이 크기 때문이다. 그 밖에 장애인의 접근성을 높이기 위한 온라인 공동체 지도 등을 만든 사례도 있다. 해당 활동에 참여했던 사람들은 장애인을 배려하지 못했다는 깨달음, 부끄러움 등을 느낄 수 있고, 공동체 지도 그리기는 배려라는 자각을 얻게 되었다고 말한다(문상호, 2013).

위험 대처에 대한 사회적 지지 교환의 장으로서 소셜 미디어

유사한 처지에 있는 재난민들은 소셜 미디어에 모여들고, 공유하고 있는 현실에 기반하여 사회적 지지social support를 활발하게 교환한다. 특히 위험이 장기화되면서 만성적 불확실성이 강해지고, 소셜 미디어에 머무는 시간이 늘어나는 경우 더욱 그러하다. 사회적 지지는 "힘내세요" 등의 정서적, "지금 불이 마을 안쪽까지 번졌어요"라는 정보적, 그리고 "남은 마스크 무료로 드려요" 등의 물질적 형태를 모두 포함할 수 있다. 따라서 사회적 지지는 트라우마 등으로 힘겨운 상황을 겪는 재난민들을 보호해 주는 완충재 역할을 할 수 있다. 위험 상황의 불확실성, 그로 인한 두려움이나 공포 등의 부정적 감정을 누그러뜨리며 다시 회복할 수 있도록 돕는다. 스마트폰의 앱을 통한 소셜 미디어의 구동은 일상에서조차 주변 사람들과의 속도감 있는 피드백과 촘촘한 댓글을 가능하게 하고, 이처럼 빠르고 빈번한 상호 작용은 이용자들의 지각된 사회적 지지를 크게 높이는 것으로 밝혀졌다(Seo et al., 2016). 페이스북 이용자들이 한 달 동안 올린 게시글에 달린 댓글 수, 그리고 그 댓글이 달리는 데 걸리는 시간을 크롤링한 데이터와 이용자들이 보고한 지각된 사회적 지지의 설문 조사를 통합한 결과다. 위험 상황에서는 해당 연구의 핵심 결과, 즉 시공간 제약 없이 즉각적으로 빈번한 피드백을 받을 때 사람들의 지각된 사회적 지지가 더욱 높아질 수 있음은 자명하다.

소셜 미디어에서 시공간 제약 없이 활발히 교환되는 사회적 지지에서 추가로 주목해 볼 만한 내용은 지지의 내용과 정도보다는 정보원, 즉 누가 사회적 지지를 보내느냐와 관련이 있는 것으로 나타났다. 특히 재난 이후, 나와 동일한 위험 현실을 공유하고 있느냐 그렇지 않느냐를 범주화하며 등장하는 사회정체성의 역할이 중요하다(Haslam et al., 2004). 예컨대, 2016 경주 지진 관련 포털 뉴스에 달린 다음과 같은 댓글이 있었다. 작성자는 "일본에 재외국민으로 살고 있습니다만… 일본에 거주하던 초반 지진 때문에 많이 힘들었다"로 시작하며 지진 재난 현실을 공유했던 사람임을 밝히고 글을 시작한다(2016년 9월 26일 네이버 뉴스 댓글). 이후 작성자는 정보적 그리고 정서적 지지를 전하면서 "우리 국민들 힘내세요"라고 격려했다. 일본에 사는 사람이라고 밝혔기에 전달되는 사회적 지지 메시지가 특히 지진을 겪고 두려워하고 있는 사람들에게 더욱 와닿았을 것이다. 따라서 사회정체성을 공유하는 사람들, 즉 위험이라는 현실을 함께하고 있는 사람들 간의 사회적 지지의 교환은 불확실성과 두려움을 좀 더 효과적으로 누그러뜨릴 수 있다. 소셜 미디어 맥락으로 좀 더 확대해 보자. 지진 재난이 발생한 지역에 거주하는 사람들이 함께 지역 기반 소셜 미디어(즉 밴드, 페이스북 그룹, 인터넷 카페 혹은 오픈 채팅방)에 모여서 두려움을 공유하며 서로 위로해 주고 또 위로받을 수 있다. 일종의 동병상련이다. 지진 재난뿐 아니라, 암 환우나 그 가족들이 상호 간에 도움을 주고받을 수 있는 집단 기반의 소셜 미디어를 찾고 상호 의지하는 사례와도 일맥상통한다. 나아가 2022년 10월 29일 발생한 이태원 참사 이후 42일 만에 유가족들 스스로 알음알음 주체가 되어 꾸린 유가족협의회도 같은 연장선에서 바라볼 수 있다.

사회적으로 큰 논란이 되었던 가습기 살균제 참사 사건은 2019년 9월 기준으로 피해자는 약 95만 명, 사망자는 약 2만 명으로 추산되고 있다(김기범, 2020). 이 피해자들은 '가피모(가습기살균제피해자와가족모임)'라는 다음 카페와 네이버 밴드를 구축했다. 이들은 연령, 성별, 지역, 직업 등 모두 서로 다른 개인들이었으나, 피해자라는 공통분모를 갖게 되면서 '우리' 정체성을 획득하게 된다. 이를 사회심리학에서는 자기범주화self-categorization라고 한다(Turner et al., 1987). 피해자들은 그들 간의 유사점 그리고 피해를 입지 않은 다른 사람들과의 차이점을 극대화하여 지각하는 경향이 있다. 그런데 정부 조사단이 피해 등급을 1부터 4단계로 구분하면서 피해의 정도가 심한 1~2단계 사람들과 상대적으로 그렇지 않은 3~4단계 사람들로 피해자들 내에서 재범주화가 일어나고, 이들 간에 내집단, 외집단 구도가 형성되어 갈등을 빚기도 한 것으로 알려졌다.

이처럼 가습기 살균제 피해자들은 연대와 갈등의 모습을 모두 보여 주었다(3장 참조). 소셜 미디어에 모인 피해자들은 가습기 살균제를 판매한 기업, 허용해 준 정부 등에 대한 불만을 공유할 수 있었고, 비교적 효율적으로 온라인 집단을 조직해 나갔다. 상호 간에 사회적 지지를 교환하며 힘을 돋아주기도 했다. 관련하여 주목할 만한 사항은 피해자들이 전국 단위의 조직을 갖추고 영향력을 행사하는 시민 사회 운동 조직(환경운동연합)들과 연대했다는 점이다. 해당 문제를 국가가 관리하지 못한 화학 물질로 인한 환경 보건 문제로 규정하며 관련 특별법 제정, 문재인 대통령의 공식적 사과, 사회적 참사 특별조사위원회 구성 등의 성과를 이끌었다. 이처럼 집단 기반의 소셜 미디어 활동을 통해 위험의 당사자들은 마치 공동 운명체의 구성원들처럼 결속하여 집합적 행동으로 나아가기도 한다(김진희 외, 2021). 하지만 동시에 사회정체성을 공유하지 않는 사람들과 갈등을 겪기도 하고, 해당 정체성을 공유한다고 하더라도 다시 특정 기준에 의해 재범주화되어 새로운 유형의 갈등을 겪기도 했다. 이는 사회정체성이론으로 설명할 수 있다(Tajfel & Turner, 1979; 3장 참조). 2017년 포항 지진에서도 포항 시민들은 상호 연대하여 지진을 촉발시킨 지열발전소 책임자 규명 및 처벌과 특별법 제정 촉구 등을 위해 상경 집회도 불사한 바 있다. 하지만 진앙과 가까운 북구와 상대적으로 물질적, 정신적 피해를 덜 느끼는 남구 지역민 간에 집단 재범주화가 순간적으로 일어나며 남구와 북구 간의 갈등이 목격되기도 했다.

소셜 미디어 의존 모델과 자아불확실성 누그러뜨리기

소셜 미디어에서 제공하는 배타적 비공식 정보 때문에 위험 상황에서 사람들은 더욱 소셜 미디어를 적극적으로 활발히 이용하고, 의존하는 양상을 보인다. 집단 기반 소셜 미디어를 새롭게 구축하기도 하지만, 기존의 소셜 미디어에 이미 구축된 네트워크가 정보의 권력을 갖게 되면서 이를 적극 활용하며 대응하기도 한다. 이러한 소셜 미디어 의존 모델은 이전에 학습했던 미디어체계의존이론을 확장시킨 개념이다(Kim & Jung, 2017; 4장 참조). 위험 상황에서 소셜 미디어가 제공하는 배타적 정보의 비중이 커지면서, 정보 권력이 강해지는 것이다. 여기서 의존은 위험 상황에서 이용자들이 네 가지 목적(상황 이해하기, 행동 요령 취하기, 불안감 누그러뜨리기, 표현하기)을 달성하기에 소셜 미디어가 매우 유용하다고 여기는 인식이다. 좀 더 주목할 점은 해당 의존을 이끌어 내는 사회 구조적 맥락이다. 예컨대, 사스 발생 시 중국 사람들이 인터넷 정보에 좀 더 의존했는데 그 이유는 중국 정부가 중앙 언론을 통제했기 때문이다(Tai & Sun, 2007). 국내의 비수도권에 집중된 재난이 발생했을 때, 재난민들이 소셜 미디어에서 제공하는 배타적 정보에 더욱 의존하는 이유도 수도권 중심으로 보도하는 중앙 언론의 관행이라는 사회 구조적 요인과 관련이 있어 보인다. 비수도권 지역의 각 도시에 기반한 지역 언론의 경우, 인적 물적 인프라의 부족 그리고 실시간 정보 유통 체계의 부족으로 재난민들을 충분히 돕기에는 역부족으로 보인다(한선 · 이오현, 2011).

위험 상황에서 특히 '집단 기반' 소셜 미디어로 재난민들이 몰려드는 또 다른 이론적 논의로서 사회정체성 시각이 있다. 위험에 처한 상황을 공유하는 사람들은 개인보다는 운명 공동체인 집단으로서 느끼고 생각하게 된다. 즉 개별적인 '나'가 아니라 공통점을 갖는 '우리'로 심리적 전환이 이뤄지는 자기범주화 과정을 겪는다. 가령, 산불 재난에 맞섰던 속초나 고성 지역의 사람들은 재난을 겪고 있는 '우리' 정체성이 뚜렷해진다. 가습기 살균제 참사 피해자들도 마찬가지다. 이제 우리는 내집단이 되고, 자연스럽게 그에 대응되는 외집단이 형성된다. 산불을 겪으며 위험한 내집단 그렇지 않은 안전한 외집단, 마찬가지로 지진을 겪는 내집단 그렇지 않은 외집단으로 선이 그어지며 구분된다. 이러한 집단 간 구도에서 내집단은 외집단에 비해 좀 더 긍정적이고 차별적 속성을 갖길 원한다. 이로 인해 때로는 부정적 속성을 외집단에 돌리고 내집단을 지나치게 편애하게 되면, 집단 간 적대와 갈등이 나타날 수도 있다. 뚜렷한 내집단 정체성은 해당 집단을 위해 저항하는 집단행동을 예측하는 주요 요소일 수 있다. 예컨대, 포항 지역에 대해 강한 소속감이나 애착을 갖는 사람들(즉 내집단 정체성이 뚜렷한 사람들)은 포항 지역에 지진 재난 위기가 닥쳤을 때 가장 먼저 나서서 많은 노력과 수고가 필요할 수도 있는 집합적 행동(예: 상경 집회)에 적극적으로 참여하는 경향을 보인다(김진희 외, 2021).

사회정체성 시각의 최근 확장된 주장에도 주목할 필요가 있다. 재난민들은 집단 기반 소셜 미디어에 의존하면서, 즉 해당 미디어와의 관계를 강화하면서 '우리'의 시각으로 자신 앞에 놓인 불확실성self-uncertainty을 누그러뜨린다는 것이다(Hogg, 2007; 2021). 집단의 속성들을 자신에게 대입시키는 일종의 자아 정형화self-stereotyping라 할 수 있다. 코로나19 상황에서 대학에 갓 입학했던 20학번 대학생들이 온라인에 기반한 초유의 대학 생활에 있어 큰 불확실성을 경험했고, 이를 누그러뜨리기 위해 대학별로 활성화되어 있는 온라인 커뮤니티에 가입하여 활발한 활동을 펼친 것과도 일맥상통한다. 암 환우나 그 가족들이 관련 온라인 커뮤니티(네이버 카페 등)에 가입하여 열심히 활동하는 것도 마찬가지로 내 앞에 놓인 불확실성을 조금이나마 해소하기 위해 유사한 처지에 있는 사람들의 집단에 가입하여 활동하는 것으로 볼 수 있다.

어떻게 내가 속한 집단이 내 앞에 놓인 불확실성을 누그러뜨릴 수 있도록 도울까? 우선 그 집단은 다소 폐쇄적이고 회원 간의 동질성이 높을 가능성이 크다. 특히, 온라인 커뮤니티는 익명(닉네임)을 기반으로 한 텍스트로 상호 소통한다. 해당 소통에서 생김새나 옷차림 등의 개인적 특질의 단서들이 모두 탈락하기 때문에 더욱 집단 중심적으로 정보를 필터링해서 받아들이게 된다(이은주, 2008). 2021년 넷플릭스 흥행작 〈오징어 게임〉에서 유니폼을 입고 가면을 쓴 채 등장하는 진행 요원들이 개인 정체성과 표정 등의 비언어적 요소들을 가리게 되면서 더욱 그들의 집단 목표에 집중하며 집단 규범에 순응했던 점과도 일맥상통할 수 있다.

무엇보다 중요한 것은 해당 소셜 미디어 집단은 내가 어떠한 태도, 믿음을 갖고 어떻게 행동해야 닥친 불확실성을 누그러뜨릴 수 있을지 집단 구성원 간의 합의에 기반한 검증consensual validation을 통해 알려준다. 즉 어떠한 태도를 갖고 무슨 행동을 취해야 하는가에 대한 내집단 규범을 제시한다. 대학 온라인 커뮤니티의 내집단 구성원들은 어떻게 대학 생활의 계획을 짜고, 단기 유학은 언제 가고, 어떻게 수업 시간표를 구성하면 좋은지 알려준다. 무엇보다 동일한 목적을 갖고 유사한 처지에 있는 다른 사람들이 제시된 의견이나 주장에 댓글을 달거나 '좋아요' 버튼을 눌러 상호 검증해 준다. 이러한 과정을 거쳐 내집단에서 제시된 '합의'에 다다른 의견은 높은 수준의 신뢰성을 확보하게 된다. 온라인 육아 커뮤니티(일종의 맘카페)의 유사한 회원들끼리 만들어 내는 상호작용도 마찬가지다. 특히, 소비 영역에서 어떠한 육아 용품을 구입하는 것이 좋은지 회원들이 까다로운 검증 절차를 거쳐 합의를 이루어 알려준다. 이처럼 사회정체성에 기반한 소셜 미디어에 사람들이 가입하고 열성적으로 활동하는 이유는 유사한 처지에 있는 '우리'의 시각을 통해 내 앞에 놓인 불확실성을 감소시키고자 하는 강력한 동기에서 비롯된다고 볼 수 있다.

전국 각 지역에서 활발히 운영되고 있는 온라인 육아 커뮤니티의 사례를 좀 더 들여다보자. 한국 사회의 엄마들은 커다란 불확실성을 경험한다. 이 불확실성은 자아와 직접적으로 관련된다. 전업주부의 경우, 불확실한 집단 경계로 인해 "나는 누구인가," "세상에서 내 위치는 어떠한가"라는 질문을 던질 수 있고, 직장 생활을 하는 주부의 경우, 전형적 엄마(중산층 전업주부)와 비교하여 특히 경쟁적 자녀 교육에 있어서 내가 부족한 엄마가 아닌지 의문을 갖는다(박혜경, 2009). 일상에서 이러한 불확실성을 감소시키기 위해 관련 커뮤니티에 가입하여 전형적 '엄마'로서 세상을 바라보며 해당 불확실성을 누그러뜨리고자 한다. 포항에도 '포항맘놀이터(포놀)'라는 육아 커뮤니티가 어느 정도 활성화되었는데, 여기에 2017년 지진이 닥치면서 당시 6만여 회원을 보유했던 해당 온라인 커뮤니티는 일종의 지진 앱의 역할을 수행했다고 평가할 수 있다. 재난이 발생했을 때 이를 가정 내에서 대응, 복구하고 관리, 대비하는 총사령관 역할을 하는 사람들이 주로 엄마들, 주 돌봄자들primary caregivers이다. 이들에게 포놀은 불확실성이 고조되는 상황에서 방향타 역할을 했다. 2년 넘게 지속된 수백 차례의 불규칙한 여진 속에서 특정 흔들림이 정말 지진이 맞는지 상호 검증을 통해 확인할 수 있었고, 미취학 아이들과 함께 지진 재난에 대응하기 위해 어떠한 준비가 필요한지 배타적 고급 정보를 얻을 수 있었다. 또한 지진으로 두려움을 겪는 동일한 처지에 있는 사람들끼리 서로 위로하고 위로받았다. 회원들은 일상에서는 엄마로서의 전형성을 발휘하기 위해 상호 경쟁했을 수도 있으나, 재난 상황에서는 전업주부 혹은 직장 생활을 하는 주부 구분 없이 모두 재난에 대응하기 위해 상호 연대했다.

소셜 미디어 정보의 허구성

이용자들이 정보의 직접적 생산자 및 유통자로서 활약하는 소셜 미디어 정보의 신뢰성과 진실성은 자주 문제시되어 왔다. 정보의 검증 과정이 충분치 못해 소셜 미디어는 허위 정보가 쉽게 유통되는 통로로 지목받아 왔다. 예컨대 2021년 이스라엘과 팔레스타인 무력 충돌로 피해를 입은 가자 지구의 어린이라며 아마도 조회 수를 노리고 트위터에 널리 퍼진 사진이 사실은 2014년 촬영된 것으로 나타난 사례가 있었다(진달래, 2021). "백신을 맞으면 유전자가 변형된다," "접종한 노인은 치매 걸린다" 등 코로나19 백신과 관련된 허위 정보도 소셜 미디어를 통해 활발히 유통된 바 있었다. 대부분 소셜 미디어 내에 자정 효과가 있는 것으로 알려져 있으나, 허위 정보의 생산과 유통은 여전히 지속되고 있다. 특히, 위험이 불러오는 혼란 상황에서 더욱 증폭되는 경향을 보인다.

소셜 미디어상의 허위 정보가 주류 언론에 그대로 기사화되기도 한다. 가령 2013년 강남역 침수 사건이 그것이다. 당해 7월 8일 오전에 처음 사진과 함께 트위터에 해당 사건이 올라온 이후 급속도로 트윗이 퍼져나갔지만, 촬영된 사진은 이전 해 것으로 최종 밝혀졌다. 당일 오전 9시부터 이후 12시간 동안 트윗이 수백 건에 달했던 것에서 알 수 있듯이, 허위 정보를 소셜 미디어 이용자들이 급속히 퍼 날랐던 것으로 나타났다. 하지만 더욱 큰 문제는 주류 언론에서 트윗 내용 대한 구체적 검증 없이 "강남역 지금 워터파크라는데 물 조심하세요" 등의 자극적 헤드라인을 포함하여 많은 기사들을 작성했다는 것이다. 해당 허위 정보의 트위터 전파 속도가 매우 빨랐을 뿐만 아니라, 주류 언론들도 부정확한 기사들을 성급하게 유통시키며 공범 역할을 했다고 평가할 만하다(홍주현, 2014).

유튜브 등의 소셜 미디어에서 유통되는 허위 정보가 언론사의 뉴스가 된 또 다른 사례로 위험 상황과 정치적 맥락이 결합된 2019년 강원도 고성-춘천 산불 관련 정치 의혹이 있다. 산불 발생 시, 사실은 그렇지 않으나 문재인 전 대통령은 술을 마시느라 5시간 만에 현장에 도착했다는 허위 정보였다. 먼저 개인이 운영하는 많은 구독자 수를 보유한 보수 성향의 유튜브 채널에서 문 전 대통령을 비난하고 잘못을 추궁하는 제목으로 해당 허위 정보를 내보냈다. 주목할 점은 주류 언론사 공식 유튜브 채널에서도 해당 허위 정보를 검증하지 않는 채 그대로 보도했다(김춘식 · 홍주현, 2020). "의혹이 있다"거나 "논란이 불거졌다"라는 식의 보도 관행이 정파성과 결합될 때 주류 언론은 허위 정보를 확산시킬 수도 있는 주요 통로로 전락하게 될 우려가 있음은 자명하다.

유튜브에서는 누구나 자유롭게 콘텐츠를 업로드하고 이후 댓글 등을 통해 의견을 교환할 수 있다. 유튜브에서 내보내는 허위 정보의 기성 뉴스화에서 우려될 만한 점은 무엇일까? 특정 유튜브 정치 채널에서 적극적으로 활동하는 사람들은 아마도 다른 사람들과 자신의 의견은 매우 유사할 것이라고 생각하는 비율을 과대하게 추정하는 인지적 편향, 즉 허구적 합의false consensus(Marks & Miller, 1987) 효과가 나타날 우려가 있다. 다른 사람들은 나와 유사한 믿음을 갖고 비슷한 행동을 할 것이라는 일종의 오지각misperception이다. 이들은 선택적 노출로 해당 개인 유튜브 채널의 동영상을 보았고, 더 주목하게 된다. 또한 본인의 자존감을 유지하기 위해 사회적 여론과 자신의 유사성을 과장할 수 있다. 이러한 허구적 합의는 위험 상황에서 정치 극단화, 나아가 양극화를 더욱 부추길 우려가 있다. 이어지는 단락에서 좀 더 구체적으로 살펴본다.

소셜 미디어 정보의 극단성

위험 상황에서 소셜 미디어에 모여드는 사람들은 다양한 정보와 의견을 교환한다. 특히 해당 소셜 미디어가 유사한 운명에 놓인 동질적 회원들로 구성된 폐쇄적 온라인 커뮤니티 양상을 띨 경우, 해당 정보의 유용성은 눈앞에 놓인 불확실성을 누그러뜨리는 데 더욱 강력한 빛을 발한다. 앞서 언급했듯이 공통적인 사회정체성을 공유(예: 엄마와 재난민)하고 있기 때문에 활발한 사회적 지지의 교환이 일어날 수 있고, 개별적인 '나'에서 유사성을 갖는 '우리'로 심리적 전환을 겪은 회원들은 우리의 시각을 바탕으로 서로 연대하면서 불확실한 현실을 헤쳐 나간다. 앞서 언급한 포놀 회원들은 수백 차례의 여진이 지속된 2년 넘는 기간 합의에 기반한 검증 과정을 통해 지진 재난을 둘러싼 불확실성을 상호 연대하면서 해소해 나갔다. 2.0 미만의 미소 지진이 발생할 경우 재난 문자가 오지 않으나, 회원들은 소셜 미디어상에서 방금 느낀 흔들림이 지진이 맞는지 혹은 바람 등 다른 요인 때문인지 서로 검증해 나갔다. 두려움에 잠 못 이루는 새벽에도 포놀에 함께 모여 시공간을 초월하며 서로 위로하고 위로받았다. 시간이 지날수록 포놀은 지진에 대해 모든 정보를 얻을 수 있는 곳, 지진에 대해서는 거의 무조건적 위안을 얻을 수 있는 곳이라는 집단 규범을 암묵적으로 빠르게 형성해 나갔다.

하지만 문제는 해당 집단 규범을 벗어난 정보나 의견을 제시한 회원들을 향한 비난과 그로 인한 갈등의 촉발이다. 지진과 관련된 내집단 규범이 너무 강하게 형성되어 있다 보니, 포놀 구성원들이 이견을 숨죽게 할 가능성이 높아졌다. 포놀은 자칫 극단적 논의만 반복되는 에코체임버로 전락할 우려의 징후를 보여 주기도 했다. 예컨대, 한 포놀 회원이 방금 여진으로 흔들림을 감지했다며 두려움을 호소한 글을 올렸다고 해 보자. 이 회원은 당연히 해당 위험 현실을 공유하는 다른 포놀 회원들로부터 위로의 말을 전해 듣길 기대했을 것이다. 그런데 기대와는 달리 다른 회원이 바닥에 누워 있었지만 전혀 흔들림을 느끼지 못했다고 포놀에 공유하면, 흔들림을 감지했던 회원은 이러한 이견을 받아들이지 못하며 “느끼지 못했으면 댓글 달지 말라”며 날 선 대응으로 대립한다.

유사하게, 2022년 9월 태풍 힌남노가 포항 지역을 강타했을 때, 포놀 내의 게시글들은 대부분 태풍과 관련된 이야기들로 도배되다시피 했다. 특히, 남구의 오천 지역 아파트 지하 주차장에서 사망자들이 발생하면서 사람들의 시선은 포놀의 게시글들에 더욱 집중되었다. 이때도 마찬가지로 다른 주제의 글들(학원 문의, 중고물품 거래 등)을 올린 회원들이 댓글로 비난받은 일이 있다. 지금 이 상황에 다른 주제를 논하는 것은 불확실성을 누그러뜨리고자 하는 내집단 규범에 어긋난 것이며, 심지어 카페지기에게 이러한 글들을 삭제해 달라는 요청도 있었다. 이러한 갈등 관련 글들은 대부분 빠른 시간 내에 회원들 스스로가 삭제하는 경우가 많다. 이러한 포놀 내의 갈등을 성찰하고자 하는 다른 회원들의 글도 목격되었으나, 이 또한 시간이 흐르면 게시자 스스로 삭제하는 듯하다. 이러한 관찰은 구성원들의 관여도가 높은 주제(지진, 태풍 등)에 대해 극단적 태도가 어떻게 형성될 수 있는지 유추해 볼 수 있는 실마리를 제공한다. 나아가 비수도권 지역에 집중된 재난이 발생할 경우, 중앙 언론의 즉각적이고 심층적 보도의 부재로 대부분 지역의 온라인 커뮤니티에 사람들이 몰려들어 상호 작용하면서 중앙 언론을 외집단화하고 적대적 태도(“서울에서 재난이 나도 이렇게 보도했겠는가?”)를 보이는 경향이 있다. 이러한 양상은 수도권과 비수도권의 구분으로 인한 단절과 잠재적 갈등을 더욱 부추겨 사회 통합에 부정적 영향을 미칠 수 있어 우려스럽다.

소셜 미디어 자체의 위험

지금까지 소셜 미디어에서 이용자 스스로가 만들어서 제공하는 콘텐츠에 초점을 두어 위험 해결과 위험 촉진의 역할을 살펴보았다. 여기에서 좀 더 들어가 소셜 미디어를 디지털 미디어 위험의 시각으로 다룰 필요도 있다. 해당 위험은 디지털 정보 처리 기술을 기반으로 하는 미디어가 갖는 고유 특성(이동성, 상호 작용성 등)으로 인해 파생되는 경제, 사회-문화, 개인, 병리적 차원의 위험이라고 할 수 있다(조항민, 2011). 소셜 미디어 위험은 구체적으로 잘 정립되어 있지 않은 개념이다. 그런데도 오늘날 디지털 미디어가 가져오는 혁신과 변화의 환경을 모두 긍정적으로만 수용하기 어렵다. 중독, 프라이버시 침해, 불안과 우울감 등의 정신 질환, 인간 소외, 정보 격차, 사이버불링, 민주주의 혼란 등 여러 문제점이 초래되고 있다. 따라서 급변하는 디지털 미디어 역시 기술 발전의 결과물로서 다양한 위험이 창출되는 위험 사회의 모습을 보여 준다고 할 수도 있다(9장 참조).

이러한 모습에 대한 예시로 한 초등학교 교사의 주장을 살펴보자(이가람, 2021). 현행 법령상 국내에서 페이스북의 가입 가능 연령은 만 14세 이상이지만, 다수의 5~6학년 초등학생이 페이스북에 가입해 활동하고 있다. 페이스북 계정을 생성할 때 나이를 허위로 입력하더라도 아무런 제재 없이 가입이 가능한 허점이 존재하기 때문이다. 해당 교사는 "아이들이 나이를 속여 만든 페이스북 계정으로 본인의 나이로는 접근할 수 없는 사이트에 접속하거나 서비스를 이용할 수도 있다"라고 우려했다. 가령, 도박, 포르노, 자살 등과 관련된 활동에 그대로 노출되는 것이다. 플랫폼들은 계정 뒤에 있는 실제 이용자를 인증할 필요가 있으며, 이러한 절차는 여전히 익명성을 갖추면서도 소셜 미디어 사용과 연루된 위험적 요소들을 누그러뜨리는 데 도움을 줄 수 있을 것이다. 더불어 급격한 뇌의 구조적, 기능적 변화를 겪는 초기 사춘기 시기를 보호하기 위해 최소한 만 16세 이상에게 소셜 미디어를 허용해야 한다는 주장도 제기되고 있다(Haidt & Schmidt, 2023).

연령과 관련된 페이스북 문제점이 담긴 초등학생들의 손편지가 2021년 7월에 페이스북에 전달되었는데, 뒤이어 10월에 공교롭게도 페이스북 전 직원 프랜시스 하우겐Francis Haugan이 페이스북의 위험에 대해 공개적으로 고발하며 주목받았다(Hao, 2021). 내부 고발자 하우겐에 따르면, 페이스북은 혐오 발언과 폭력을 방치하고, 이용자의 안전보다 돈 버는 것을 우선시했다. 또한 인스타그램은 10대 소녀들의 정신 건강을 해치는 데 기여하고, 유럽 정당들은 페이스북의 알고리즘 때문에 네거티브 캠페인을 벌였다고 폭로해서 많은 사람에게 충격을 주었다. 이에 대응하는 페이스북은 회사명을 '메타meta'로 바꾸며 이미지 변신을 꾀하기도 했다. 하우겐의 고발은 2020년 넷플릭스를 통해 개봉한 다큐멘터리 〈소셜 딜레마*Social Dilemma*〉에서 제기된 주장과도 유사하다. 소셜 미디어 엔지니어들이 설립한 비영리 단체 '인도적 기술 센터Center For Humane Technology'는 마크 저커버그Mark Zuckerberg에게 문제 해결을 촉구하는 청원서를 작성했고, 해당 센터를 방문하는 사람들을 대상으로 청원에 동참해 줄 것을 요청한 바 있다. 그 옆에는 미국 〈월 스트리트 저널*The Wall Street Journal*〉에 보도된 "만약 어떤 것이 연속으로 20번 공유되었다면, 그것은 전혀 공유되지 않은 것보다 나체, 폭력, 혐오 발언, 잘못된 정보를 포함할 가능성이 10배 이상이다"라는 내용이 인용되어 있다. 페이스북이나 인스타그램 활동도 흡연처럼 위험의 영역으로 바라보며 교육을 넘어서 규제를 해야 할지 문제를 제기한 것이다.

이 장에서는 위험 상황에서 급부상하고 있는 소셜 미디어의 양면성을 살펴보았다. 강력한 비공식 채널로 우리에게 배타적 고급 정보를 제공해줄 뿐만 아니라 자아불확실성을 누그러뜨리고 집합적 행동의 조직화 등 공동체적 대응도 할 수 있도록 도와주고 있다. 그러나 동시에 우리를 허위 및 극단 정보와 디지털 위험에 노출시키고, 이용자들의 선택적 노출로 동질적 사람들과의 연결을 촉진시켜 내집단 편애, 외집단 적대, 인지적 편향 등을 강화시킬 수도 있음을 명심해야 한다. 더불어 좀 더 깊게 질문하고 숙고해야 할 주제들도 남아 있다. 예컨대, 위험 상황에서의 소셜 미디어 활약에 위험의 서로 다른 유형과 맥락의 고려가 필요하다. 가령, 경주 지진과 포항 지진은 같은 지진 재난이라도 맥락(자연재해 여부, 정치색 등)이 다르다. 유사하게, 허위 정보의 부작용도 위험의 유형과 맥락에 따라 다르게 나타날 수 있다. 나아가 위험 거버넌스의 주체들, 예컨대 정부 기관의 위험 소통 담당자, 언론사 기자, 트라우마 심리 치료 담당자 등이 집단 기반 소셜 미디어의 플레이어로서 직접 참여하여 재난민의 불확실성을 누그러뜨리는 데 도움을 줄 수 있을지 고려해 볼 만하다. 공동체의 이익에 부합한다면 소셜 미디어 이용자도 주체들에게 적극 협조할 것이다. 앞서 언급한 포놀에도 포항시청이 직접 참여하여 게시판을 통해 시정 소식을 전달하고 있고, 서울 기반 언론사의 기자가 등장하여 2022년 힌남노 태풍으로 인한 포항 오천 지역의 냉천 범람 관련 정보를 수집한 경우가 있었다. 이처럼 소셜 미디어는 다양한 주체가 공유하는 커뮤니케이션 채널 역할을 수행할 수 있으며, 이를 통해 위험 상황에서 공중과 거버넌스 주체가 어떻게 함께 협력하고 동시에 각자의 고유한 역할을 수행할 것인지 숙고하는 데 도움을 줄 수 있을 것이다.

9장

미디어 장치는 위험한 자유인가, 안전한 구속인가

기술로서 미디어

이 장에서는 미디어 자체가 지니는 위험의 이중성에 대해 살펴본다. 앞의 장들에서 어떤 위험에 대한 미디어의 역할로서 예방, 진단, 매개, 촉진, 방어, 해결의 역할들을 논했다면 여기에서는 미디어 자체가 수행하는 위험의 유발 및 개선의 역할에 주목한다. 특히 앞에서 제시한 미디어의 다차원성을 포괄하는 개념으로서 미디어 기술에 집중한다. 왜냐하면 특히 디지털화된 미디어 기술은 기존의 미디어 환경에 균열을 내고 혁신하는 '디지털 변혁digital disruption'의 영향력을 발휘하므로, 기존의 미디어 다섯 차원을 새롭게 이해하기 위한 렌즈로 유용하기 때문이다.

기술은 본래 행위 양식과 수단의 의미를 모두 포함하며 이에 대한 인식은 그리스 시대부터 테크네τέχνη/tékhnē라는 개념으로 존재했다. 인간이 발휘하는 재주이거나 이용하는 대상으로 간주된 기술이 인간의 역사를 변화시키고 때로는 인간을 압도하고 초월하는 환경으로 작동하게 된 시기는 일반적으로 산업 혁명이 진행된 근대 이후로 설명된다. 이 새로운 상황에서 기술은 인간에게 안전과 편의를 제공할 뿐만 아니라 동시에 인간을 통제하는 권력과 위험으로 이해되었다. 기술의 하나로서 미디어 역시 인간에게 편리하고 안전한 삶을 가능하게 해 주는 이로운 것이기도 하지만 인간을 위협하는 것으로 양면성을 지닌다.

이 장에서는 위험 사회에서 인간과 디지털 미디어 기술의 관계를 조망한다. 미디어의 기술 단계에 따라 미디어가 제공하는 위험과 유용함의 구체적인 양면성 역시 변화한다. 예를 들어 종이 신문이 지배적인 매스 미디어였던 시기에는 길에 떨어진 다른 사람의 신문을 우연히 주워 본다고 해도 별문제가 되지 않았고 심지어 공공장소엔 아무나 돌려 읽을 수 있도록 신문이 놓였지만, 오늘날 휴대폰은 전적으로 개인의 배타적 소유물이며 암호를 이용해서 다른 사람은 접근하지 못하도록 설계되어 있다. 다른 사람의 휴대폰을 우연히 또는 의도적으로 접근하여 허락과 동의 없이 사용한다면 이는 심각한 반사회적 행위로 간주되며 이런 일을 당한 사람은 프라이버시 침해의 위험이 우려된다. 이는 모바일 기술이 기존의 종이 신문과는 비교하기 어려운 정도로 획기적인 유용성을 지니지만, 이에 못지않게 이 기술이 잘못 사용되었을 때 야기될 수 있는 위험의 가능성 역시 엄청나게 새로이 확장되었음을 시사한다.

현재 우리 삶에서 기술이 인간의 생존과 행복에 도움이 되는 긍정적인 수단이라는 믿음만큼이나 기술이 인간에게 위험이 될 수 있다는 두려움 또한 강력하게 존재한다. 누구의 관점에서 보는지에 따라 컴퓨터 게임은 좋거나 나쁜 미디어다. 어른에게 컴퓨터 게임은 청소년을 순간적인 쾌락에 몰두하도록 만들고 빠져나오는 것조차 어렵게 하여 중독을 일으키는 무서운 기술로 인지된다. 이와 반대로 대부분의 청소년에게 게임은 친구와 우정을 나눌 수 있고 피로한 현실 사회로부터 안전하게 쉴 수 있으며, 재미를 제공하는 고마운 기술이다. 한편 컴퓨터 게임이 청소년기 뇌 기능 발달에 기여하고 사회성을 높인다는 연구 결과까지 보고된 바 있지만 컴퓨터 게임 자체에서 이전에는 부재했던 새로운 사회 문제가 발생하기도 한다. 게임이 생성한 가상 세계에서 예전에는 상상하기 어려웠던 사이버 폭력과 갈등이 발생하는 경우도 빈번하기 때문이다. 역사적으로 미디어 기술의 양면성 문제는 늘 존재했다. 각각의 유용성에도 불구하고, 글이란 인간 목소리의 진정성을 해치는 미디어 기술로 비판되기도 했고, 책은 인간을 망상에 빠뜨리게 하는 유독한 것으로 평가되기도 했으며, 텔레비전은 인간 정신을 마비시키는 '바보상자'로 낙인찍혔던 것이다.

기술에 대한 인간의 양가적인 태도는 늘 존재했지만, 인간을 초월하는 거대한 시스템으로서 기술을 이해하는 비판적 성찰은 근대 산업 사회에 접어들면서 부각되었다. 근대 산업 사회를 묘사한 사회학자 막스 베버Max Weber의 '철장iron cage'이라는 표현은 두 가지 요소를 함축한다. 생물체를 보호하는 철이라는 단단한 물질성은 안전 시스템의 강력함을 가리키지만, 기술로 강화된 관료주의 체제의 비인간화 현상을 의미하기 때문이다. 말하자면 기술은 인간의 삶을 보호하고 역량을 계발하면서 합리성을 구현하는 거대 시스템 구축에 기여하지만, 동시에 인간의 자유와 독창성을 억압하면서 질서 유지, 효율성 증대, 수익 증가를 요구하는 강력한 권력이 되었다.

이처럼 인간과 미디어 기술의 관계는 전적으로 선과 악을 단정할 수 없는 양가성과 복합성을 지닌다. 미디어 기술이 인간에게 커다란 혜택과 가능성을 제공하는 것은 물론이다. 그러나 미디어 기술은 인간이 제어할 수 없는 거대한 능력으로 인간을 억압하고 통제하며 그 힘은 디지털 상황에서 더욱 강력해지고 있다. 일반적으로 그 위험을 유발하거나 강화하는 특성은 간과된 채 단지 혁신적이고 매력적인 대상으로 찬미되는 상황에서 미디어 기술이 위험에 대해 지니는 양가적 복합성을 비판적으로 이해하는 일은 더욱 중요하다.

구체적으로 이 장에서 논의할 주제는 다음과 같다. 첫째, 어떤 효과의 선한 가능성과 위험 가능성의 양면성을 이해하기 위해 '장치apparatus' 개념을 살펴본다. 둘째, 현대 사회에서 디지털 미디어 기술을 장치의 일종으로 보고, 그것이 야기하는 가능성과 위험을 탐구한다. 쾌락과 고통, 욕망과 공포의 가능성을 동시에 가진 미디어 기술의 양가성과 복합성을 파악한다. 셋째, 이 문제의식을 사회적 범위로 확장하여, 생명정치의 체제에서 미디어 장치가 우리에게 야기하는 쾌락과 위험의 양면성을 살펴본다.

디지털 미디어의 풍경

위험 사회에서 미디어 기술이 지니는 복잡성, 즉 단순하게 좋거나 나쁘지만은 않으며 긍정적인 동시에 부정적인 현상을 살펴보자. 이와 유사한 관점에서 철학자 한병철은 디지털 미디어 기술이 포화된 우리의 현실을 '투명 사회'라고 부르며 디지털 기술이 발휘하는 유혹과 위협의 양면성에 주목한다. 그에게 '투명성의 폭력'이란 무제한의 자유와 무제한의 커뮤니케이션이 공존하는 상황이다. 그는 디지털 미디어의 이용자들이 '디지털 파놉티콘'에서 열심히 소통하면서 자발적으로 그 감시 체제 건설에 참여하는 현실을 우려한다.

구체적으로 한병철은 시공간의 물리적 제약을 넘어서 커뮤니케이션을 실행하는 자유를 부여하지만 동시에 개인의 프라이버시를 낱낱이 보아 알고 있을 뿐 아니라 그것을 활용해서 수익을 거두는 디지털 테크놀로지의 문제점을 통찰하고 있다. 더욱이 인간은 그 통제와 감시의 권력에 대해 적극적으로 동조하고 참여하는 모습을 보이는데, 그 중요한 원인 중 하나는 (그것이 가져다주는 편리, 재미에 대한 동조뿐 아니라) 기술 자체가 '투명'하게 존재해서 그것이 잠재적으로 지니는 위험이 없는 듯한 외양을 띠기 때문이다. 마치 과거 규율 사회에서처럼 디지털 기술이 감옥으로 눈앞에 현존한다면 사람들은 그 기술을 마냥 즐겁게만 볼 수는 없을 테다.

원래 파놉티콘은 18세기에 영국의 공리주의 철학자인 제러미 벤담 Jeremy Bentham이 제안한 근대 원형 감옥 시스템 모형이다. 중앙에 설치된 높은 탑에서 그것을 둘러싸며 원형으로 배열된 감방 안의 죄수들을 전면적으로 감시하는 형태를 취함으로써 정교하고 효과적인 감시가 가능하리라 예측되었다. 무엇보다도 시각의 불평등성이 파놉티콘의 효율성을 높인다. 왜냐하면 중앙 높은 탑의 간수는 주변의 죄수들을 모조리 관찰할 수 있지만 주변의 죄수는 중앙 높은 곳에 자리한 간수를 볼 수 없으며 심지어 간수가 그 자리에 있는지 자신을 보는지 아닌지 여부도 알 수 없다. 이 알 수 없음의 구조 때문에 오히려 죄수는 투명하게 보편화된 감시 체제에 자발적으로 순응하는 태도를 지니게 된다.

현대 디지털 미디어 환경에서는 예전 파놉티콘의 간수가 죄수들에 대해 그러했듯이, 시스템의 중앙에서 이용자 개인의 말과 행동 모든 것을 보고 알고 쥐고 있다. "당신보다 당신을 더 잘 아는 추천 알고리즘"이 대표적인 예다. 그러나 근대 파놉티콘과 오늘날 디지털 기술과의 차이도 존재하는데, 원형 감옥에서 죄수들은 폐쇄된 공간에 고립되어 갇혀 있었지만 디지털 미디어 기술은 오히려 이용자들이 더 활발하게 소통하고 이동하도록 독려하기 때문이다. 이처럼 디지털 기술의 힘은 개인을 감시하고 통제하면서도(감옥처럼 둔탁하고 억압적인 형태를 띠지 않고 보이지도 않으므로), 이동적이며 투명하기에 더욱 유혹적이면서 위험하다고 말할 수 있다.

한편 이탈리아의 철학자인 프랑코 베라르디Franco Berardi는 한병철이 '투명성'이라고 본 현상을 '스펙터클'로 묘사한 바 있다(Berardi, 2015/2016). 그가 말하는 스펙터클에도 파놉티콘과 유사하게 위험뿐 아니라 쾌락과 욕망도 강렬하게 작용한다. 베라르디의 시각에서 스펙터클이 끊임없이 창출되고 소비되는 심리적 동인은 이용자의 나르시시즘에 있다.

> "나르시시즘을 오래 지속하려면 엄청나게 소름 끼치는 일을 저질러야 한다. (……) 그는 스펙터클에 참여하고자 한다. 그래서 스펙터클이 삶이 되고 궁극적으로 죽음이 되기를 원한다." (Berardi, 2015/2016: 57~60)

위의 글을 읽으면 우리는 유튜브를 포함한 소셜 미디어에서 타인의 관심을 끌고자 별난 이벤트들을 기획, 실행하고 가시화하여 조회 수를 높이고자 시도하는 이들, 흔히 '관심종자'라고 불리는 사람들을 떠올리게 된다. 뷰티, 쇼핑, 먹방, 반려동물에 이르기까지, 사람들의 시선을 끌기 위해 자신의 아름답거나 별난 모습과 행위의 노출에 몰두했던 이들은 베라르디가 말한 스펙터클에 젖은 사람이라고 할 수 있다. 이 같은 문화 현상에는 즐거움과 성공의 빛나는 모습도 있지만, 이에 못지않게 실패한 다수의 고통과 좌절, 그리고 사회 전체가 겪고 있는 불안과 위태로움이 존재한다. 그런데도 디지털 파놉티콘 혹은 스펙터클의 주민들은 자신을 투명하게 발가벗기고 화려하게 보여 주는 미디어 기술 시스템에 적극적으로 참여한다. 우리가 디지털 공간에서 열심히 소통하는 상태란, 추적과 통제가 가능한 투명성의 원리가 과도하게 작동하는 상태이기도 하다. 여기엔 쾌락의 흥분과 감시의 위험이 공존한다.

디지털 파놉티콘이나 스펙터클의 주민들은 행복할까? 이들은 디지털 공간에서 부여되는 다양한 서비스와 상품을 이용하고 스펙터클을 향유하면서 편의와 쾌락을 느낄 것이다. 그러나 문득, 정체가 완벽하게 노출되어 자아로서의 고유성과 비밀성이 사라진 채 자신이 상품화되어 감시되고 평가되는 디지털 현실을 느끼며 몸서리칠 것이다. 이 같은 복잡한 모호성의 실체를 이해하는 작업은 학문적으로뿐만 아니라 우리의 현재, 그리고 더욱더 이러한 경향이 강화될 미래에 인간의 삶과 죽음을 성찰한다는 점에서 매우 중요하다.

장치의 의미와 기능

미디어 기술의 양면성을 이해하기 위해 '장치'라는 이론적 개념이 유용하다. 어떤 대상이나 그것이 발휘하는 기능 및 효과를 단편적으로 보지 않고, 그들이 인간 주체에 미치는 영향, 특히 인간 주체의 가장 핵심적인 원리라고 할 수 있는 자유와 의지에 어떤 권력 작용을 하는지를 살피기 위한 개념이 장치라고 할 수 있다. 그 권력 작용은 한마디로 규정할 수 없다. 왜냐하면 편리, 안전, 유용성 같은 긍정적인 요소와 강제, 감시 같은 부정적인 요소가 함께 포함되기 때문이다.

다소 딱딱하게 느껴지는 장치라는 개념을 이해하기 위해 우리가 일상적으로 자주 사용하는 장치라는 말부터 생각해 보자. 컴퓨터 장치처럼 쉽게 이해 가능한 경우도 있고, 영화나 방송에서 사용하는 시각 장치처럼 다소 전문적인 용어도 있다. 이런 단어들의 사례를 생각한다면, 장치는 우리가 이용하는 수단이기도 하지만, 우리로 하여금 혼자는 못했을 무엇인가를 행하도록 만드는 힘처럼 생각되기도 한다. 이처럼 구체적인 사물로부터 거대한 시스템에 이르기까지 인간으로 하여금 무엇인가를 하도록 이끄는 역할을 하는 것이 장치다. 그 의미를 조금 더 체계적으로 파악하고 미디어를 장치의 일종으로 이해해 보자.

장치는 인간과 결합하면서 어떤 감정적, 인지적, 행동적 효과를 낳는 요소를 가리킨다. 장치가 인간에게 영향을 주어 특정한 방식으로 느끼고, 생각하거나 행동하도록 이끌 때, 그 혹은 그녀가 겪은 생각과 행동의 변화가 장치의 효과라고 할 수 있다. 물론 장치는, 그것이 없었다면 누군가 했을 행동을 하지 못하도록 하는 예방 혹은 금지의 영향력도 발휘하는데, 이 경우에는 하지 않음이라는 억제 현상이 장치의 효과라고 할 수 있겠다. "나는 바퀴를 보면 굴리고 싶다"(황동규)라는 유명한 시에서, 바퀴는 거의 자동적으로 굴리고 싶도록 나의 마음을 움직이는 장치다. 반대로 신호등의 빨간불은 보행자가 걸어가는 행위를 중지하도록 만드는 장치다. 보다 전문적인 영역에서 본다면, 우리가 한 영화 장면에서 빨간 조명이 그 공간에 머무는 인물의 불안한 열정을 표현한다고 이해했다면,

그 빨간 조명은 등장인물의 내면을 표현하고 이해하게 만드는 영화 장치라고 할 수 있다.

이탈리아의 철학자 조르조 아감벤Giorgio Agamben은 장치를 "인간의 육체, 정동, 의식, 생각, 행위, 역량을 지속적으로 확장, 포획, 통제, 변화시키는 힘의 작용"으로 정의한다(Agamben, 2009). 다시 말해 미디어를 장치로 이해한다는 것은 (우리가 앞서 4장에서 살펴본 미디어의 다섯 가지 차원의 존재론적, 기능론적 관점에 이어) 미디어가 발휘하는 혹은 미디어를 매개로 하는 힘의 작용을 사회 권력의 관점에서 파악하려는 목적을 지닌다.

다소 어렵게 느껴지는 이 개념을 쉽게 이해할 수 있도록 장치에는 어떠한 것들이 속하는지 사례 중심으로, 보다 체계적으로 살펴보자. 아감벤은 인간의 "역량을 포획, 정향, 결정, 개입, 모형화, 통제하는 작용을 하는 거의 모든 것"이 장치 개념에 포함될 수 있다고 설명한다. 구체적으로 "살아 있는 존재의 몸짓, 행위, 의견, 담론"을 인간에게 이들에 영향을 미치는 크고 작은 모든 것이 장치에 해당된다. 아감벤은 장치의 사례로, "담배, 옷, 자동차, 알람, 컴퓨터, 휴대폰, 내비게이션, CCTV" 같은 구체적인 사물에서부터 "언어, 법률, 제도, 종교, 학문"에 이르는 추상적인 대상을 제시한 바 있다. 그의 간결한 단언을 인용한다면 "사회와 세계를 구성하는 거의 모든 것"이 장치인 셈이다.

이제 우리의 관심인 미디어 기술을 장치의 시각에서 다시 바라보자. 아감벤을 전후한 여러 학자가 장치를 설명하던 당시에는 아직 스마트폰이 발명되지 않았으나 오늘날 스마트폰은 가장 강력하고 효율적인 장치로 작동하고 있다. 우선 인간과 스마트폰은 거의 항시적으로 결합되어 있다고 해도 과언이 아니다. 스마트폰을 잡고 우리는 거의 모든 일을 처리하고, 일정한 몸짓으로 행위하고 소통하며, 정보와 지식을 읽고 생각을 형성함으로써 삶을 살아간다. 의도적으로 스마트폰을 이용하여 각자의 생각, 소통, 행위를 수행할 때는 물론이고, 언제부터인가 우리는 스마트폰을 보면서 걷는 몸짓이 익숙해졌고, 홀로 있는 시간이 되면 저절로 휴대폰을 만지작댄다. 이렇게 스마트폰은 우리의 심신에 깊숙하게 스며들어 영향을 미치는 장치로 자연화된 것이다. 나와 스마트폰은 거의 동시화되어 자동적으로 연동한다는 걸 알 수 있는데, 어떨 땐 내가 스마트폰을 작동시키는지 스마트폰이 나를 작동시키는지 헷갈릴 정도다.

오늘날 스마트폰은 가장 강력하고 효과적인 장치 중 하나라고 할 수 있다. 앞에서 장치가 인간의 인지적, 행위적 역량과 행동을 '확장, 포획, 통제, 변화'시킨다고 말했는데, 이는 물론 스마트폰에도 적용될 수 있다. 스마트폰이 없었다면 은행 업무나 물건 구매를 전화기를 탭하여 실행하는 일은 상상도 못했을 것이다. 스마트폰이 있기에, 그 장치의 뛰어난 기능에 힘입어 우린 그런 복잡한 일들을 아주 쉽게, 언제 어디에서나 하게 되었다. 인간 능력이 '확장'된 것이다. 더불어 스마트폰의 특정 앱에 익숙해지면 그것이 없었다면 다르게 했을 활동을 그 앱으로 집중시키게 된다. 예를 들면 검색, 예능, 학업을 유튜브 앱으로 일괄 수행한다거나 특정 브랜드의 페이 앱을 이용하게 되면서 결제를 일괄적으로 해당 앱으로 끌어당겨 하는 습관이 생겼다. 이는 '포획'의 기능에 가깝다. '통제'는 스마트폰 의존이나 중독이라고 할 정도로 스마트폰에 종속되는 경향을 생각해 볼 수 있다. 우리의 일상적인 시간과 생활 리듬을 스마트폰이 통제하기 때문이다. 변화에 대해서는 앞의 확장, 포획, 통제를 모두 포함하여 이전과 달라진 우리의 현실을 생각할 수 있다. 하나의 단순한 예로, 스마트폰이 없던 시기에 지구인 대부분은 아침에 눈을 뜨면 자명종 시계를 보았을 것이다. 반면 오늘날 사람들 대부분은 스마트폰을 확인하는 것으로 하루를 시작한다. 이처럼 인간의 크고 작은 삶의 방식이 스마트폰으로 인해 변화했다. 동시에 스마트폰의 장치 효과에는 위험이 역시 포함된다. 이를테면 기술적인 오류나 단순 실수뿐 아니라 의도적이고 범죄적인 악용으로 인해 금전적 피해를 입을 가능성이 항상 잠재하는 상황이 이에 속한다.

지금까지 서술한 장치의 성격과 효과를 정리하면 다음과 같다. 첫째, 장치는 주체의 행위를 '미리' 조건화하고 통제하는, 즉 '선제preemption'하는 힘을 발휘한다. 장치의 선제 권력은 인간의 탄생에서 사망에 이르기까지 삶과 죽음의 모든 영역을 관통한다. 구체적인 일례로 스마트폰의 길찾기 앱은, 우리로 하여금 기존엔 지리를 알지 못해 가지 못했을 곳을 앱의 방향 지시를 따라가도록 유도하여 그곳에 도달하도록 한다. 둘째, 그러한 장치의 유혹 또는 명령의 작용에 대해 인간은 자발적, 혹은 강제적으로 반응하고 수행한다. 일종의 장치 유도성과 인간 행위성의 연합이 이뤄진다고 할 수 있다.

그렇다면 장치와 인간이 이렇듯 효과적으로 연동하게 되는 이유는 무엇일까? 그 물음에 대해서, 셋째, 장치가 실제 효과를 거두게 되는 작동 원리의 양가성을 알 수 있다. 장치가 삶의 안전과 편의라는 긍정적인 효과와 강제와 통제 같은 부정적인 효과를 동시에 가진다는 점이다. 즉 장치에 의해 통제받는다는 사실을 알지 못하는 채로 무의식적으로 자연스럽게, 혹은 알고 있다고 해도 그것을 감수하고 더 큰 만족을 얻고자 장치의 통제 작용에 호응하게 된다.

최근 한국 사회에서 미디어 장치의 강력한 효력과 위험을 동시에 노출한 사건은 소셜 미디어인 카카오톡의 블랙아웃 사건이다. 평소에 카카오톡은 일상적인 대화, 회의와 노동, 금융과 은행 업무, 쇼핑, 선물 주고받기, 택시 이용에 이르기까지 거의 모든 시민의 삶 곳곳에 편의를 제공하는 강력한 역할을 했다. 데이터 시스템의 화재로 인해 카카오톡 이용이 정지되자 모든 일상이 멈췄다고 표현이 될 정도로 사회 전체가 막심한 피해를 입는 위험 사고가 발생했다. 그간 그것이 없었다면 충분히 다르게 해왔던 많은 행위가 차차 카카오톡 서비스로 집중되는 식으로 변화했고, 카카오톡은 이용자들에게 편리함을 제공함으로써 많은 일을 손쉽게 처리할 수 있도록 이용자들의 역량을 길들여 왔기 때문이다. 블랙아웃 사고는 카카오톡이 이용자들에게 막강한 통제력을 발휘해 왔고 이용자는 그에 절대적으로 의존하고 있었다는 사실을, 한마디로 카카오톡의 장치적 성격을 새삼 일깨워 주는 사건이었다.

이처럼 장치는 긍정적인 혜택을 약속하지만, 우연한 사고나 의도된 악용에 의해 매우 위험한 상황을 야기한다. 이미 언급했듯 미디어 역시 장치의 일종이라고 아감벤은 명시했다. 미디어는 강력한 유인력을 발휘하며 이용자들이 특정한 방식으로 하거나 하지 말도록 강한 영향을 미치는 권력 작용을 하고, 인간이 그것을 수행하도록 유도하며, 그 효과 역시 여느 장치들과 마찬가지로 양면적이다. 그렇다면 이어지는 절에선 장치로서의 미디어의 특성과 그것이 위험 사회에서 지니는 함의에 대해서 살펴보기로 하자.

팬데믹과 미디어 장치

넓게 보면 세상의 모든 것이 미디어가 될 수 있고 미디어로서 작동한다. 또한 앞서 미디어의 다섯 가지 차원 부분에서 충분히 설명되었듯이 미디어가 반드시 기술의 관점으로만 이해될 수 있는 것은 아니며, 그 정치, 경제, 사회, 문화적 속성이 총체적으로 파악되어야 한다. 그러나 여기에서는 기술 대상으로서 미디어의 특징에 집중하기로 하자. 왜냐하면 이미 언급했듯 기존의 미디어의 다섯 가지 차원들 전반에 근본적인 균열과 혁신을 낳고 있는 핵심적인 요소 중 하나가 디지털 기술이기 때문이다. 아날로그 미디어 환경과 달리 디지털 미디어 환경에서는 사회 전체가 디지털 미디어화되고 디지털 플랫폼화되는 경향이 빠르게 진행되고 있으므로, 디지털 미디어를 하나의 새로운 장치라고 보고, 이것이 만드는 사회적 효과를 검토하기로 한다. 이 작업은 사회 전체에 디지털 미디어 장치가 발생시키는 유용성과 위험성, 그 양면적 복합성을 파악하는 데 유용하다.

코로나19 팬데믹은 최근 수년간 인류가 공통적으로 겪은 가장 위급하고 심각한 위험 중 하나다. 도시나 국가를 봉쇄lockdown한 서구 국가들과는 달리 한국은 최대한 일상을 유지하면서, 즉 일상적인 개방과 이동의 가능성을 열어 유지하면서, 미세하게 설계된 사회적 거리 두기를 실시하고 그 안에서 진행되는 구성원들의 움직임을 정교하게 통제하는 방역 전략을 취했다. 따라서 일상이 완전히 강제적으로 단절되는 고통은 타국에 비해 덜했다고 할 수 있다. 봉쇄 상황에서 전혀 타인을 만나지 못하고 수십 일을 집 안에 갇혀 지내야 하는 상황을 벗어나는 대신, 밤 9시 혹은 10시까지 4인이나 8인 이하 등 정해진 인원과 시간 범위 안에서 사회적 접촉은 가능했기 때문이다. 그러나 일상적인 행동의 가능성이 열려 있는 대신 그 행동의 하나하나가 통제되는 정도는 전면적인 봉쇄를 진행했던 타국들보다 더욱 강력했다. 이처럼 시민 한 명 한 명에 대한 정교한 통제가 24시간 내내 철저하게 작동할 수 있었던 것은 미디어 장치, 특히 스마트폰으로 매개된 앱과 플랫폼 장치들을 통해서 가능했다.

대표적인 사례로 처음엔 낯설기 그지없었지만, 어느 순간 자연스럽게 우리 일상에 파고든 QR 코드 확인 행위를 상기할 수 있다. 처음에는 소셜 미디어로 연결된 QR 코드를 사용하기가 어렵고 번거로웠으나, 시행 이후 며칠이 지나면서 어느 장소이든 출입하면 스마트폰을 꺼내 QR

그림 20 코로나19 확진이라는 가장 명시적인 신체적 위험과 개인 정보가 이용될 수 있는 잠재적인 사회적 위험으로부터 자신을 보호한다는 안전을 취하는 대가를 신뢰하며 QR 코드에 자신을 위탁했다. (사진: 연합뉴스)

해독 장치 앞에 자신의 스마트폰을 자연스럽게 들이대고 본인 확인이 잘 되었음을 알리는 '팅' 소리를 듣고 안도하는 우리 자신을 발견할 수 있었다. 행여 어느 카페나 공공건물에 이 장치가 없으면 일부러 물어 찾기까지 하면서 말이다. 이 변화가 어떻게 가능했을까? 사실 우리가 그 기술 논리에 대해 아는 지식이 거의 없음에도 너무나 자연스럽게 이 일들을 행했다는 사실을 깨달을 수 있다. 그만큼 QR 코드는 우리에게 어려운 짐으로 강제되었기보다는 우리를 보호해 주는 '장치'로 안착했다. 팬데믹 사회는 QR 코드로 포화된, 한병철의 표현대로라면 투명 사회이기도 했다.

우리가 QR 코드의 부름에 응하면서 알고 있던 점은, QR 코드에 대한 기술적이고 제도적인 무지에도 불구하고, 내가 현재 몸 담고 있는 이 장소, 이 시간에 있는 누군가 코로나19 확진이 되면, QR 코드 등록 덕분에 나에게까지 연락이 오리라는 사회적 전제와 약속이 전부다. 자신의 연락처를 누구나 훤히 볼 수 있도록 공개된 노트에 적기보다는 비공개화된 QR 코드 방식이 개인 정보 보호 차원에서 더 안전한 기분이 들기도 했다. 요컨대 코로나19 확진이라는 가장 명시적인 신체적 위험과 개인 정보가 이용될 수 있는 잠재적인 사회적 위험으로부터 자신을 보호한다는 안전을 취하는 대가를 신뢰하며 QR 코드에 자신을 위탁했다.

막상 QR 코드가 기술적, 제도적으로 어떻게 작동하는지 아는 이는 거의 없었지만, 방역 당국은 QR 코드가 코로나19에 대한 합법적인 방역 장치로 작동할 수 있기 위한 법적 기반을 마련해 놓고 있었다. 관건은 코로나19의 위험으로부터 개인 건강의 안전을 획득하면서, 개인 프라이버시를 침해하지 않는 이중 과제의 해결에 있다. 우선 QR 코드의 법적 근거로서 개인정보보호법, 위치정보의 보호 및 이용 등에 관한 법에 의거해서, 장소마다 개인이 QR 코드에 접속한 정보를 취하는 일은 합법화된다. 또한 개인의 건강 안전과 프라이버시 보호의 두 가지 문제를 해결하기 위한 기술적인 처방으로서, 코로나19 방역에서 사용된 QR 코드는 해당 인물의 정체에 관한 데이터와 그가 현재 있는 위치에 대한 데이터를 분리하여 처리한다. 즉 누구인지(인물 정보), 그리고 그 시간에 그곳이 어디인지(시간과 장소 정보)는 각각 분리되어 데이터화되지만, 바로 그가 그 시간, 그곳에 있었다는 결합은 이뤄지지 않는 것이다. 이로써 개인 프라이버시는 보호되는 것으로 인정된다. 즉 누군가 특정 장소에서 QR 코드에 접속했을 때, 그 위치 정보는 한국사회보장정보원에 의해 수집이 되고, 개인 정보는 QR 제공 기업, 다시 말해 네이버나 카카오톡에 의해 수집이 된다. 해당 시간의 해당 장소에서 발병이 있다면 처음에 분리되어 있던 개인과 위치 정보가 결합되어 해당 인물에게 검사를 받도록 하는 연락이 취해지지만, 발병이 없다면 수집된 지 4주 후 해당 데이터는 소멸된다. 이로써 개인의 건강 안전과 프라이버시 보호라는 두 가지 목표를 달성하고자 했다.

관점에 따라 평가가 다양할 수 있지만 한국의 코로나19 방역은 비교적 성공이었다고 인정받고 있으며, 이에 동선 추적 및 검사의 디지털 시스템화가 중요한 역할을 했다는 점 또한 잘 알려진 사실이다. 이 점에서 코로나19의 위험에 대해 최대한의 안전을 확보할 수 있었다고 평가받았다. 그러나 한 가지 위험으로부터 방어하고 예방할 수 있었다고 해서, 잠재적인 모든 위험으로부터 보호될 수 있는 건 아니다. 특히 현대 디지털 사회는 특정한 위험에 대해 기술적 처방을 개발하여 대응하는 방향으로 발달하고 있음을 감안한다면, 팬데믹이라는 명시적인 위험과 더불어 그에 대응하기 위한 기술이 야기할 수 있는 잠재적 위험에 대해서 비판적으로 이해하는 일은 매우 중요하다. 그렇다면 QR 코드의 경우에 코로나19에 대한 방어는 되었지만 어떤 문제가 새로이 등장했을까?

가장 두드러지는 첫 번째 문제점은 첨단 기술의 감시 체제에 대한 무지, 그리고 그 무지에도 불구하고 적극적으로 추진되는 기술에 대한 의존 현상이다. 이를테면, 우리가 QR 코드의 작동 원리에 대해서 거의 알지 못하지만, 코로나19의 위험에 대해 우리를 보호해 줄 유일한 방어 장치로 자연스럽게 신뢰하면서 그에 의존하게 된 현실을 상기할 수 있다. 두 번째 문제점으로 코로나19라는 위험으로부터는 상대적으로 안전해졌을지 모르지만, QR 코드 작동 결과 우리는 첨단의 기술 시스템(디지털 데이터와 네트워크), 법적 제도적 규칙(각종 관련 법률과 규정), 상업 활동(이들을 동원하는 사업자와 소비자), 도시와 국가의 공간(QR 코드가 편재하는 공간), 개인의 육체(자동적으로 그 장치 앞에 멈추어 서며 움직이는 손), 주체의 의지, 열망, 두려움(코로나19로부터 안전을 도모하는 다양한 심리)이 전면적으로 결합된 거대한 장치 체제 안에서 생존하게 되었다는 사실이다. 방역과 관련된 첨단 장치가 우리의 심신을 선제하게 된다. 나날이 팽창, 포화하는 디지털 기술에 대한 인간의 자유 문제를 진지하게 생각하지 않을 수 없다(Kim, 2021).

이로써 장치에 대한 사유는 인간의 삶과 죽음을 통제하는 거대한 기술 체제에 대한 인식으로 확장될 수 있다. 여기에서 QR 코드에 관한 하나의 작은 사례를 살펴보았는데도 우리 삶과 죽음을 이루는 거의 모든 요소 — 법, 기술, 미디어, 인간의 관계와 행위, 삶의 시공간 — 가 연관되고 연동되고 있음을 알 수 있었다. 사회 전체에서 복잡하게 돌아가고 있는 무수한 장치들을 생각할 때 우리의 삶과 죽음은 엄청난 장치들이 상호 작용하고 긍정적·부정적 효과들을 파생시키는 연쇄 과정에 둘러싸여 있음을 알 수 있다. 이것이 안전하고 쾌적해 보이지만 잠재적으로 늘 위험을 안고 있는 기술 위험 사회의 현실이다.

위험 사회의 디지털 노동

이제 현재 우리가 살고 있는 위험 사회에서의 일상으로 옮겨와 보자. 만약 코로나19가 발생하지 않았다면 디지털 사회에서의 미디어 장치는 항상 좋게만 작동했을까? 디지털 미디어 장치의 양면성, 즉 유용함뿐 아니라 위험성은 팬데믹이라는 특수한 상황에서만 이례적으로 나타난 것일까? 혹은 미디어 장치 그 자체가 개인과 사회의 생명을 지키는 데 기여하는 일면과 함께 개인과 사회의 생명을 위협하는 위험 요소로 작동하는 측면이 있을까?

미디어가 위험하다는 말은 새롭지 않다. 일례로 미국의 저명한 IT 미래학자인 니콜라스 카Nicholas Carr는 인터넷이 사람들의 뇌 구조를 변화시켜 생각할 줄 모르는 "얄팍한 인간"으로 만든다고 주장했다(Carr, 2010/2011). 아울러 게임은 그 재미만큼이나 폭력 성향을, 휴대폰은 편리함과 동시에 산만성을, 소셜 미디어는 친밀한 관계성 못지않게 우울과 불안정성을 자극한다는 말들을 익히 듣는다.

나아가 위험 사회와 미디어의 관점에서 이 문제들을 탐구하기 위해 인간과 미디어가 만나는 계기들을 확장할 필요가 있다. 흔히 미디어 이용을 정보 공유나 오락 향유라는 특정 영역에서의 기능에 한정지어 생각하기 마련인데, 실제로 우리가 미디어를 이용하는 이유는 단지 재미와 즐거움을 누리기 위해서만은 아니다. 일상적으로 우리가 미디어를 이용하는 이유는 더욱 광범위하고 복잡하다. 뉴스를 접하고 드라마를 감상하며 게임을 하기 위해 인터넷을 사용하기도 하지만, 또한 인터넷은 우리의 교육, 노동, 소비, 금융 등 삶의 거의 모든 부분에 명시적으로나 보이지 않게 속속들이 파고들어 작동하고 있다. 스마트폰의 앱들로 우리 일상이 꾸려진다고 해도 과언이 아니며, 과거의 시계, 달력, 수첩, 책, 전화기, 우편으로부터 백과사전에 이르기까지 거의 모든 역할이 디지털로 "재매개" 되어 있다(Bolter & Grusin, 1999). 인간의 생명 유지 활동을 해 나감에 있어 미디어 장치는 그 자체가 필수적인 '조건'이 되었다(이동후, 2021).

이 광범위한 영역에서 삶의 핵심적인 두 영역인 노동과 삶에 집중해 보기로 한다. 워크(노동)과 라이프(삶)의 균형을 말하는 '워라밸'이라는 단어에서 알 수 있듯이 일반적으로 우리가 생활하는 하루 24시간은 '노동'과 '삶'의 시간으로 구성된다고 설명된다. 대체로 삶은 개인의 자유와 개별성이 살아 있는 시간이고 노동은 경제적 수입을 얻기 위해 정해진 규칙과 질서에 구속되는 시간이다. 인간은 자신의 자유와 개성이 살아 있는 삶의 시간을 살기를 바라지만, 그 삶을 유지하기 위해서는 경제적 수입과 사회 제도적 기반이 반드시 필요하므로 정해진 질서 안에서 노동하지 않을 수 없다. 반대로 돈의 가치가 자유의 가치를 넘어서게 되어, 노동만 하게 될 때 우리는 노예와 다를 바 없는 삶을 살게 된다. 따라서

"가치 있는 인생"을 위해서는 노동과 삶의 균형이 맞아서, 존엄한 삶을 유지하기 위한 경제적 수입을 확보하면서도(노동) 자신의 자유와 개성을 보존하는 일(삶)이 중요해진다(Ruti, 2014/2022).

현대 사회에서 노동과 삶의 양 측면 모두에 미디어는 긴밀하게 개입하고 작동한다. 우리가 흔히 접하는 미디어 이용 — 뉴스, 동영상, 게임, 채팅 — 은 대체로 삶의 영역에 속하며, 온라인 수업 등의 교육, 인터넷과 소셜 미디어를 이용한 작업과 회의 활동 등은 노동에 속한다. 그런데 미디어 변동에 따라 삶과 노동의 질서에도 큰 변화가 일어난다. 과거에 노동과 삶의 시간이 뚜렷이 구분되었다면 오늘날엔 그 구분이 분명하지 않으며 섞여 있다. 예를 들어 근무 시간이라는 노동에 관련된 공적인 시간에 친구의 문자가 오면 회신하며 빠르게 삶에 관한 사적 시간으로의 이탈이 가능하다. 반대로 퇴근 후 사적 시간을 누리던 중에 회사에서 사무 관련한 급한 메시지가 왔다면 이에 자동적으로 응하게 됨으로써 삶으로부터 노동으로의 이탈 역시 쉽게 일어나는 것이다. 휴대폰 광고에서 멋지게 제시하는, 휴가를 즐기며 모바일 기술로 업무를 보는 화려한 전문인들의 모습은 좋게 말하면 자유롭고 유능하지만 실제로는 삶과 노동이 뒤섞여 쉴 틈이 없는 피로한 현대 사회인의 모습이기도 하다. 더욱이 이용자 자신은 취미 활동의 일환으로 개인적인 재미를 위해 한 행위가 기업의 관점에서 보면 이윤을 창출하는 노동의 효과를 낳게 되는 경우도 매우 많다. 이용자의 자발적인 행위이고 그에 대해 임금을 받지 않는 디지털 활동이었건만 기업의 이윤 창출을 낳는 노동의 효과를 만든다는 "무임 노동free labor"라고 불리는 현상이 이에 속한다. 예를 들어 콘텐츠에 댓글을 단다든가 리트윗을 하거나 단순히 콘텐츠를 시청하여 페이지뷰를 높이는 이용자들의 '삶'을 위한 행위는 해당 콘텐츠와 사이트의 사회적 영향력을 높이고 경제적 가치를 높임으로써 이용자 자신의 의도와는 무관하게 미디어 기업의 이윤 창출에 기여하는 '노동'의 효과를 가지고 온다. 그런데도 이용자는 '자유 의지'에 따라 '무료'로 이런 일을 해 주고 있기에 '프리'의 이중의 의미(자유와 무료)에서 '프리 레이버free labor,' 즉 무임 노동이라고 부르는 것이다(Terranova, 2004).

이처럼 오늘날 디지털 기술은 단지 휴식이나 놀이를 위한 삶의 영역에서뿐 아니라, 일을 위한 노동의 영역에서도 미디어 장치로 작동하고 있다. 현재의 노동 환경에서 인간과 디지털 미디어 장치와의 결합은 필수적이다. 어떤 노동은 디지털 기술이 등장하기 이전부터 존재한 업무에 새로 디지털 기술이 덧붙여졌다. 예를 들어 직장 내 회의는 아날로그 시대에는 건물 안 회의실에서 이뤄졌지만 디지털 기술이 등장하면서 온라인 화상 회의도 일반화되었다. 이에 비해 어떤 노동은 디지털 기술 환경 안에서 새로이 생겨났다. 예를 들어 유튜브의 BJ나 각종 소셜 미디어의 인플루언서 활동, 디지털 플랫폼에서 진행되는 배달업과 물류 관련 업종, 금융과 디지털 기술이 결합한 핀테크, 소셜 미디어 플랫폼에서 진행되는 자문과 교육 등의 서비스업 등 무수한 신종 직업이 여기에 해당한다. 기존에 있던 노동도 신종 노동도 디지털 기술과 결합하면서 이전의 아날로그 노동과는 다른 특성을 보인다. 그 특성을 구체적으로 살펴보자.

디지털 기술의 기반 위에서, 디지털 기술의 이용으로 진행되는 노동을 "디지털 노동"이라고 부르고, 이 같은 노동 질서를 바탕으로 추진되는 경제 체제를 "디지털 자본주의"라고 한다(Scholz, 2012). 디지털 사회에서 미디어 기술이 양면성을 지니듯이 디지털 노동 역시 양면적이다. 이 점에서 미국의 미디어학자 트레버 숄츠Trebor Scholz(2012)는 디지털 노동에서 디지털 시스템은 우리가 즐길 수 있는 "놀이터playground"인 동시에 "공장factory"으로 기능한다고 말한다. 즉 우리는 디지털 공간에서 놀면서 즐거움을 얻는 '삶'의 시간을 가지기도 하지만, 힘들어도 참고 견디는 공장의 '노동' 같은 시간을 가지기도 한다. 디지털 기술은 인간에게 삶의 즐거움을 주기도 하지만, 노동의 고통을 주기도 한다. 유용함과 편리의 긍정적인 측면, 고통의 부정적인 측면을 지니는 디지털 미디어 장치의 속성이 여기에서도 재확인된다.

디지털 노동의 관점에서 오늘날 디지털 문화의 일면을 설명할 수 있다. 이탈리아의 기술철학자인 크리스티나 모리니Cristina Morini와 안드레아 푸마갈리Andrea Fumagalli는 디지털 기술을 필수 요소로 취해서 진행되는 노동을 '생명 노동bio labor'이라고 부른다(Morini & Fumagalli, 2010). 이들의 경고에 따르면 디지털 기술은 일상의 모든 영역에 항시적으로 작동함으로써 우리에게 쉴새 없이 디지털 활동을 하도록 만든다. 그런데 유튜버의 성공에서 알 수 있듯이 이 활동에서 경제적 수익이 발생하므로, 이 활동은 인간의 순수한 삶의 활동이기보다는 경제적인 행위로서 노동이기도 하다. 모리니와 푸마갈리는 이러한 상황을 "삶이 노동으로 던져진다Life is put to work"라고 표현한다.

모리니와 푸마갈리는 인간 주체를 이루는 모든 요소가 디지털 노동으로 흡수되고 있다고 주장한다. 여기엔 '육체와 감각, 인지와 언어, 인간관계, 의미와 담론' 등 인간의 삶과 죽음을 포괄하는 모든 요소가 연관된다. 인간 주체의 요소가 디지털 기술에 의해 매개되면서, 각각의 요소들이 '육체-감각적 노동, 언어-인지적 노동, 관계적 노동, 상징적 노동'으로 변형되는 것이다. 각 노동의 사례들을 우리가 매일 접하는 유튜브라는 디지털 미디어 환경에서 쉽게 찾아볼 수 있다. 표면적으로 유튜브는 이용자들에게는 즐거움과 정보를 경험하게 만드는 삶의 요소인 것 같지만, 이에 대한 인간의 활동은 필연적으로 수익 구조에 연관된다. 유튜브 방송을 해서 수익을 거두려는 유튜버들은 물론이고, 이용자들의 시청과 좋아요 등의 반응 활동은 유튜브 플랫폼에 수익을 가져다주는 노동의 역할을 한다.

우선 '육체-감각적' 노동에는 신체적인 자원과 역량을 활용하는 노동이 속한다. 대표적으로 먹방은 먹기라는 신체 행위로 돈을 벌고, 그 외 운동법을 알려주는 요가나 홈트 채널, 다이어트와 미용법을 알려주는 뷰티 영역, 단순한 소리 자극으로 감각적 쾌락을 주는 ASMR(Autonomous Sensory Meridian Response)은 인간의 육체와 감각에 작용한다. 둘째, '언어-인지적' 노동은 사고, 언어, 지식 등이 활용되는 영역을 가리킨다. 유튜브를 비롯한 소셜 미디어에는 갖가지 지식과 정보를 알려주는 서비스 채널이 무수히 많은데, 이들이 언어-인지적 노동의 사례에 해당한다. '관계적' 노동은 인간관계, 나아가 인간과 사물, 인간과 환경의 관계가 노동으로 변형된 경우다. 이는 우리가 어느덧 '좋아요'라는 엄지 아이콘으로 인간을 평가하고 조회 수, 구독자 수 같은 계량화된 수치로 인간관계를 형성, 규정, 관리하게 된 현실에서 알 수 있다. 또한 소셜 미디어에서 팔로우는 친구라고 호칭되면서 인간 본연의 우정 관계를 자임한다. 심지어 친구라는 이름은 네트워크를 넓히고 사회 및 경제 자본을 취득하기 위한 수단으로 활용되기도 한다. 소셜 미디어에서 개인적으로 알지 못하는 누군가에 대해 단지 흥미로워서, 사업 확장을 통한 전략적 목적으로, 현재는 아니더라도 미래의 이익을 위해서 친구를 맺는 일이 흔해졌다. 이는 인간관계가 수익 형성과 관련된 노동으로 변질됨을 뜻한다. 마지막으로 '상징적' 노동은 의미 작용에 관한 노동을 일컫는다. 언제부터인지 인기 있는 소셜 미디어 운영자를 '인플루언서'라고 부르게 되었는데, 이는 유튜브나 인스타그램 콘텐츠가 이용자들의 생각, 감정, 의견에 말 그대로 '영향'을 미치고 있음을 시사한다. 이를테면 뷰티 유튜버는 인간이 아름다움에 관해 지니는 사고에, 일상 브이로거는 일상의 시간과 공간에 대한 감각에, 여행 브이로거는 외부 세계와 낯선 이들에 대한 태도에, 정치 유튜버는 이념과 권력 질서에 관한 인식에 영향을 준다.

개념적 이해를 위해 네 가지 영역으로 구분하고 그 사례를 열거했지만 실상 하나의 유튜버가 네 개 모두의 노동 기능을 수행하는 경우가 대부분이다. 예를 들어 앞에서 먹방을 먹기라는 신체 행위를 주요 동인으로 삼는 육체-감각적 노동의 일례로 제시했지만 먹방에는 네 가지 노동 요소가 모두 포함되어 있다. 먹방 BJ가 대화하며 전달하는 이야기들 즉 음식과 식당 정보, 갖가지 신변잡기적인 이야기, 시사 정보는 언어-인지적 노동의 면모이며, 지나치게 살쪘거나 마른 몸이 적극적으로 수행하는 먹기 행위는 육체 및 식문화에 관한 인식에 영향을 주는 상징적 노동으로 기능하며, 먹방 유튜버와 이용자들이 맺는 관계는 관계적 노동의 일면이고, 마지막으로 먹기라는 필수 요소가 산출하는 시각, 소리 내어 먹기의 청각, 음식이 연상시키는 후각과 미각의 자극들은 육체-감각적 노동에 해당한다. 이들이 모두 노동인 이유는 먹방 유튜버는 먹기라는 생명의 원천적 활동을 디지털 플랫폼을 통해 가시화함으로써 수익을 발생시키면서 이때 먹는 활동은 노동으로 변환되기 때문이다(김예란, 2017).

육체-감각, 상징, 언어-인지, 관계는 인간의 본질을 구성하는 인간 고유의 영역이다. 그러나 이 모든 요소가 디지털 기술에 의해 매개되고, 물질적(경제적 수익)이거나 비물질적인 수익(사회적 명예와 유명성)을 창출하는 생명 노동으로 변환됨을 알 수 있다. 생명을 유지하며 사회적 삶의 기초인, 다시 말해 먹기에서 빚어지는 '삶'의 구성 요소, 즉 육체-감각, 언어-인지, 상징, 관계 등의 요소들이 육체-감각적/언어-인지적/관계/상징적 '노동'으로 전환되는 것이다.

여기에서는 먹방 사례를 살펴보았지만 현재 우리 삶의 대부분 영역에서 인간의 '생명'과 '디지털 기술'이 효율적으로 결합된 채로 진행된다. 따라서 외면적으로는 재밌고 빠르고 편리하며 돈까지 벌 수 있는 디지털 생명정치 체제가 과연 인간 삶의 본질인 자유와 행복을 가져다주는지, 혹은 우리의 삶을 질식시키는 위험은 아닐지가 우리가 계속해서 고민해야 하는 핵심적인 질문이다.

디지털 환경에서의 인간

이렇듯 수많은 인간이 생명 노동을 하는 생명정치 체제에 디지털 장치가 결합된 결과 이전에는 없었던 인간형이 형성된다. 인간의 삶이 디지털 장치에 포획된 결과 나타나는 위험 현상이라고 말할 수 있다.

첫째, '인간'이 '인간 자본human capital'으로 전환되면서, 인간의 가치는 오로지 수익을 창출하기 위한 자원으로만 평가된다. 그의 인간적 매력도, 사회나 세계에 대한 가치관도, 타인과 맺는 관계와 경험도, 그가 지닌 생각과 감정의 요소들도 돈으로 환산될 수 있을 때만이 가치 있는 것으로 간주된다. 이로써 둘째, 이러한 사회 질서가 내면화되면서 '나self'라는 자아가 이 체제에 유리한 인간형으로 주체 구성되는 경향이 있다. 디지털 환경에 적합한 인간만이 인정받고 성공할 수 있다는 믿음이 팽배하기 때문이다. 셋째, 삶과 죽음, 즉 생명의 모든 것이 데이터로 변환되는 데이터화datafication 과정에서, 본래 질적인 존재였던 자아가 수치와 수익으로 변환, 평가되는 "계량적 자아quantitative self"로 변질된다. 일례로 우리는 어떤 특정 유튜버가 어떤 사람이며 어떤 삶을 살고 있는지는 전혀 모르는 채, 조회 수, 구독자 수, 수입으로 그 인간을 평가하며 이처럼 양적인 측면에서 두드러질 때만 관심을 둔다.

인간이 데이터화되어 계량적 자아로 변질되는 현상은 디지털 미디어가 이용자에게 야기한다고 줄곧 이야기되는 폭력성, 주의산만, 사고력 부족 등의 병리적 현상보다 더욱 심대한 위험성을 지닌다고 말할 수 있다. 또한 그 위험의 범위와 강도 역시 개인의 선택 수준을 넘어선다는 점에서 더욱 강력하다. 지나친 게임이 문제를 야기할 때 개인의 결정에 따라 게임을 안 할 수는 있다. 그러나 현대 사회에서 디지털 미디어가 주는 피로와 구속이 싫다고 해서, 우리의 삶과 노동 곳곳에 이미 개입해 있는 디지털 미디어를 혼자만 이용하지 않는 선택이란 거의 불가능해 보인다. 예를 들어 팬데믹 상황에서 회의와 교육이 온라인화되었을 때, 온라인 접속이 싫다는 개인적인 이유로 거부할 수는 없다. 온라인 활동은 선택이 아닌 필수가 되었기 때문이다. 또한 교육이 인터넷 강의로 옮겨 가며 학생과 선생, 학생들 사이에 원래 존재했을 신뢰나 우정의 관계가 대부분 증발하면서 출석률, 진도율, 채팅, 점수 제시 등 우리의 존재, 관계, 행동은 끊임없이 데이터 수치로 계량화되는 현상을 우리는 경험했다. 스마트폰이 우리의 신체와 삶의 공간 전체에 포화되면서, 거리를 걸으면서 느낄 수 있었던 타인들의 모습과 분위기, 우연한 만남과 대화의 가능성은 많은 부분 소실된다. 각자 자신의 스마트폰에 눈을 고정시킨 후 그로부터 쏟아져 나오는 이미지와 소리에 골몰할 뿐 옆에 있는 누군가에 대해서는 눈길조차 주지 않기 때문이다. 팬데믹 상황에서 보다 강화된 이 위험 현상은 실상 우리 생활을 이루는 전 영역에서 발견할 수 있다. 대부분의 판매 및 구매 행위가 온라인으로 진행되면서, 가게 주인과 단골 고객 사이에 맺어져 있던 끈끈한 정이 사라지고, 상점들이 모여 있던 마을의 상가 공간이 유령 도시로 공동화되면서 클릭과 온라인 결제로 이어지는 접속과 데이터 산출과 집적만이 고도로 발달하는 경향이 그 작은 사례다.

물론 우리는 디지털 미디어 장치 덕분에 시간이 절약되고 개인적인 편안함을 누릴 수 있으며 특히 팬데믹 같은 위급 상황에서는 건강과 안전이 보호될 수 있다. 그러나 그 편의와 안전을 취하는 대가로 인간과 세계에 대한 감각과 관계를 상실하고, 숫자와 효율의 가치에만 신경을 곤두세우는 외로운 개인이 되어 가고 있다. 차이와 다채로움이 만들어졌던 사회적 삶의 풍요로움은 말라가고, 동일한 플랫폼에서 동일한 기술적 논리로 생산, 유통, 소비되는 데이터 환경에 맞추어 규격화되고 있다. 인간의 자유-개성 깊은 인간관계 그리고 기술 체계의 신속-효율-수익의 짝패 중 어느 것이 우리 삶에 더 중요한가를 한마디로 결정짓기는 쉽지 않다.

인간이 계량화된 자아로 변질되는 현실은 분명히 위험하다. 그런데도 안전, 편리, 수익이라는 현실적인 장점에 가려 그 위험은 줄곧 무시되고 있다. 따라서 지금까지 서술된 모든 현상 — 장치, 디지털 노동 — 과 연관된 모든 현상에서 공통되게 나타나는 양면성은 이렇게 정리될 수 있다.

첫 번째 양면성으로 생명의 본연의 특성(본능, 직관, 신체적 욕구, 사회적 욕망 등)과 첨단 디지털 기술이 공존한다. 전자가 체온의 따뜻함이라면 후자는 차가운 기술적 합리성에 가깝다. 두 번째 양면성으로 자유와 감시가 존재한다. 자유롭게 활동하면 할수록 그것을 선제하거나 추적하는 감시의 통제력도 강화된다. 마지막으로 쾌락과 위험의 양면성이다. 위험만 야기한다면 그 장치의 효력은 그다지 크지 않다. 인간은 그에 대해 대항하고 받아들이지 않으며 반발할 것이기 때문이다. 그러나 위험을 감수하고자 하는 쾌락이 있거나 쾌락 후에 뒤따르는 위험이 함께 있기에 그사이에서 인간은 더욱 취약해지는 것이다. 따라서 표면적인 쾌락과 편의를 제공하는 장치 이면에서 어떤 권력 작용이 일어나는지에 대한 섬세한 이해가 항상 필요하다.

오스트리아의 기술철학자인 마크 코켈버그Mark Coeckelbergh는 《인공지능은 왜 정치적일 수밖에 없는가*The Political Philosophy of AI*》에서 AI

가 인간 사회의 자유, 평등과 정의, 민주주의를 위협한다고 주장한다 (Coeckelbergh, 2022). 그의 설득력 있는 주장에 따르면, 첨단 AI가 정보를 제공하고 추천을 통해 일정한 방향으로의 행동을 유도하며 그 체계 안에서 가장 옳다고 판단되는 답을 제공하는 자동화된 기술 사회 안에서는 인간 자유의 근원인 사유하기의 가능성 자체가 AI에게 잠식된다. 나아가 인간들이 AI의 알고리즘이 설계, 학습, 확장하는 심지어 때로는 왜곡하는 정보와 지식에 따라 판단하고 행동하게 됨으로써, 시민 일반의 토론과 숙의를 통해 공동의 선을 도출하기를 목표로 삼는 민주주의 과정 자체가 훼손될 수 있다.

이 현상은 AI 기술이 발달할수록 더욱 견고하며 양가적인 복합성으로 발현될 것이다. 예를 들어서 AI 체제에서 나날이 개발되고 있는 인간 인식 시스템은 지금까지 주로 언어를 통해 표식화되었던 개인을 외양, 음성, 생체 정보로 인지한다. 이는 인간의 행위뿐 아니라 존재 자체가 기술 체제에 흡수됨을 뜻한다. 또한 우리에게 일상화된 추천 알고리즘은 인간의 자유의지인 선택과 결정의 영역에까지 정교하게 개입한다. 노동과 직업의 구조 역시 AI 시스템으로 대체되면서 급격한 변동을 겪으리라 예상된다. 이것은 천국 같은 지옥일까, 지옥 같은 천국일까? 이에 대한 성찰적 질문을 끊임없이 제기하면서 보다 인간다운 세계를 만들어 나가기 위해 사유하고 협동하는 것이 디지털의 가능성뿐 아니라 디지털 위험 앞에 선 인간의 책임일 것이다.

오늘날 디지털 미디어는 단지 개별적인 기술이나 기기로서가 아니라 하나의 거대한 체제로 존재하고 작동한다. 강력한 장치로서 디지털 체제는 안전과 위험의 모순적 양면성을 지닌다. 한편으로 디지털 장치는 일상적 편리와 즐거움을 제공하며 보편적이고 저렴하다. 동시에 인간 전체를 데이터화하고 노동 자원으로 축소할 거대한 위험이 존재한다.

이 장에서는 다루지 않았지만, 이 같은 양면성을 총체화하며 나날이 확장하는 현재의 기술-자본 체제를 논자에 따라 생명자본주의, 혹은 플랫폼 자본주의 등의 개념으로 설명하기도 한다. 이들 용어는 서로 조금씩 다르지만 공통적으로 생명-기술-자본주의가 결합된 현재 세계가 지니는 보편적 위험성을 지적하고 있다.

따라서 우리가 일상적으로 사용하는 미디어 기술을 단순히 손쉽고 신나는 도구로 파악하는 대신 권력 작용을 하는 장치로 파악하고, 그것이 자유와 감시, 쾌락과 고통을 동시에 부여하는 위험 사회의 특징을 비판적으로 이해하는 일은 이전 어느 때보다도 더욱 중요하다.

10장

미디어는 사랑을 지지하는가, 혐오를 자극하는가

한 사회에서 위험은 외부적이거나 물리적인 요인에 의해 발생하기도 하지만 그에 못지않게 감정, 생각, 의견, 말, 이미지, 글처럼 비물질적인 요인에 의해 발생하기도 한다. 비물질적인 요인이란, 언어와 담론처럼 상징적인 영역 그리고 그 안에 담겨 있거나 그 결과로 산출되는 심리의 복잡한 역동 등을 의미한다. 즉 우리가 일상적으로 하는 말, 글, 혹은 미처 표현되기 전에 품었던 생각이나 감정에 의해서도 위험이 발생하고 공동체가 시련을 겪을 수 있다. 그 이유는 흔히 심리가 한 개인의 내면에 자리 잡은 사적인 소유물이라고 생각하지만, 실제로 우리 삶에서 개인들의 심리가 물결처럼 흘러 전달되고 그물처럼 이어지는 경우가 많기 때문이다. 사회적 심리란 한 사회의 구성원들이 공유하는 심리 상태인데, 이는 한 개인의 심리가 타인에게 전해지고 집단 안에서 확산되며 사회적으로 경험되는 경우를 가리킨다. 따라서 기분, 마음, 심리 등, 넓게 보아 감정이라고 말할 수 있는 이 영역은 개인적이기도, 집단적이기도, 사회적이기도 하다.

미디어 환경의 변화는 사회적 심리를 집단적으로 경험하고 소통하는 방식에도 변화를 가지고 온다. 과거 매스 미디어가 중심을 이룬 레거시 미디어 환경에서는 주로 사회 엘리트층이 미디어에서 발언할 기회를 가질 수 있었고, 그렇지 않은 평범한 다수는 언론 미디어의 매개를 통해 익명의 여론을 구성하는 미미한 조각으로, 비가시적으로 존재했을 뿐이다. 엘리트들의 발언은 감정을 표현하는 것이기보다는 합리적인 이성적 판단과 의견을 논리적으로 설파하는 양식을 띠었다. 공적 담론이 인간 이성의 합리성을 표현하는 가운데, 개인, 집단, 사회가 느끼는 감정은 소외되기 마련이었다. 그러나 디지털 환경에서 소셜 미디어가 발달하면서, 다수의 보통 사람들이 기본적인 미디어 활용 능력을 갖추고 약간의 의지만 있다면 자신이 미디어 채널을 운영할 수 있는 사회 기술적 기반이 마련되었다. 이처럼 보통 사람들이 생산하는 미디어 콘텐츠에는 이성적인 논리보다 느낌과 감정이 표현되기 쉽다. 또한 거시적 담론보다는 일상적이고 소소한 개인사들이 담겨지는 경향이 크다. 사회적이고 정치적인 사안을 다룬다고 하더라도 세련되게 다듬어지지 않은 사적 경험에 대한 생각과 의견이 소박하고 개인적인 언어 형태로 나타난다는 점에서 여전히 전통적인 공적 담론과는 구분된다.

더욱이 디지털 환경에서 느낌과 감정이 유통되고 연결될 수 있는 범위와 강도는 더욱 커졌다. 우리가 일상적으로 경험하듯이, 우리가 사회를 이해하는 주요 채널은 매스 미디어 못지않게 사회 전체 곳곳에서 가동되는 소셜 미디어를 통해 쏟아져 나오는 대중 담론들로 이뤄져 있다. 대부분은 개인적인 이야기 같지만 그 대중적인 언어의 내면을 세밀하게 살펴보면 사회적인 진실을 간접적으로 담고 있는 경우도 많으며, 어떤 상황에서는 누군가 촉발한 사안이 사회 전체로 확산되면서 격렬한 논쟁과 갈등을 유발하기도 한다. 이 일이 가능한 이유는, 해당 현상과 사건에 대한 집합적인 감정이 형성되고 그에 대한 찬반의 의견으로 확장되면서 새로운 감정의 역동이 연속해서 파생되고 덧붙여지기 때문이다.

이 장에서는 나누고 변화하며 만나고 새롭게 생성되는 감정을 운동적인 성격으로 이해하는 '정동'의 개념으로 조망하면서, 디지털 미디어 환경에서 구성되는 정동 현상을 위험 사회의 맥락에서 조망한다. 정동에 관한 위험 사회의 현상은 크게 보아 혐오 현상 그리고 그에 대한 희망적인 대안으로 사랑의 현상으로 구분할 수 있다. 혐오가 끓어넘치는 사회를 위험 사회라 볼 수 있다면 이를 극복하기 위해서는 다양한 사람들이 공존 가능하도록 사랑과 이해가 형성되고 발현되어야 한다.

위험 상황에서 누군가를 배척하지 않고 사랑하는 일을 인류학자 김현경은 '환대'로 설명한다(김현경, 2015). 김현경이 말하는 환대는 이 장에서 사용하는 사랑의 개념과 유사하다. 낯선 타인에 대한 사랑이 환대이기 때문이다. 언뜻 어렵지 않은 이 문제, 즉 국경을 들어서는 몇 명, 많아야 몇백 명의 이방인을 받아들이는 일이 왜 이토록 까다로운 일이 되고 사회적 갈등의 원인이 되는 걸까. 흔히 천사에 비유되는 아기들의 출생과 양육, 성장이 환대의 대상이기보다는 심신의 수고와 비용의 문제로 인지되는 이유는 뭘까. 이는 개인의 잘잘못 때문만은 아닐 것이다. 여기엔 낯선 타인을 위험하게 여기고, 공동체적 평등한 삶이 와해된 구조적 요인과 더불어 이 안에서 구성된 세대, 인종, 젠더 간 구성된 사랑 및 혐오의 감정 구조가 연관된다. 이 질문들을 통해 실제 우리의 삶에서 사랑과 혐오가 우리가 바라는 만큼 쉽사리 만들어지거나 수정될 수 있는 간단한 대상이 아니며 정치, 경제, 사회, 문화의 구조적 요인과 복합적으로 연결되어 작동하는 인간 사회의 본연적 문제임을 알 수 있다.

이 장에서는 당연해 보이지만 언제나 인간의 삶을 어렵게 하는 문제 — 누구나 사랑을 바라고 혐오를 피하고자 하지만 줄곧 그 질곡에 갇히는 문제 — 를 탐구한다. 구체적으로 앞에서 감정의 복잡한 역동이라고 표현된 그 내용을 가리키는 개념으로 '정동affect'에 대해 살펴본 후, 위험 사회의 미디어 환경에서 특히 두드러지는 정동 작용을 혐오와 사랑을 중심으로 탐색한다.

정동이란 무엇인가

정동이란 단어는 우리말에선 상당히 낯설다. 그러나 정동이 기쁨, 슬픔처럼 우리가 삶에서 느끼는 어떤 마음의 상태, 정확히는 계속 변화하는 마음의 움직임을 가리킨다는 점을 이해하면, 보다 익숙하게 이해하고 사용할 수 있을 것이다. 여기서 정동의 개념을 제안하는 이유는, 앞의 장들에서 외부의 상황이나 자극이 연대 또는 적의의 감정, 즐거움 또는 두려움과 태도를 빚어내는 양상을 살펴보았다면, 여기에서는 반대로 사랑 또는 혐오의 마음이 어떤 사회 현상과 활동을 만들어 나가는지를 알아보기 위함이다. 즉 어떤 활동이나 현상의 '결과'로서가 아니라, 그들을 만들어 내는 '원인'으로서 마음의 작용을 보고자 한다. 이처럼 역동적이고 생성적인 기능을 하는 마음의 작용과 힘을 '정동'이라고 이해할 수 있다.

우리말로 정동情動은 '어펙트affect'의 번역어다. 어펙트의 사전적 의미는 (1) 사람이나 신체 부위에 발생하다, 침범하다, (2) 강한 정서적 충격을 주다, 깊은 슬픔, 연민을 유발하다라는 뜻이다. 즉 어펙트란 누구 혹은 무엇인가의 심신에 영향을 주고받음이란 의미를 지니면서, 그로부터 파생되는 효과까지도 포함한다. 흔히 정동과 이성은 상대적인 개념으로 이해하지만, 실제로 둘은 밀접하게 연관된다. 이성적 사고가 정동 작용의 효과로 진행될 때가 많기 때문이다. 예를 들어 어떤 발언을 들었을 때 좋다 혹은 싫다, 심지어 '짱 좋다,' '소스라치게 싫다' 등의 강렬한 감정적, 신체적 반응이 나타난 후에, 그 발언에 찬성하거나 반대하는 이성적 판단이 내려진다.

이 개념을 인간관계에 적용하면 어떻게 될까? 우리는 좋아하는 사람을 만나면 기분이 좋아지고 싫어하는 사람을 만나면 불쾌해진다. 즉 좋아하는 사람이 나에게 영향을 미쳐 즐거움이라는 정동을 유발했고, 싫어하는 사람이 나에게 불쾌감이라는 정동이 야기되도록 나에게 영향을 미친 셈이다. 그의 등장은 나의 기분을 좋은 지점으로 상승시키거나 나쁜 지점으로 침체시키는 변화를 유발했고, 그 결과 나는 더 좋거나 더 나쁜 상태로 변화했다. 정동의 동적인 경험인 것이다. 아울러 정동은 나와 그의 '관계' 안에서 나타난다. 나와 타인의 관계는 개인적인 관계로부터 집합적이고 사회관계, 나아가 인간과 환경의 관계에까지 확장될 수 있다. 앞에서 언급한 이방인들에 대한 불편함은 집단적인 차원에서 진행되는 정동의 현상이다. 특히 미디어로 포화된 현대 사회에서는 지구적 차원에서의 이해와 인식을 형성함에 있어 미디어의 역할이 더욱 주효하다. 우리가 극한의 추위와 더위처럼 직접 체험하면서 환경 위기의 인식을 가질 수도 있지만, 이에 대한 사회적 담론을 접하고 인터넷과 소셜 미디어를 통해 펼쳐지는 환경에 관한 지구촌 시민 활동 상황들을 보고 듣고 나면 그에 대한 호의나 적대의 정동들이 형성되면서 한층 더 구체적인 인식, 태도, 행동의 방침을 구성할 수 있기 때문이다. 다시 말해 정동은 사물-인간-사회-환경-세계 전체적으로 유발하고 작동하며 공유되는 거대한 관계적 작용이다.

프랑스의 철학자 질 들뢰즈Gilles Deleuze는 우리가 정동이라고 부르는 어펙트에 대해서 "영향을 주고받을 수 있는 역량"이라고 명쾌하게 정의한 바 있는데, 여기에는 단어 'affect(영향을 주다)'의 뜻이 그대로 담겨 있기도 하다(Deleuze, 1986). 이처럼 매우 단순한 논리 — 영향을 받을 줄 알고 줄 수 있는 역량 — 가 우리의 작업에 깊은 함의를 지니는 이유는 커뮤니케이션이란 서로 영향을 주고받고 느낄 줄 아는 역량에서 비롯하기 때문이다. 흔히 사회 정치적 갈등이 있을 때 "소통이 없는 것이 문제"라고 말한다. 이는 단지 말을 주고받는 형식적인 커뮤니케이션이 부재한다는 뜻이 아니라, 그 행위를 통해 서로 영향을 주고받고 공감함으로써 문제 해결을 위한 협동적 과정이 없음을 가리키는 표현이다. 다시 말해 정동 역량의 부족을 의미한다. 아무리 말해도 들을 줄 모르고(영향을 받을 줄 아는 역량 결여) 자신의 느낌과 생각을 제대로 말할 줄 모르거나(영향을 줄 수 있는 역량 결여), 이를 듣고 말할 수 없는 조건에 갇힌 상태가 지속될 때(불통) 인간과 사회는 위험에 처하게 된다. 정동이 통하지 않는 상태란 소통도 부재하고 협동적인 사회 행위도 불가능함을 뜻한다.

우리는 관계 안에서 만들어지는 마음의 운동과 그 운동 결과 나타난 마음의 변화, 나아가 주체와 사회의 생성과 변화를 정동으로 이해하기로 하자(김예란, 2020). 위험 사회의 관점에서 정동의 문제는 불통, 관계 단절, 혐오와 폭력의 부정적 현상에서부터 협력, 공감과 공존, 사랑과 환대의 긍정적 힘에 이르기까지 광범하게 적용된다. 이 영역들을 관통하는 핵심적인 사항은 가변적이고 역동적이며 그 과정에서 다양한 갈래로 차이를 만드는, 살아 있는 힘으로서 정동이다. 정동이 밝고 기쁠수록 긍정적이고 호의적인 커뮤니케이션과 관계가 만들어질 것이며, 정동이 어둡고 슬프다면 부정적인 커뮤니케이션이 진행될 것이다.

이제 혐오와 적대가 심화되는 위험 사회(3장 참조)에서 주요한 정동 작용이 무엇인지 규명하고, 이를 밝고 활기찬 정동 실천으로 수정하여 위험 사회의 현실이 개선될 수 있는 방법으로 어떠한 것이 있을지 모색해 보기로 하자.

정동으로의 전회

오늘날 커뮤니케이션에 대한 연구들에서 정동에 대한 관심이 커진 이유로는 사회적 요인과 이론적 요인이 함께 작동했다. 우선 사회 요인으로 인터넷과 소셜 미디어의 발달은 전례 없이 다수 대중의 언어가 사회적으로 가시화되도록 이끌었다.

앞에서 언급한 것처럼, 과거 레거시 미디어 환경에서 일부 엘리트

집단과 매스 미디어 종사자만이 사회적인 발언을 할 수 있었던 반면에, 오늘날 네트워크 사회에서는 기초적 미디어 기기와 서비스를 갖춘 보통의 시민들이 원하면 언제든지 발언할 수 있는 소셜 미디어가 작동 중이며 이는 사회 전체와 네트워크로 연결된다. 물론 누구나 말한 모든 말이 항상 사회적으로 들려지고 공유되는 것은 아니고, 들려질 수 있는 말과 그렇지 않은 말을 구분하는 정교한 질서가 구축되어 있지만(이를테면 유명인과 평범한 사람), 적어도 원하면 말할 수 있는 기술적 기반은 사회적으로 제공되는 셈이다. 그 결과 과거에는 비교적 정합성을 갖춘 합리적 언어가 사회적으로 선택되며 전달되는 하향식 커뮤니케이션 구조를 띠었다면, 오늘날엔 그만큼 훈련이나 능력을 갖추지 못했거나 그 기준에 동의하지 않는 감정적인, 날것의 언어들이 더욱 팽배하고 있다. 이성의 언어가 지배적이었던 공론장에 감정의 언어 역시 들어서며 상당한 영향력을 지니게 된 것이다.

최근 인간의 느낌의 집합과 운동, 즉 정동에 초점을 두는 방향으로 관심이 전환된 변화를 "정동적 전회affective turn"라고 부른다(Clough & Halley, 2007). 이 전회는 사회적 변화이기도 하고, 이 사회적 변화에 대한 학문적 관심의 변화이기도 하다. 특히 디지털 네트워크의 일상화는 인간 개인의 걸러지지 않는 느낌들이 즉각적으로 등장하고 사회적으로 가시화되며 유통될 수 있는 조건이 되었다. 우연치 않게도 디지털 네트워크라는 기술적 환경의 부상과 인간의 느낌들의 상호 작용, 즉 정동에 대한 학술적 관심의 성장이 시간적으로 일치함을 알 수 있다.

미디어 영역에서 정동적 전회가 야기한 변화의 의미는 매우 크다. 정치 커뮤니케이션 영역에서도 유권자와 시민의 지지를 이끌어 내기 위한 정치권의 노력이 이성적인 정책 영역에서뿐만 아니라, 정동에 바탕을 두는 팬덤 활동으로 이행하는 현상이 대표적이다. 정책에 대한 '옳고 그름'에 관한 지지와 반대보다는 정치인 이미지에 대한 '좋고 싫음'에 관한 정동적 반응이 주요해지기 때문이다. 이 현상은 대중의 솔직한 감정이 표현되고 이에 기반을 두는 친밀한 정치 활동이 진행될 수 있도록 하는 장점도 있지만, 자신에게 유리한 방향으로 대중의 정동을 자극하기 위해 부정확하거나 허위로 위조된 정보와 담론들이 유포되고, 포퓰리즘에 의해 유도되는, 입장과 여론의 감정적 양극화를 낳을 위험이 있다.

이 지점에서 정동과 감정의 개념적 비교가 가능할 것이다. 정동과 감정은 인간의 이성적 합리성이 아닌 느낌의 영역을 가리키는 언어로 기본적으로 유사한 의미를 지닌다. 그러나 느낌의 현상을 어떤 관점에서 이해하는지에 관한 관점에선 두 용어가 다소 차이가 있다. 주로 전통적 심리학에서 감정은 개인의 내적 소유물로, 측정과 평가가 가능한 정적인 상태로 인식되는 경향이 짙다. 이에 비해 정동에 관한 철학적 접근에서 정동은 한 개인의 소유물이기보다는 항상 관계에서 발생하고 진행된다는 점에서 관계적 요소다. 또한 감정처럼 한 상태에 머무르는 것이기보다는 가변적이고 운동적인 과정으로 이해된다. 요약하면 정동은 관계적relational이며 역동적dynamic인 개념이다. 정동과 감정을 하나가 다른 하나보다 우월하거나 열등하다든가, 하나가 옳고 다른 하나는 틀리다는 식으로 말할 순 없다. 다만 여기에서는 사회, 특히 위험 사회의 상황에서 그리고 디지털 미디어 환경에서 수많은 개체들 사이에 엄청난 양의 커뮤니케이션 활동이 진행되며 이에 대한 사회적 반향과 변화가 과거에 비해 매우 빠르고 거대하게 진행된다는 점에서 보다 역동적이고 관계적인 개념인 정동을 채택한다.

요약하면, 이 장에서 감정 대신 정동을 선택하는 이유는, 단지 정동적 전회라는 학문적 유행에 합류하기 위해서는 아니다. 인터넷과 소셜 미디어를 비롯한 다양한 디지털 네트워크의 환경에서 하나의 위험이 영향을 미치는 범위, 강도, 속도가 이전에 비해 더욱 확장되고 가속화하는 위험 사회에서, 사회구성원들의 정동 실천이 어떤 위험을 낳거나 예방하는지, 그래서 어떤 긍정적이거나 부정적인 변화를 낳는지, 그 관계적이고 동적인 과정을 살펴보기 위함이다. 이를 통해 디지털 위험 사회에 존재하는 부정적인 정동 작용을 이해하고 이 위험이 보다 긍정적으로 전환될 수 있는 희망의 정동을 각각 살펴본다.

디지털 위험 사회의 정동 공중

현재 디지털 네트워크 환경에선 개인이 자신의 소셜 미디어를 운영하고 집합적인 커뮤니티에서 소속되면서, 실명 또는 익명으로 자신의 생각을 발언하는 일이 일상화되었다. 문제는 뱉어진 말이 사회적으로 갖게 되는 영향의 크기와 방향에 있다. 위험에 대한 촉매자 또는 해결자로서의 미디어의 역할을 앞에서 살펴보았듯이, 인간의 미디어 활동은 위험을 만들거나 해결하는 데 기여하기도 하고, 촉진하거나 저지하는 데 가담하기도 한다. 여기서 중요한 점은 그 크기와 방향을 결정짓는 주요 요소 중 하나가 발언자 및 청중의 정동 작용이며 이 정동 작용은 디지털 네트워크 안에서 더욱 효과적으로 확장되거나 변화될 수 있다는 사실이다.

우리는 일상에서 부당한 고난을 겪은 누군가가 그 사실을 소셜 미디어에서 고백 또는 고발하고 나서 해당 사안이 사회적으로 공유되며 여러 대응 조치로 이어짐으로써 상황이 개선되는 사례를 종종 경험한다. 또한 누군가의 생각이 소셜 네트워크에서 지지를 얻으면서 유의미한 사회 운동으로 성장하기도 하며, 온라인 네트워크에서의 연대를 넘어 실제 대면 방식의 회합이나 활동으로 현실화되기도 한다. 다시 말해 사회적 위험이 공동체 안에서 공유되고, 그들의 대응 태도에 따라 위험이 개선되는 획기적인 결과가 만들어지는 것이다. 이 과정에는 계기마다 다양한 인간들의 복잡한 정동이 연관되며 연동하고 있다. 폭력이나 부당한 해고 등의 사건으로 고난을 겪는 해당자가 (자신의 문제에 대한 객관적이고 정확한 설명은 부족할지라도) 소박하게 적은 고통과 공포의 정동이 소셜 미디어에 실려 사회에 알려지면 시민들 사이에서도 그 정동이 공유되며 위험한 문제로 인식되고 이에 공감하는 이들의 집합적인 문제 해결 행위로 발전한다.

이와 대비적으로 즐거움의 정동도 사회적으로 공감된다(7장 참조). 팬덤이 대표적인 현상인데, 연예인, 예술가, 정치인 등의 유명인에 대한 애정이 소셜 네트워크에서 집결되고 강화되는 일은 사회에 흔한 일이 되었다. 물론 팬덤 활동은 디지털 네트워크가 발달하지 않았던 20세기에도 활발했다. 그러나 과거엔 일종의 하위문화로서 공연이나 작품 발표 등 희귀한 사건을 통해서만 누군가 흠모하는 스타를 만날 수 있었다면, 오늘날 디지털 미디어 환경에서 팬덤의 양태는 획기적으로 변모했다. 오늘날에는 팬덤 플랫폼을 통해 유명인이 일반인의 눈에 일상적으로 노출되고, 그들의 소셜 미디어 포스팅이 지인들 간의 사적인 대화라고 느껴질 만큼 유명인과 일반인들 사이의 친밀한 접속이 가능해졌다. 나아가 환경 운동, 차별 반대 운동, 반전 운동, 소수자 연대 등 특정한 사회적 사안에 대해서 유명인이 주도할 때 그에 대한 애정의 정동이 정의, 안전, 평등 등 날카로운 정치 이념으로 발전하면서 사회적 지지와 열정을 이끌어 내기도 한다.

미디어학자인 지지 파파차리시Zizi Papacharissi는 이처럼 인터넷과 소셜 미디어의 환경에서, 정동으로 매개되어 형성, 작동하는 공중을 "정동 공중affective public"이라고 부른다(Papacharissi, 2014). 현대 디지털 사회에서 정동적 공중의 형성에는 디지털 미디어의 일상화라는 기술적 요건이 기여한 바가 무척 크다. 그러나 기술만 있다고 해서 특정한 정동이 특정한 사람들 사이에서 발생, 공유되어 정동 공중으로 형성될 수 있는 건 아니다. 디지털 미디어 기술의 조건 안에서, 사람들 사이에서 어떠한 정동이 어떤 이념 및 입장과 결합하느냐에 따라 정동 공중의 성격은 매우 달라지기 때문이다. 극우 집단처럼 사회에 해악을 주는 정동 공중이 만들어질 수도 있고 환경 실천 운동처럼 건강한 정동 공중도 형성될 수 있는데, 이 방향성은 디지털 네트워크를 바탕으로 사람들 사이에서 연결되고 공유되는, 혹은 단절되고 배척되는, 정동 네트워크의 영향을 크게 받는다.

'정동 공중'은 기쁨이나 슬픔, 환희와 고통처럼 '정동' 요소들이 공유되면서 연결되고 함께 움직이는 '공중'의 측면을 강조하기 위한 용어다. 파파차리시는 일상에서 인터넷과 소셜 미디어 활동을 통해, 특정한 정동이 생성, 유통되고, 이 정동 작용에 동의하거나 반대하는 집단들이 계속해서 재형성되는 정동 네트워크의 사회적 실천 과정에 주목했다. 우리가 흔히 접하듯이 어떤 사건이 발생하면 이에 대한 찬반 논쟁이 가상 공간에서 격렬하게 진행되며 사회 내 다수의 여론 집단이 출현하는 현상을 상기할 수 있을 것이다. 혹은 역으로 가상 공간에서 촉발된 어떤 사건이 현실로 소환되면서 사회적 사안으로 발전하며 이에 대한 문제 해결이 정치, 경제, 교육, 일상생활 안에서 시급해지는 경우도 있다. 이 현상들은 모두 파파차리시가 말하는 정동 공중을 설명하는 사례에 해당한다. "정동, 기술, 정치"가 파파차리시의 책 《정동 공중*Affective Publics: Sentiment, Technology, and Politics*》(2014)의 부제인 데서 알 수 있듯이 오늘날 현대 사회에서 시민의 정동은 디지털 네트워크 환경 안에서 일상적 혹은 돌발적으로 항상 작용하며, 이는 현실 정치와 불가분의 관계를 가지고 연동한다.

정동 네트워크와 정동 공중의 형성, 발전, 변화 양상은 오늘날 위험 사회와 미디어의 관계를 설명하는 데 중요한 개념이 된다. 특히 이념, 인종, 젠더와 섹슈얼리티, 계층, 계급 등 주요 정체성 범주를 기준으로 형성된 사회 집단들 사이에 양극화와 차별이 심화되고 갈등과 충돌 양상이 심각해지는 위험 사회에서 정동의 사회적 실천은 그 문제를 개선하거나 악화시키는 핵심 요소 중 하나로 작용할 수 있다.

정동 공중의 모습

정동 네트워크와 그것을 매개로 형성된 정동 공중의 사례로 내전, 난민, 이에 대한 국제 사회 시민들의 대응 등의 여러 요소가 응결되었던 알란 쿠르디 소년의 사건을 살펴보자. 2015년 9월, 그리스의 한 해변에서 한 자그마한 아이가 죽은 채로 발견되었다. 시리아 출신의 다섯 살 소년 알란 쿠르디는 내전이 심각한 조국을 떠나 유럽을 향하던 난민 가족 중 한 명이었다. 열악한 배를 타고 거친 바다를 건너야 하는 환경임에도 불구하고 시리아 내전의 참혹함 때문에 시리아 시민들은 난민이 되는 항해의 길에 몸을 맡겼다. 난민의 항해란 언제 발생할지 모르는 난파의 위험뿐 아니라, 돈을 받고 선박을 타도록 하는 난민 대상 불법 거래가 빈번하고, 행여 난민들이 탄 배가 성공적으로 타국의 어느 해변에 도착한다 하더라도 해당 국가에서 합법적으로 받아들여 줄 가능성 또한 불분명한 상황에 있다. 이처럼 극심한 조건에서 항해를 하던 중에 알란 쿠르디는 목숨을 잃은 채로 바닷가로 떠밀려온 것이다.

해변 모래밭에 얼굴을 묻은 채 조용히 누워 있는 다섯 살 소년 알란의 모습을 담은 사진이 전 세계에 공개되었을 때, 이를 본 사람들은

그림 21 알란 쿠르디의 사진과 이로부터 자극받아 생성된 정동 네트워크는 그 이전까지는 난민의 문제에 다소 무관심했던 전 세계인의 관심과 책임을 촉구하는 역할을 했다. 위는 알란의 시신이 해변가에 떠밀려 온 사진에 영감을 받은 그래피티다. "유럽은 죽었다 — 죽음과 돈"이라는 제목의 작품으로 유스투스 베케르와 오구즈 센이 작업했으며, 프랑크푸르트 오스트하펜 부두에 위치해 있다.

깊은 슬픔과 분노에 빠졌다. 작은 아이의 조용한 죽음의 이미지가 침통함을 불러일으켰을 뿐 아니라, 아무런 잘못이 없는 아이가 거친 항해 끝에 무고한 죽음을 겪도록 한 근본 원인인 시리아의 내전, 그리고 이처럼 비인간적인 상황에 처한 난민의 현실에 무관심한 선진 국가들의 냉혹함에 대한 공분이 일어났다. 알란의 사진은 주요 언론을 통해서도 전 세계에 보도되었지만, 이 비극에 공감하는 사람들은 소셜 미디어에 그 이미지를 공유하기도 했다. 알란의 사진을 공유하는 일 자체가 일종의 정동 네트워크를 형성하는 출발점이 된 것이다.

알란의 사진과 이로부터 자극받아 생성된 정동 네트워크는 그 이전까지는 난민의 문제에 다소 무관심했던 전 세계인의 관심과 책임을 촉구하는 역할을 했다. 각국 정치 지도자들이 알란의 죽음을 애도했다. 각국의 시민 사회의 차원에서도 시리아 내전으로 고통받는 이들과 난민을 위한 자선 모금 활동이 확산되었으며, 알란의 죽음을 추모하는 퍼포먼스가 베를린 등 여러 도시에서 일어나기도 했다. 정동 공중은 쉽게 형성되는 것도 아니지만, 마찬가지로 쉽사리 사라지지도 않는다. 왜냐하면 알란의 죽음은 일회성의 사건으로 끝나지 않았기 때문이다. 알란의 죽음 사건 이후에도 다른 국가에서 가난, 질병, 가족과 사회적 무관심 등의 이유로 어린이가 부당한 죽음을 당하는 비극이 발생한 경우에 사람들은 알란 쿠르디의 사건을 상기함으로써 사회적 애도의 기억으로 키워 이어나갔다. 그리고 전쟁과 빈곤 등의 이전 세대가 야기한 오류로 인해 고통받는 차세대 어린이들의 문제에 대한 사회적 인식으로 성장하기도 했다. 이러한 정동 공중의 활동에 힘입어, 한 소년의 비극적인 죽음은 사회적 성찰 활동을 의미하는 하나의 상징으로 기록되었다. 일례로 알란이 세상을 떠난 후 4년 후에 독일의 난민구조선 이름이 알란 쿠르디호로 바뀌면서, 전 세계인은 알란 쿠르디의 슬픈 죽음을 애도하는 정동을 기억하면서, 전쟁과 난민의 비극에 대해 실천적 각성을 공유할 수 있었다.

혐오의 정동 공중

정동 공중이 반드시 사회 문제 해결을 위한 협력과 애도의 긍정적 모습으로만 나타나는 건 아니다. 동일한 난민의 문제가 한국 사회에서 다뤄진 복잡한 양상을 상기해 보면, 한국에 등장한 난민의 존재는 때론 배척과 혐오의 정동을 발생시키기도 했다.

낯설다고 느끼는 이, 혹은 나와 다르다고 느껴지는 이들을 구분하고 차별하며 적대시하는 태도를 '타자화othering'라고 한다. 타자화는 실상 우리와 다름없는 동등한 인간들임에도 어떤 자의적인 기준에 따라

'우리'와 '그들'을 나누고 그들에 속하는 집단에 대해 부당한 차별을 가하는 태도와 행동이다. 이 자의적인 기준은 구체적 상황과 맥락에 따라 다르게 형성, 적용되지만 일반적으로 계층이나 계급, 인종, 젠더, 섹슈얼리티 등의 사회정체성, 그리고 이념, 종교, 문화적 가치관 등의 문화적 요소를 중심으로 형성되곤 한다. 이 같은 자의적인 기준이 타자화라는 정치사회적 효과로 발휘되는 과정엔 이성적 판단 못지않게 정동 작용이 크게 작용한다. 특정 집단에 대한 공포, 혐오, 분노 등의 정동이 결합하며, 힘이 약한 소수 집단은 줄곧 타자로 취급되면서 대결 지형에서 패배하고 사회적으로 소외된다.

영국의 문화연구자인 사라 아메드Sara Ahmed는 사회적인 정동 작용을 매개로 해서 일어나는 문화정치 현상을 비판적으로 분석했다(Ahmed, 2014). 아메드는 어떻게 해서 특정 집단, 특히 인종적 소수 집단이 사회적으로 타자화되며 이 과정에서 미디어가 어떤 역할을 하는지 심층적으로 해석한다. 그녀의 분석에 따르면 사회 내부의 두려움, 공포, 혐오의 정동이 미디어를 통해 표현되며 집단 내에서 확산, 공유된다. 타 인종이 원래, 모두, 그리고 항상 위협적이거나 더럽고 나쁜 사람들이 아닌데, 그들을 그렇게 느끼는 혐오 정동이 사회적으로 흘러 다니며 보수적 민족주의나 인종주의 같은 이념 및 신념과 결합한다. 이러한 혐오적이고 부당한 정동, 이념, 신념이 미디어를 통해 언어로 표현되면서 소수자들의 몸에 달라붙어 응착된다. 그 결과 본래 그러한 사람들이 아님에도 불구하고, 이러저러한 인간들이라고 손가락질받는 집단으로 낙인찍히게 된다.

예를 들어 경제가 어려운 상황일 때 사회구성원들은 자신이 겪고 있는 어려움에 대한 고통과 분노를 타 인종 이주자나 이민자들에게 투영하곤 한다. 그들이 일자리를 뺏어 가서 자신이 경제적 곤궁에 빠졌다고 비난하는 식이다. 이런 말들이 소셜 미디어를 통해 확산이 되면서, 사

그림 22　2018년 9월 14일 예멘인 난민 신청자들이 제주출입국·외국인청에서 1년간의 인도적 체류 허가를 받고 청사를 나서고 있다. 예멘 난민이 난민 심사를 앞두고 제주도에 머무는 동안 소셜 미디어에는 이들에 대한, 때로는 전혀 근거를 갖추지 않은 혐오와 비난의 담론이 퍼져 갔다. (사진: 연합뉴스)

회 안 타 인종 사람들이 정말 내국인들의 일자리를 약탈해 간 악인으로 의미화되며 불안, 공포, 혐오의 정동들이 더욱 강하게 고착된다. 이 경우에 원래 타 인종 집단이 '그들'로 구분되며 차별받아야 하는 집단도 아니며, 정말 그들 때문에 국내인들의 경제 상황이 어려워졌는지에 대한 사실관계는 확인되지도 않았다. 오히려 역으로 사회 안 정동이 소셜 미디어를 통해 언어로 표출, 확산, 공유되면서 그 과정에서 사후적으로 사악하고 위험한 타 인종으로서 '그들'이 형성되는 것이다.

이와 유사한 사건이 최근 한국 사회에서도 발생했다. 한국 사회는 단일 민족에 대한 자기 확신이 강한 편이어서 타 국민이나 타 인종에 대해 배타적인 태도를 보이는 경향이 강하다. 이 경향은 예멘으로부터 제주도로 이동한 난민 집단에 대해서도 발생했다. 이들의 국내 도착을 앞두고 한국 사회의 여론은 뜨겁고 다분히 공격적이었다. 예멘 난민이 난민 심사를 앞두고 제주도에 머무는 동안 소셜 미디어에는 이들에 대한, 때로는 전혀 근거를 갖추지 않은 혐오와 비난의 담론들이 퍼져 갔다. 예를 들어 종교에 대한 편견이 예멘 난민에 대한 반대 의견으로 강화되었다. 예멘 난민에 대한 불쾌감과 무시뿐 아니라 두려움과 공포의 정동이 강해졌다. 예컨대 이슬람인은 이슬람 종교를 따르므로 산아 제한을 하지 않아서 난민의 자손이 한국인 사회를 위협할 정도로 번식하리라는 과장된 담론이 이에 속한다. 타 인종을 정상적인 인간이 아닌 번식과 증식에 능한 동물들에 비유하는 수사는, 인종 차별 담론의 전형적인 형태다. 여기에 경제적 불만까지 겹쳐졌다. 예멘의 난민이 한국인이 낸 세금을 낭비하고 의료보험 비용까지 의존함으로써 한국 경제에 손실을 야기한다는 비난이 제기되었기 때문이다. 아울러 자국민 우선주의 즉 민족주의 담론이 합세했다. 타국의 난민들을 돕지 말고 현실의 고통에 힘들어하는 한국인들부터 지원해 주라는 요청이 대표적이다. 마지막으로 젠더 관점에서, 예멘 남성 난민들이 한국의 여성을 성폭력하고 사회 규범을 교란시키리라는 두려움도 만연했다. 이 같은 내용들은 사실에 근거하지 않은 채 불안, 공포, 혐오 등의 정동 작용에서 발생한, 예멘 난민에 대한 한국인들의 집단적인 타자화 작용으로 이해할 수 있다(김예란, 2018).

인종 등의 범주에 따른 타자화 현상은 인간 역사에 줄곧 존재해 왔다. 그러나 혐오 정동에서 비롯하는 타자화 현상이 소셜 미디어를 포함한 디지털 네트워크와 결합하며 미디어 환경이 없었을 때보다 대중 사회 전반에 더욱 격렬하고 광범하게 확산되고 있음을 유의할 필요가 있다. 디지털 기술 요인과 더불어 사회적으로 신자유주의 체제의 모순이 심화되면서 경쟁 및 개인주의가 강화되는 사회적 상황 역시 이에 연관된다. '내'가 경쟁에서 승리하는 데 걸림돌이 되는 '그들'을 타자화하고 차별하는 경향이 강화되기 때문이다. 이들에게 인종, 젠더, 섹슈얼리티, 계층과 계급 등의 범주에서 타자화되는 존재들은 사회 발전에 방해가 되고 그것을 위협하는 위험 요소로 간주된다. 따라서 그들을 억압, 소외, 추방하는 일이 당연하다고 주장되는 것이다.

미국의 미디어학자인 패트리샤 클러프Patricia Clough는 지구적 신자유주의적 경쟁 체제와 SNS의 결합 상황에서 대중적으로 확산되는 인종주의의 양상을 "대중 인종주의population racism"라고 부르며, 이 바탕 위에서 미국의 반이슬람주의 현상을 분석한 바 있다(Clough, 2018). 이 같은 혐오 정동이 소셜 미디어 등의 거대 디지털 네트워크를 통해 활성화되기 위해선 특정한 단어나 표현이 유용하다. 그 단어와 표현을 손쉽게 반복하고 유통하면서 혐오 정동이 더욱 넓고 빠르게 확산되기 때문이다. 클러프는 이 현상을 "정치적 브랜딩political branding"이라고 부른다. 마치 상품이나 기업의 이미지 강화를 위한 마케팅 기술의 일종으로 브랜딩이 유용하듯이, 어떤 정치적 정동과 이념을 활성화하는 데 정치적 브랜딩이 유리하다. 소수 인종에 대해 '위험스럽고 더러운 종족'이라는 이름을 붙여 소셜 미디어에 올리며 이것이 대중적인 공유와 확산으로 이어질 때, 무고한 이슬람인들이 위험스럽고 더러운 집단으로 명명되고 그대로 인식된다. 이는 물론 사실과는 무관한 혐오의 정동 네트워크의 결과다.

사랑의 정동 공중

우리는 앞에서 소셜 미디어의 환경에서 사회적 정동이 표현, 공유되면서 일정한 정동 네트워크 및 정동 공중이 형성되는 부정적 사례를 살펴보았다. 이렇듯 정동적으로, 담론적으로 사회적 위험이 구성된다면, 역으로 우리가 정동과 담론을 어떤 방식으로 다르게 실천하는지에 따라 보다 나은 사회가 만들어질 수 있다.

사랑과 연대의 밝은 정동 작용의 사례 역시 디지털 네트워크로 엮인 가상 세계 안에서 어렵지 않게 찾아볼 수 있다. 특히 현실 사회에서 소외되고 억압받는 소수자들 사이에서 디지털 네트워크는 대안적인 집합성을 구성할 수 있는 유의미한 조건이 된다. 예를 들어 성소수자들은 현실 사회에서 누군가를 친구 또는 연인으로 만나 삶의 이야기를 공유하고 함께 살아갈 수 있는 기회가 이성애자들보다 훨씬 협소하다. 현실 사회에서 이들을 줄곧 부정적인 존재로 인지되며 바르게 교정되어야 할 문제적인 대상으로 다뤄지기 때문이다. 그런데 현실에서 소외된 성소수자들이 친구와 연인을 만날 수 있는 공간을 소셜 미디어가 열어 줄 수 있게 되었다. 물론 소셜 미디어 네트워크 안에서도 성소수자들에 대한 혐오 발언이 극심하지만 드넓은 사이버 공간의 작은 지점들마다 이들이 서로 연대하고 공존할 수 있는 공간이 자발적으로 만들어지고 있다.

대표적으로 '하위문화 셀러브리티'의 출현을 생각해 볼 수 있다. 한국 사회에서도 LGBTQA(lesbian, gay, bisexual, transgender, questioning, and their allies) 등의 성소수성을 표방하는 셀러브리티들이 가상 공간에서 공감과 지지를 얻고 있다. 드래그는 어느덧 젊은 세대들이 자신의 성정체성과 무관하게, 규범화된 성질서를 넘어서고 교란하는 즐거움을 나눌 수 있는 문화 코드로 성장했다. 이 세계 안에서 현실에서 소외된 성소수자 공동체와 이들의 삶에 공감하는 다양한 사람들이 솔직하게 자신의 이야기를 건네고 대화하면서 신뢰와 지지를 나누는 따뜻한 연대가 형성되기도 한다.

과거에는 부재했던 이처럼 소중한 하위문화 공간이 싹틀 수 있었던 것은 (1) 소셜 미디어를 포함한 디지털 네트워크의 기술적 발전과, (2) 친밀성을 교류하는 정동의 성장 요인들이 결합한 결과라고 말할 수 있다. 디지털 기술의 용이성, 보편성, 현전성presence, 연결성에 힘입어 사회 주변부에 소외되어 있던 소수자들이 자신들만의 공유지를 만들고 나누는 조건이 마련되었다. 이를 통해 '작은 스크린small screen'에서 자신의 내밀한 진실과 친밀성을 주고받는 공동체가 형성될 수 있었다(Raun, 2018).

물론 이 현상에 대해 성적 친밀성이 상품화되거나, 퀴어 문화가 자본주의화되는 현상이 우려되기도 한다(Raun, 2018). 다시 말해 소수자들의 공유지 역시 디지털 자본주의의 거대 권력 안에 있으므로 이 상업화 논리로부터 완전히 자유로울 수는 없다. 예를 들어 퀴어 유튜버가 유튜브 등에서 수익을 얻기 위해 자신을 눈에 띄는 대상으로 상품화하고 이용자와의 친밀성을 내세우면서도 수익 창출에 몰두하게 될 위험은 상존한다. 그런데도 이 틈새 공간에서 그 이전까지 막혀져 있었던 성소수자들의 친밀 공간이 생성되고 있음은 중요한 의미를 지닌다. 이들에게 사랑과 공존의 가치가 실천될 가능성을 제공해 주기 때문이다. 또한 성소수자가 아닌 이가 이들의 공개된 디지털 문화를 접함으로써 그간 갇혀 있었던 편견과 몰이해를 수정할 수도 있다. 구성원들이 자유와 평등의 관계 안에서 자신을 실현할 수 있는 사회를 민주 정치라 할 수 있다면, 퀴어 소셜 미디어 활동은 사랑과 공존이라는 정동을 실현하는 민주적 정동 정치의 건강한 사례라 할 수 있다.

우리가 사회적으로 경험하고 참여하는 사랑의 정동 네트워크는 현재의 위험 사회에 어떤 영향을 미치며 어떤 의미를 지닐까? 한국 사회의 주요 갈등 국면에 이성적인 논쟁 대신 혐오와 차별의 정동이 강력하게 작용하고 있다. 젠더, 세대, 인종, 정치적 이념과 가치관, 문화적 취향, 성적 지향에 이르기까지 나와 다르다고 여기는 타자를 위협하고 억압하는 정동이 일상에 퍼져 있다. 이 같은 상황은 인터넷과 소셜 미디어의 이용 과정에서 일상적으로 경험되며 수많은 이용자들을 공포와 고통에 빠져들게 하는 위험 요소가 되고 있다. 포털 사이트의 댓글과 토론방에서, 온라인 컴퓨터 게임 상황에서, 배타적인 이념 성향으로 묶인 소셜 네트워크에서, 사회를 위험하게 만드는 정동 작용이 네트워크화한다. 이처럼 부정적인 정동 네트워크는 민주적 정치, 경제, 사회, 문화 활동을 이루기 위한 사회적 참여와 협력의 가능성을 위협한다. 특히 팬데믹과 러시아-우크라이나 전쟁을 거치며 더욱 악화한 국제 정치와 경제 상황 안에서 민주적인 정동 공중의 중요성은 더욱 커지고 있다. 물론 사회 구성원들의 정동 실천만으로 모든 일이 개선된다고 말하기는 어렵지만, 적어도 사회적인 수정과 향상이 진행될 수 있도록 이끄는 심리적 동인은 모든 사회 변화의 출발점이다. 정책적, 제도적 노력 역시 사회구성원의 정동적 협력과 지지가 있을 때 실효를 거둘 수 있다. 지금 위험 사회의 문제를 인식하는 성찰적 정동에서부터 위험을 개선하고 더 나은 사회를 만들기 위한 실천적 정동에 이르기까지 정동 윤리의 실천 가능성은 보다 절실히 요청된다.

이 장에서는 정동의 개념을 시작점으로 해서, 소셜 미디어를 포함한 디지털 네트워크에서 어떤 집합적인 활동이 진행되는지를 살펴보았다. 정적인 단면 같은 감정이 아니라 가변적이고 역동적인 마음의 운동을 정동이라고 정의하면서, 이 같은 마음들이 어떻게 매개되어 공유되고 특정한 사회 현상을 만들어 내는지를 이해하고자 했다. 특히 현대 사회에서는 마음이 사회적인 움직임으로 매개되는 데 디지털 미디어의 역할이

핵심적이다. 디지털 미디어가 없었다면 불가능했을 보통 사람들의 날것의 정동이 그들의 고유한, 때로는 진실하거나 때로는 천박한, 언어로 표현되고 공유되기 때문이다.

디지털 미디어가 사회적 정동이 실제로 구현되도록 큰 역할을 한다는 점에서, 그 현상이 긍정적이거나 부정적으로 흐르는 데 정동 네트워크는 핵심적인 요소로 작동한다. 이 장에서는 위험의 요소로 혐오와 차별의 정동 네트워크가 디지털 미디어를 통해 사회적으로 발생, 유통, 확산되는 현상을 탐구했다. 혐오 발언이 적대적인 사회 분위기를 형성하고 특히 소수 집단에 집중될 때 부정의한 차별 구조가 형성되고 심지어 정당화될 수 있다. 반대로 사회적 불행에 대해 시민들이 공감하고 개선을 지향하는 긍정적인 운동 역시 디지털 네트워크에서 진행될 수 있다. 나아가 이같이 긍정적인 정동이 디지털 네트워크에 매개되어 가상 공간의 어느 지점에서 만날 때 소수자 고유한 연대와 공존의 가능성이 열릴 수 있음을 발견했다.

만약 오늘날 한국 사회가 제대로 살아가기에 힘든 사회라고 느껴진다면 — 헬조선, 지옥, 좀비, 이생망 같은 말들 — 그 원인은 매우 많고 복잡할 것이다. 정치와 이념의 갈등, 경제적 불안정 및 불평등, 차별과 소외의 사회 구조, 서로 다른 세대·젠더·계급·인종 집단 간 갈등 등이 주요하게 지적된다. 이 같은 사회 질서가 어떤 식으로 감각되고, 관계 맺어지며, 변화할 수 있는지에 정동 네트워크가 유의미한 영향을 미친다. 계층이나 계급, 정치적 이념, 젠더, 섹슈얼리티, 세대 등의 이른바 인구사회학적 요소는 객관적인 지표로 규정되지만 이들이 실제 경험되는 방식은 정동적으로 이뤄지기 때문이다.

우리가 디지털 환경에서 어떤 정동 작용을 체험하며 이 정동의 역량을 어떻게 실천할 것인지에 대한 답은 분명해 보인다. 혐오의 정동 대신 사랑의 정동으로, 배척과 차별의 행위 대신 공존과 연대의 노력으로 나아갈 때, 디지털 사회의 방향성 역시 위험으로부터 지속 가능한 평화와 성장으로 전환될 수 있다.

11장

미디어는 평등에 기여하는가,
불평등을 악화하는가

위험 사회의 울퉁불퉁함

이 장에서는 위험 사회의 현실을 불/평등의 관점에서 살펴본다. 위험은 자연 재난처럼 인간이 개입하지 않는 절대적 요인에 따라 발생하기도 하지만, 어떤 위험은 다양한 인간이 서로 다른 위치에서 살아가는 사회적 상황과 관계 안에서, 또는 그것이 이유가 되어 발생한다. 이를테면 질병이나 죽음 등은 인간 누구도 피할 수 없는 보편적이거나 절대적인 위험이지만 그것을 경험하고 대응하는 방식은 개인이나 집단의 사회적 위치 및 그 위치에서 동원 및 발휘 가능한 자원과 권력의 크기에 따라 다르게 나타난다. 대체로 생활 환경이 안정되고 윤택한 사람은 평소에 건강 관리가 잘 되어 있어 덜 아프고 혹시 질병에 걸리더라도 좋은 의료 혜택을 받아 회복할 가능성이 높은 반면, 그렇지 못한 사람은 평소의 건강 상태가 취약하여 병에 걸릴 가능성이 높으며 좋은 의료 시스템으로부터도 소외되어 있어 회복 가능성은 상대적으로 낮아진다.

위험 사회의 가장 중요한 사례 중 하나인 환경 위기는 지구인 누구도 피할 수 없는 거대한 위험이다. 그러나 이에 대처하는 방식과 효과는 개별 국가와 개인이 처한 상황에 따라 다르게 나타난다. 이를테면 선진국가 시민들은 우수하게 설치된 냉난방 시스템을 가지고 폭서나 폭한에 비교적 안전하게 생활할 수 있고 정책과 과학 기술의 발달, 상대적으로 여유 있는 재정 조건에 힘입어 환경 보존에 기여할 수 있는 수단을 적극적으로 추진한다. 그러나 후진국의 시민들은 그처럼 힘든 환경을 맨몸으로 대면하고 견딜 수밖에 없을뿐더러 선진국처럼 적극적인 대응을 할 수 없어 그들이 겪는 기후 위기는 더욱 심각해진다. 더욱 근원적으로는 오늘날 지구라는 행성이 기후 위기에 처하게 된 가장 큰 원인은 서구 선진 국가들이 근대 이후 주도해 온 (탈)식민적 그리고 거대 산업적 성장주의에 기인한다(Hickel, 2021). 다시 말해 남반구의 빈곤 국가들은 서구 근대 산업화 과정에서 자원을 침탈당해 온 과거 역사에 덧붙여, 막상 자신들은 책임이 없거나 덜한 현재의 기후 위기의 고통 역시 일방적으로 심대하게 겪고 있는 상황이다.

물론 예외적 사례 — 즉 개인적으로 뛰어난 능력을 갖춘 경우 — 도 있다. 능력이나 자원 면에서 탁월한 인간은 보통 사람들이 괴로움을 겪을 만한 고통을 상대적으로 잘 극복할 수 있다. 그러나 이처럼 예외적인 영웅의 성공으로 모든 보통 사람들의 삶을 설명할 순 없다. 영웅처럼 특별한 능력이 없는 다수 보통 사람들의 문제는 사회적인 질서와 구조의 맥락 안에서 설명되어야 하며, 영웅처럼 뛰어나지 않는 수많은 '보통' 사람들이 안전하고 조화롭게 살 수 있어야 좋은 사회다. 동일한 강도의 보편적인 위험일지라도 개인과 집단의 사회적 위치에 따라 그에 대처할 수 있는 정도가 달라지고 결과적으로 해당 위험을 해결할 가능성의 정도 역시 달라질 수 있다. 따라서 한 개인의 능력만으로는 위험 대처의 가능성을 판정할 수 없으며 그가 처한 사회적 조건과 맥락을 진지하게 고려할 때 위험의 인식, 이해, 개선이 가능해진다. 더욱이 어떤 위험은, 그 성격 자체가 사회적 상황에 따라 결정된다. 예를 들어 흔히 '후진국 질병'이라고 불리는 질병들은 사회, 경제, 문화적 상황이 빈곤한 집단들에게서 주로 나타나는 질병이다. 따라서 위험 자체가 사회적이며 위험에 대한 대처 가능성 자체가 정치적이다.

이 점에서 이 장에서는 위험의 문제를 사회 구조 및 개인의 사회적 위치의 관점에서 살펴본다. 즉 위험과 불/평등의 문제를 다룬다. 겉으로는 누구나 똑같이 겪는 것처럼 보이는 위험인데 사회적으로 여러 층위가 나타나는 원인으로 위험의 중첩성over-articulation의 문제를 다룬다. 특히 인종과 질병의 재난 상황에서 나타나는 평등 혹은 불평등 현실을 살펴보고 이에 개입하는 미디어의 역할을 탐색한다. 또한 시야를 더욱 넓혀 명시적으로 위험이라고 인식되지 않는 우리의 디지털 일상에서 유발되는 불평등의 문제를 고찰한다. 삶과 노동의 측면(9장 참조)에서 디지털 미디어가 이용자들에게 위험을 유발하며 이는 때로는 취약 계층에 극심한 형태로 집중됨을 논한다. 마지막으로 불평등한 사회에서 보다 올바르게 위험에 대처하기 위한 가치로 '정의justice'를 제안한다.

위험의 중첩성

단지 한 가지의 원인에 의해 위험이 발생하는 경우는 거의 없다고 말해도 과언이 아니다. 애초에 수많은 자연 요인과 사회 요인이 겹치며 폭발하는 사건이 위험이라고도 볼 수 있다. 앞에서 제시된 사례에서도 알 수 있듯이, 보통 '물난리'라고 불리는 이 사건이 단순히 많은 양의 비 때문에 생기는 건 아니다. 동일한 강수량에서도 상대적으로 잘 넘길 수 있는 이들이 있는가 하면, 보다 정확히 말하면 상대적으로 잘 넘길 수 있는 '조건'에 살고 있는 이들이 있는가 하면, 다른 누군가는 처참한 피해를 그대로 맞닥뜨리는 '조건'에 갇혀 있다. '조건'이란 단어를 삽입해서 강조했듯이, 개인적인 능력이나 운보다는 어떤 조건에 있는가에 따라 위험을 경험하는 방식이 주효하게 달라진다. 도시의 조건과 도시 내 생활 조건에 따라 달라지고, 개인의 경제적 위치와 사회 구조의 영향을 받는다.

강수량이라는 단일 자연 요소만 보지 않고, 강수량에 사회적 위치라는 요인이 덧붙여지고, 사회적 위치라는 요인에 있어서도 이를 하나의 뭉치로 보는 것이 아니라 연령, 지역, 직업, 계층과 계급, 협력적 인간관계를 비롯한 사회 자본, 젠더, 인종 등의 다양한 요소들로 세분하여 보자. 그렇다면 물난리라는, 외형적으론 단일한 위험에 있어서도 수많은 요인이 연관되어 있음을 알 수 있다. 비가 조금만 와도 홍수가 일어나는 지대와 웬만한 재난에도 안정되게 보호될 수 있는 지대 중에 어느 지대의 주택이 더 저렴할까? 그 반대 순서의 질문도 가능하다. 저가의 주택지와 고가의 주택지 중에서 어느 지역에 도시 제반 설비가 튼튼하게 마련되어 있을까? 우리는 각 질문에서 전자보다 후자가 더 안전하고 유리한 입장에 있음을 어렵지 않게 알 수 있다. 이때 단지 자연환경으로서의 땅과 비라는 요인보다는 그 자연환경이 다뤄지고 평가되는 사회 요인이 어떤 의미에서는 더 중요한 것이다. 이처럼 위험에 대응하는 관리 능력 자체가 사회경제적으로 조건화된다. 동시에 한정된 자원을 어느 지역에 어떻게 배치할 것인가의 문제 역시 정치, 문화적으로 다르게 답해진다.

이처럼 하나의 현상에 여러 요인이 결합되어 나타나는 상황을 가리켜 '중첩성'이라고 말한다. 말뜻 그대로, 단일이 아니라 복수의 요소들이 여러 겹으로 결합되어 있다는 뜻이다. 하나의 위험을 이해하기 위해서는 단일한 요인이 아니라 여러 요소가 연관되어 있음을 파악해야 하며, 즉 중첩되어 있음을 인식해야 한다. 이 사고의 바탕 위에서만이 위험의 원인을 설명하고 그 위험 상황을 개선할 수 있는 방법을 찾을 수 있다. 다시 물난리의 문제로 돌아간다면, 한 지역에 비가 많이 와서 수재민이 발생했을 때, 구호 물품이 누구를 우선순위로 해서 지급되어야 하는지, 구호금의 배분은 어떻게 이루어져야 하는지, 피해를 복구하기 위한 위급 도시 개선 공사가 어떻게 진행되어야 하는지, 나아가 앞으로 이 같은 문제가 재발하지 않기 위해서 지역의 어느 지점에 방수 시설이 강화되어야 하는지, 즉 그간 소외되었던 이들에게 어떤 사회적 자원과 역량이 공평한 방식으로 재조정되어야 하는지의 판단이 이뤄져야 한다. 아울러 단순하게 모든 이들에게 똑같이 배분하는 기계적 평등이 옳은지 애초에 더욱 힘

그림 23 2022년 10월 29일 핼러윈을 즐기기 위해 이태원에 모여든 다수의 사람이 압사를 당한 참사를 우리는 기억한다. 도시에서 즐기기 위한 단순한 목적이 참사라는 비극적인 위험으로 귀결된 데는 여러 요인이 중첩되어 있다. 11월 13일 사고 현장 통제선이 제거된 자리에 국화꽃이 놓였다. (사진: 연합뉴스)

든 조건에 있었기에 위험의 피해 역시 더 클 수밖에 없었던 이들을 더 배려하는 질적인 평등이 옳은지의 문제부터 판단되어야 할 것이다.

위험의 중첩성에 대한 인식은 우리의 일상에서 늘 중요하게 요청된다. 2022년 핼러윈을 즐기기 위해 이태원에 모여든 다수의 사람이 압사를 당한 참사를 우리는 기억한다. 도시에서 즐기기 위한 단순한 목적이 참사라는 비극적인 위험으로 귀결된 데에는 여러 요인이 중첩되어 있다. 단순하게는 다수의 사람이 과밀하게 모였다는 자연적인 관찰이나 한두 개 건물의 건축적 오류로 원인을 찾고 넘길 수 있다. 그러나 보다 거시적으로, 오랫동안 누적된 도시 젠트리피케이션과 상업화의 영향, 그리고 경찰이나 안전요원, 소방과 의료진부터 행정 책임자까지 포함하여 위급 사태에 대처하는 시스템이 붕괴된 결과 나타난 총체적인 비극이었기 때문이다.

위험의 중첩성은 그것에 대비하고 대응하는 방식의 차이를 낳음으로써 사회적 불평등의 문제와 직결된다. 실제 사회 현상에 대한 인식과 판단에서 위험에 관한 불평등의 문제는 쉽사리 간과되곤 한다. 워낙 취약한 입장에 있던 사람들은 자신들이 겪은 위험을 공론화하여 논의할 채널로부터도 소외되는 경향이 있기 때문이다. 혹은 일상적으로 위험에 대해 약자를 보호해야 한다고 믿었을지라도, 막상 어떤 위험 및 그에 관련된 불평등 문제가 개인의 구체적인 상황과 맞물릴 때에는 해당 위험을 이해하고 대응하는 과정에 복잡한 이해관계가 개입한다. 예를 들어 세월호나 이태원 참사의 경우에 공동체가 희생자들에 대해 추모와 애도의 태도를 가졌다 하더라도 막상 희생자에 대한 금전적 보상과 지원을 어떻게 배분할 것인지, 근본적으로 그에 대한 책임을 누가 질 것인지 등의 현안에 대해선 정치/경제적 이해관계에 얽힌 갈등과 정쟁이 심화되었다.

평등을 위한 사회 운동과 미디어의 역할

위험의 중첩성에 대한 인식을 바탕으로 해서 평등 혹은 불평등과 연관된 사회 운동과 이에 미디어가 수행하는 역할을 알아보기로 하자. 구체적으로 2020년 이후 미국을 중심으로 그리고 세계 각국에서 일어났던 '블랙 라이브즈 매터Black lives matter' 사태, 즉 '흑인의 삶은 중요하다'를 주장하는 운동의 사례를 상기할 수 있다. 이 운동은 2020년 5월 아프리카계 미국인 조지 플로이드George Floyd가 20달러 위조지폐를 사용했다는 혐의를 받아 미국의 백인 경찰에 의해 거리에서 죽음을 당한 사건에서 부각되었다. 당시 경찰들은 조지 플로이드를 길에 눕힌 채 무릎으로 그의 목을 9분 동안 눌러 질식해 숨지게 했다. 이에 분노한 흑인 공동체가 거리에서 격렬한 시위를 펼쳤고 이 운동에는 흑인뿐 아니라 인종 차이의 경계를 넘어서는 다수의 다양한 인종 구성원들이 연대했다.

블랙 라이브즈 매터 사건은 서구 사회에 뿌리 깊게 작용하는 인종차별 질서에 대한 흑인들의 저항으로 요약될 수 있다. 이처럼 단순하게 말해질 수 있는 사건이지만 '시위'라는 극적인 사건이 일어나기까지 오랜 시간 많은 사회 요인이 중첩적으로 누적되어 있었다.

중첩성을 구성하는 여러 겹 중에서 우선 역사적 겹부터 살펴보면, 인종 차별은 미국 그리고 서구의 백인 중심적인 사회 질서 안에 오랫동안 각인되어 왔다. 실상 블랙 라이브즈 매터라는 표현도 2020년에 갑자기 생겨난 것이 아니라 2013년도부터 존재했던 운동의 슬로건이다. 블랙 라이브즈 매터가 결성된 계기 역시 흑인에 대한 부당한 살인에서 비롯되었다. 2013년에 부당하게 죽음을 당한 트레이번 마틴을 해친 백인 살인자가 법정에서 무죄 선고를 받자 이에 대항하기 위해 '#BlackLivesMatter'가 결성되었다.

블랙 라이브즈 매터 운동을 구성하는 두 번째 겹은 미디어의 역할이다. 해시태그가 이 이름의 시작을 밝히는 데서 알 수 있듯이, '#BlackLivesMatter'는 온라인 세계에 자체 공간을 가지고 지구적으로 결성되어 협력적으로 운영하는 '블랙 라이브즈 매터 글로벌 네트워크 파운데이션Black Lives Matter Global Network Foundation'을 근간으로 하고 있다. #BlackLivesMatter 운동에서 인종 차별과 인종 억압의 위험이 사회적으로 인지되고 이에 저항하는 흐름이 전 세계적으로 전개되는 데 미디어의 역할은 핵심적이었다. 애초에 조지 플로이드의 부당한 죽음이 세계적으로 알려지게 되기에는 이 현장에 있었던 한 목격자가 찍은 동

그림 24　2015년 11월 미네소타주 미니애폴리스에서 자마르 클락 총격 사건에 항의하는 행진. 블랙 라이브즈 매터가 결성된 계기는 흑인에 대한 부당한 살인에서 비롯되었다.

영상이 효과적으로 작동했다. 숨을 쉬지 못해 고통에 헐떡이며 엎드려 있는 조지 플로이드의 혹독한 상황과, 이에 대비되게도 너무나 떳떳하게 그의 목을 무릎으로 짓누르고 있는 경찰의 무심한 표정의 대비는 오랫동안 당연한 듯 용인되어 온 인종 차별의 잔인한 현실을 상징한다. 누구나 스마트폰 등의 디지털 기기를 휴대하는 디지털 사회, 그리고 이미지와 텍스트가 실시간으로 공유되는 네트워크 환경에서, 사건의 진실을 담은 이미지가 주요 언론들은 물론 인터넷과 소셜 미디어를 통해 전 세계로 확산되며 지구적 공분을 일으켰고 각국의 시민들은 인종 차별에 반대하는 시위대와 연대감을 나눌 수 있었다.

블랙 라이브즈 매터 운동을 만든 세 번째 겹은 사회적 연대성이다. 홈페이지에 제시된 #BlackLivesMatter 운동 목표는 "확장성" 도모에 있다. 즉 미국이라는 국가의 국경을 넘어서, 그리고 흑인으로 단일화된 인종적 정체성을 넘어서, 흑인 퀴어와 트랜스 집단, 장애인, 미등록 이주민, 전과 기록으로 소외된 자, 여성과 남성을 포함한 모든 젠더의 삶을 동등하게 인정하기를 주장한다. 즉 단순히 미국 인종 차별의 희생자인 흑인이 아니라 세계 전 지역에서 교차적으로 소외된 소수자 전부의 삶을 포용한다. 즉 다양한 억압이 '중첩'적으로 작용하는 상황에서 '중첩'적으로 소외된 이들이 '중첩'적으로 공존하고 연대하는 운동이 #BlackLivesMatter인 것이다. 바꾸어 말하면 흔히 인종 차별이라고 지칭되는 위험에는 다수의 요인이 중첩적으로 연관되기에 이를 개선하기 위한 노력 역시 이 겹들을 가로질러 교차적이고 포용적으로 즉 중첩적으로 진행되어야 한다.

블랙 라이브즈 매터 운동이 전해 주는 시사점은 다음과 같다. 첫째, 위험의 요인은 중첩적이며 그 요인에는 자연적이고 우연적인 요인뿐 아니라 사회적이고 복합적인 요인이 역사적으로 누적되어 있다는 점이다. 둘째, 위험의 인식과 그에 대한 주체의 판단이 지역 및 지구적 차원에서 형성되는 데 미디어의 역할이 중요하다. 하나의 위험에 대한 사회구성원의 입장은 다양할 수 있는데, 종종 미디어의 사회적 쓰임새에 따라 위험 당사자의 사회정체성(인종, 젠더, 지역, 세대, 계층, 계급, 정치적 이념, 문화적 취향 등)의 경계를 넘어 포용적인 연대가 형성될 수 있다.

요약하면 위험의 원인, 진행, 효과에 이르기까지 다양한 차이 요소들이 중첩적으로 연관된다. 동시에 특정한 위험을 겪으며 보다 나은 사회 혹은 보다 나쁜 사회로 가는 탄력성resilience의 갈림길 역시 다양한 사회 구성원들의 중첩적인 행동 양식 — 억압과 무관심, 혹은 지지와 연대 — 에 따라 달라질 수 있다. 그 갈림길에서의 선택에 미디어가 중요한 영향을 미친다. 위험은 본질적으로, 지극히 역사적이며 사회적인 것이기 때문이며 미디어는 그 사회적인 움직임의 향방에 하나의 더듬이 역할을 한다.

코로나19 팬데믹과 불평등

이제 전 세계인이 직면한 위험 사례로 코로나19 팬데믹 상황에서 위험이 어떻게 사회적으로 경험되었고 이 과정에서 기존의 불평등 질서가 어떤 방식으로 더욱 심화되었는지를 살펴보자. 팬데믹이라는 단어는 '전부'를 의미하는 '팬pan'과 풍토병을 뜻하는 '엔데믹endemic'이 결합한 단어로, 원래 한 지역에서 유행하는 엔데믹이 지역의 범위를 넘어 전 세계로 확산된 경우를 가리킨다. 즉 전 세계인이 지역적 차이 무관하게 공통적으로 겪게 되는 질병이 팬데믹이기에 일차적으로 팬데믹의 위험은 보편적이라고 할 수 있다. 그러나 의학적으로는 보편적이라고 할 수 있는 위험인 팬데믹일지라도 사회적 관점에서 이해한다면, 그 위험의 경험은 사회마다, 또 동일한 사회 안에서라도 해당 개인과 집단의 위치와 상황에 따라 달라지고 그 차이를 만드는 요인은 중첩적이다.

한국 사회에서도 코로나19 바이러스에 특히 취약한 집단이 연령, 직업, 주거 지역, 생활 방식에 따라 구분 지어져 드러났다. 예를 들어 개인적인 업무 방식이 가능한 사무직 종사자들은 온라인 미디어를 이용해서 재택근무 환경으로 빠르게 전환함으로써 코로나19 바이러스로부터 상대적으로 안전한 생활을 유지할 수 있었다. 이에 비해 콜센터 종사자들처럼 다수의 사람들이 밀집해서 일해야 하는 근무자들이거나 물리적 현존이 필수적이어서 재택근무가 애초부터 어려운 직종의 사람들, 이를

테면 의료진, 돌봄 노동자, 환경미화원들은 바이러스 감염의 위험에도 불구하고 출근해서 작업에 임해야만 했다. 이들은 마스크 쓰기처럼 기본적인 개인위생 장비를 제외하고는 타인과 신체적 접촉을 계속해야 하는 상황에 있으므로 코로나19 바이러스에 대해 상대적으로 취약한 생활을 했다.

이는 한국만의 문제는 아니다. 국경이나 도시 봉쇄를 하는 등 한국보다 훨씬 더 엄격한 방역 조치를 취한 유럽 사회에서도 코로나19 위험이 불균등하게 경험되는 현실이 뚜렷하게 관찰되었다. 영국의 경우 코로나19에 의한 사망자 수가, 백인 집단보다 흑인 혹은 아시아인 집단에서 현저하게 높게 나타났다(David, 2020). 영국에서 '배임BAME'은 Black, Asian, and Minority Ethnic의 약자로 백인 지배적인 사회 안에서 소수 혹은 취약 인종을 뜻한다. 배임이라는 평소의 취약한 소수 집단이 팬데믹에 대해서도 상대적으로 더 취약했던 것이다. 왜 이들이 백인보다 코로나19로 인해 더 많이 사망했을까? 백인이 생체적으로 코로나19 바이러스에 강한 반면 소수 및 취약 인종은 그 바이러스에 더 취약한 것일까? 조사 결과 소수 및 취약 인종이 더 많이 사망한 이유는 그들의 사회적 위치와 그 안에서 누적된 삶의 조건 때문으로 나타났다. 즉 이주민들은 백인 원주민보다 대체로 경제적으로 취약하고 열악한 직업에 종사한다. 따라서 이들은 비좁은 공간에 거주하고 거주 공간 가까이 병원 시설도 미미하며 신선하고 좋은 음식을 파는 상업 시설 역시 희박하다. 가족이나 친지 중 누군가 확진이 되었다고 해도 거리 두기가 가능한 정도의 분리된 공간에서 생활할 물리적 여유 공간이 없으므로 거주 공동체 안에서 쉽사리 확산이 진행된다. 또한 평소에 좋은 음식을 먹고 정기적으로 건강 검진을 해서 좋은 건강을 유지할 수 있는 보건 및 위생, 그리고 생활 조건을 갖추지 못했기에 면역력이 약하고 체력이 허약해서, 이

그림 25　2020년 5월 6일 인도 정부의 코로나19 봉쇄 조치로 대도시에서 갈 곳을 잃은 이주노동자들이 귀향해 기차역을 빠져나가고 있다. 국경이나 도시 봉쇄를 하는 등 엄격한 방역 과정에서 코로나19 위험이 불균등하게 경험되는 현실이 뚜렷하게 관찰되었다. (사진: 연합뉴스)

들보다 더 안정되게 살아온 집단보다 바이러스 감염에 취약하다. 그런데도 이들 중 다수는 육체노동자로 그날그날 벌어 생계를 유지해야 하므로, 봉쇄 상황에서조차 매일 출근해서 청소, 돌봄, 물자 생산 및 유통 노동을 하는 시점에서 확진되는 경우도 더욱 빈번했고 확진 이후에 상태가 더욱 위급해질 우려도 컸다. 즉 본래 존재했던 사회경제적인 요인과 코로나19 바이러스는 위급 요인이 중첩하여 특정 집단이 팬데믹에 더욱 취약한 집단이 되었던 것이다(Butler, 2022).

이처럼 코로나19라는, 외면상 단일하고 보편적인 위험에 대해 그에 대처하고 겪어 나가는 경험은 사회적으로 다르게 나타난다. 이 상황을 보다 체계적으로 이해하기 위해 미국의 경제 정책전문가인 로버트 라이히Robert Reich의 논의를 참고할 수 있다(Reich, 2020). 라이히에 따르면 팬데믹은 전 세계에 '새로운 계급 질서'를 만들어 냈다. 라이히는 팬데믹 기간 중 행해진 노동 방식에 따라, 새로 등장한 계급들에게 각각 '원격 노동 계급the remote,' '필수적 노동 계급the essentials,' '무보수 노동 계급the unpaid,' '망각된 계급the forgotten'이라는 새로운 명칭을 부여한다.

원격 노동 계급은 재택근무가 가능한 집단으로 원격으로 노동을 한 집단이다. 전문직, 사무직이 이에 해당하며, 이들은 매일 출퇴근하지 않고 재택근무라는 상대적으로 안전한 환경 안에서 업무를 수행했다. 물론 이에 해당하는 보수도 팬데믹 이전과 다름없이 받았다. 팬데믹 상황에서 상대적으로 가장 안전한 삶을 유지한 집단이라고 할 수 있다.

필수적 노동 계급은 대체나 변형이 불가능한 업무 형태를 가리킨다. 예를 들어 환경미화원은 필히 그 자리에 출근을 해야 하며 환자를 돌보는 간호사 역시 반드시 해당 환자가 있는 곳으로 가서 육체적인 접촉을 해야 한다. 이처럼 인간 생활을 유지하기 위해 기본적이며 필수적인 일들을 맡는 노동자가 필수적 노동 계급에 속한다. 이 노동이 필수적인 이유는 사회가 최소한으로나마 유지되기 위해서는 자신의 안전을 양보한 이들의 노동이 반드시 필요하기 때문이다. 이들은 이전과 다름없는 경제적 보수를 받았다. 그러나 돈을 받는 대신, 그에 대한 대가로 시민 대부분이 누린 거리 두기라는 생명의 보호 장치를 포기해야 했다.

무보수 노동 계급에는 팬데믹 상황에서 실업을 했거나 강제적인 휴직을 당한 이들이 해당된다. 팬데믹 상황에서 적잖은 회사와 상점이 휴업 또는 폐업을 했는데, 이 조직에 속하는 이들은 자신의 일자리를 잃게 되었다. 그나마 운이 좋다면 유급 휴직을 할 수 있었지만, 그에 못지않게 많은 이들은 직장을 잃고 실업자가 되었다. 한국의 경우에 식당 등 중소 규모 자영업자들이 영업 상태가 악화되거나 폐업을 하는 사례가 잇달았는데, 이들이 라이히가 말한 무보수 계급에 속할 것이다.

마지막으로 망각 계급은 사회적으로 언급되지도 기억되지도 않은 희생자를 가리킨다. 노숙자, 병동 입원 생활자들, 수감자들은 집단적으로 감염될 수 있는 위험한 상황에 있는데도 사회적인 관심이나 배려조차 받지 못했다. 한국 사회에서 요양원, 감옥 등에서 감염 사례가 보도되었지만, 막상 그들이 어떻게 그 상황을 겪었고 극복하는지에 대해선 알려진 바가 거의 없다. 그저 우리 사회에서 망각된 것이다.

원격 노동 계급, 필수적 노동 계급, 무보수 노동 계급, 망각 계급의 범주는 사회적 위치와 상황에 따라 코로나19 팬데믹 같은 위험에 대해 경험하고 대처하는 방식이 불평등하다는 사실을 알려준다. 한편 위험 속에서 범주화된 노동의 형태를 구분하는 데 디지털 미디어가 핵심적이라는 사실을 확인할 수 있다. 원격 노동이 가능한 이유는 컴퓨터, 인터넷, 줌 등의 화상 회의 시스템, 스마트폰 같은 디지털 미디어 서비스를 이용해 대면 노동을 대체할 수 있기 때문이다. 그에 비해 필수적 노동은 온라인 방식으로의 전환이 불가능하고 오직 육체적으로 현존해야 하는 노동이기에 바이러스 확진의 위험에 몸 자체로 노출될 수밖에 없다. 이를 통해 우리는 현대 사회에서 위험의 문제를 논함에 있어, 그리고 그와 관련된 평등 혹은 불평등을 사유함에 있어, 미디어라는 요인을 필수적으로 고려해야 함을 알 수 있다.

디지털 노동과 경쟁 체제

방금 현대 사회에서 평등 혹은 불평등의 문제를 사유하기 위해선 디지털 미디어라는 요인을 반드시 고려해야 한다는 점을 강조했다. 이로부터 한 걸음 더 나아가 보자. 만약 코로나19 팬데믹이라는 돌발 상황이 없었다면 어떠했을까, 디지털 미디어가 모든 인간들이 평등하고 행복하게 살 수 있도록 기여했을까라는 물음을 던져볼 수 있다. 결론부터 말하면 안타깝게도 디지털 미디어는 모든 사회구성원들에게 평등하게 작동하지는 않으며 때로는 기존의 불평등을 심화하기도 하고 새로운 불평등 현상을 야기하기도 한다. 디지털 미디어를 전적으로 우리에게 안전과 행복을 제공해 줄 기술로 낭만화하는 시각은 매우 성급하다. 오히려 디지털 미디어가 때때로 경쟁과 차등의 위험을 야기하는 요인이 되기 때문이다.

디지털 일상의 불평등성에 관한 질문들에 대해, 앞의 9장에서 디지털 노동을 '보편적'인 편리와 감시의 관점에서 논했다면 여기에서는 디지털 노동에서 경쟁과 차등 즉 결코 보편적이지 않은 불평등이 야기되는 사례에 주목하여 보자. 한편에는 인스타그램이나 틱톡에서 인기가 높은 인플루언서 같은 사람들이 존재한다. 소셜 미디어의 인플루언서는 줄곧 화려하고 행복해 보인다. 그들이 멋진 외모를 가지고 근사한 패션으로 단장했으며, 항상 화려하고 흥미로운 장소에서 즐기는 듯 보인다. 소셜 미디어가 없었다면 그들의 존재는 알려지지 않았을 테고 애초에 자신의 모습을 대중에게 선보임으로써 유명성과 거액의 소득을 얻는 인플루언서 집단이란 존재하지도 않았을 것이다. 다시 말해 인플루언서는 디지털 미디어 환경에서 탄생한 '화려한' 디지털 노동자다.

일면 늘 멋있고 행복해 보이는 디지털 노동이지만, 여기에도 불안정과 불평등의 위험 역시 상존한다. 한때 초등학생들의 꿈의 직업으로 알려졌던 유튜버 역시 이 모순으로부터 자유롭지 못하다. 수많은 유튜버 중에서 유명 유튜버로 성공할 가능성은 매우 적으며 심한 경쟁을 뚫고 이겨야 한다. 다수 대중의 관심을 얻어야만 성공할 수 있으므로 익명의 타자들의 관심을 얻어 내기 위해 과장되고 때론 허위적인 연기를 마치 진짜인 양 연기해야 하는 일도 흔하다. 또한 늘 멋지게 보이기 위해 하루 24시간 내내 식단 조절을 해서 육체를 관리해야 하며 시청자들에게 호의를 얻기 위해 수행해야 하는 감정 노동의 강도도 상당하다.

더욱이 유튜버는 아닐지라도 소셜 미디어의 일상화는 우리로 하여금 항상 자신을 홍보하는 듯한 태도로 가상 공간에 임하도록 독려하고 심하게는 강요한다. 우리가 세상에 알려진 유명 인플루언서는 아니지만 자신의 디지털 활동이 타인에게 좋게 평가되고 긍정적인 효과를 미칠 수 있기를 바라는 심리가 강박처럼 작동하기 때문이다. 온라인 공간에서 개인은 마치 브랜드처럼 탄생되어 존재해야 한다. 소셜 미디어에서 맺고 있는 친구의 수, 좋아요 등의 평가와 댓글, 맺고 있는 네트워크의 크기와 양이 그 사람에 대한 평판으로 간주된다. 빠르게 트렌드를 파악하고 따라잡아서 남에게 뒤떨어지지 않도록 아득바득 경쟁해야 한다. 구독자 수에 따라 인간의 능력, 평판, 인기가 등급화된다. 이때 타인이란 함께 살아가는 공존자가 아니라 경쟁자로서 존재한다. 이에 능숙한 사람은 사회생활에 유능한 인간으로 인정받지만 그렇지 못한 사람은 어딘가 문제가 있거나 사회적 능력이 결여된 사람으로 평가받기 일쑤다. 자신만 사회에서 소외되었다는 우울감이 유발되기도 한다.

이렇게 보면 현재 사회적인 구분과 질서에 디지털 미디어가 개입하고 있으며, 디지털 미디어는 해당 개인이나 집단의 사회적 배치에 중요한 역할을 한다. 언뜻 보아 우리가 기술적으로 자유롭게 펼치는 듯한 디지털 활동이지만, 실제적으로는 사회적 평가와 인정 질서에 구속되어 있다. 그리고 그 성공적인 수행 정도에 따라 디지털 네트워크상에 '위계적'으로 형성된 위치를 부여받게 된다.

미디어에 그려진 플랫폼 노동자

앞서 디지털 노동에 화려하게 성공한 이들의 유형으로 인플루언서의 영역을 보았다면, 디지털 노동의 다른 한편에는 디지털 미디어를 기반으로 삼아 육체노동을 하는 집단이 생성되었다. 이를테면 각종 서비스를 연계해 주는 앱이나 디지털 플랫폼의 발달로 인해 특정 조직에 속하지 않고 개인 단위로 노동을 하고 돈을 버는 유형의 노동 영역이 크게 성장했다. 우리 사회에서 줄곧 이야기되는 배달업이 대표적인데, '플랫폼 노동'의 대표적인 형태인 배달 기사에 대한 사회적 시각은 상이하다. 때로는 큰돈을 버는 개인 자영업자로 그려지기도 하고(1억을 버는 택배 기사 같은 담론들) 틈틈이 여유 시간에 부수적인 배달 활동을 해서 여윳돈을 벌 수 있는 자유로운 업종으로 긍정적으로 그려지기도 한다(쉬는 시간에 자전거로 배달을 하는 '힙'한 패션 디자이너). 그런데 때로는 과다한 노동량에 인간으로서 마땅히 누려야 할 휴식이나 휴게 시간이 보장되지 않아 고통을 겪으며 과로사까지 하는 이들로서 어두운 일면이 그려지기도 한다.

평등과 불평등, 그리고 정의와 부정의의 문제를 살펴보는 이 장의 성격에 맞추어, 여기에서는 디지털 기술을 바탕으로 노동을 하면서 가혹할 정도로 위험에 노출되어 있는 플랫폼 노동자들의 문제에 집중하기로 한다.

하나의 사례로 영국의 저명한 사실주의적 영화감독인 켄 로치Ken Loach의 영화 〈미안해요, 리키*Sorry We Missed You*〉(2019)를 참고할 수 있다. 주인공 리키는 아내와 두 아이를 둔 성실한 가장이다. 그는 금융 위기 이후 힘겹게 살아가다가 자영업자로서 자신이 더 열심히 일하는 대로 더 많은 소득을 올릴 수 있는 택배 기사로 전업한다. 그러나 열심히 일하기만 하면 자신의 노력만큼 돈을 벌 수 있으리라는 그의 희망은 택배 시작의 첫날부터 여지없이 무너진다. 자신의 돈으로 택배 자동차를 구입해야 하는 부담에서부터, 물류 센터에서의 거친 업무와 일부 고객들의 무례한 응대는 말할 것도 없고 화장실 갈 시간도 없이 뛰어다녀야 하는 배달 노동의 일상은 잔인하기만 하다. 한편 그의 아내 애비는 돌봄 노동자다. 하지만 요양 병원에 안정되게 출퇴근하는 전통적인 돌봄 노동자들과 달리 그녀 역시 디지털 플랫폼에서 자동화된 일정에 따라 시간의 빈틈없이 돌봄 대상자들을 살펴야 한다. 그녀 역시 쉬는 시간은 허용되지 않으며 마치 로봇처럼 정확한 시간에 곳곳에 흩어진 노약자들의 집을 방문해서 환자들을 돌봐야 한다. 휴식 시간은 물론이고 이동 시간조차도 노동 시간에 포함이 되지 않기 때문에, 이동 시간을 최소화하며 각 환자 고객에게 맞춤 서비스를 제공하는 일이 애비의 일상에서 전쟁처럼 진행된다.

이처럼 강도 높고 불안정한 노동의 굴곡을 헤치면서 리키와 애비는 더 행복해졌을까? 적어도 경제적으로 더 안정되고 풍요로워졌을까? 별로 그렇게 보이진 않는다. 부모가 가정을 돌보지 못하고 돈을 벌기 위해 뛰어다니는 동안 사춘기 나이의 아들이 폭력과 범죄에 물들어 가고, 가족의 해체와 불행에 딸은 우울해한다. 매일 나아질 것이 없는 계속되는 폭풍우 속에서 리키 가족의 삶은 어떻게 펼쳐질 것인가? 이 질문에 대해 〈미안해요, 리키〉는 열린 결말로 마무리한다. 적어도 영화상으론 리키와 애비는 전력을 다해 살아남으려 애쓰지만 그들과 자녀의 삶이 행복해지리라는 희망을 갖기는 어려워 보인다.

〈미안해요, 리키〉는 디지털 플랫폼 상황에서 양적으로 거대하게 성장한 '긱 이코노미gig economy'의 실상을 디지털 노동자의 시선에서 보여준다. 리키와 애비 모두 긱 이코노미 노동자다. 긱 이코노미란 기관이나 조직에 소속된 일원이 아니라 1인 단위로 가동되는 노동 방식으로 운영되는 경제 형태를 가리킨다. 긱 이코노미 노동자는 좋게 보면 조직 질서로부터 자유로운 장점이 있지만 디지털 테크놀로지가 지배하는 자본주의 체제에서 아무런 조직과 제도의 안전망 없이 홀로 일하고 홀로 돈을 벌어야 한다는 현실적 질곡 안에 있다. 외형상 자유롭다고 말해지지만 실제로는 모든 일을 혼자 만들고 담당하며 해결해야 하는 불안정한 삶인 것이다.

물론 디지털 플랫폼에 기반을 둔 배달업이 이동이 쉽지 않은 소비자들에게 많은 혜택을 주고 일자리가 불안정했던 이들에게 새로운 노동 가능성을 열어 주었으며 특히 팬데믹 상황에서는 물리적 접촉을 최소화해 감염 가능성을 줄이는 데 큰 기여를 했다. 그러나 노동자의 입장에서 보면, 배달 기사는 일반 회사가 제공하는 복지 시스템으로부터 벗어나 있기 때문에 아파도 쉴 수 없다. 인간이 아닌 일하는 기계처럼 쉼 없이 그리고 고장 없이 일해야 한다. 심지어 역시 첨단 디지털 테크놀로지가 가능하게 한 바, 한밤중과 새벽까지 진행되는 24/7 시스템이기에 이들에게는 일반인들에게 당연하게 주어지는 노동(낮)과 휴식(밤)의 시간 구분조차 없는 셈이다.

택배 기사가 하나의 사례인 플랫폼 노동은, 한편으론 어떤 조직에 속하지 않아 개인적인 자유를 누릴 수 있지만, 다른 한편으로는 사회적 안전망과 조직의 보호 없이 모든 일을 홀로 담당해야 함을 뜻하기도 한다. 긍정적으로 '자유'라고 말해질 수 있지만 달리 말하면 '불안정'의 또 다른 이름일 뿐이다. 자유와 불안정, 편리와 불평등은 디지털 노동이라는 동일한 영역의 양면인 셈이다.

이 장에서는 사회 불평등 질서에 디지털 기술이 깊숙하게 연관되는 방식을 살펴보았다. 아울러 편리, 혁신, 가속처럼 멋진 말들에 가려져 쉽게 알아챌 수는 없지만 디지털 기술이 과거에 없었던 방식의 불평등 위험을 초래하고 있음을 확인했고, 그 양상 또한 개인 또는 집단이 자리 잡은 사회적 위치에 따라 다르게 나타나고 있음을 살펴보았다. 특히 디지털 미디어 환경에서 디지털 노동자 사이에서 나타나고 있는 경쟁과 불평등의 위험 상황을 탐색했다. 일부 디지털 노동자는 화려하고 성공적인 삶을 과시하지만, 또다른 많은 디지털 노동자는 불규칙하고 불안정한 노동의 시간을 살아가며 심신이 소진하는 고통을 겪고 있다.

디지털 사회에서 진행되는 평등 혹은 불평등의 문제에 바탕을 두어, 디지털 사회의 위험을 개선하기 위한 가치로 정의justice를 생각할 수 있다. 디지털 환경은 기존의 불평등 질서를 심화하거나 새로운 불평등 현상을 양산하기도 한다. 심지어 팬데믹처럼 돌발적인 위험이 겹쳐질수록 기존의 불평등 양상은 악화된다. 이미 존재하는 불평등이 팬데믹 상황에서 중첩적으로 심화되는 것이다. 이처럼 위험에 대한 경험이 사회 안에서 위계적으로 배치된다고 할 때, 이를 수정하기 위해서는 위험 인식, 대응, 회복에 이르기까지 정의의 가치가 중요하게 고려되어야 한다.

디지털 미디어의 위험은 일부 디지털 노동자들에게만 한정되지 않는다. 우리 삶 전반이 디지털 기술을 바탕으로 진행된다고 할 때, 디지털 활동이 직간접적으로 유발하는 평등 혹은 불평등의 효과는 늘 우리 삶에 중요하게 작동한다. 이에 못지않게 중요한 사실은 디지털 미디어 실행에서 나타난 성공과 실패가 개인 이용자들의 주체성에 영향을 미친다는 사실이다. 자유와 불안정, 인정과 구속 같은 모순 안에서 사회구성원 누구도 온전하게 행복하기 어렵다. 우리가 디지털 사회를 행복하게 살아가기 위해서는 디지털 미디어가 우리에게 야기하는 모순과 위험을 정의의 시각에서 올바르게 이해하고 이 모순과 위험이 자유와 평등의 가치로 전환될 수 있도록 끊임없이 노력해야 한다.

12장

게임오버인가, 업사이클은 가능한가

위험 사회의 커뮤니케이션 윤리

지금까지 우리가 살아가고 있는 삶의 모습을 위험 사회의 관점에서 살펴보았고, 위험 사회의 상황에서 미디어가 작용하는 방식과 영향을 탐구했다. 미디어는 때로는 위험을 예방하거나 극복할 수 있는 선한 장치이지만 때로는 위험을 유발하거나 심화하는 악한 장치이기도 했다. 그 자체로는 중립적인 동일한 미디어 기술이지만 구체적인 맥락에 따라 실제 효과가 다르게 나타나는 이유는 그 쓰임의 구체적인 방식과 목표 등에 따라, 즉 그것을 활용하는 인간의 마음가짐과 행동 양식에 따라 미디어의 구체적인 성격이 만들어지기 때문이다. 미디어의 사회적 쓰임새란 인간이 그 미디어를 통해 어떤 커뮤니케이션을 어떠한 목적을 가지고 어떻게 하는지에 해당하는 문제다. 다시 말해 위험의 사회적 형태와 경험의 방식은 인간이 미디어를 통해 커뮤니케이션하는 방식과 영향을 주고받으며 그 효과 역시 달라질 수 있다.

따라서 이 마지막 장에서는 위험 사회에서, 미디어 자체의 문제보다 미디어를 이용해서 미디어가 특정한 효과와 의미를 낳도록 만드는 인간의 커뮤니케이션 활동으로 논의를 확장해 보겠다. 위험에 대한 우리의 실천 방식은 여러 단계에서 매우 다양하게 나타날 수 있다. 우선 위험을 '예방'하기 위해서 어떤 커뮤니케이션을 실천해야 하는지를 생각해야 할 단계가 있다. 또한 위험에 '직면'해서 그 위험이 계속 '진행'되는 상황 안에서 어떻게 하면 이 위험을 감소, 해결할지를 결정해야 하는 지점도 있다. 마지막으로 어느 정도 '종료'된 단계에서 위험이 재발되거나 다른 위험으로 파생되지 않기 위해서, 또 어떻게 더 좋은 방향으로 성장하기 위해서 어떤 일들이 시도되어야 하는지에 대한 판단도 필요하다. 예를 들어 흔히 한국 사회의 문제점을 '불통'이라고 말할 땐, 일단 누군가 말을 하고 그 말을 경청하는 소통이 개시되어야 한다. 그러나 소통, 즉 커뮤니케이션 과정에서 막상 이해, 공감, 합의보다는 몰이해, 무시, 반대만 심하다면, 이는 진정한 의미에서 우리가 추구하는 소통이 아닐 것이다. 심지어 겉으로는 원활하게 진행되는 것 같은 소통의 모습이었는데도 정작 거짓과 아부만 반복되는 소통이었다면, 이는 허위의 소통이므로 하지 않음만 못한 결과를 낳을 뿐이다. 결론적으로 위험 사회를 극복하기 위해서는 커뮤니케이션을 하는지 여부, 그 횟수 같은 양적인 차원뿐 아니라, 어떤 진실이 어떠한 평등한 관계 안에서 자유롭게 표현되고 이 과정에서 어떤 의미가 어떻게 공유되면서 어떤 효과를 낳는지에 대한 커뮤니케이션의 질적 차원이 변화될 필요가 있다.

위험 상황마다 주체의 판단과 선택이 요청된다면, 그리고 주체의 위치와 입장에 따라 그 판단과 선택의 내용이 달라질 수 있다면 이처럼 다양한 사람들 사이에서 어떤 커뮤니케이션이 발생하며 어떤 커뮤니케이션이 진행될 수 있는지라는 문제가 중요하다. 앞의 장들에서 상세히 논의되었듯이 사람들이 커뮤니케이션을 하는 방식과 그것이 지향하는 목표에 따라 객관적으로 발생한 위험이라도 그것이 지각, 인지, 이해되는 방식이 상이하고 그에 대한 인간들의 행동 실천 역시 다양해지기 때문이다. 요컨대 주체의 커뮤니케이션이 사회적으로 어떻게 집합적으로 전개되는지에 따라 그 사회가 겪을 수 있는 위험의 성질과 크기는 달라진다.

따라서 "우리가 위험을 어떻게 커뮤니케이션하는가"의 문제는 위험 사회를 살아가는 우리에게 매우 유의미한 실천적 과제를 안겨준다. 현재 우리가 겪고 있는 위험 사회의 현실은 커뮤니케이션을 행함에 있어 어떤 가치를 중요하게 여기고 실행해야 하는지에 관한 커뮤니케이션 실천성, 즉 커뮤니케이션의 윤리와 직결된다.

위험 사회에 필요한 커뮤니케이션 윤리는 어떤 것일까? 직관적으로 떠올릴 수 있는 대답으로, 어떤 위험이 예상될 때 가장 좋은 건 그 위험이 일어나지 않게 예방하는 것이다. 그러나 위험의 발생이 불가피하다면, 우리는 어떻게 행동할 수 있을까? 누군가는 발생한 위험에 눈감고 위험의 현실을 부인하며 현재의 안락을 지속시키고자 할 수 있다. 다른 누군가는 발생한 위험으로부터 도피함으로써 개인적인 안전을 도모할 수 있다. 또 다른 누군가는 위험을 해결하겠다는 집념에서 위험을 대면하고 그에 도전할 수 있다. 이 중 누가 낫고 못한지에 관한 정해진 정답은 없다. 각 개인과 집단이 가진 능력, 자원, 입장, 조건에 따라 선택 방향이 달라질 수 있는 윤리의 문제이기 때문이다. 그러나 선택과 상황에 따라 달라진다고 해서 어떻게 하는 것이 윤리적으로 옳고 좋은가라는 질문과 성찰 자체가 쓸모없는 것은 아니다. 이 사유의 과정을 거쳐 위험을 대하는 인간의 태도와 행동이 점차 형성되고 변화하기에 그러하다.

윤리적 사고란 하나로 고정된 답이 아니고 성찰과 사유가 지속되는 과정을 뜻한다. 따라서 위험에 대해 인간이 어떻게 개입하고 실천하는지의 성찰과 사유 역시 계속되어야 한다. 위험이 지속적으로 강화되면서 인류 전체의 삶이 위협당하고 있는 위험 사회에서 일시적인 심리적 안정을 위하거나, 나만을 위한 개인적인 안녕을 취한다는 이유로 위험을 감추거나 부인하는 태도는 옳지도 가능하지도 않을 것이다. 영원히 그러한 도피나 부정이 통하지도 않을 것이다.

따라서 위험은 인지되고 말해져야 하고 들려져야 한다. 즉 위험은 커뮤니케이션되어야 한다. 위험에 대한 대응은 항상 집합적인 협력 안에서 추진되어야 하기 때문이다. 또한 우리는 커뮤니케이션 윤리를 어떻게 수행하느냐에 따라 그 이후의 과정이 달라질 수 있는, 열려 있는 세계를 기대할 수 있다. 따라서 위험 상황을 개선하기 위해 우리가 어떤 커뮤니케이션의 윤리를 실행해야 할지에 대해 실천적 사고를 열어 보도록 하

자. 이 논의를 위해 커뮤니케이션 윤리의 핵심적 가치로서 진리의 문제를 탐구할 텐데, 특히 '파레시아'라는 개념을 경유해서 살펴본다.

아울러 탐색할 중요한 질문은 환경 위기, 기술 지배력, 사회경제적 불평등, 혐오와 두려움의 정동, 정치적 이념의 양극화 등의 위험으로 가득 포화된 지금의 상황에서 위험의 과정을 극복하고 새로운 가능성을 만드는 일이 가능한지, 만약 가능하다면 어떤 실천이 행해져야 하며 특히 커뮤니케이션 관점에서 어떤 구체적인 방책이 취해져야 할지에 관한 문제다. 이에 대해 '급진적 희망'이라는 가치를 탐구함으로써 지금 내가, 우리가, 지구인이 겪고 있는 위험의 현실이 새롭게 업사이클될 가능성을 모색하기로 한다.

진실과 주체

앞으로 올 위험이나 현재 직면한 위험에 대한 인간의 행동이 중요하며, 커뮤니케이션은 그러한 의미 있는 실천 방식의 하나라는 점을 앞서 강조했다. 그렇다면 핵심적인 사안은 무엇을 위해 어떻게 행동하고, 무엇을 위해 어떻게 커뮤니케이션할 것인가라는 그 실천의 방향성과 방식이다.

하나의 위험 사안에 관한 다양한 선택지들에서 나는 말하고 행동하기의 방식을 어떻게 선택하고 결정하게 되는가? 나의 편의나 이익을 중심에 두는 경우도 있고, 가급적 자신을 포함한 다수의 편의나 이익을 함께 고려하는 경우도 있을 것이며, 매우 드물지만 자신의 편의나 이익을 희생하면서 타인들의 편의와 이익을 돕는 경우도 가능하다. 까다로운 문제는 하나의 위험에 대해 주체의 위치나 입장에 따라 이익과 손해가 충돌할 때다. 예를 들어 앞에서 살펴본 블랙 라이브즈 매터라는 인종 차별이라는 위험에 저항하려는 도심의 시위에서 자신이 운영하는 상점이 피해를 입을 우려가 있을 때, 이 시위를 지지할 것인가 말 것인가? 신체적 장애인이 이동의 권리를 주장하기 위해 대중교통 시설에서 시위를 할 때, 소수자 권익을 위해 이 시위에 찬성할 것인가, 나의 일상을 안전하게 확보하기 위해 이 시위에 반대할 것인가? 이 사례들을 생각해 보면 언뜻 그 답이 간단해 보이는 위험 상황에서 자신이 취해야 할 태도를 하나의 정답으로 간단히 결정할 수 있는 경우란 드물다.

윤리라는 관점에서 보면, 자신이 진실이라고 믿는 것에 따라 들으며 말하는 커뮤니케이션의 진실성이 중요하게 여겨진다. 특히 진실을 강조한 이론으로 미셸 푸코Michel Foucault의 파레시아parrhesia 개념을 참고할 수 있다(Foucault, 2016/2017). 파레시아란 '모든 것을 말하다'란 뜻이다. 쉽게 생각하면, 자신의 사리사욕이나 두려움 때문에 감추거나 왜곡하지 않고 자신이 진실하다고 믿는 그대로 전부를 말하는 것을 뜻한다.

파레시아는 원래 고대 그리스 전통에서 존재했던 철학적 실천 양식이다. 당시 그리스에는 수사학이 발달해 있었는데, 수사학은 타인을 설득하여 합의를 형성하기를 목적으로 하는 말하기 기술을 가리켰다. 여기에서는 개인적인 감정과 생각을 잘 유도할 수 있는 기법을 잘 활용해서 자신이 추구하는 방향으로 청자의 감정과 생각을 유도함으로써 나에게 합치되는 결론을 이끌어 내기를 목표로 삼는다. 즉 수사학에서는 무엇이 진실로서 중요하고 옳은지에 대해 다양한 입장이 도출되거나, 보다 나은 집합적 결론을 도출하기 위해 필수적인 논쟁과 겨룸보다는 자신이 유도하는 방향으로 순조롭게 합치된 결과를 만들기를 도모한다.

푸코는 수사학의 관점에 구별되는 흐름으로 파레시아의 전통을 발견하며, 자신이 진실이라고 믿는 것을 진실로서 말하는 태도의 중요성을 강조한다. 우리는 자신의 편의대로 혹은 타인이 설득하는 대로 자신을 떠맡겨서는 안 된다는 것이다. 주체적으로 진실을 믿고 행하는 커뮤니케이션이 파레시아의 본질이다. 파레시아는 자신이 믿는 진실에 따라 자신의 삶을 구성하고 자아를 만들고자 노력한다. 자신이 진실이라고 믿는 가치에 의해, 그것을 지향하며 자신을 만들어 간다.

진실의 가치는 삶뿐 아니라 삶을 이루는 중요 영역인 커뮤니케이션에서도 마찬가지로 중요하다. 자신이 진실이라고 믿는 것에 따라 생각하고 말하고 행하면서, 바로 그러한 진실에 가까운 사람으로 되어 가고자 우리는 삶을 살아가기 때문이다. 우리 각자가 '진실과 맺고 있는 관계'의 중대함은 일상에서도 쉽게 발견할 수 있다. 적어도 우리가 거짓말을 하지 않으려 노력한다면, 실수로라도 거짓말을 하고 나서 괴롭다면, 거짓말을 하는 타인에게 화가 난다면, 우리는 이미 진실을 따르고 있다. 또한 역사 변동의 중요한 계기 중 하나는 은폐되었던 진실을 발언하는 양심선언과 고발, 폭로의 활동들에서 촉발되기도 한다.

주체가 자신이 믿는 진실을 따르고 그러한 진실을 향하는 태도를 가리켜 푸코는 '주체가 진실과 관계를 맺는다'라고 설명한다. 진실과의 관계 안에서 사람은 진실을 말하고 진실을 행하며 진실을 지향하는 특정한 방식의 주체로 되어간다. 이처럼 특정한 주체가 되어 가는 과정, '주체화subjectivation'는 진실과의 관계 속에서 진행된다. 그러나 주체가 진실과 관계를 맺는다는 것이 개인의 고집이나 맹신을 고수하고 다른 진실에는 귀를 막는 아둔한 고집은 아니다. 자신의 진실을 추구하는 이는 늘 다른 사람의 생각을 접하고 듣고자 노력한다. 그러므로 진실과의 관계 안에서 진행되는 주체화란, 타인을 맹종하거나 타인의 의견을 배척하는 독단이 아니라, 타인의 의견과 담화를 구하고 들으면서 자신의 진실을 끊임없이 검토하고 성찰하며 새롭게 구성하는 과정이다. 이 점에서 "인간 존재로서 우리는 진실을 말할 능력이 있고, 우리 자신을 변화시킬 수 있으며, 우리 자신의 습관과 태도, 우리 사회를 변화시킬 능력이 있고, 진실을 말함으로써 우리 자신을 변화"시킬 수 있다는 푸코의 주장은 우리에게 매우 커다란 울림을 준다(Foucault. 2016/2017: 134)

파레시아의 요건

푸코는 진실을 발언하고 실행하며 허위를 비판하는 커뮤니케이션 원리를 파레시아라고 개념화했다. 파레시아는 개인의 이해관계와 욕망, 혹은 상호 간의 공모에 의해 합의를 구성하는 수사학과 구별된다. 개인의 욕망이나 사리사욕이 아니라, 진실에 대한 주체의 믿음과 의지에서 진실을 향해 진행되는 커뮤니케이션이 파레시아이기 때문이다. 따라서 때로는 거짓된 평화를 위해 수사학을 실행하는 소피스트와 달리 파레시아를 실행하는 파레시아스트는 자신의 진실 주장과 타인에 대한 비판을 행함으로써 스스로 위험에 노출되고 심지어 위험을 굳이, 자발적으로 만들어 내는 운명에 처하기도 한다.

푸코는 파레시아의 요건을 다섯 가지로 정의한다. '솔직함, 위험의 감수, 비판, 자유, 용기'가 그것이다. 각 요소가 삶의 위험을 유발할 잠재성이 있는, 그러나 진실을 향한 커뮤니케이션 윤리라는 관점에서 하나씩 살펴보기로 하자.

첫째는 솔직함이다. 거짓을 말하지 않고 자신이 진실이라고 믿는 것을 솔직히 말하는 태도다. 솔직함에 반대가 되는 것에는 거짓이나 불충분성이 포함될 것이다. 자신의 이해관계가 연루될 경우, 진실을 충실히 말하지 않거나 왜곡하는 경우가 생긴다. 파레시아의 말뜻에서도 확인했듯이 진실의 전부를 말하지 않고 일부는 발언하면서 일부는 숨기고 속

그림 26 자크루이 다비드Jacques-Louis David의 〈소크라테스의 죽음*La Mort de Socrate*〉. 푸코가 주목하는 소크라테스의 훌륭함은 자신의 진실을 주장하기 위해서 자신의 생명을 위협하는 독약을 마시는 파레시아의 진실 실천에 있다.

인다든가, 아예 진실의 내용을 바꿔 왜곡한다면 이는 솔직하지 않은 것이다.

둘째는 위험을 감수하는 태도다. 즉 자신이 진실 주장을 할 경우 어떤 위험이 닥쳐올 것이 예상될 때, 진실 주장을 멈춰야 할지, 그대로 밀고 나가야 할지의 문제다. 보통 우리는 조직 안에서 갈등이 발생했을 경우에 "문제를 일으키지 말고 참으라"라는 말을 많이 하고 듣는다. 이 같은 인내가 현자의 태도로 강조되기도 한다. 불필요한 갈등이나 폭력이 야기될 것이 예상되는 상황에서는 참는 것이 현명할 수 있지만, 오히려 진실이 은폐될 경우에 더 큰 위험이 생길 수 있다면 문제는 심각해진다. 진실이 은폐되거나 왜곡될 위험이 클 때 이를 용인하면서 자신의 안녕을 도모하는 것이 좋을지, 반대로 자신의 위험을 인내하면서 진실을 발언하는 것이 좋을지는 까다롭고도 중요한 문제다. 푸코는 파레시아의 전통에서 위험을 감수하고 진실을 실천하는 철학적 태도를 강조한다. "악법도 법이다"라고 말하며 독약을 마셨던 소크라테스가 이에 해당한다. 푸코가 주목하는 소크라테스의 훌륭함은, 흔히 말해지듯, 무조건적인 합법 정신에 있지 않다. 이보다는 자신의 진실을 주장하기 위해서 자신의 생명을 위협하는 독약을 마시는 파레시아의 진실 실천에서 유의미한 것이었다.

세 번째 요건은 비판이다. 권력에 아부하지 않고 자신의 진실을 발언하는 것, 권력이 말하는 주장이 나와 다르다면 이에 반대할 줄 아는 것, 즉 진실을 위해 잘못된 권력에 반박하고 대항하는 태도가 비판이다. 비판은 권력에 전적으로 그리고 무조건적으로 반대함을 뜻하지 않는다. 나의 진실에 대한 믿음과 실천에 어긋나는 것을 진실이라며 따를 것을 요구하는 권력의 강요에 저항함을 뜻한다.

넷째, 자유는 자신이 자발적인 동기와 목표에서 진실 발언을 하는 태도를 가리킨다. 누가 유혹하거나 강요하기 때문이 아니라, 스스로 믿고 바라기 때문에 진실을 말해야 함을 뜻한다. 타인으로부터 받을 대가를 예상하고 발언을 할 때는 자유로운 발언이라고 보기 어렵다. 또한 말하지 않으면 안 된다는 강제에 의해 발언하게 될 때에도 자유롭다고 말할 수 없다. 강제나 대가는 모두 주체를 권력에 예속시키는 매개체이기 때문이다. 파레시아에서 주체의 자발적인 의지에 의해 그리고 외부로부터 자율적으로, 자신이 믿는 진실을 말하는 자유가 중요한 이유다.

마지막으로 파레시아는 용기의 요소를 반드시 함축한다. 앞에서 살펴본 네 가지 요소는 모두 파레시아의 진실 발언이 환영받거나 보상을 받는 호의적인 조건에서 일어나지는 않으며 권력 질서에 위태롭게 속한 주체에 관한 문제라는 점을 전제로 한다. 운이 좋다면 주체가 진실을 말해도 안전이 보장되고 그의 주장과 설득에 의해 전세가 역전되어 칭찬과 환영을 받을 수도 있지만, 파레시아에 있어 핵심은 그렇지 못한 적대적이고 어려운 조건 안에서도 진실이 발언되어야 한다는 점에 있다. 나의 발언이 승리할지 패배할지 결과를 모르는 채로, 성공에 대한 아무런 보장 없이, 자신이 겪게 될 모든 위험을 전제로, 진실을 발언할 용기를 발휘하는 일이 파레시아의 요건이다. 즉 용기는 주체가 진실에 대한 신념을 지키고 진실을 발언할 수 있도록 이끄는 파레시아의 근원적 힘이다. 의미심장하게도 푸코가 생전에 남긴 마지막 강연록의 제목은 "진실에의 용기"다.

이 다섯 개의 파레시아의 요건은 우리의 일상적인 삶에 어떻게 적용될까? 푸코의 파레시아 논의에 대해 대부분의 일반인은 각자의 일생을 살면서 그다지 경험할 일이 없는 피상적인 일들로 여길 수도 있다. 예를 들어 진실을 고백하지 않으면 죽음에 처하겠노라는 식의 위협은 절대 왕권이나 독재 정권 시대에나 있었던 일로 생각되고 민주주의 사회에서는 더 이상 발생하지 않을 위험으로 생각될 수 있다. 다른 한편으로 온갖 위험에 도전해서 진실의 승리를 가져오는 서사란 액션 영화의 영웅들의 이야기로나 보일 수 있다. 우리 같은 보통 사람은 진실이나 비판 같은 어려운 문제에 부대끼지 않으면서 평온한 일상을 살아간다고 믿을 수 있기 때문이다. 그러나 실상 우리는 살아오면서 진실을 고민하는 크고 작은 경험을 해 왔으며, 앞으로도 진실 실천의 책임으로부터 자유로울 수 없다. 그 이유는 다음의, 푸코의 대담 내용에서 깨달을 수 있다.

> "파레시아는 일종의 발언 행위이며, 그 속에서 화자는 솔직함을 통해 진실과 일정한 관계를 설정하고, 위험을 통해 자신의 삶과 일정한 관계를 수립하며, 자유 및 의무를 통해 법과 일정한 관계를 수립하고, 자아비판이나

타자에 대한 비판 등 비판을 통해 타자와 일정한 관계를 수립합니다. 더 정확히 말해 파레시아는 발언 행위인데 이 행위 내에서 화자는 생명의 위험을 감수하고 진실과 자신이 맺는 개인적인 관계를 표명합니다." (Foucault, 2016/2017: 101)

위에서 푸코는 한 주체가 진실 실천을 하게 되는 구체적 관계들을 설명한다. 그리고 각 관계 항목들은 파레시아의 다섯 가지 요건에 정확히 상응한다. 우선 '솔직함'은 주체가 진실과 관계를 맺게 되도록 하는 요건이다. 거짓말을 함으로써 자신의 진실을 속이지 않는 태도가 솔직함이기 때문이다. '위험을 감수'하는 일은 주체가 자신과 관계 맺기를 함으로써 추진된다. 예를 들어 내가 이 진실을 말할 경우 나의 몸이 훼손될 수 있다는 위험을 감지한 후, 이처럼 내가 나를 해칠 위험이 있음에도 진실을 발언할 것인지 아니면 내가 나를 보호하기 위해 진실을 발언하지 않을 것인지를 결정해야 하기 때문이다. 이어 법으로 파레시아가 연관되는 이유는, 법의 테두리 안에서 우리의 진실 발언이 이뤄지고 보호되도록 사회는 명령하기 때문이다. 그러나 나의 진실이 기존의 법체계 바깥에 있거나 법체계와 갈등적이라면 어찌할 것인가? 푸코는 주체의 '자유' 의지로서 자발적으로 진실을 말할 것을 주장한다. 법이 명령이나 금지해서 자신의 진실을 은폐하거나 왜곡하는 건 옳지 않다는 이유에서다. '비판'은 내가 누구를 향해 진실을 실천하고 발언하는지의 문제에 연관된다. 내 눈앞에 있는 타인이 내가 반대하는 진실을 따르도록 강요할 때 그에 순응하고 아부할 것인지 그를 비판할 것인지라는 선택의 갈림길에 서게 된다. 따라서 비판은 주체와 타인 간의 관계 맺기에 해당된다. 마지막으로 '용기'는 이 전체를 아우르며 발휘되는 주체의 모든 의지와 노력을 포괄한다고 볼 수 있다.

진실을 발언하고 실천하고자 하는 주체의 용기가 늘 성공하지는 않는다. 슬프게도 인간 역사는 진실이 파묻히고 훼손되며 진실을 말하고 행하는 수많은 주체가 상처를 입고 고통을 겪는 과정으로 진행되었다고 해도 과언이 아니다. 그런데도 우리는 왜 진실을 실천해야 하며 어떻게 진실을 실천할 수 있을까? 이 물음은 인간이 살아가는 과정에서 끊임없이 자문하고 고민하게 될 주제이며 어느 누구도 한마디로 답할 수 없다. 설사 한순간에 진실을 지키고자 다짐했으면서도 다음 순간 겪게 될 현실적 고난에 흔들리게 될 것이며, 이 과정에서 우리는 매순간 갈등하고 결론을 짓고 또다시 다시끔 고뇌에 빠지곤 할 것이다. 이처럼 파레시아는 늘 진실이 위험에 처할 수 있는 삶의 시간 안에서 진실을 믿고 행하고자 노력하는 과정적 태도다.

이 같은 현실을 인정하면서도 우리가 서두에 던졌던 질문을 떠올리며 확인할 수 있는 중요한 사실은 반드시 위험을 방지하거나 피하는 방식이 항상 옳은 것만은 아닐 수 있다는 점이다. 파레시아의 관점에서라면 인간은 (설사 항상 그러지는 못한다고 할지라도) 적어도 때로는 위험에도 불구하고, 위험을 감수하면서 자신의 진실을 솔직하고 자유롭게 말하고 행하고자 노력할 용기를 지녀야 한다. 오히려 가장 위험한 순간은, 자신에게 가해질 위험에 대한 두려움과 공포 때문에 자신의 진실을 접을 때일 수 있다. 자신의 이익을 위해, 또는 외부의 권력에 대한 두려움 때문에 허위나 불의의 권력을 따르거나 진실을 적대하기 쉬운 인간 심리를 앞에서 확인한 바 있는데, 이 같은 한계를 넘어서기 위해서도 파레시아의 윤리는 더욱 중요하다.

비판의 윤리

우리가 지향하고 실행하는 가치가 진실이라면, 역으로 우리가 반대하는 대상에 대해선 '비판'을 행한다. 예를 들어 누군가 내가 도저히 동의할 수 없는 의견을 진실이라고 주장하고 심지어 그것을 믿고 행하도록 윽박지른다면 어떻게 해야 할까? 더군다나 나에게 억지로 진실을 고집하는 그가 나보다 더 힘이 세다면 상황은 더 곤란해진다. 사실 나는 그의 말에 동의하긴 어렵지만 이에 반대할 경우 일어날 수 있는 현실적 갈등과 손해를 고려해서 그의 말이 진실이라고 동의하는 척이라도 하는 편이 더 현명할까. 그래서 표면적인 커뮤니케이션 합의라도 구성하는 편이 집단의 평화를 위해 나을까. 반대로 자신이 찬동할 수 없는 그 의견에 저항을 하면서 반대함으로써 이후에 야기되는 불이익과 고통을 감수하는 편이 나을까. 과연 내가 속한 집단은 내가 일으킨 소동과 분란을 지지할까, 오히려 불필요한 갈등을 낳는다고 탓하진 않을까. 즉 주체의 생명 존속에 대한 위험과 주체가 믿는 진실이 훼손될 위험이 서로 충돌하는 상황에 내가 던져져 있다면 나는 무엇을 믿고 말하고 행해야 할까. 이는 삶의 안전을 위해선 진실을 포기해야 하고, 진실을 지키기 위해선 삶이 훼손될 수 있는 본질적인 위험 상황을 의미한다.

푸코는 자신이 동의하지 않는 진실에 대해 그 부당함을 고발하고 자신이 믿는 진실을 주장하는 행위를 '비판critique'이라고 설명한다. 진실과 마찬가지로 비판에는 거의 항상 권력의 문제가 개입한다. 대체로 비판이란 누군가 자신보다 우세하고 강력한 타인에 대해 그가 제시하는 진실에 대항하는 발언을 뜻하기 때문이다. 위치가 동등하거나 자신이 더 유리한 입장에 있다고 판단될 때는 타인이 주장하는 진실을 비판하는 일이 상대적으로 쉽지만, 힘의 관계가 자신에게 불리한 방향일 때 상대방을 비판하기란 매우 어렵다. 중요한 점은, 비판의 본질은 거의 항상 자신에게 위험을 가할 수 있는 강력한 타인에 대해 실행된다는 사실에 있다. 따라서 누구나 하기 쉬운 비판이 아닌, 그것이 어려운 조건에서 비판을 하는 행위가 중요해진다. 불평등하거나 적어도 서로 동등하게 겨루는 권력관계 안에 있을 때 비판이라는 담화 형식은 더욱 큰 무게를 지니게 된다.

진실의 중요성을 주장하는 동일한 맥락에서 푸코는 진실을 위한 비판의 중요성을 강조한다. 비판은 반대를 위한 반대와는 다르다. 또한 자신보다 강력한 타인 혹은 질서가 추진하는 목표와 기획에서 무조건 안 하겠다는 식으로 이탈하는 태도를 뜻하지도 않는다. 자신과 다르거나 상대적으로 약한 타자를 혐오하는 태도와도 구분된다. 푸코에 따르면 "비판이란 권력이 생산하는 진실 담론을 문제화하는 권리를 스스로에게 부여하는 활동"을 뜻한다. 즉 권력이 부여하는 진실에 대해 자신의 진실을 발언하고 주장하는, '숙고된 불순종의 기술'이 비판이다. 비판을 통해 주체는 특정한 진실 체제로부터 탈예속화하고 자신의 진실을 자유롭게 그리고 자발적으로 추구하게 된다(Foucault, 2015/2016).

그러나 비판은 권력 체제에 대해 무조건 반발하거나 일탈하는 태도가 아니다. 주체가 비판을 하기 위해선 주어진 권력의 진실 주장을 정교하고 진실하게 검토하는 성찰의 과정을 반드시 거쳐야 한다. 푸코는 비판이 "적어도 이런 식으로, 이들에 의해서, 이런 원칙들의 이름으로, 이런 목표들을 위해, 이런 절차를 통해서는 아니어야 한다"는 태도를 지녀야 한다고 말한다. 즉 비판은 어떤 진실 주장의 방식–행위 주체–원칙–목표–절차에 대한 엄격한 사유를 거쳐 판단하고 결정하는 태도다. 이 검토의 과정을 거쳐 권력이 말하는 진실에 자신 역시 동의할 수 있다면 그때 권력의 진실에 동의하고 협력하게 된다. 반대로 이 성찰의 과정을 거쳤는데도 동의하기 어렵다면 권력이 강요하는 진실에 대항하고 자신의 진실을 발언하는, 즉 비판을 행하게 된다. 따라서 비판은 일방적인 명령도 일방적인 반발도 아니며, 서로의 진실을 놓고 겨루는 게임과 같다. 여기서 게임은 재미로 하는 놀이라는 뜻이 아니라, 결론이 결정해지지 않은 다른 진리 주장들이 서로 경합하는 과정이라는 의미에서다.

이처럼 진실에 기준을 두고 진실을 향하는 커뮤니케이션이란 일종의 진실 게임과도 같다. 이는 무조건 전적으로 내가 맞거나 남이 틀렸다고 주장하는 독단과는 다르다. 오로지 진실 주장을 주고받는 과정에서 주체적 성찰과 판단을 거듭하며 최선의 진실을 도출하고 행하는 지속적인 과정이다.

실상 정치와 사회는 진실과 비판이 지속적으로 이뤄지는 과정에 다름 아니다. 민주주의라 함은 진실에 대한 비판의 가능성에 항상 열려 있고 비판의 권리가 보장되는 사회다. 이 문제는, 뒤에 상술하겠지만, 진실과 허위가 뒤섞이고 때로는 후자가 전자를 압도하는 현재 위험 사회 안에서 분명한 의미를 지닌다. 다양한 진실 주장의 경쟁과 논쟁 속에서 최선의 진실이 도출되고 이를 진실로서 동의한 구성원들이 협력하는 사회가 우리가 바라고 믿는 민주적 사회이기 때문이다.

파레시아와 역사의 미결정성

우리는 파레시아 개념을 통해서, 위험은 대체로 힘들고 나쁜, 부정적인 것이기에 우리 삶에 없을수록 좋지만 때로는 위험이 예견됨에도 불구하고 혹은 위험을 감수하고 자신의 진실을 발언하고 실천할 필요가 있음을 확인했다. 이 문제에 있어서 선택의 어려움은 특히 여러 위험 요소들이 충돌적으로 양립할 때 두드러진다. 예를 들어 사회적으로 부정의가 지배하는 위험이 존재할 때, 나의 안전을 위해 부정의와 타협을 할지, 혹은 나의 안전이 훼손될 위험에도 불구하고 그 부정의를 고발할지와 같은 문제가 이에 해당한다. 파레시아의 진실 말하기라면 후자를 택할 것이다. 그런데 나 혼자만의 위험 때문이라면 용기를 내어 진실 발언을 할 수 있겠지만, 나와 연관된 타인들의 운명까지 생각한다면 결정은 더 어려워질 수 있다.

이처럼 한 명의 약한 자가 자신의 진실을 주장할 때 그 일은 사회적으로 어떻게 파급, 발전할 수 있는지가 여기서 살펴볼 문제다. 방금 앞에서 나와 연관된 타인들의 문제를 언급한 것처럼, 위험에 대한 진실 실천의 방식에는 홀로 연관되는 것이 아니라, 여러 사람의 입장이 집합적으로 연관될 때가 많다. 즉 위험에 관련된 진실성은 단지 개인의 문제가 아니라 집합적이고 사회적인 차원에서 다수의 상호관계 속에서 진행되고 변화한다.

파레시아의 진실 발언이 언제나 즉각적인 성공을 거두는 것은 아니다. 운이 좋다면 누군가의 진실 발언이 발언자를 위험에 몰아넣지 않고 사회적으로 잘 받아들여져 상황이 개선될 수 있지만, 많은 사회적인 상황은 그토록 호의적이거나 조화롭지만은 않다. 진실 발언이 수용되어 진실로 인정될 때까지 상당한 절차와 시간이 필요할 때가 대부분이고 어떨 때는 끝까지 진실로 인정되지 못한 채 고통만을 겪다가 스러지는 경우도 적지 않다.

그러나 우리가 잊지 말아야 할 중요한 사실은 항상 모든 것이 미리 예정되어 결정되어 있지는 않다는 점이다. 더욱이 파레시아의 진실 실천은 결과를 미리 알고 그에 대한 계산을 한 후 전략적으로 실행에 옮기는 태도가 아니라, 현재의 위치에서 미래의 결과를 모르고 그것이 정해져 있지도 않기에, 나아가 그 결과에 무관하게 지금의 상황에서 자신의 진실에 최선을 다하는 태도다. 실제로 역사의 많은 부분은 결말이 어떻게 나올지 모르는 상태로 자신의 진실을 위해 노력하는 이들에 의해 추진되어 왔다. 역사의 미결정성이란 원칙은 힘이 강한 자나 힘이 약한 자나 마찬가지로 적용된다. 힘이 약한 이들보다는 힘이 강한 이들의 진실 발언이 유리하다고 일반적으로 생각되지만, 그렇다고 해서 약한 이들의 진실 발언이 항상 실패한다고 미리 결정된 바는 없다. 오히려 역사의 주요 변화는 이처럼 약한 이들의 크고 작은 진실 실천들에 의해 힘겹게 진행된 성격이 크다. 적어도 우리의 '미래'는 그 말뜻 그대로 '아직 오지 않은 시간'이므로, 아직 오지 않은 미정의 시간을 열어 둔 상태로 남겨두는 자유를 상실해선 안 된다. 미래의 미결정성은 우리로 하여금 현재의 진실에 최선을 다할 수 있도록 열어놓은 자유의 가능성이다.

취약성의 정치

파레시아와 역사의 미결정성에 관한 우리의 관심을 간단히 표현한다면 이는 약한 이들이 자신의 진실을 실천하는 사회 정치적 의미와 효과다. 이 주제에 중요한 개념 중 하나는 '취약성vulnerability'이다. vulnerability의 라틴어 어원은 상처를 뜻하는 '벌너라레vulnerāre'다. 약함을 뜻하는 영어 단어 'vulnerable'을 연상하면 쉽게 이해할 수 있는데, 몸에 상처가 난 곳은 다른 부위와 달리 작은 자극에도 고통을 느낀다. 즉 취약성이란 일반보다 약한 특이성의 지점을 가리킨다. 그러나 문화정치적인 관점에서, 특히 진실의 실천성의 관점에서 취약성을 말할 때는 단지 약함을 뜻하지 않는다. 오히려 더욱 중요하게는 약하다고 말해지는 그 성질 때문에 날카로운 예민함과 그들을 고통스럽게 하는 상황을 개선하려는 강한 열망, 의지, 잠재성을 함축할 수 있다.(김예란, 2020).

흔히 사회에서 주변화된 소수자들이 취약한 이들로 구별되곤 한다. 예를 들어 이성애 중심의 사회에서 퀴어는 '정상인'이 아닌 '이상한' 사람들로 취급되어 공격과 혐오의 대상이 되는데, 이때 퀴어는 이른바 정상을 자임하는 이성애 질서에 취약하다고 말할 수 있다. 또한 재산과 수입 등의 부가 중심이 되는 경제 질서 안에서 가진 것이 적은 이들은 줄곧 쓸모없는 인간으로 취급되며 무관심과 멸시의 대상이 되는데, 이때 가난한 이들은 이른바 정상이라고 자임하는 양극화된 경제 질서에 취약하다고 말할 수 있다. 그러나 앞의 취약성의 날카로운 예민함과 추진력의 특성에서 보았듯이, 취약한 이들이 항상 고통에 무력하게 수동적으로 괴로움만 겪는 것이 아니라, 자신들의 진실을 주장하며 자신의 삶을 개척해 나간다. 오히려 역사의 변화는 이처럼 취약한 이들이 단결해서 자신의 진실을 주장할 때 급격하게 이뤄지곤 했다.

'일반'이라고 믿는 '정상'인들이 자신의 진실 — 이성애적 가족, 부와 안정, 사회 안의 중심적 위치 — 을 주장할 때, 취약한 이들은 어떻게 자신의 진실을 발언하고 행하게 되는가? 취약한 이들이 더 심한 모욕과 혐오를 받을까 봐 지배 권력의 억압에 숨죽일 수도 있지만, 어떤 경우 취약한 이들이 권력의 허위성을 고발하며 자신들의 진실을 주장하기도 한다. 이처럼 취약한 존재들이 자신의 진실을 주장하고 행동하는 사회 운동을 '취약성의 정치'라고 한다. 이전의 장들에서 상술되었던 사례들인 이성애에 도전하는 퀴어들의 행동, 가진 자들에 도전하는 가난한 자의 행동, 백인 중심의 인종 차별 질서에 도전하는 유색 인종의 행동이 그 사례다.

취약성의 정치가 항상 승리하는 것만은 아니다. 앞의 파레시아의 사례에서 살펴보았듯이, 즉각적인 승리를 예고하는 대신, 강고한 기존 질서에 대해, 더욱 큰 고통을 겪을 위험을 감수하며 진행되는 지속적인 운동이기 때문이다. 그리고 큰 줄기에서 취약성의 정치로서 진행되지만 계기마다 실수와 오류가 일어날 위험으로부터 완전히 자유로운 것도 아니다. 그런데도, 아니 그렇기 때문에 취약성의 정치는 더욱 유의미하다고 말할 수 있다. 승패의 운명이 결정되지 않은 채로, 심지어 자신의 안위에 대한 위험을 감수하고서 진실을 발언하는 파레시아의 운동이기 때문이다. 약한 주체들의 협력적인 공존과 연대에 의해 불의가 지배하는 사회의 위험이 드러나고, 그 수정과 변화를 요구하는 비판이 이뤄질 수 있다는 점에서다. 실제 인간 역사의 주요 변화는 약자들이 전개한 취약성의 정치에 의해 변화하는 과정을 거쳐 왔다. 20세기에 인종, 젠더의 평등을 주장하는 운동이 전개된 사실, 오늘날에도 소외되고 주변화된 집단이 자신들의 정당한 진실을 주장하는 시민운동이 지속적으로 진행되는 사실이 이를 증명한다.

디지털 미디어와 대중의 진실 실천

디지털 미디어 시대에 누구나 발언할 수 있는 기술적 기반이 마련되면서, 사회 공간에는 보통 사람들이 펼치는 크고 작은 진실 주장이 끊이지 않고 계속된다. 과거의 레거시 미디어 시대에는 시민의 엘리트 대표만이 발언권을 얻었기에 누구나 사회적으로 말할 수 있는 풍경이란 아예 상상되지도 않았던 일이다. 그러나 지금은 누구나 원한다면 그리고 기초적인 디지털 미디어 이용 능력을 갖췄다면 개인 미디어를 가질 수 있는 셈이다. 수없이 많은 미디어가 사회 구성원들에게 주어진 상황에서 가능성과 위험은 공존한다. 선한 가능성으로서 그렇지 않았다면 영원히 은폐되었을 개인의 작은 진실이 발언될 가능성이 열릴 수 있다. 그러나 위험의 가능성으로서 질이 낮고 정제되지 않았으며 더욱 심각하게는 틀리거나 불충분하며 의도적으로 왜곡된 허위 조작 정보disinformation/misinformation가 사회를 떠돌아 사람들의 의식을 오도할 위험 역시 언제나 존재한다.

디지털 미디어와 대중의 진실 실천의 양면성은 한국 사회에서도 극명히 나타난다. 회사와 학교에 팽배한 갑질, 사회 곳곳에서 일어나는 성폭력과 성추행, 장애인, 노약자, 젠더와 성 소수자 및 이주민에 대한 차별, 청년 세대의 고독하고 불안한 삶, 세대/계급/젠더/지역 갈등과 차등 등의 문제가 소셜 미디어를 통해 발언된 후 대중의 지지와 협력을 얻으며 공적 사안으로 뜨겁게 논쟁되고 이후 유의미한 사회 변화로 연결되는 사례를 어렵지 않게 찾을 수 있다. 반대로 허위 조작 정보가 사실인 양 발언되는 소셜 미디어의 양태와 타 집단에 대해 부당한 혐오와 공격이 난무하는 사이버공간의 폭력성은 우리 사회의 큰 위험 요소가 되고 있다.

또한 알고리즘과 플랫폼을 중심으로 자동화 커뮤니케이션이 진행되면서, 이용자들은 자신이 생각하고 판단하는 대신, 추천 알고리즘에 의해 선택의 범위가 이미 제공되고 그 안에서 자동적으로 주어지는 답에 클릭을 하는 식으로 미디어를 이용하는 경향이 늘고 있다. 즉 주어지는 상황에서 무엇이 진실인지에 주체 자신이 개입해서 사유하고 결정할 수 있는 기회가 체계적으로 감소하고 있다. AI 같은 첨단 머신 러닝 시스템은 인간이 스스로 생각하고 탐구하며, 신념과 진실을 스스로 구성하여 발언하고 실행하는 주체적 과정을 자동화된 기술 과정으로 대체하는 기능을 한다. 따라서 이같이 첨단 알고리즘이 창출하는 기술 조건이 편리하고 합리적이라고 마냥 좋아할 수만은 없다. 어떻게 보면 디지털 미디어 체제에서 인간이 겪고 있는 가장 큰 위험은 주체가 윤리적 사유와 결정의 시간으로부터 점차로, 그리고 더욱 가속적으로 소외되고 있다는 사실에 있기 때문이다. 또한 기존 사회 안에 누적된 불평등과 차별 구조가 머신 러닝 과정 속에서 더욱 강화될 우려 역시 제기되는 상황이다(Rosa, 2013; Stiegler, 2010).

급진적 희망

취약성의 정치는 큰 가능성을 열어두고 있다. 반드시 성공하리라는 보장은 없지만, 모든 위험을 감수하며 진행되는 약한 이들이 전개하는 정치가 취약성의 정치라고 할 수 있다. 취약성의 정치는 순조로운 조건에 대해 '그렇기 때문에'라고 순접되기보다는 '그럼에도 불구하고' 역접의 창발성을 믿는 자유와 용기의 태도 안에서 추구된다.

이처럼 모든 고난과 불행에도, '그럼에도 불구하고' 선한 가능성을 바라는 정동이 희망이다. 지금이 아닌 앞으로 올 시간에 대한 기대를 저버리지 않는 태도, 적어도 아직 오지 않은 시간인 미래가 지금과 달라질 가능성을 완전히 닫지 않고 미결의 상태로 열어 두는 창의적인 용기가 희망이라고 할 수 있다. 미결정성의 자유와 가능성에 대한 신념을 접지 않는 태도가 희망이다. 희망은 위험을 직면한 이들이 절망하지 않고 앞으로 올 시간을 열어 둔 채 바라보고 기다리고 견디도록 이끄는 힘이기도 하다.

철학자이며 정신분석학자인 조너선 리어Jonathan Lear는 《급진적 희망*Radical Hope*》에서 백인의 침입에 의해 절멸의 위기에 처한 아메리카 인디언들이 보여 준 희망의 태도에 주목했다(Lear, 2006). 그가 위험에 처한 인디언들에게서 읽어 낸 급진적 희망은 세 가지 요소로 구성된다. 첫째, 현재 직면한 위기를 솔직하게 보는 태도다. 즉 두려움이나 비겁함 때문에 실제 현존하는 위험을 부인하지 않고, 현실을 정확하고 투명하게 이해하는 태도다. 둘째, 현재의 위기가 앞으로 진행될 과정에 대해서 인간으로서 미리, 그리고 전부 알 수는 없음을 인정하는 태도다. 여기서 불가지에 대한 인정이란 무지로 인한 절망이나 무조건적인 낙관이 아니라, 독단적인 결정의 한계를 깨닫고 현실의 어려움을 인식하면서도 그에 대한 관심과 관여를 접지 않는 태도다. 마지막으로 급진적 희망은 앞으로 어떤 일이 펼쳐지더라도 지켜져야 할 원칙을 깨닫는 태도다. 미래는 현재의 위험이 잘 해결될 가능성도, 더욱 악화될 가능성도, 다른 모든 가능성이 잠재한 열린 상태라는 점을 우리는 앞서 확인한 바 있다. 따라서 내 눈앞에서 처참한 일들이 벌어지고 있고 장차 자신과 공동체의 생명이 어떤 위험에 부딪히게 될지 모르는, 보장이나 약속이 부재하는 혼란 안에서조차 지켜져야 할 미래의 원칙을 발견하고 지키는 태도를 유지할 때 현재의 혼란을, 그리고 미래의 불안을 현명하게 견뎌 나갈 수 있다. 위험 안에서도 여전히 지켜져야 할 원칙을 발견하기 위해서는, 앞에서 논한 자신의 진실과 비판의 가치가 중요하게 고려되어야 할 것이다. 지금까지 살펴본 맥락에 이어 해석한다면, 어떤 상황에서도 지켜져야 하는 원칙이란, 자신의 진실을 의미한다고 말할 수 있다.

조너선 리어의 급진적 희망은 미셸 푸코가 설명한 파레시아와 매우 유사하다. 현재의 위험에 대한 솔직함, 앞으로 예기되는 혼란과 고통, 즉 위험을 감수하는 태도, 그런데도 권력에 굴종하거나 현실로부터 도피하지 않고 자신의 진실을 깨닫고 지키는 자유와 용기의 태도를 알려주기 때문이다. 다시 말해 파레시아의 급진적 희망이란 현재의 위험을 투명하게 이해하고, 혼란과 고통 안에서 지켜져야 하는 진실을 믿고 말과 몸으로 실행하고자 노력하는 태도다.

이 장에서는 위험을 단지 방지하거나 피하는 대상이 아니라, 위험의 현존성을 인정하여 감수하고 도전해야 하는 대상으로 이해했다. 현존하는 위험을 은폐하거나 부인하지 않고 진실을 말함으로써 수정과 변화의 가능성을 여는 진실 실천의 문제로 다뤘다.

위험이 예상됨에도 불구하고, 나아가 위험을 감수하면서도 위험한 불의를 사회 안에 알리는 커뮤니케이션 양식을 파레시아라는 개념을 통해 살펴보았다. 파레시아는 모든 것을 말하는 태도다. 솔직함, 위험을 감수하는 태도, 자유, 비판, 용기가 파레시아를 이루는 요건이었다. 이 다섯 가지의 파레시아의 요건은 위험 상황 안에서 진실을 위한 커뮤니케이션의 윤리에 다음 아니다. 주체가 거짓, 아부, 굴종에 예속될 위험을 막기 위해, 권력과 사회의 불의를 말하는 행위이기 때문이다.

파레시아가 집합적인 형태로 사회 안에서 발현될 때 특히 약한 이들에 의해 이 같은 운동이 일어날 때 이 현상을 취약성의 정치의 하나로 바라보았다. 취약성은 어원은 상처이지만, 이것이 단지 약함을 의미하지 않는다. 오히려 약하기에 '일반'의 타인들은 무지하거나 순종하는 사회적 불의를 느끼고 인식하는 날카로움을 지녔다. 따라서 이 같은 바탕 위에서 진실이 배반되는 위험을 타개하고자 자신의 진실을 주장하는 추진력, 실천성, 연대감을 지닌다. 취약성의 정치란 사회적으로 약한 존재로서 취급되기에 겪는 고통과 분노가 이를 극복하고자 하는 의지와 만날 때 일어나는 위험 극복의 노력이라고 할 수 있다.

이 장의 서두에 미디어 기술 자체는 중립적이지만 이를 이용하는 인간의 실제, 즉 커뮤니케이션의 목적과 방식에 따라 미디어의 의미와 효과가 달라진다는 점을 언급했다. 대중의 커뮤니케이션 실천 방식과 목적에 따라 미디어는 사회에 선한 기여를 할 수도 있지만 위험 요소가 될 수도 있다. 가령 이용자의 진실 실천의 의지와 지향에 따라 수많은 대중의 진실을 말하고 행하는 선한 소셜 미디어가 될 수도, 허위와 폭력을 선동하는 위험한 소셜 미디어가 될 수도 있다. 디지털 미디어의 자동화 시스템이 인간 커뮤니케이션 윤리에 미치는 잠재적인 위험은 인간이 사유하고 결정할 수 있는 과정적 가능성 자체를 원천적으로 봉쇄한다는 점에 있다. 이 같이 첨단 기술이 지배하는 자동화 환경에서 인간의 진실 발언과 진실 실천이 어떻게 주체적으로, 또한 자유로운 책임 안에서 실행될 수 있을지는 앞으로 인류가 함께 탐구, 도모해야 할 중대한 문제다.

위험으로부터 새로운 세계로의 업사이클은 새로운 시간에 대한 급진적인 희망에서 비롯된다. 위험으로부터 새로운 세계로의 업사이클은 단지 원래로의 복귀나 과거의 반복을 의미하지는 않는다. 이전의 잘못이 개선되고 더 나은 미래로의 지향을 뜻한다. 현재가 위험에 휩싸여 있다면, 위험에 대한 두려움과 그것을 지지하는 불의가 압도한다면 더 나은 미래란 불의나 두려움 대신 진실과 희망이 보다 건강하게 성장하는 시간을 뜻할 것이다. 업사이클의 미래는 지금의 위험 세계로부터 출발해 새롭고 보다 나은 세계로 도달하려는 진실 실천에 의해, 그리고 그 변화의 힘을 지속적으로 이끌어 내는 급진적 희망에 달려 있다.

더 나은 미래를 향한 여정

이 책의 각 장은 위험, 사회, 미디어에 관해 우리가 사유, 탐구해야 할 물음을 만드는 일로부터 출발했다. 이어 우리는 제기된 열두 가지 물음에 관해 검토하고 사고하는 이론적, 경험적 자원을 제시했다. 열두 가지 질문 고리들로 이어진 여정을 마치는 이 지점에서 우리가 향해 온 지향점은 뚜렷해 보인다. 첫째, 위험이 보편화되는 사회의 현실을 이해하고, 둘째, 이 조건에서 미디어가 수행하는 선하거나 악한, 유용하거나 유해한 기능들을 규명하고, 마지막으로 위험을 예방하고 개선하기 위한 미디어 실천의 방안들을 사회, 심리, 문화의 관점들에서 모색하고자 했다.

우선 사회적 접근에서는 여러 위험을 공동체의 문제로 바라볼 필요성과 중요성을 강조했다. 집단적 수준에서의 위험은 개인적 수준에서의 위험들의 단순한 합과는 다른 차원의 결과를 발생시킬 수 있다. 코로나19 팬데믹에서 우리 모두 경험했듯이, 위험의 문제는 집단의 공동 문제임을 사회 구성원들이 뚜렷이 지각할 때 해결의 가능성이 커진다. 집단주의나 상호 의존적 자아 성향이 강한 나라들 혹은 지역들의 경우, 백신 접종이 적극적으로 이뤄졌다든지 혹은 마스크 착용에 높은 협조를 끌어냈다는 최근의 연구 결과는 큰 시사점을 준다. 전혀 예상하지 못했던 위험 상황을 '우리'의 문제로 인식할 때, 개인과 공동체는 당면한 위험에 더욱 적극적으로 대처할 수 있고, 이후 회복할 수 있는 역량을 상호적으로, 협력적으로 기를 수 있다. 집단적 수준에서 위험 문제를 검토할 때 부각되는 또 다른 문제는 집단 내외에서 드러나는 연대와 적대의 태도다. 사회적 위기에 처하면 공통점과 차이점의 축을 따라서 내집단, 외집단의 구분이 부지불식 간에 혹은 의도적으로 일어난다. 특히 누구나 손쉽게 온라인 집단에 소속되어 큰 규모의 교류가 가능해진 상황에서 디지털 연대와 디지털 적대의 현상 역시 편재하고 있다. '다름'을 숨죽게 하기보다는 이를 인정하고 현명하게 활용하고 조화롭게 발전시킬 수 있는 튼튼한 커뮤니케이션 하부 구조의 구축이 그 어느 때보다 절실함을 강조했다.

심리적 접근에서는 위험 사회 내에서의 개인과 미디어와의 관계에 초점을 두어 탐색이 이뤄졌다. 특히 OTT나 유튜브 등이 활성화되면서 엔터테인먼트 콘텐츠가 쏟아져 나오는 미디어 환경, 그리고 온라인 카페, 오픈 채팅방 등 다양한 관심사에 따라 누구나 쉽게 온라인 집단을 형성할 수 있는 미디어 생태 변화에 주목했다. 구체적으로 위험 상황이 촉발하는 여러 부정적 징후들을 감소시키기 위해 개인들이 다양한 미디어 이용 동기들을 가지고 미디어와 어떻게 상호 작용하는지에 관한 경험적 연구를 소개했다. 미디어는 위험 상황을 잠시나마 잊도록 해서 재충전할 수 있게 돕거나, 위험 상황을 직시하고 해결해 나갈 수 있는 여러 정보와 의미 자원을 제공해 준다. 하지만 위험에 처한 사람들에게 유해할 수도 있는 정보의 확대, 특정 콘텐츠의 배타적 이용과 소비, 내집단과의 연결만 강화시키는 소셜 미디어의 구조적 위험성 등을 인식해야 한다. 뉴스 미디어가 위험을 구성하는 과정에서 드러나는 문제적 양상의 패턴은 20세기 매스 미디어 환경의 맥락에서 처음 제기된 것이지만,

21세기 포스트매스미디어(김용찬, 2023) 환경 속에서도 계속 주목해야 할 사안이다. 이를테면 오늘날에도 여전히 언론의 투명성, 책임성에 기반한 보도의 역할이 핵심적이기 때문이다. 위험의 주관적 지각에 대한 연구는 폴 슬로빅(Slovic, 1987)의 기념비적 성과 이후 계속 활발히 이루어지고 있다. 위험 거버넌스 주체들은 위험이 주관적으로 지각되는 성격이 크다는 사실을 잘 이해해야 한다. 즉 누구라도 오지각으로부터 자유로울 수 없다는 점을 유념하면서, 동시에 편견과 편향의 오류를 최소화시키려는 노력을 해야 한다.

문화적 접근에서는 위험 사회에서 미디어를 둘러싼 사회 풍경을 비판적으로 이해하고 변화의 가능성을 모색하고자 했다. 앞서 다룬 기술이나 기기로서의 미디어와 개인, 미디어와 사회의 다차원적 관점에서부터 더 나아가 미디어 자체를 하나의 거대한 장치로 파악하며 이것이 현대 위험 사회에서 유발하는 자유와 권력의 모순성 및 복합성을 깊이 있게 이해하고자 했다. 더불어 이러한 장치 체제 내에서 행해지는 디지털 활동과 노동 영역에서 불평등이라는 위험 요소가 더욱 악화될 수 있음을 밝히며 다양성과 평등의 사회로 전환되어야 함을 주장했다. 이와 함께 관계와 소통에 관련된 위험인 혐오, 억압, 차별, 배척 등의 현상에 관해 탐색했다. 역동성을 강조한 정동의 개념을 활용하여 소셜 미디어 가상 공간에서 자신의 고유한 정체성을 자유롭게 드러내고 나와 다른 집단을 포용할 수 있는 실천적 가치를 확인했다. 위험 사회에 대한 맹목적인 우려는 자칫 미래에 대한 염세적이거나 비겁한 도피의 태도로 변질될 수 있다. 그런 만큼 불평등, 적대, 혐오, 통제로 점철된 현재의 위험 사회로부터 단절적으로 벗어나 더 나은 미래로 도약할 가능성을 희망할 수 있는 커뮤니케이션 윤리가 중요해진다. 이에 대해 파레시아라는 진실 커뮤니케이션의 양식을 설명하며 그 정치적 함의를 강조했다.

지금까지 살펴본 주요 논점들을 바탕으로, 우리는 몇 가지 중요한 결론을 도출할 수 있다. 첫째, 위험은 현대 지구화 세계 어디에서나 발견되는 보편화된 현상이지만, 그 구체적인 양상은 사회적 상황과 역사적 맥락에 따라 차이가 있다. 아울러 객관적으로 동일한 위험에 대해서일지라도 개인이 그에 대해 인식하고 경험하는 방식은 각자 차별화되어 나타난다. 그래서 서구의 위험 상황과 아시아의 위험 상황이 다를 수 있고, 국가마다 다른 위험 상황이 부각되기도 하며 한 사회 안에 속한 구성원들 사이에서도 개인의 심리적, 구조적 상태와 위치에 따라 그 위험은 다르게 인지되고 체험된다. 더욱이 위험 자체만이 아닌 위험을 둘러싼 모든 요소와 환경에 대해서도 지각, 인식, 경험에 관한 특수한 차이들이 관찰된다. 다시 말해 위험이 발생하게 된 원인, 발생한 위험에 대한 대응, 지나간 위험으로부터 회복되는 방식도 차별화, 차등화된다. 따라서 우리는 사회 역사적 조건을 맥락화하고 개인적인 차이를 고려하는 시각 안에서 위험의 문제를 이해해야 할 것이다.

둘째, '위험'을 '사회'와 '미디어'의 결합 속에서 이해하려는 노력은 — 위험 자체에 대한 지식 획득의 목표를 뛰어넘어 — 위험의 구성, 예방, 관리, 대응, 극복, 회복에 관한 인간의 개인적·집합적 행위, 즉 위험에 대한 사회적 커뮤니케이션 실천의 영역에 주목하도록 이끈다. 위험에 관한 사회적 커뮤니케이션이 이뤄지기 위해서는 미디어에 대한 이해가 필수적이다. 국소적으로 발생한 위험이라 할지라도 지구 전역으로 위험 효과가 확대되는 오늘날의 네트워크 환경에서는 직접 경험하는 위험 못지않게, 간접적으로 관찰한 위험의 효과가 연쇄적으로 전달되어 영향을 파급시키는 경우가 많다. 간접적인 관찰, 연쇄적인 전달, 영향력의 확장 및 파급은 모두 미디어의 기능과 긴밀하게 관련되어 있다. 위험 사회를 살아가는 개인과 공동체는 위험 여부에 대한 정확한 인식과 판단, (위험으로 판단된다면) 위험의 크기와 방향을 파악할 수 있는 역량, 잠재적 위험을 파악하고 예방하는 지혜, 발생한 위험에 대해 집합적으로 대응하는 협력적 태도와 실행, 위험 사태를 겪고 난 후 불행이 반복되지 않고 더 나은 상태로 개선되도록 노력하는 회복력 등이 필요하다. 이런 요소들을 유기적이고 통합적인 방식으로 확보하고 실행하기 위해서는 미디어를 적절하면서도 현명한 방식으로 사용하는 사회적 커뮤니케이션 활동이 필수적이다.

셋째, 위험과 관련된 미디어의 역할을 마냥 긍정적이거나 부정적으로만 보는 단편적인 사고를 벗어나, 그것의 복합적이고 양면적인 속성에 대해 깊게 그리고 비판적으로 이해해야 한다. 미디어는 연대를 촉진하기도 하지만 적대를 양산하기도 하고, 유용한 정보를 확산하기도 하지만 왜곡된 정보를 파급하기도 하고, 사랑을 낳기도 하지만 혐오를 키우기도 하고, 위험에 맞서 평등을 유도하기도 하지만 불평등을 심화하기도 하고, 위험에 대한 도피처가 되기도 하지만 위험을 자원으로 활용하기도 한다. 간단히 말해 미디어 그 자체는 위험이기도 하고 위험이 아니기도 하다. 위험과 미디어 간 관계의 양면성에 대한 이해는 우리에게 어떤 교훈을 알려주는가? 결국 위험과 미디어의 관계가 모든 것이 될 수 있다는 양시론이나 아무것도 될 수 없다는 양비론의 오류에 빠지는 건 아닐까? 아니면, 이럴 수도 있고 저럴 수도 있다는 식의, 실제 아무런 도움도 되지 않는 말장난에 불과한 건가? 혹시 더 많은 요소들이 연관되는데 대립적 이분법으로 단순화시키기만 하는 실수를 저지르는 건 아닐까? 그러나 분명한 점은 미디어 현상을 납작하게 축소하기만 하는 단순화된 시각은 우리가 직면한 위험 사회를 이해하고 대처하는 데 하등의 도움이 되지 않는다는 사실이다.

이 책의 각 장은 서로 충돌하는 질문의 양면적 결합으로 구성되어 있다. 논의를 그렇게 구성한 이유는 위험이 갖는 중첩적 진실을 강조하기 위해서였다. 다시 말해 위험의 구성, 인식, 대응, 회복과 연관되는 '복합성,' '조건성,' 그리고 위험 효과의 '미결정성'을 주장하기 위해서였다. 위험이 단순하거나(복합적이지 않다면) 사회의 모든 요소들과 분리되어 독립적으로 존재하거나(조건적이지 않다면) 이미 그 결과가 결정되어 있다면(미결정적이지 않다면) 우리가 사회와 미디어의 관점에서 위험을 논하는 일이 무슨 의미가 있겠는가? 모든 것이 운명에 따라 정해진 거라고 믿으며 위험이 지닌 중첩성의 본질에 눈감아 버리면 될 테니까 말이다.

오늘날 우리 삶에서 불가피하게 직면하게 된 위험의 포화 현상을 어떻게, 어떤 가치에 바탕을 두고, 무슨 목표를 염두에 두고 이해하고 행동하느냐에 따라 위험 사회의 미래는 달라질 수 있다. 사회와 미디어의 관계 속에서 위험을 논의한 이 책에서 우리가 전하려는 핵심적 주장은 바로 이것이었다. 즉 위험의 복합성, 조건성, 미결정성에 대한 실천적 이해를 통해 현재의 위험 사회는 변화할 수 있다. 위험의 문제를 겪거나 인식하거나 평가하거나 경험하거나 대처하는 지점들에서 드러나는 다양한 차이들에 대해 배척하고 혐오하는 대신, 서로 인정하고 관용하기, 대화와 논쟁을 거치며 최선의 공동성을 구성하기, 무책임하게 도피하거나 외면하지 않고 집합적인 노력으로 위험에 도전하기, 마침내 함께 회복하기! 이런 노력 위에서, 어렵지만 열려 있는 과정 속에서, 우리는 적어도 지금보다 덜 위험한, 보다 나은 미래를 만들어 갈 수 있다.

지금보다 덜 위험하고 보다 나은 미래란 무엇인가? 그것은 지금보다 더 정의로우며, 진정한 평등과 자유가 살아 있고, 공동선의 행복이 지향되고 생성되는 미래를 뜻한다. 이를 위해서는 미디어의 적절한 역할, 미디어를 둘러싼 사회적 커뮤니케이션의 건강한 실천이 핵심적이다. 그런 빛나는 지향을 추구하기 위해서는 세 가지 실천 경로를 우리는 이 책 전체에 걸쳐 강조했다. 미디어의 사회적 관점에서 추구했듯이 공동체로서 위험에 대해 함께 공유, 협력, 대응하는 집합적 실천(1~4장), 미디어의 심리적 관점에서 추적했듯이 위험을 과(대)소평가하거나 오독하지 않으면서 바르게 보고 인식하는 개인적 실천(5~8장), 미디어 문화적 관점에서 탐색했듯이 위험을 저 먼 곳 누군가의 불운으로 치부하지 않으면서 서로 눈을 열어 위험을 대면하고 감수하면서 극복하고자 애쓰는 윤리적 실천(9~12장)이 바로 그것이다.

사회와 미디어가 발전할수록 위험의 형태와 강도 역시 고도화될 것이다. 그럴수록 인간 사회의 미디어 실천은 지혜롭고 협력적이며 진실해야 한다. 우리가 제안한 열두 개의 질문 고리들이 이렇듯 더 나은 미래를 향한 여정에 유의미한 출발점이 되기를 바란다.

참고 문헌

공성윤 (2020. 9. 6). '마이삭' 휩쓴 울릉도… "사상 초유 피해, 정부는 알고 있나" 〈시사저널〉. https://www.sisajournal.com/news/articleView.html?idxno=204756

국가트라우마센터 (2020). 〈감염병 스트레스 마음 돌봄 안내서〉. https://www.nct.go.kr/serviceCenter/formatReferenceList.do

권오성 (2011. 10. 23). 트위터 등 정보 웹지도에 표시 '시민 저널리즘 혁명.' 〈한겨레〉, https://www.hani.co.kr/arti/society/society_general/502041.html

금준경 (2022. 10. 26). 폭우와 태풍보도 정말 서울 편중 심했는지 확인해 보니. 〈미디어오늘〉. http://www.mediatoday.co.kr/news/articleView.html?idxno=306534

김기범 (2020. 9. 3). 가습기살균제로 건강피해 95만, 사망 2만명 추산. 〈경향신문〉. https://www.khan.co.kr/national/national-general/article/202009030600001

김수정 · 조은희 (2005). 생명과학에 대한 한국과 미국의 뉴스 프레임 비교연구. 〈한국언론학보〉, 49(6), pp.109～139.

김영욱 (2008). 《위험, 위기 그리고 커뮤니케이션》. 이화여자대학교출판부.

김영욱 · 함승경 (2016). 내러티브 반응 과정과 냄비 성향이 낙인에 미치는 효과: 메르스(MERS) 위험을 중심으로 한 분석. 〈커뮤니케이션 이론〉, 12(4), pp.58～100.

김예란 (2017). 인간–기계–동물의 다양체: 과식 먹방 사례로 본 육체적 동영상에서의 감각과 쾌락 정동. 〈커뮤니케이션이론〉, 13(1), pp.94～133.

김예란 (2018). 공동의 자리: 지구, 섬, 난민 그리고 생명정치. 김용찬 외 지음. 한국방송학회 엮음. 《미디어와 공동체》. 컬처룩.

김예란 (2020). 《마음의 말: 정동의 사회적 삶》. 컬처룩.

김용찬 (2020). '포스트매스미디어' 시대와 '네트워크 신부족사회'에서의 사회 통합. 한국언론학회 가을철 정기학술대회 서울.

김용찬 (2023). 《포스트매스미디어: 연관성의 위기에서 초위기로》. 컬처룩.

김인숙 (2012). 원자력에 대한 위험인식과 지각된 지식, 커뮤니케이션 채널의 이용, 제3

자 효과가 낙관적 편견에 미치는 영향 — 일본 후쿠시마 원전사고를 중심으로. 〈언론과학연구〉, 12(3), pp.79~106.

김진희 · 서미혜 · 김용찬 (2021). 포스트–지진 재난 상황에서 지역 기반 소셜 미디어를 통한 시민관여. 〈한국언론학보〉, 65(6), pp.295~333.

김춘식 · 홍주현 (2020). 유튜브 공간에서 '가짜뉴스의 뉴스화': 〈고성산불〉 관련 정치적 의혹 제기와 청와대 반응 사례 연구. 〈정치정보연구〉, 23(2), pp.403~439.

김현경 (2015). 《사람, 장소, 환대》. 문학과지성사.

김효정 (2019). 위험인식, 두려움, 분노가 원자력정보 탐색과 처리, 공유 의도에 미치는 영향: 위험정보탐색처리(Risk Information Seeking and Processing) 모델을 중심으로. 〈한국언론학보〉, 63(2), pp.7~45.

나미수 (2004). 핵폐기장 유치에 대한 텔레비전 뉴스 프레임 분석: KBS, MBC의 전국 및 지역 (전북지역) 뉴스를 중심으로. 〈한국언론정보학보〉, 26, pp.157~208.

문상호 (2020. 7. 29). 장애인도 마음 놓고 갈 수 있도록… 배려와 관심으로 그리는 온라인 지도. 〈조선일보〉. https://www.chosun.com/site/data/html_dir/2013/06/10/2013061002165.html

박동균 (2009). 허베이스피리트호 기름유출사고를 통해 본 재난보도의 문제점. 〈한국콘텐츠학회논문지〉, 9(5), pp.241~248.

박은수 (2015). 우선주씨의 '나는 엄마다.' 〈에코뷰〉, 6월호.

박혜경 (2009). 한국 중산층의 자녀교육 경쟁과 '전업 어머니' 정체성. 〈한국여성학〉, 25(3), pp.5~33.

박희제 (2011). 과학기사 속의 과학자와 과학의 정치화 — 2008년 광우병 논쟁 사례. 〈담론 201〉, 14(2), pp.27~51.

BBC News 코리아 (2019. 4. 5). 산불: 각기 다른 방식으로 화재에 대처한 소셜미디어 이용자. https://www.bbc.com/korean/news-47823307

서미혜 (2016). 메르스 관련 위험정보 탐색과 처리가 메르스 예방행동에 미치는 영향: 위험정보 탐색처리 모형의 확장과 SNS 이용 정도에 따른 조절효과를 중심으로. 〈한국언론정보학보〉, 78, pp.116~140.

성기윤 (2019. 4. 6). "차량 내기 순환하세요"… 시민들 SNS로 산불 대비 정보 공유. 〈코리아헤럴드〉. http://mbiz.heraldcorp.com/view.php?ud=20190405000679

송수진 (2019. 4. 14). 고성 산불 보도는 '강 건너 불구경 저널리즘'? 〈KBS 뉴스〉 https://news.kbs.co.kr/news/view.do?ncd=4179593

송해룡 · 조항민 (2013). 국내언론의 과학기술위험에 대한 보도경향 분석 — 주요 일간지의 나노기술 보도 분석을 중심으로. 〈Crisisonomy〉, 9(11), pp.1~18.

양은경 (2014). 글로벌 위험 보도와 국가주의: 후쿠시마 원전사고에 대한 KBS 〈뉴스9〉

의 담론분석. 〈한국방송학보〉, 28(1), pp.206~244.

양정혜 (2008). 환경재난 뉴스의 프레이밍 — 국내 주요 일간지의 '허베이스피리트호' 원유 유출사고 보도사례. 〈정치커뮤니케이션 연구〉, 9, pp.81~121.

〈연합뉴스〉 (2016. 9. 13). 방송사 재난보도 부실에 '분통'… KBS "최선 다했다." https://www.yna.co.kr/view/AKR20160913050352033

YTN (2020). [뉴있저] 내륙 중심의 태풍 보도… "섬 주민도 우리 국민". https://www.youtube.com/watch?v=sBHNLa2280Y&t=1s

윤순진 (2018). 원자력발전정책을 둘러싼 사회갈등 해결을 위한 쟁점과 과제: 신고리 5·6 호기 공론화에 대한 평가를 중심으로. 〈경제와사회〉, 118, pp.49~98.

윤순진·박효진 (2011). 원유유출 사고를 둘러싼 위험의 사회적 구성과 위험 정보 소통: 삼성중공업–허베이 스피리트호 원유유출사고 자원봉사에 대한 언론보도를 중심으로. 〈환경사회학연구 ECO〉, 15(1), pp.7~51.

이가람 (2021. 7. 18). "제자들이 위험에 노출됐어요" 페북에 배달된 어느 손편지. 〈중앙일보〉. https://www.joongang.co.kr/article/24107848#home

이동후 (2021). 《미디어는 어떻게 인간의 조건이 되었는가: 미디어 생태학적 통찰》. 컬처룩.

이영희 (2004). 나노기술을 둘러싼 사회적 쟁점 연구. 〈과학기술학연구〉, 4(1), pp.59~82.

이영희 (2018). 신고리 5·6호기 원전 공론화와 민주주의. 〈동향과 전망〉, 102, pp.186~216.

이오성 (2021. 11. 29). '가장 신뢰하는 언론인' 2위는 유재석. 〈시사IN〉. https://www.sisain.co.kr/news/articleView.html?idxno=45536

이은주 (2008). 탈개인화 효과에 관한 사회적 자아정체성 모델: 이론적 함의와 향후 연구과제. 〈커뮤니케이션 이론〉, 4(1), pp.7~31.

이화연·윤순진. (2013). 밀양 고압 송전선로 건설 갈등에 대한 일간지 보도 분석: 환경정의 관점에서. 〈경제와사회〉, pp.40~76.

임완수 (2013. 3. 1). 커뮤니티가 그리는 새로운 지도: 허리케인 샌디 복구 과정을 통해 살펴본 커뮤니티 맵핑의 역할과 미래. 〈Impact Business Review〉. http://ibr.kr/254

임완수 (2021). 《세상과 나를 바꾸는 지도, 커뮤니티매핑》. 빨간소금.

장우정 (2021. 1. 20). 한국서만 5000억 번 넷플릭스… "세금 제대로 내고 있나?" 〈조선비즈〉 https://biz.chosun.com/site/data/html_dir/2021/01/20/2021012002469.html

정남구 (2012. 10. 23). '지진예측 실패' 이탈리아 학자들 중형… 세계 과학계 '발칵'. 〈한겨레신문〉. https://www.hani.co.kr/arti/international/international_general/557160.html
정서현 · 박주연 (2019). 지상파방송과 종합편성채널의 재난방송 연구-강원도 대형 산불 뉴스 보도 분석을 중심으로. 〈동서언로〉, 46, pp.39~68.
조항민 (2011). 디지털미디어 등장과 새로운 위험유형: 융합매체로서 스마트폰의 위험 특성과 이용자 위험인식 분석을 중심으로. 〈한국콘텐츠학회논문지〉, 11(8), pp.353~364.
주영기 · 유명순 (2010). 신문 · TV 뉴스의 신종 출몰형 질환 및 만성질환 보도 패턴 분석. 한국언론학보, 54(2), pp.363~381.
진달래 (2021. 5. 20). 이 · 팔 충돌에서도 어김없이 등장한 'SNS 가짜뉴스.' 〈한국일보〉. https://www.hankookilbo.com/News/Read/A2021051911400005596
차현아 (2019. 4. 15). "산불 재난급, 알티 좀 해주세요" 강원도 산불 트윗, 18시간 내 100만건 발생. 〈조선일보〉. https://it.chosun.com/site/data/html_dir/2019/04/05/2019040502266.html
최세정 (2021. 6. 7). '온택트' 사회적 시청. 〈아시아경제〉. https://www.asiae.co.kr/article/2021060708121231386
최윤정 (2014). TV 시청과 온라인 대화의 결합:'사회적 시청'개념 제시와 효과 검증. 〈한국방송학보〉, 28(4), pp.315~355.
최윤정 (2018). 실화를 기반으로 하는 사회 고발 영화가 사회 참여에 미치는 영향: 온라인 대화의 조절 작용을 중심으로. 〈미디어 경제와 문화〉, 16(2), pp.7~49.
최정석 (2023. 1. 28). 나노 기술. 〈조선일보〉. https://biz.chosun.com/science-chosun/science/2023/01/28/ZWYAXB2QTBAXRAQXNUV5GZQVQE/
최홍규 (2020. 5. 8). 코로나 19시대 인기 동영상 코드는 오락, 지속, 단순. 〈한국일보〉. https://www.hankookilbo.com/News/Read/202005071629345081
한국언론진흥재단 (2020). 〈코로나19 미디어 리터러시 실천 지침〉. https://www.kpf.or.kr/synap/skin/doc.html?fn=1584951233114.pdf&rs=/synap/result/board/
한국콘텐츠진흥연구원 (2021). 〈2021 게임 이용자 실태 조사〉.
한병철 (2014). 《투명사회》. 문학과지성사.
한선 · 이오현 (2011). 지역신문 장의 작동원리에 대한 비판적 연구: 광주지역 일간신문을 중심으로. 〈한국언론학보〉, 55(6), pp.410~435.
허서현 · 김영욱 (2015). 위험 유형에 따른 위험 정보 탐색과 처리 과정 연구: 불산 유출과 태풍 관련 위험 상황 비교 중심. 〈한국언론정보학보〉, 70, pp.246~276.
현재환 · 홍성욱 (2012). 시민참여를 통한 과학기술 거버넌스: STS의 '참여적 전환' 내의 다양한 입장에 대한 역사적 인식론. 〈과학기술학연구〉, 12(2), pp.33~79.

홍주현 (2014). 취재원으로서 SNSs 정보와 언론의 매체 가시성(media visibility)과 정확성·자극성 연구: 트위터의 '강남역 맨홀 뚜껑 역류 사건'을 중심으로. 〈한국언론학보〉, 58, pp.252~282.

Abrams, D., & Hogg, M. A. (2010). Social identity and self-categorization. *The SAGE handbook of prejudice, stereotyping and discrimination*, 1, (pp.179~193), Sage Publications.

Adler, P. S., & Kwon, S. (1999). Social capital: The good, the bad, and the ugly. Academy of Management, Chicago.

Agamben, G. (2009). *"What Is an Apparatus?" and Other Essays*. Stanford University Press.

Ahmed, S. (2014). *The Cultural Politics of Emotion*. 2nd Edition. Routledge.

Ajzen, I. (1991). The theory of planned behavior. *Organizational Behavior and Human Decision Processes*, 50(2), pp.179~211.

Andersen, K. (2019). An entrance for the uninterested: Who watches soft news and how does it affect their political participation? *Mass Communication and Society*, 22, pp.487~507.

Ball-Rokeach, S. J. (1985). The origins of individual media system dependency: A sociological framework. *Communication Research*, 12, pp.485~510.

Ball-Rokeach, S. J., Kim, Y. C., & Matei, S. (2001). Storytelling neighborhood: Paths to belonging in diverse urban environments. *Communication Research*, 28(4), 392~428.

Bandura, A. (1986). *Social foundations of thought and action: A social cognition*. Prentice Hall.

Bandura, A. (1994). Social cognitive theory of mass communication. In J. Bryant & D. Zillman (Eds.), *Media effects: Advances in theory and research* (pp.61~90). Lawrence Erlbaum.

Bandura, A. (1997). *Self-efficacy: The existence of control*. Freeman.

Bandura, A. (2001). Social cognitive theory: An agentic perspective. *Annual Review of Psychology*, 52(1), pp.1~26.

Barczewski, S. L. (2004). *Titanic: A night remembered*. A&C Black.

Bartsch, A. (2017). Content effects: Entertainment. In P. Rössler (Ed.), *International encyclopedia of media effects* (pp.1~15). doi: 10.1002/9781118783764.

wbieme0128

Bartsch, A., & Schneider, F. M. (2014). Entertainment and politics revisited: How non-escapist forms of entertainment can stimulate political interest and information seeking. *Journal of Communication*, 64, pp.369~396.

Bearth, A., Miesler, L., & Siegrist, M. (2017). Consumers' risk perception of household cleaning and washing products. *Risk Analysis*, 37(4), pp.647~660.

Beck, U. (1986). *Risk society: Towards a new modernity* (M. Ritter, Trans.). Sage Publications.

Beck, U. (2009). *World at risk*. Polity.

Bennett, W. L., & Segerberg, A. (2013). *The logic of connective action: Digital media and the personalization of contentious politics*. Cambridge University Press.

Berardi, F. 'Bifo' (2015). *Heroes: Mass murder and suicide*. Verso. [송섬별 옮김. 《죽음의 스펙터클》. 반비. 2016].

Berkes, F., & Ross, H. (2013). Community resilience: toward an integrated approach. *Society & natural resources*, 26(1), pp.5~20.

Bilham, R. (2010). Lessons from the Haiti earthquake. *Nature*, 463(7283), pp.878~879.

Binder, A. R., Cacciatore, M. A., Scheufele, D. A., & Brossard, D. (2014). The role of news media in the social amplification of risk. In H. Cho, T. Reimer, & K. A. McComas (Eds.), *The SAGE handbook of risk communication* (pp.69~85). Sage Publications.

Bolter, J. & Grusin, R. (1999). *Remediation: Understanding New Media*. MIT Press.

Bomlitz, L. J., & Brezis, M. (2008). Misrepresentation of health risks by mass media. *Journal of Public Health*, 30(2), pp.202~204.

Bourdieu, P. (1986). The forms of capital. In J. G. Richardson (Ed.), *Handbook of theory and research for the sociology of education* (pp.241~258). Greenwood Press.

Bryant, J., & Zillmann, D. (1984). Using television to alleviate boredom and stress: Selective exposure as a function of induced excitational states. *Journal of Broadcasting and Electronic Media*, 28, pp.1~20.

Butler, J. (2022). *What World Is This?: A Pandemic Phenomenology*. Columbia University Press.

Carey, J. W. (1988). *Communication as culture: Essays on media and society*. Unwin Hyman.

Carr, N. (2010). *The Shallows: What the Internet Is Doing to Our Brains*. [최지향 옮김. 《생각하지 않는 사람들: 인터넷이 우리의 뇌 구조를 바꾸고 있다》. 청림출판,

2011].

Castel, R., Burchell, G., Gordon, C., & Miller, P. (1991). From dangerousness to risk. *The Foucault Effect: Studies in Governmentality*. The University of Chicago Press, pp.281~298.

Chaiken, S., Liberman, A., & Eagly, A. H. (1989). Heuristic and systematic processing within and beyond the persuasion context. In J. S. Uleman & J. A. Bargh (Eds.), *Unintended thought* (pp.212~252). Guilford.

Cho, H., & Witte, K. (2005). Managing fear in public health campaigns: a theory-based formative evaluation process. *Health Promotion Practice*, 6(4), pp.482~490.

Christakis, N. A., & Fowler, J. H. (2013). Social contagion theory: examining dynamic social networks and human behavior. *Statistics in Medicine*, 32(4), pp.556~577.

Chung, J. E. (2014). Medical dramas and viewer perception of health: Testing cultivation effects. *Human Communication Research*, 40, pp.333~349.

Clough, P., & Halley, J. (Ed.) (2007). *The Affective Turn*. Duke University Press.

Clough, P. (2018). *The User Unconscious: On Affect, Media, and Measure*. University of Minnesota Press.

Coeckelbergh, M. (2022). *The Political Philosophy of AI*. Polity.

Coleman, J. S. (1988). Social capital in the creation of human capital. *American Journal of Sociology*, 94, pp.S95~S120.

Combs, B., & Slovic, P. (1979). Newspaper coverage of causes of death. *Journalism Quarterly*, 56(4), pp.837~849.

Covello, V., & Sandman, P. (2001). Risk communication: Evolution and revolution. In A. Wolbrast (Ed.), *Solutions to an Environment in Peril* (pp.165~178). Johns Hopkins University Press.

David, N. (2020). Higher Covid deaths among BAME people not driven by health issues. *The Guardian* (2020. 10. 16). https://www.theguardian.com/world/2020/oct/16/bame-people-more-likely-to-die-from-covid-than-white-people-study

Davison, W. P. (1983). The third-person effect in communication. *Public Opinion Quarterly*, 47(1), pp.1~15.

De Burgh, H. (2008). *Investigative journalism*. Routledge.

de Torres, E. G., & Hermida, A. (2017). The social reporter in action: An analysis of the practice and discourse of Andy Carvin. *Journalism Practice*, 11(2–3), pp.177~194.

Dearing, J. (2003). The state of the art and the state of the science of community organizing. In T. L. Thompson, A. M. Dorsey, K. I. Miller, & R. Parrott (Eds.), *Handbook of health communication*(pp.207~220). Lawrence Erlbaum Associates.

Deleuze, G. (1986). *Foucault*. Minuit. (Trans.) Seán Hand. *Foucault* (1988). The University of Minnesota Press.

Dickens, C. (1859/2007). *A tale of two cities*. Signet Classics.

Dixon, G. N., & Clarke, C. E. (2013). Heightening uncertainty around certain science: Media coverage, false balance, and the autism-vaccine controversy. *Science Communication*, 35(3), pp.358~382.

Donohue, G. A., Tichenor, P. J., & Olien, C. N. (1973). Mass media functions, knowledge and social control. *Journalism Quarterly*, 50(4), pp.652~659.

Douglas, M. (1973). *Natural symbols: Explorations in cosmology*. Vintage Books.

Douglas, M. (1982). Introduction to grid/group analysis. In M. Douglas (Ed.), *Essays in the Sociology of Perception* (pp.1~8). Routledge & Kegan Paul.

Douglas, M. (2013). *Risk and blame*. Routledge.

Douglas, M., & Wildavsky, A. (1982). *Risk and Culture: An Essay on the Selection of Technological and Environmental Dangers* (1 ed.). University of California Press. http://www.jstor.org/stable/10.1525/j.ctt7zw3mr

Farazmand, A. (2001). *Handbook of crisis and emergency management*. CRC Press.

Feldman, L., & Borum Chattoo, C. (2019). Comedy as a route to social change: The effects of satire and news on persuasion about Syrian refugees. *Mass Communication and Society*, 22, pp.277~300.

Finucane, M. L., Alhakami, A., Slovic, P., & Johnson, S. M. (2000). The affect heuristic in judgments of risks and benefits. *Journal of Behavioral Decision Making*, 13(1), pp.1~17.

Finucane, M. L., Slovic, P., Mertz, C. K., Flynn, J., & Satterfield, T. A. (2000). Gender, race, and perceived risk: The 'White male' effect. *Health, Risk, and Society*, 2, pp.159~172.

Flynn, J., Slovic, P., & Mertz, C. K. (1994). Gender, race, and perception of environmental health risks. *Risk Analysis*, 14, pp.1101~1108.

Folkman, S., & Moskowitz, J. T. (2004). Coping: Pitfalls and promise. *Annual Review of Psychology*, 55, pp.745~774.

Fothergill, A. (1996). Gender, risk, and disaster. *International Journal of Mass Emergencies and Disasters*, 14(1), pp.33~56.

Foucault, M. (2008). *The Birth of Biopolitics: Lectures at the Collège de France, 1978~1979*. Picador.

Foucault, M. (2015). *Qu'est-ce que la critique ? La culture de soi*. [심재광·오르트망·전혜리 옮김. 《비판이란 무엇인가? 자기 수양: 미셸 푸코 미공개 선집 1》. 동녘. 2016].

Foucault, M. (2016). *Discours et vérité: Précédé de La parrêsia*. [오트르망 옮김. 《담론과 진실: 미셸 푸코 미공개 선집 2》. 동녘. 2017].

Freifeld, C. C., Chunara, R., Mekaru, S. R., Chan, E. H., Kass-Hout, T., Ayala Iacucci, A., & Brownstein, J. S. (2010). Participatory epidemiology: use of mobile phones for community-based health reporting. *PLoS Medicine*, 7(12), e1000376.

Frost, K., Frank, E., & Maibach, E. (1997). Relative risk in the news media: a quantification of misrepresentation. *American Journal of Public Health*, 87(5), pp.842~845.

Gerbner, G. (1998). Cultivation analysis: An overview. *Mass Communication and Society*, 1(3-4), pp.175~194.

Gerbner, G., & Gross, L. (1973). *Cultural Indicators: The Social Reality of Television Drama*. Pennsylvania University, Philadelphia. Annenberg School of Communications.

Gerbner, G., & Gross, L. (1976). Living with television: The violence profile. *Journal of Communication*, 26(2), pp.173~199.

Gerbner, G., Gross, L., Eleey, M. F., Jackson–Beeck, M., Jeffries–Fox, S., & Signorielli, N. (1977). TV violence profile no. 8: The highlights. *Journal of Communication*, 27(2), pp.171~180.

Gerbner, G., Gross, L., Morgan, M., & Signorielli, N. (1980). The "mainstreaming" of America: Violence profile No. 11. *Journal of Communication*, 30, pp.10~29.

Gibson, R., & Zillmann, D. (1994). Exaggerated versus representative exemplification in news reports: Perception of issues and personal consequences. *Communication Research*, 21, pp.603~624.

Giddens, A. (1990). *The consequences of modernity*. Polity Press.

Giddens, A. (1991). *Modernity and self-identity: Self and society in the late modern age*. Stanford University Press.

Giddens, A. (2000). *Runaway world: How globalization is reshaping our lives*. Routledge.

Gigerenzer, G. (2006). Out of the frying pan into the fire: Behavioral reactions to terrorist attacks. *Risk Analysis*, 26, pp.347~351.

Gigerenzer, G. (2012). Risk literacy. In J. Brockman (Ed.), *This will make you smarter: New scientific concepts to improve your thinking* (pp.259~261). New York: Harper Perennial.

Glanz, K., & Schwartz, M. D. (2008). Stress, coping, and health behavior. In K. Glanz, B. K. Rimer, & K. Viswanath (Eds.), *Health behavior and health education: Theory, research, and practice* (pp.211~236). Jossey-Bass.

Goldenberg, J. L., Pyszczynski, T., Johnson, K. D., Greenberg, J., & Solomon, S. (1999). The appeal of tragedy: A terror management perspective. *Media Psychology*, 1, pp.313~329.

Goodman, R. M., Speers, M. A., McLeroy, K., Fawcett, S., Kegler, M., Parker, E., Smith, S. R., Sterling, T. D., & Wallerstein, N. (1998). Identifying and defining the dimensions of community capacity to provide a basis for measurement. *Health Education & Behavior*, 25(3), pp.258~278.

Green, M. C., & Brock, T. C. (2002). In the mind's eye: Transportation-imagery model of narrative persuasion. In M.C. Green, J. J. Strange, & T. C. Brock (Eds.), *Narrative impact: Social and cognitive foundations* (pp.315~341). Erlbaum.

Greenberg, J., Pyszczynski, T., & Solomon, S. (1986). The causes and consequences of a need for self-esteem: A terror management theory. In R. F. Baumeister (Eds.), *Public self and private self* (pp.189~212). Springer.

Griffin, R. J., Dunwoody, S., & Neuwirth, K. (1999). Proposed model of the relationship of risk information seeking and processing to the development of preventive behaviors. *Environmental Research*, 80(2), pp.S230~S245.

Habermas, J. (1989). *The structural transformation of the public sphere: An inquiry into a category of Bourgeois society* [1962] (T. McCarthy, Trans.). Polity.

Haidt, J., & Schmidt, E. (2023. 5. 5). AI is about to make social media (much) more toxic. *The Atlantic*, https://www.theatlantic.com/technology/archive/2023/05/generative-ai-social-media-integration-dangers-disinformation-addiction/673940/

Hanoch, Y., Rolison, J., & Freund, A. M. (2019). Reaping the benefits and avoiding the risks: unrealistic optimism in the health domain. *Risk Analysis*, 39, pp.792~804.

Hao, K. (2021. 10. 5). The Facebook whistleblower says its algorithms are dangerous. Here's why. *MIT Technology Review*, https://www.technologyreview.com/2021/10/05/1036519/facebook-whistleblower-frances-haugen-algorithms/

Haslam, S. A., Jetten, J., O'Brien, A., & Jacobs, E. (2004). Social identity, social influence and reactions to potentially stressful tasks: Support for the self–categorization model of stress. *Stress and Health: Journal of the International Society for the Investigation of Stress*, 20, pp.3~9.

Hastall, M. R. (2009). Informational utility as determinant of media choices. In T. Hartmann (Ed.) *Media Choice: A theoretical and empirical overview* (pp.163~180). Routledge.

Hazelgrove, W. (2021). *One Hundred and Sixty Minutes: The Race to Save the RMS Titanic*. Rowman & Littlefield.

Hertwig, R., & Erev, I. (2009). The description-experience gap in risky choice. *Trends in Cognitive Sciences*, 13(12), pp.517~523.

Hickel, J. (2021). *Less is More: How Degrowth Will Save The World*. Random House. [김현우·민정희 옮김. 《적을수록 풍요롭다》. 창비, 2021].

Hogg, M. A. (2007). Uncertainty-identity theory. *Advances in Experimental Social Psychology*, 39, pp.69~126.

Hogg, M. A. (2016). *Social identity theory*. Springer.

Hogg, M. A. (2021). Self-uncertainty and group identification: Consequences for social identity, group behavior, intergroup relations, and society. *Advances in Experimental Social Psychology*, 64, pp.263~316.

Holbert, R. L., Kwak, N., & Shah, D. V. (2003). Environmental concern, patterns of television viewing, and pro-environmental behaviors: Integrating models of media consumption and effects. *Journal of Broadcasting and Electronic Media*, 47, pp.177~196.

Hong, H. (2013). The effects of human interest framing in television news coverage of medical advances. *Health Communication*, 28, pp.452~460.

Jamieson, K. H., & Cappella, J. N. (2008). *Echo chamber: Rush Limbaugh and the conservative media establishment*. Oxford University Press.

Jones-Jang, S. M., & Noland, C. (2022). The politicization of health and science: Role of political cues in shaping the beliefs of the vaccine-autism link. *Health Communication*, 37(5), pp.608~616.

Kahneman, D., Slovic, P., & Tversky, A. (Eds.). (1982). *Judgment under uncertainty: Heuristics and biases*. Cambridge University Press.

Kasperson, R. E., Renn, O., Slovic, P., Brown, H. S., Emel, J., Goble, R., Kasperson, J. X., & Ratick, S. (1988). The social amplification of risk: A conceptual framework. *Risk Analysis*, 8(2), pp.177~187.

Kelley, H. H., & Michela, J. L. (1980). Attribution theory and research. *Annual Review of Psychology*, 31(1), pp.457~501.

Khoo, G. S., Oh, J., & Nah, S. (2021). Staying-at-home with tragedy: Self-expansion through narratives promotes positive coping with identity threat. *Human Communication Research*, 47, pp.309~334.

Kim, J., & Oliver, M. B. (2011). What combination of message characteristics determines hedonic and counter-hedonic preferences? *Media Psychology*, 14, pp.121~143.

Kim, J., Kim, J. H., & Seo, M. (2014). Toward a person× situation model of selective exposure. *Journal of Media Psychology*, 26, pp.69~69.

Kim, Y. (2021). Bio or Zoe?: dilemmas of biopolitics and data governmentality during COVID-19. *Cultural Studies*, 35(2-3). pp.370~381.

Kim, Y. C. (2018). Communication infrastructure theory as a theory for collective problem recognition and problem-solving in urban communities: Beliefs, assumptions, and propositions. In Y. C. Kim, M. Matsaganis, H. Wilkin, & J. Y. Jung (Eds.), *The communication ecology of 21st century urban communities* (pp.50~66). Peter Lang.

Kim, Y. C. (2020). *Media System Dependency Theory. The International Encyclopedia of Media Psychology*, (pp.1~17). Wiley.

Kim, Y. C., & Ball-Rokeach, S. J. (2006a). Civic engagement from a communication infrastructure perspective. *Communication Theory*, 16(1), pp.1~25.

Kim, Y. C., & Ball-Rokeach, S. J. (2006b). Community Storytelling Network, Neighborhood Context, and Civic Engagement: A Multilevel Approach. *Human Communication Research*, 32(4), pp.411~439. https://doi.org/10.1111/j.1468-2958.2006.00282.x

Kim, Y. C., & Jung, J. Y. (2017). SNS dependency and interpersonal storytelling: An extension of media system dependency theory. *New Media and Society*, 19, pp.1458~1475.

Kim, Y. C., & Kang, J. (2010). Communication, neighborhood engagement, and household hurricane preparedness. Disasters: *The Journal of Disaster Studies, Policy & Management*, 34(2), pp.470~488.

Kim, Y. C., Jung, J. Y., Cohen, E. L., & Ball-Rokeach, S. J. (2004). Internet connectedness before and after September 11 2001. *New Media and Society*, 6(5), pp.611~631.

Kim, Y. C., Jung, J. Y., Georgiou, M., & Kwesell, A. (2022). Digital Solidarity and Hostility During the Covid-19 Pandemic in Four Global Cities: London, New

York, Seoul, and Tokyo Communicative Cities Research Network Symposium 2022: Communication, Isolation, and Reconnection in the (Post-)Pandemic City, London.

Kim, Y.-C., Kim, Y., & Chae, Y.-G. (2022). Communication and difference in urban neighborhoods: A communication infrastructure theory perspective. *Communication Monographs*, 89(4), pp.419～444.

Kim, Y. C., Matsaganis, M. D., Wilkin, H. A., & Jung, J.-Y. (2018). *The communication ecology of 21st century urban communities*. Peter Lang.

Kim, Y.-C., Shim, M., Kim, J. H., & Park, K. (2017). Factors affecting the "locus of responsibility" in cancer news: focusing on the role of health journalists' medical expertise in South Korea. *Journalism & Mass Communication Quarterly*, 94(2), pp.465～485.

Kim, Y.-C., Shin, E., Kim, Y., & Chae, Y.-G. (2023). Difference-managing and difference-reducing community storytelling in urban neighborhoods: a communication infrastructure theory perspective. *Human Communication Research*, 49(2), pp.205～217.

Knobloch-Westerwick, S. (2013). Mood management: Theory, evidence, and advancements. In J. Bryant & P. Vorderer (Eds.), *Psychology of entertainment* (pp.239～254). Erlbaum.

Kreps, G. A. (1984). Sociological inquiry and disaster research. *Annual Review of Sociology*, 10(1), 309～330.

Krohne, H. W. (1993). Vigilance and cognitive avoidance as concepts in coping research. In H. W. Krohne (Ed.), *Attention and avoidance: Two central strategies in coping with aversiveness* (pp.19～50). Hogrefe & Huber.

Larsen, J. T., McGraw, A. P., & Cacioppo, J. T. (2001). Can people feel happy and sad at the same time? *Journal of Personality and Social Psychology*, 81, pp.684～696.

Lazarus, R. S., & Folkman, S. (1984). *Stress, appraisal, and coping*. Springer.

Lear, J. (2006). *Radical Hope*. Harvard University Press.

Lee, C. J., & Niederdeppe, J. (2011). Genre-specific cultivation effects: Lagged associations between overall TV viewing, local TV news viewing, and fatalistic beliefs about cancer prevention. *Communication Research*, 38(6), pp.731～753.

Lee, T. K., & Taylor, L. D. (2014). The motives for and consequences of viewing television medical dramas. *Health Communication*, 29, pp.13～22.

Li, Y., Li, H., Decety, J., & Lee, K. (2013). Experiencing a natural disaster alters children's altruistic giving. *Psychological science*, 24(9), pp.1686～1695.

Lu, J. G., Jin, P., & English, A. S. (2021). Collectivism predicts mask use during COVID-19. *Proceedings of the National Academy of Sciences*, 118(23), e2021793118.

Lundgren, R., & McMakin, A. (2004). *Risk communication: A handbook for communicating environmental, safety, and health risks*. Battelle Press.

Lupton, D. (1993). Risk as moral danger: the social and political functions of risk discourse in public health. *International Journal of Health Services*, 23(3), pp.425～435.

Lupton, D. (1999). *Risk*. Routledge.

Lynd, R. S., & Lynd, H. M. (1929). *Middletown; a study in contemporary American culture*. Harcourt, Brace & World, Inc.

Maffesoli, M. (1996). *Le temps des tribus*. [박정호·신지은 옮김. 《부족의 시대》. 문학동네. 2017].

Magis, K. (2010). Community resilience: An indicator of social sustainability. *Society and Natural Resources*, 23(5), pp.401～416.

Marks, G., & Miller, N. (1987). Ten years of research on the false-consensus effect: An empirical and theoretical review. *Psychological Bulletin*, 102(1), pp.72～90.

Matarrita-Cascante, D., & Trejos, B. (2013). Community resilience in resource-dependent communities: A comparative case study. *Environment and Planning A*, 45(6), pp.1387～1402.

McCombs, M. E., & Shaw, D. L. (1972). The agenda-setting function of mass media. *Public Opinion Quarterly*, 36(2), pp.176～187.

McIntyre, K. (2019). Solutions journalism: The effects of including solution information in news stories about social problems. *Journalism Practice*, 13(1), pp.16～34.

Medoff, N. J. (1982). Selective exposure to televised comedy programs. *Journal of Applied Communication Research*, 10, pp.117～132.

Menon, T., Morris, M. W., Chiu, C.-y., & Hong, Y.-y. (1999). Culture and the construal of agency: Attribution to individual versus group dispositions. *Journal of Personality and Social Psychology*, 76(5), pp.701～717.

Morini, C., & Fumagalli, A. (2010). Life put to work. ephemera: theory & politics in organization, 10(3/4), pp.234～252.

Moyer-Gusé, E., Chung, A. H., & Jain, P. (2011). Identification with characters and discussion of taboo topics after exposure to an entertainment narrative about sexual health. *Journal of Communication*, 61, pp.387～406.

Murdock, G., Petts, J., & Horlick-Jones, T. (2003). After amplification: Rethinking the role of the media in risk communication. In N. Pridgeon, R. E. Kasperson, & P. Slovic (Eds.), *The social amplification of risk* (pp.156~178). Cambridge University Press.

Nabi, R. L., & Green, M. C. (2015). The role of a narrative's emotional flow in promoting persuasive outcomes. *Media Psychology*, 18, pp.137~162.

Nabi, R. L., Finnerty, K., Domschke, T., & Hull, S. (2006). Does misery love company? Exploring the therapeutic effects of TV viewing on regretted experiences. *Journal of Communication*, 56, pp.689~706.

Nabi, R. L., Torres, D. P., & Prestin, A. (2017). Guilty pleasure no more. *Journal of Media Psychology*, 29, pp.126~136.

Nabi, R. L., Wolfers, L. N., Walter, N., & Qi, L. (2022). Coping with COVID-19 stress: The role of media consumption in emotion-and problem-focused coping. *Psychology of Popular Media*, 11(3), pp.292~298.

Naeem, S. B., Bhatti, R., & Khan, A. (2021). An exploration of how fake news is taking over social media and putting public health at risk. *Health Information & Libraries Journal*, 38(2), pp.143~149.

National Institute of Mental Health (2020). Digital shareables on coping with COVID-19. https://www.nimh.nih.gov/get-involved/digital-shareables/shareable-resources-on-coping-with-covid-19

Norris, F. H., Stevens, S. P., Pfefferbaum, B., Wyche, K. F., & Pfefferbaum, R. L. (2008). Community resilience as a metaphor, theory, set of capacities, and strategy for disaster readiness. *American Journal of Community Psychology*, 41, pp.127~150.

Nugent, S. (2000). Good risk, bad risk: Reflexive modernisation and Amazonia. *Risk revisited*, pp.226~248.

Oliver, M. B. (2021). Tragic and poignant entertainment: The gratifications of meaningfulness. In K. Doveling & E. A. Konjin (2nd Eds.). *Routledge International Handbook of Emotions and Media* (pp.102~111). Routledge.

Oliver, M. B., & Bartsch, A. (2010). Appreciation as audience response: Exploring entertainment gratifications beyond hedonism. *Human Communication Research*, 36, pp.53~81.

Oliver, M. B., & Raney, A. A. (2011). Entertainment as pleasurable and meaningful: Identifying hedonic and eudaimonic motivations for entertainment consumption. *Journal of Communication*, 61, pp.984~1004.

Oliver-Smith, A. (2005). Global changes and the definition of disaster. In E. L. Quarantelli (Ed.), *What is a Disaster?* (pp.197~216). Routledge.

Papacharissi, Z. (2014). *Affective publics: Sentiment, technology, and politics.* Oxford University Press.

Pariser, E. (2011). *The filter bubble: How the new personalized web is changing what we read and how we think.* Penguin.

Pearson, C. M., & Clair, J. A. (1998). Reframing crisis management. *Academy of Management Review*, 23(1), pp.59~76.

Penuel, K. B., Statler, M., & Hagen, R. (2013). *Encyclopedia of crisis management.* Sage Publications.

Perloff, R. M. (1999). The third person effect: A critical review and synthesis. *Media Psychology*, 1(4), pp.353~378.

Perry, R. W., Lindell, M. K., & Tierney, K. J. (2001). *Facing the unexpected: Disaster preparedness and response in the United States.* Joseph Henry Press.

Petty, R. E., & Cacioppo, J. T. (1986). The elaboration likelihood model of persuasion. *Advances in Experimental Social Psychology*, 19, pp.123~162.

Pidgeon, N., Kasperson, R. E., & Slovic, P. (2003). *The social amplification of risk.* Cambridge University Press.

Portes, A. (1998). Social capital: Its origins and applications in modern society. *Annual review of sociology*, 24(1), 1(24).

Postmes, T., Spears, R., & Lea, M. (1998). Breaching or building social boundaries? SIDE-effects of computer-mediated communication. *Communication Research*, 25(6), pp.689~715.

Prestin, A., & Nabi, R. (2020). Media prescriptions: Exploring the therapeutic effects of entertainment media on stress relief, illness symptoms, and goal attainment. *Journal of Communication*, 70(2), pp.145~170.

Putnam, R. D. (1995). Bowling alone: America's declining social capital. *Current*, 373(June), pp.3~9.

Putnam, R. D. (1995). Tuning in, tuning out: The strange disappearance of social capital in America. *Political Science & Politics* (December), pp.664~683.

Putnam, R. D. (2000). *Bowling alone: The collapse and revival of American community.* Simon & Schuster.

Reich, R. (2020. 4. 26). Covid-19 pandemic shines a light on a new kind of class divide and its inequalities. *The Guardian*. https://www.theguardian.com/

commentisfree/2020/apr/25/covid-19-pandemic-shines-a-light-on-a-new-kind-of-class-divide-and-its-inequalities

Reicher, S. D., Spears, R., & Postmes, T. (1995). A social identity model of deindividuation phenomena. *European Review of Social Psychology*, 6(1), pp.161～198.

Rosa, H. (2013). *Social Acceleration: A New Theory of Modernity*. Columbia University Press.

Rubin, A. M. (2009). Uses and gratifications. In R. L. Nabi & M. B. Oliver, T*he SAGE handbook of media processes and effects* (pp.147～159). Thousand Oaks, CA: Sage.

Ruti, M. (2014). *The Call of Character: Living a Life Worth Living*. [이현경 옮김. 《가치 있는 삶》. 을유문화사, 2022].

Sampson, R. J., Raudenbush, S. W., & Earls, F. (1997). Neighborhoods and violent crime: A multilevel study of collective efficacy. *Science*, 277(August), pp.918～924.

Sampson, T. D. (2012). *Virality: Contagion theory in the age of networks*. University of Minnesota Press.

Sandman, P. M. (1988). Risk communication: Facing public outrage. *Management Communication Quarterly*, 2(2), pp.235～238.

Sandman, P. M. (1993). *Responding to community outrage: Strategies for effective risk communication*. AIHA.

Savadori, L., Savio, S., Nicotra, E., Rumiati, R., Finucane, M., & Slovic, P. (2004). Expert and public perception of risk from biotechnology. *Risk Analysis: An International Journal*, 24(5), pp.1289～1299.

Scheepers, D., Ellemers, N., & Sintemaartensdijk, N. (2009). Suffering from the possibility of status loss: Physiological responses to social identity threat in high-status groups. *European Journal of Social Psychology*, 39, pp.1075～1092.

Scherer, C. W., & Cho, H. (2003). A social network contagion theory of risk perception. *Risk Analysis: An International Journal*, 23(2), pp.261～267.

Scheufele, D. A. (1999). Framing as a theory of media effects. *Journal of Communication*, 49(1), pp.103～122.

Scholz, T. (2012). *Digital Labor: The Internet as Playground and Factory*. Routledge.

Sellnow, T. L., & Seeger, M. W. (2013). *Theorizing crisis communication*. Wiley-Balckwell.

Seo, M., Kim, J., & Yang, H. (2016). Frequent interaction and fast feedback predict perceived social support: Using crawled and self-reported data of Facebook users.

Journal of Computer-Mediated Communication, 21, pp.282~297.

Shaver, K. G. (1970). Defensive attribution: Effects of severity and relevance on the responsibility assigned for an accident. *Journal of Personality and Social Psychology*, 14(2), pp.101~133.

Sherrieb, K., Norris, F. H., & Galea, S. (2010). Measuring capacities for community resilience. *Social Indicators Research*, 99, pp.227~247.

Shoemaker, P. J., & Reese, S. D. (1991). *Mediating the message: Theories of influences on mass media content*. Longman.

Shrum, L. J. (2001). Processing strategy moderates the cultivation effect. *Human Communication Research*, 27(1), pp.94~120.

Siegrist, M., & Árvai, J. (2020). Risk perception: Reflections on 40 years of research. *Risk Analysis*, 40(S1), pp.2191~2206.

Siegrist, M., & Hartmann, C. (2020). Consumer acceptance of novel food technologies. *Nature Food*, 1, pp.343~350.

Siegrist, M., & Sütterlin, B. (2014). Human and nature-caused hazards: The affect heuristic causes biased decisions. *Risk Analysis*, 34(8), pp.1482~1494

Singer, E., & Endreny, P. M. (1998). *Reporting on risk*. Russell Sage Foundation.

Sjöberg, L. (1998). Risk perception: Experts and the public. *European Psychologist*, 3(1), pp.1~12.

Slater, M. D., Long, M., Bettinghaus, E. P., & Reineke, J. B. (2008). News coverage of cancer in the United States: a national sample of newspapers, television, and magazines. *Journal of Health Communication*, 13(6), pp.523~537.

Slovic, P. (1986). Informing and educating the public about risk. *Risk Analysis*, 6(4), pp.403~415.

Slovic, P. (1987). *Perception of risk. Science*, 236(4799), pp.280~285.

Slovic, P., Finucane, M. L., Peters, E., & MacGregor, D. G. (2007). The affect heuristic. *European Journal of Operational Research*, 177, pp.1333~1352.

Slovic, P., Fischhoff, B., & Lichtenstein, S. (2000). Facts and fears: Understanding perceived risk. In P. Slovic (Ed.), *The perception of risk* (pp.137~153). Earthscan.

Snyder, C. R. (2000). The past and possible futures of hope. *Journal of Social and Clinical Psychology*, 19, pp.11~28.

Solomon, S., Greenberg, J., & Pyszczynski, T. (2004). The Cultural Animal: Twenty Years of Terror Management Theory and Research. In J. Greenberg, S. L. Koole, & T. Pyszczynski (Eds.), *Handbook of Experimental Existential Psychology* (pp.13~

34). The Guilford Press.

Spears, R., & Lea, M. (1994). Panacea or panopticon? The hidden power in computer-mediated communication. *Communication Research*, 21(4), pp.427～459.

Stets, J. E., & Burke, P. J. (2000). Identity theory and social identity theory. *Social Psychology Quarterly*, pp.224～237.

Stiegler, B. (2010). *For a New Critique of Political Economy*. Polity.

Strick, M. (2021). Funny and meaningful: Media messages that are humorous and moving provide optimal consolation in Corona times. *Humor*, 34, pp.155～176

Tai, Z., & Sun, T. (2007). Media dependencies in a changing media environment: The case of the 2003 SARS epidemic in China. *New Media and Society*, 9, pp.987～1009.

Tajfel, H., & Turner, J. C. (1979). An integrative theory of intergroup conflict. In W. G. Austin & S. Worchel (Eds.), *The social psychology of intergroup relations* (pp.33～47). Brooks/Cole.

Tajfel, H., & Turner, J. C. (2004). The social identity theory of intergroup behavior. In *Political psychology* (pp.276～293). Psychology Press.

Trepte, S., & Loy, L. S. (2017). Social identity theory and self–categorization theory. *The international encyclopedia of media effects* (pp.1～13). Wiley.

Tuchman, G. (1978). *Making the news: A study in the construction of reality*. Free Press.

Turkle, S. (2011). *Alone Together: Why We Expect More from Technology and Less from Each Other*. Basic Books.

Turner, J. C., & Reynolds, K. J. (2001). The social identity perspective in intergroup relations: Theories, themes, and controversies. *Blackwell handbook of social psychology: Intergroup processes*, 4, pp.133～152.

Turner, J. C., Hogg, M. A., Oakes, P. J., Reicher, S. D., & Wetherell, M. S. (1987). *Rediscovering the social group: A self-categorization theory*. Blackwell.

van den Bos, W., & Hertwig, R. (2017). Adolescents display distinctive tolerance to ambiguity and to uncertainty during risky decision making. *Scientific Reports*, 7, 40962.

Vieweg, S., Palen, L., Liu, S. B., Hughes, A. L., & Sutton, J. N. (2008). *Collective intelligence in disaster: Examination of the phenomenon in the aftermath of the 2007 Virginia Tech shooting* (pp.44～54). University of Colorado.

Wahlberg, A. A., & Sjoberg, L. (2000). Risk perception and the media. *Journal of Risk Research*, 3(1), pp.31～50.

Walster, E. (1966). Assignment of responsibility for an accident. *Journal of Personality and Social Psychology*, 3(1), pp.73~79.

Weinstein, N. D. (1989). Optimistic biases about personal risks. *Science*, 246(4935), pp.1232~1233.

Wellman, B., Quan-Hasse, A., Boase, J., Chen, W., Hampton, K., de Diaz, I. I., & Miyata, K. (2003). The social affordances of the Internet for network individualism. *Journal of Computer Mediated Communication*, 8(3). http://jcmc.indiana.edu/vol8/issue3/wellman.html

Wenzel, A., Gerson, D., Moreno, E., Son, M., & Morrison Hawkins, B. (2018). Engaging stigmatized communities through solutions journalism: Residents of South Los Angeles respond. *Journalism*, 19(5), pp.649~667.

Wills, J. (1997). *Reporting on risks: The practice and ethics of health and safety communication*. Praeger.

Xenos, M. A., & Becker, A. B. (2009). Moments of Zen: Effects of The Daily Show on information seeking and political learning. *Political Communication*, 26, pp.317~332.

Zemba, Y., Young, M. J., & Morris, M. W. (2006). Blaming leaders for organizational accidents: Proxy logic in collective-versus individual-agency cultures. *Organizational Behavior and Human Decision Processes*, 101(1), pp.36~51.

Zillmann, D. (2000). Mood management in the context of selective exposure theory. *Annals of the International Communication Association*, 23(1), pp.103~123.

Zuckerman, M. (1979). Attribution of success and failure revisited, or: The motivational bias is alive and well in attribution theory. *Journal of Personality*, 47(2), pp.245~287.

찾아보기